九畹贞风慰独醒
——陕西师范大学文学院的鲁迅研究

阎庆生　田　刚　编撰

陕西师范大学出版总社　西安

图书代号　WX24N1973

图书在版编目(CIP)数据

九畹贞风慰独醒：陕西师范大学文学院的鲁迅研究／阎庆生，田刚编撰. -- 西安：陕西师范大学出版总社有限公司，2024.9. -- ISBN 978-7-5695-4706-1

Ⅰ．K825.6

中国国家版本馆 CIP 数据核字第 2024XU3744 号

九畹贞风慰独醒——陕西师范大学文学院的鲁迅研究
JIUWAN ZHENFENG WEI DUXING —— SHAANXI SHIFAN DAXUE WENXUEYUAN DE LUXUN YANJIU

阎庆生　田　刚　编撰

责任编辑	邱水鱼
责任校对	冯新宏
封面设计	金定华
出版发行	陕西师范大学出版总社
	（西安市长安南路199号　邮编 710062）
网　　址	http://www.snupg.com
印　　刷	西安报业传媒集团
开　　本	787 mm×1092 mm　1/16
印　　张	23.625
插　　页	2
字　　数	567 千
版　　次	2024 年 9 月第 1 版
印　　次	2024 年 9 月第 1 次印刷
书　　号	ISBN 978-7-5695-4706-1
定　　价	88.00 元

读者购书、书店添货如发现印装质量问题，请与本社高等教育出版中心联系。
电话:(029)85303622(传真)　85307864

郑伯奇先生1945年于西安,时任陕西省立师范专科学校国文科主任

郑伯奇编选《中国新文学大系·小说三集》

西安求学时期的王捷三先生

王捷三(左一)与杨虎城游兴平杨贵妃墓

党家斌先生（摄于1926年）

曹冷泉先生 20 世纪 30 年代于西安

陕西师范大学中文系教学研讨会(右一为曹冷泉教授)

卫俊秀先生

前　言

呈献给读者的《九畹贞风慰独醒——陕西师范大学文学院的鲁迅研究》是一本高等教育领域历史资料性的书,也是献给陕西师范大学80周年华诞的礼物。全书分上、下两编。上编为陕西师范大学历史上6位学者与鲁迅交往的实录与史料,下编是陕西师范大学文学院以卫俊秀为代表的10余位学者有关鲁迅研究论文的选编。

2024年是我校80周年华诞,又是鲁迅来陕讲学100周年。在这个时间节点上,提起我校这几位教授当年与鲁迅的交往,具有双重的纪念意义。整整100年前,鲁迅来陕讲学,在大西北播下了新文化的种子。机缘巧合的是,我校的6位教授,先后以不同的形式,与鲁迅这位"新文化的旗手"有过或深或浅的接触。众所周知,鲁迅在北京、上海、广州、厦门、香港的大学讲过课或作过讲演;而在我们大西北,仅来过西安一地讲学。今天,重温鲁迅在西安讲学的历史,重温我校(主要是中文系)前辈学者与鲁迅交往的史实,不仅是对鲁迅的纪念,也是对我们文学院(中文系)前辈学者所受鲁迅伟大精神、良好学风陶染的回顾、梳理与弘扬。这些前辈,多数在20世纪60—70年代辞世,他们与鲁迅的交往,乃至他们一生的学术成就及其更多方面的贡献,并不为作为后辈的我们所熟知。所以,将这些基本上被半湮没的材料发掘出来,会重构我校文学院早期兴学育人的生态,疏通我们文学院大半个世纪以来学风建设的流脉。

郑伯奇先生是创造社的元老、著名作家,又是我校前身——陕西师专国文科的首届主任,他于五四时期曾与鲁迅在新文化阵营中共同战斗过。郑伯奇名气大,著译丰富,有不少回忆鲁迅的文章,他与鲁迅交往情况的资料较多。当今各校重视学科建设,深入发掘此方面的材料,汲取人文资源,其意义是不言而喻的。王捷三先生1924年以西北大学驻京代表的身份(北大哲学系三年级本科生)促成并陪同鲁迅来陕讲学;次年毕业于北京大学哲学系,后受杨虎城将军资助留学英美。1939年起,任陕西省教育厅厅长,兴办了三所高等专科学校及大量中小学。1946年至1948年,他在北平任蔡元培先生创办的华北文法学院院长。1949年北平和平解放,他即与华北大学(中国人民大学前身)校长范文澜磋商,将华北文法学院的学生和校舍、图书、家具等

— 1 —

校产合并给华北大学。在北平和平解放的过程中,他为国共两党和谈铺路搭桥。王捷三先生的遗著也不在少数。王儒卿先生(焕猷),陕西商县(今商洛市商州区)人,1923年毕业于北京大学国文系。他们那一届完整地听过鲁迅讲授"中国小说史"课程。1924年夏,他回乡途经西安,得知他的授业老师鲁迅在西安讲学,便两次拜访鲁迅。最近,本书编者查到了王儒卿先生写于20世纪50年代的一封信,谈到了他在北大听鲁迅讲《红楼梦》的情景以及他1924年在西安访问鲁迅的情况。王先生著有研究宋代词人晏几道词作的《小山词笺》。本书还收录了党家斌与鲁迅交往的一些文章/资料,记述了数学系党家斌教授为鲁迅打官司,讨回版税8000多大洋的往事。鲁迅在其日记中,曾50余次提到党家斌。曹冷泉先生,1925年加入中国共产党,参加过多项革命活动,曾是东南大学党的负责人之一。1934年,他通过内山书店将一篇叙写陕西灾情的报道《沙漠上惨痛的回忆》转交鲁迅,经鲁迅修改、推荐,在上海《申报》副刊《自由谈》上发表。不久,他即拜访鲁迅,鲁迅谈了这篇文章的修改情况,并对曹冷泉的写作提出希望。此文由风沙(王志之)编入《新少年文学拔萃读本》(上海现实出版社,1936年5月初版)。刁汝钧先生,1930年毕业于上海暨南大学中国语言文学系,1931年留学法国巴黎大学学习文学、戏剧,著有《现代中国女作家论》(1933),对敦煌学有研究,并有译作。1927年11月6日,他以在校生身份在暨南大学听过鲁迅先生关于读书和写作的演讲。在纪念鲁迅诞生100周年的日子里,他写了一篇回忆文章《追忆鲁迅先生的一次演讲》。刁汝钧先生在20世纪80年代,担任中国现代文学研究会西北地区理事。

书中的人物传略,大多正式发表过。回忆文章,有名家对道友的回忆,有家人对长辈的回忆,有学生对老师的回忆,有乡人对乡贤的回忆。年代久远了,陈迹暗淡了,我们站在历史的回音壁前谛听,手持显微镜,观看过往的画卷。

在纪念鲁迅逝世1周年、10周年、20周年的日子里,西安地区都举办过大会。1956年,西安师院(陕西师范大学前身)召开纪念大会,王捷三先生作了《鲁迅是我的老师,我是鲁迅的学生》的发言。1981年,陕西省、西安市连日举办纪念大会。省委第一书记马文瑞等9位常委出席了会议。我们的老校长郭琦也动笔写了论文。纪念大会的闭幕式在陕西师范大学举行,由我校校长李绵主持。

总之,我们陕西师范大学与新文化的伟大旗手鲁迅有缘!我校与许多名校一样,在早期就藏龙卧虎,硕儒云集。往事悠悠,意味深长!

我校文学院教师对鲁迅的研究,也是代有其人、薪火相传。卫俊秀先生(1909—2002)是陕西师范大学鲁迅研究的开创者。他在新中国成立前即搜集资料,进行研究,并于 1954 年出版了研究鲁迅《野草》的第一部专著《鲁迅野草探索》(泥土出版社)。其后,有黎风教授的《鲁迅小说艺术讲话》,李继凯教授的《民族魂与中国人》《全人视境中的观照》,田刚教授的《鲁迅与中国士人传统》《鲁迅与延安文艺思潮》,阎庆生教授的《鲁迅杂文的艺术特质》《鲁迅创作心理论》,史志谨教授的《鲁迅伦理思想与实践研究》等学术专著。傅正乾教授、尤西林教授、赵学勇教授、徐改平教授、李跃力教授、年利锋副教授等,都发表过有影响力的鲁迅研究论文。历届研究生中,以鲁迅为研究对象并出版有学术专著者,亦不乏其人(如阎晶明、王兵等)。西安,作为鲁迅百年前讲学之地,曾在 20 世纪八九十年代至 21 世纪初,是全国鲁迅研究的重镇之一,其中肯定包括了陕西师范大学文学院教师的鲁迅研究成果。应该说,对鲁迅著作和思想的研究,是继承和发扬鲁迅精神的一个重要方面。高山仰止,情曷能已!

　　本书内容丰富,体裁多样。拂去岁月的风尘,打开校史这光彩夺目的一页,将为学校 80 周年华诞添上浓墨重彩的一笔!

目 录

上 编

郑伯奇与鲁迅 …………………………………………………………………… 3

郑伯奇传略 ……………………………………………………………………… 5

鲁迅书信、日记中的郑伯奇 …………………………………………………… 16

创造社、"左联"与鲁迅(摘录)/郑伯奇 ……………………………………… 20

后死者的责任/郑伯奇 ………………………………………………………… 23

不灭的印象/郑伯奇 …………………………………………………………… 25

鲁迅先生的演讲/郑伯奇 ……………………………………………………… 30

鲁迅灵前答客问/郑伯奇 ……………………………………………………… 33

最后的会面/郑伯奇 …………………………………………………………… 35

回忆和学习
　　——纪念鲁迅逝世十四周年/郑伯奇 ……………………………………… 38

争取今天
　　——庆祝伯奇五十寿辰及三十年创作生活/郭沫若 ……………………… 41

寿伯奇先生/臧克家 …………………………………………………………… 43

回忆郑伯奇同志在"良友"(摘录)/赵家璧 ………………………………… 44

追思
　　——悼郑伯奇同志(摘录)/柯　灵 ………………………………………… 51

《郑伯奇文集》序/成仿吾 …………………………………………………… 54

父亲高元白应聘陕西省立师范专科学校逸事/高振祥 ……………………… 57

· 1 ·

王捷三与鲁迅 ……………………………………………………… 59

  王捷三简介 …………………………………………………… 60

  自传(1949)/王捷三 …………………………………………… 63

  论剧

    ——对于秦腔的希望/王捷三 ………………………… 66

  关于语文教学的一封信/王捷三 …………………………… 68

  鲁迅日记中的王捷三 ………………………………………… 70

  王捷三与鲁迅/段国超 ………………………………………… 72

  忆争取傅作义将军起义,和平解放北平(摘录)/崔月犁 ……… 77

  回忆父亲王捷三在北平解放前夕片断/王本质 …………… 79

  鲁迅交往中的右派分子/朱　正 …………………………… 84

  回忆父亲/王树中 ……………………………………………… 87

  王捷三遗著两种读后

    ——鸟瞰式研究《苏东坡论》《唐代诗人与长安》/魏耕原 ……… 96

王儒卿与鲁迅 ……………………………………………………… 110

  王儒卿简介 …………………………………………………… 111

  鲁迅日记中的王儒卿 ………………………………………… 112

  关于鲁迅来陕讲学致单演义先生的一封信/王儒卿 ……… 113

  文学课堂内外的"笑声"(摘录)/陈平原 …………………… 115

  我所了解的祖父王儒卿/王振亚 …………………………… 117

  王焕猷与商州民歌/高　信 ………………………………… 119

党家斌与鲁迅 ……………………………………………………… 123

  党家斌简介 …………………………………………………… 125

  鲁迅和春潮书局及其他(摘录)/张友松 …………………… 127

  鲁迅日记中的党家斌 ………………………………………… 131

  党家斌与鲁迅/段国超 ………………………………………… 137

曹冷泉与鲁迅 ……………………………………………………… 146

  曹冷泉传略/曹春芷 …………………………………………… 148

  沙漠上惨痛的回忆/曹冷泉 ………………………………… 155

鲁迅与《沙漠上惨痛的回忆》/阎　木 ……………………………… 157
鲁迅对曹冷泉的帮助/单演义 …………………………………………… 159
一九三六年西安追悼鲁迅先生大会的前前后后/曹冷泉 …………… 160
回忆曹冷泉老师/吴怀书 ………………………………………………… 165

刁汝钧与鲁迅 …………………………………………………………… 169

刁汝钧简介 ………………………………………………………………… 170
追忆鲁迅先生的一次演讲/刁汝钧 ……………………………………… 172
鲁迅在上海暨南大学文学系同级会的讲演/马蹄疾 …………………… 175
鲁迅先生在暨南大学讲演回忆（摘录）/黄慕度 ……………………… 176

下　编

读《野草诠释》/卫俊秀 ………………………………………………… 183
鲁迅最早的知音
　　——谈谈茅盾前期对鲁迅的评价/黎　风 ………………………… 195
关于《铸剑》的主题、人物及其他/傅正乾 …………………………… 208
简论鲁迅杂文的艺术特质/阎庆生 ……………………………………… 219
关怀公共精神的"积极自由"行动者
　　——鲁迅与现代知识分子角色/尤西林 …………………………… 233
文学史书写的鲁迅"形塑"及演变
　　——以唐弢、钱理群、严家炎编《文学史》为例/赵学勇 ……… 241
论鲁迅的文化磨合与创新
　　——纪念鲁迅诞辰140周年/李继凯 ……………………………… 257
鲁迅与延安文艺思潮/田　刚 …………………………………………… 271
鲁迅与梅兰芳/徐改平 …………………………………………………… 288
"鲁迅国文"：《读书与出版》对《呐喊·自序》语言问题的讨论
　　——兼及许杰先生的一封佚信/李跃力 …………………………… 302
鲁迅杂文的"晚期风格"/牟利锋 ……………………………………… 313

附录 325
  附录一 鲁迅:从东亚走向世界
      ——韩国汉学家朴宰雨教授访谈录/朴宰雨 胡辉杰 325
  附录二 20世纪西安地区鲁迅纪念活动述略/王文慧 340

编后记 360

上　编

郑伯奇与鲁迅

【编者小引】郑伯奇先生一生的业绩,在本书所收的其传略中已作了大致介绍,此处不赘。我们主要突出以下这几点:

一、他的多才多艺。在文学创作上,他既写短篇小说、散文和话剧、电影剧本,被誉为"创作的才能是相当卓越的"作家;同时,还写文学评论。他懂日语和法语,有译著。郭沫若说郑伯奇在日本文学、法国文学上,具有深厚的修养。

二、他的人品高洁。其性格温厚谦抑,能够团结人,特别好接近。他重信义,不轻易改变自己的心向,出处进退绝不肯丝毫苟且(郭沫若语)。他似乎没有叱咤风云的举动,但他的脚踏实地、任劳任怨的作风是一贯的。他的名气,虽然不如郭沫若、郁达夫、田汉、成仿吾他们大,但他曾是中国左翼作家联盟的一位常委,而在创造社内部,则有点类似总务主任的角色。他的革命性、事业心是坚定的,在淡泊名利这一点上,实在令人敬佩。1995年,陕西作家协会召开郑伯奇100周年诞辰纪念会(我们文学院有几位学者参加),与会者对这一点有共识。

三、在与西安地区包括我们文学院(中文系)的关系上,郑伯奇先生是"五四"新文化的传播者,也是我校汉语言文学专业学科建设的开拓者。抗日战争期间,郑伯奇在西安与八路军办事处的同志合编《救亡》周刊。1938年写了四幕话剧《哈尔滨的黑暗》。隔年到重庆,任职于郭沫若主持的文化工作委员会。1943年冬回西安,1944年应时任陕西省立师范专科学校校长郝耀东先生之请,任该校首任国文科主任、教授,主要讲授历代散文选、文学概论、各文体习作、读书指导等课程。郑伯奇先生是陕西师范大学文学专业的第一位学科负责人。1945年,郑伯奇先生任西北大学教授并兼任陕西省立师范专科学校教授。1947年,郑伯奇在西安进步青年举行的"五四"文艺晚会上,作了题为《"五四"新文学运动》的讲演。同年6月,因支持西安地区学生的反饥饿、反内战、反迫害斗争,同民青几位负责人,遭国民党反动派当局逮捕,后被营救获释。1948年,复任陕西省立师范专科学校教授,直到西安解放。郑伯奇先生的这一段经历,涉及创作、编辑、革命、从教等几个方面,是他一生的一个缩影。

郑伯奇传略[①]

郑伯奇,创造社的最初成员,现代著名作家,左联领导人之一。原名郑隆谨,字伯奇,后即以字行。1895年6月11日生于陕西省长安县瓜洲村。祖父务农。父亲郑福田原在清朝政府的一个官宦之家当用人,后为小商贩。母亲周氏,操持家务。郑伯奇系长子,其兄弟二人。1903年,8岁,入西安市甘园小学。这是一所新型学校。1908年甘园小学毕业,考入陕西省会农业学堂。1910年,郑伯奇15岁,时在陕西省会农业学堂读书,积极参加了陕西学生反对清朝政府丧权辱国的运动。不久,由胡笠僧、张义安介绍,参加了革命组织同盟会。

1911年,资产阶级革命风潮震撼了古都长安。郑伯奇参加了陕西青年学生组织的"学生队",反对清朝政府的反动统治。清朝政府视"学生队"为"乱党",严令取缔了"学生队"。郑伯奇旋即离开长安,赴耀县任民团教练,继续从事革命活动。是年秋,赴南京考取了民国大学政治专修科,得官费。

1913年,辛亥革命的胜利果实沦于窃国大盗袁世凯之手。南京被围,民国大学停办,郑伯奇转入上海震旦大学初级预备班读书。其间,对文学产生了浓厚的兴趣,尤其喜爱法国文学。课余,浏览法国著名作家都德、法朗士诸人的作品。1916年夏,初级预备班毕业。学校非常器重郑伯奇,对他有免费升入高级班和将来选送法国留学的许诺。但由于郑伯奇不满于这所教会学校的恶浊空气,对学校的许诺弃之不顾,愤然离沪,旋回西安。

1917年,得友人胡笠僧、张义安、刘允丞等人的资助,取道上海,东渡日本留学,"想学习些科学知识",实现"实业救国"的理想。是年,由左舜生介绍,初识田寿昌(即田汉)。1918年,考入东京第一高等学校留学生特别预科,得政府官费。

1919年,特别预科结业,升入京都第三高等学校学习。此时,对文学的兴趣益浓,

[①] 王延晞、王利编:《郑伯奇研究资料》,知识产权出版社2009年版,第2—13页。

经常阅读莎士比亚、雨果和巴尔扎克等著名作家的作品。本年，加入少年中国学会，结识了邓中夏、恽代英等少年中国学会会员。

1920年，因受到"五四"新文化思潮的激荡，开始发表白话诗文，并在《少年中国》《少年世界》上披露致友人书，探讨富国强兵之道。春，经田汉介绍，与郭沫若结为未谋面的朋友，从此，书信往来频繁。

1921年7月，与郭沫若、成仿吾、郁达夫等人在日本发起成立著名文学团体创造社。随即从日本赶回上海，协助郭沫若编辑《创造季刊》创刊号。同年8月，郭沫若的诗集《女神》问世。郑伯奇立即撰写长篇论文《批评郭沫若君底处女诗集〈女神〉》。

1922年初，应邀担任上海《新闻报》驻日本特约通讯员，化名虚舟，撰写新闻通讯，揭露日本军阀、财团的内幕及其妄图向外扩张的野心。3月，在《创造季刊》创刊号上发表第一篇短篇小说《最初之课》，借一个留日学生在上第一堂课时的遭遇和感受，抨击了日本军国主义教育的侵略性质，表现了强烈的反帝思想和深厚的爱国主义精神。本年，升入帝国大学哲学科读心理学。

1923年暑假，从日本返回青岛消夏，后至上海，协助郭沫若、成仿吾编辑《创造周报》和《创造日》，并撰写《国民文学论》等长篇论文，连载于《创造周报》，提倡"国民文学"，即"作家以国民的意识着意描写国民生活或抒发国民感情的文学"。

1925年，京都帝国大学毕业，进研究院，继续攻读心理学。1926年7月，应郭沫若之邀，毅然弃学回国，结束了十年的留学生活，到广东大学文科院任教授。后经恽代英介绍，任黄埔军校政治教官兼入伍生部教官，并结识了主任政治教官熊雄、政治教官肖楚女和秘书兼政治教官欧阳继修（按：即阳翰笙）诸人。9月，在创造社出版部广州分部初识鲁迅及许广平。秋，广东大学改组，戴传贤任校长，朱家骅任副校长。郑伯奇不合校长之意，被辞退。

1927年2月，赴日本京都帝国大学办理未完事宜，在该校见到了李初梨、冯乃超、彭康、朱镜我。他们希望创造社转变方向，提倡无产阶级文学。郑伯奇回国后，向郭沫若、成仿吾诸人转达了他们的意见。4月1日，与鲁迅、成仿吾、何畏等百余名作家联名发表《中国文学家对于英国知识阶级及一般民众宣言》，谴责英帝国主义侵略中国、屠杀中国人民的罪行，并指出帝国主义是全世界人民的共同敌人。《宣言》译成英文、法文、日文寄往国外。《宣言》的法文稿是由郑伯奇译出的。4月上旬，郑伯奇由日本乘船回国，至上海时，适逢国民党反动派发动"四一二"反革命政变，乃转道至广州，又遇国民党要员李济深在广州"清党"，大肆屠杀共产党人和革命群众，白色恐怖气氛笼罩羊城。郑伯奇到沙面避居。10月，郑伯奇、成仿吾等创造社成员由广州先后潜回上海。鲁迅和郭沫若也分别由广州和香港辗转抵沪。郑伯奇提出联合鲁迅共同出版刊物的建议,得到郭沫若的支持。因此,他同蒋光慈、段可情于11月9日、19日两次到闸北东宝兴路景云里,与鲁迅面商联合事宜。鲁迅欣然同意,并主张不必另办刊物,恢复《创造周报》作为共同园地即可。12月30日,由鲁迅领衔,与麦克昂(郭沫若)、成仿吾、蒋光慈、段可情等30余人在上海《时事新报》发表了《创造周报》复刊启事。后因某种原因,废除前议,此联合计划未能实现。

1928年2月,《抗争》(戏剧、小说集)由创造社出版部出版,深得洪深的好评。他说:"在这个剧本以前,还没有在戏剧里显露出这样直接的明白的反帝意识。"此书出版不久,即遭到国民党反动派的通令查禁。2月,创造社与太阳社召开联席会议。成仿吾主持会议,郑伯奇、蒋光慈、钱杏邨等人参加。此后不久,创造社与太阳社即联合批评鲁迅,从此展开了一场关于"革命文学"的论争。8月10日,郑伯奇发表文艺时评《文坛的五月》,阐述了自己对于革命文学的观点。他说,没有料到"我们的革命文学的旗帜一揭起来,鲁迅先生先成了我们的敌人"。是年暑假,任上海艺术大学文学系主任。11月,向友人刘允丞借资在上海四川路永安里开办文献书房。同时,以济南"五三"惨案为背景,创作了三幕话剧《轨道》,描写胶济铁路工人破坏铁路、颠覆日寇列车的英勇行为。12月30日,与沈端先(即夏衍)等人发起成立中国著作者协会,被选为执行委员。

1929年2月7日深夜,国民党反动派非法封闭创造社及其出版部。郑伯奇遂用文献书房的部分资金,垫付了创造社亏欠的印刷厂的款项,买下了创造社的全部书籍纸型。后来,文献书房因资金周转不灵,被迫停业。旋即,郑伯奇又将全部书籍纸型移交给地下党领导经办的江南书店付印发行。秋,上海地下党文化系统党组织为了消除革命队伍内部的分歧,加强团结,共同对敌,责成鲁迅、郑伯奇等12人筹备成立新的文艺团体。此后不久,郑伯奇又与夏衍、冯乃超、钱杏邨、叶沉等人发起成立了上海艺术剧社。郑伯奇为社长,对内总揽事务,对外负责联络。艺术剧社成立之后,于翌年1月和4月先后举行过两次公演,赢得广大观众和戏剧工作者的好评,美国驻上海进步记者、左翼作家史沫特莱也莅临观剧,并到后台访问演员。事后,还在外文报刊上撰文评介。艺术剧社是在上海地下党组织领导之下成立的第一个戏剧团体,首先提出了普罗列塔利亚(无产阶级)戏剧的口号。

1930年2月15日,与鲁迅、郁达夫等51人联名发起成立中国自由运动大同盟。3月2日,与鲁迅等50余人具名发起召开中国左翼作家联盟成立大会。郑伯奇主持会议并对提交大会讨论通过的纲领草案作了说明。会上,被推选为左联常务委员会委员、文艺大众化委员会主任委员。左联成立之初，为了宣传文艺主张，扩大左联的社会影响，决定派成员分别到上海各大学演讲。郑伯奇与鲁迅一起，于3月13日、19日到上海大厦大学乐天文艺社和中国公学分院演讲。

4月28日，上海艺术剧社被上海市工部局无理禁封。为了反对国民党反动派的文化围剿，推进左翼戏剧运动，夏衍、郑伯奇、田汉、洪深等人商定，由上海艺术剧社、南国剧社、辛酉剧社、复旦剧社、戏剧协社、摩登社、大夏剧社组成了上海剧团联合会。8月，为了进一步开展无产阶级戏剧运动，上海剧团联合会改名为中国左翼剧团联盟。翌年1月，中国左翼剧团联盟改为以个人名义参加，称中国左翼戏剧家联盟（简称"剧联"），郑伯奇为负责人之一。这是在党的领导下，中国现代戏剧界第一次组成了强大的统一战线组织。

1931年2月，国民党反动派在上海秘密枪杀了柔石等五位革命作家之后，继续迫害左翼作家。郑伯奇处境危险，遂避居于一位留日同学孙孝宽私人开设的医院里。在该院结识了护士朱文敏。5月，日人内山完造在上海开办日语学会，郑伯奇被聘为学会会长，并到校任教。8月22日，与鲁迅、郁达夫一同参加内山嘉吉和片山松藻的婚礼。郑伯奇在新娘的白檀香扇面上题词：举案齐眉。9月，任左联机关刊物《北斗》月刊编委。

1932年1月28日，日本帝国主义侵略上海，发生了著名的"一·二八"抗战。郑伯奇冒着炮火，参加了左联暨上海市其他团体联合组织的慰问团，赴前线慰问十九路军将士暨受害市民，并以目睹的情况为素材撰写了《前线之一瞥》等杂文，揭露了日本帝国主义对上海居民的烧杀抢掠的暴行。在此期间，积极参加了党领导的抗日救亡运动。2月4日，与鲁迅、茅盾等43人签发了《上海文化界告世界书》，反对帝国主义瓜分中国，抗议日本帝国主义侵略我国领土。2月7日，又与鲁迅、茅盾等129名爱国人士联名发表了《为抗议日军进攻上海屠杀民众宣言》，反对日本帝国主义屠杀我国同胞的罪行。5月，为避免国民党反动派的迫害，化名郑君平进良友图书公司编辑《良友画报》。同时，以郑虚舟之笔名，为《良友画报·文字增刊》撰写国际时事述评，分析国际局势，抨击德、日帝国主义对内实行法西斯主义、对外进行领土扩张的野心。

夏，经上海地下党组织的同意，化名席耐芳与黄子布（夏衍）、张凤吾（阿英）组成3人电影小组，秘密进入明星影片公司任编剧顾问。6月18日，以郑平子为笔名，与蔡叔声（夏衍）、洪深等15位影评工作者联名发表《我们的陈诉，今后的批判》，提出了影评工作的方针和任务。7月，与夏衍一起翻译苏联普特符金的《电影导演论·电影脚本论》，连载于上海《晨报·每日电影》专栏。翌年2月，由上海新民出版印刷公司结集出版。此书得到洪深的好评。10月，又单独翻译苏联底茂新可的《电影结构论》（又名《电影编辑法》）。以上两书是最早翻译到我国来的苏联电影艺术专著。郑伯奇进入明星影片公司以后，不仅积极向中国观众热情宣传苏联电影，而且撰写数十篇电影评论文章，悉心扶持国产影片，努力促进我国电影事业的发展。12月，国民党反动政府在全国人民的压力之下，被迫与苏联复交，郑伯奇与鲁迅、茅盾等文化界人士联名签发《中国作家为中苏复交致苏联电》，向苏联人民委员会表示热烈的祝贺。

1933年1月，开始为上海《申报·自由谈》撰文。2月，在该报发表杂文《欢迎肖伯纳来听炮声》，欢迎英国文学家肖伯纳到达上海。3月，分别在《良友画报·文字增刊》和《申报·自由谈》撰文《革命作家巴比塞》和《巴比塞来华》，欢迎巴比塞代表团来中国参加远东反战会议。

春，与朱文敏女士在上海结婚。

7月，为良友图书公司主编《电影画报》，旨在"提倡国片"。9月，由宋庆龄主持的反帝反战大同盟远东会议，在党的支持下于上海召开。郑伯奇与夏衍一起代表左联访问国际代表英国马莱爵士和法国古久列先生。

创作电影剧本，是郑伯奇在明星影片公司期间从事电影活动的一项重要内容。1933年12月至1934年初，与夏衍、阿英合编电影剧本《时代的儿女》，反映了大革命时期知识青年的不同命运及他们所走的不同道路。6月，创作电影故事《到西北去》，揭露了国民党反动派所谓"开发西北"的谎言。7月，与夏衍、洪深等人合编电影剧本《女儿经》，反映了下层贫苦妇女的不幸遭遇和痛苦，揭露了上层富有妇人的骄奢淫逸生活。10月，由于国民党反动派对电影工作者迫害日益加剧，加之，国民党CC分子姚苏凤掌握了上海明星影片公司的大权，郑伯奇遂辞去编剧顾问职务。

1935年2月，化名郑君平为上海良友图书公司主编《新小说》，其编辑目的是"给大众化或通俗化作一番具体的实验"。《新小说》不但刊登鲁迅、茅盾、阿英、周立波、张天翼等左联作家的作品，还约请叶圣陶、洪深、老舍、施蛰存等非左联作家撰稿著文。郭沫若远在日本流亡，也为郑伯奇编辑《新小说》致函予以热情鼓励。其间，郑伯奇参与了《良友文学丛书》的编辑工作。先后介绍了文总、社联和左联的一些作家，如林伯修（杜国庠）、钱肃秋（钱亦石）、沈端先（夏衍）、周起应（周扬）、阿英（钱杏邨）、沈起予等为良友图书公司著书撰文。同时，介绍良友文艺编辑赵家璧与鲁迅先生认识，使良友图书公司得到鲁迅的大力支持。

2月，应良友图书公司之约，开始编选《中国新文学大系·小说三集》。他在该书中，收入了"五四"新文学运动前十年的创造社作家及在创造社的刊物上发表作品的

19位作家的37篇小说,并撰写了长篇《导言》,论述了创造社产生的历史背景、文学主张,并结合作家的思想倾向、生活经历、文学修养,运用比较的方法,阐明了其作品的思想特点和艺术风格。此书于当年8月由良友图书公司出版。

夏,出席内山书店的漫谈会。一次与室伏高信展开了争论。争论的焦点是,现代中国发展阶段的唯一的代表是谁。郑伯奇认为是中国共产党,室伏高信则认为是中国国民党。二人争论得非常激烈。室伏高信在《鲁迅的印象》一文中回忆了当时的情景:"郑君当时非常兴奋,脸色完全变成苍白,浑身不住地抖动,终于愤然离席而去。"7月,与柳亚子、老舍等148位文化界人士联名发表《我们对于文化运动的意见》,反对蒋介石鼓吹的新生活运动,反对读经复古逆流。

1936年5月,与鲁迅、茅盾等688人签发《我们对于推行新文字的意见》。6月7日,与茅盾、洪深等发起成立中国文艺家协会,当选为候补理事。6月10日,协会发表《中国文艺家协会宣言》。《宣言》说:"在全民族一致救国的大目标下,文艺上主张不同的作家们可以是一条战线上的战友。"25日,郑伯奇发表《希望有更多的人参加》一文,主张建立广泛的文艺统一战线,积极开展抗日救亡运动。9月,《打火机》(短篇小说集)由上海良友图书公司出版。10月,与郭沫若、巴金等21人发表《文艺界同人为团结御侮与言论自由宣言》,呼吁"全国文学界同人应不分新旧派别,为抗日救国而联合"。10月19日,鲁迅逝世。郑伯奇参与鲁迅的丧仪活动。后撰写《不灭的印象》等纪念文章,追述了同鲁迅的交往。

1937年1月,《两栖集》(文学、电影评论集)由上海良友图书公司出版。2月,与周扬、欧阳予倩等121人联名发表《反对意国水兵暴行宣言》,要求国民政府向意大利当局提出"赔偿损失,惩办凶手,道歉并保证以后不再发生同类事件"。6月27日,与茅盾、巴金、景宋(即许广平)等140余人联名发表《反对日本〈新地〉辱华片宣言》,指出"宣传日本帝国主义强盗政策的污辱中国人民的《新地》"公然在上海上演,"是对中国人民的示威和污辱"。

7月7日,卢沟桥事变揭开了中国人民抗日战争的序幕。郑伯奇立即投入抗日救亡的洪流。15日,与夏衍、阿英、欧阳予倩等16名进步文艺工作者,集体创作了第一部反映全民族抗战的三幕话剧《保卫卢沟桥》。24日,与夏衍等人发起成立了上海文化界救亡协会。8月13日,日本帝国主义在上海发动了大规模的侵略战争。14日,上海剧团联谊社和中国剧作者协会于凡尔登剧场(今长江剧场)联合举行千余人的大会,成立了上海戏剧界救亡协会。郑伯奇主持会议,并被推选为协会主任。在地下党的领导下,协会组织了13个上海戏剧界救亡演剧队,分南北两路出发到内地、前线和后方,深入群众,宣传抗战。8月24日,上海文化界救亡协会机关报《救亡日报》创刊,郑伯奇任编辑。根据党的指示,驻上海的文化工作者,有的需要撤往内地。10月5日,郑伯奇携夫人朱文敏及子女离开寓居十年的上海,返回西安。11月28日,与八路军驻西安办事处成员谢华一起创办《救亡周刊》,任主编,继续开展抗日救亡宣传活动。

1938年1月,经西北民盟委员、陕西省政府秘书长杜斌丞介绍,任陕西省政府秘书。是年秋冬之交,蒋介石派其亲信蒋鼎文任陕西省政府主席。郑伯奇不屑与其共事,旋即携眷入川至成都。

1939年初,赴重庆。1月25日,文协举行茶会,郑伯奇出席,报告西北文艺界近况。4月9日,文协第二届理事会举行第一次会议,郑伯奇当选为理事,兼任研究部副部长。

1940年11月,文化工作委员会成立。郭沫若任主任,郑伯奇任委员,负责对日宣传。本月,为了参加关于民族形式问题的讨论,撰写论文《关于民族形式问题的意见》,该文认为,形式和内容是统一的。民族形式就是"中国作风,中国气派""中国化"。民族形式就广义而言,语言、旧形式、表现方法、文学遗产中的形式部分都应该包括在内,若把民族形式限定为民间形式是不正确的。

1941年7月8日,出席文化工作委员会举办的第三次文艺讲演会,讲演的题目为《文学的新任务》。指出,文艺工作者要为抗战尽力,文艺要为抗战服务。郑伯奇自1939年起,为上海杂志公司编辑文学丛书《每月文库》,至本年编讫。此丛书分二辑,每辑10种,共20种。编者将分散于全国各地的著名作家,诸如老舍、田汉、洪深、陈白尘、艾青、臧克家、宋之的、萧红、端木蕻良、白朗等的小说、诗歌、散文、戏剧编选成册,分别由上海杂志公司汉口、重庆、桂林分公司陆续出版。郑伯奇为该丛书作《总序》和《二辑弁言》。

1943年冬,国民党反动派对文艺界压迫日甚,文艺工作者需要逐次疏散。加之,父亲重病,郑伯奇举家由重庆返回西安。

1944年夏,任陕西省师范专科学校中文科主任。11月,主编《高原》杂志。12月,《高原》杂志社刊出特辑,纪念郑伯奇50寿辰暨文坛生活25周年。文艺界好友郭沫若、臧克家等亦执笔为文,表示祝贺。

1945年5月,为《秦风日报·工商日报联合版》主编文艺副刊《每周文艺》。秋,经杨明轩、成柏仁介绍加入民盟。后参加杜斌丞组织的民盟西北总支部,任文化委员会副主任。日寇无条件投降后,9月3日,郑伯奇挥毫著文《胜利以后》,表达了无限欢快的心情和建设新中国的美好愿望。

1946年6月,《参差集》(论文、散文、译文集)由西安大陆图书公司出版。本年,发表论文《民俗研究与文艺大众化》。该文认为,民俗"是人民大众的精神活动的结晶","是一个民族的活的文化遗产"。民俗的研究与文艺大众化的实践密切联系着。民俗学者与文艺作家应该配合起来,双方互相交受其益。

1947年,复任陕西省师范专科学校教授。

1949年5月,西安解放,陕西省师范专科学校并入西北大学。郑伯奇遂至该校任教授。

1950年初,到陕甘宁边区文化协会工作,并参加西北文艺工作者代表大会,被选为西北文学艺术联合会副主席,兼任西北军政委员会委员。4月24日,参加西安市人民代表大会第二届第一次会议。10月,撰文《宣誓和保证》,沉痛哀悼任弼时。12月,随同陕西省委土改工作团赴渭南参加土地改革运动。

1951年5月,与黄俊耀合编批判一贯道罪行的秦腔剧本《血训图》;与赵望云合作编绘反映土地改革运动的连环图画。8月,参加西北文联创作之家第一届文艺月会座谈会,座谈关于毛主席的几首诗。

1952年4月25日,配合"三反"运动,创作了秦腔剧本《史惠贞劝夫》。11月,参加西安市人民代表大会第三届第二次会议。发表论文《学习苏联文学艺术,加强中苏文化交流》,纪念苏联十月革命35周年。

本年,任西北区中苏友协理事。

1953年2月,参加陕西省第一届民间戏曲观摩大会,致开幕词。本月参加西安市人民代表大会第三届第三次会议。4月8日,赴车站迎接朝鲜访华铁道艺术团。8月,发表剧评《新事物的赞歌》,评论话剧《曙光照耀莫斯科》的思想和艺术。

9月23日,参加全国文学艺术工作者第二次代表大会,被选为全国文联委员暨全国作协理事。

1954年1月,发表影评《最伟大的人》,纪念列宁逝世30周年。8月4日,参加陕西省人民代表大会第一届第一次会议。8月,任陕西省文学艺术联合会副主席,兼中国作家协会西安分会副主席。9月,发表贺词《热烈欢迎全国人民代表大会会议的召开》。10月5日,进京参加全国文联委员会第二届第二次会议。12月26日,参加陕西省人民代表大会第一届第二次会议。

1955年9月3日至13日,在西安市视察工厂、商场、农业合作社和粮局工作。10月4日,参加陕西省人民代表大会第一届第三次会议。11月10日,参加西安市第二次职工业余会演评奖委员会。本月,发表论文《对西安市职工业余文艺活动的三点建议》。

1956年2月2日,发表《崇高的启示》,谈学习周总理《关于知识分子问题》的报告的感想。3月7日,发表文艺短论《大力培养职工业余文艺的花朵》,悉心扶持职工业余文艺。6月至10月,出访罗马尼亚和保加利亚。11月,当选为陕西省人民委员会委员,并任中日友协理事。

1957年2月,发表剧评《碗碗腔〈金琬钗〉的舞台演出》,赞扬地方戏曲的艺术特色。3月,进京参加全国宣传工作会议。11月,发表回忆录《回忆艺术剧社》,回忆上海艺术剧社的成立、演出及其被国民党反动派查封的前前后后,并肯定了它在中国现代戏剧史上的意义。

1958年7月,参加陕西省人民代表大会第二届第一次会议。9月,发表书评《哈萨克文学的新收获》,祝贺少数民族文艺的发展和繁荣。

1959年5月,发表《略谈创造社的文学活动》《忆创造社》和《创造社三题》等回忆文章,回忆了创造社的成立经过、文学活动及历史功绩。5月,进京参加全国文联委员会扩大会议。7月,参加陕西省人民代表大会第二届第二次会议。9月,发表评论《农民诗人王老九和他的诗》,称王老九的诗风格自然明快,豪迈有力,富于生活实感,是"迄今为止的农民诗歌的一个里程碑"。

1960年2月,发表回忆录《"左联"回忆片断》和《"左联"回忆散记》(注:后者发表于1982年《新文学史料》第1期),忠实详明地记述了左联的成立、发展以至解散的经过。4月,赴西宁参加青海省第五次文学创作会议。7月,进京参加全国文艺工作者第三次代表大会。

1961年6月,参加陕西省文艺工作座谈会。10月10日,参加西安市纪念辛亥革命50周年大会。本月,发表回忆录《回忆辛亥革命前夕陕西的学生运动》,追述辛亥革命前夕,陕西青年学生掀起罢课风潮、反对清朝政府的一些情况。

1962年3月27日,参加全国人民代表大会第二届第三次会议。5月,参加陕西省人民代表大会第二届第四次会议,并作关于知识分子问题的发言。本月,发表论文《灯塔永远照耀着我们》,纪念《在延安文艺座谈会上的讲话》发表20周年。

1963年4月,进京参加全国文代会第三届第二次委员会议。7月12日,与柯仲平、柳青等赴西安机场迎接日本作家代表团。13日晚,在招待日本作家代表团的酒会上讲话:"自己在日本度过青年时代,对日本友人来访自己的故乡特别欢迎。……"9月,发表影评《一部激动人心的历史故事片》,高度评价了影片《甲午海战》的思想艺术成就。12月,参加陕西省人民代表大会第三届第一次会议。

1964年1月,参加陕西省理论工作者会议,任文学艺术组组长。4月,参加陕西省第二次戏剧观摩会演大会。9月,参加陕西省人民代表大会第三届第二次会议,并作关于文化艺术战线上的思想斗争的发言。

1965年1月1日,赴省广播电台作对台广播讲话。6月11日,适逢70诞辰。他在日记中写道:"今天是我70岁的生日,……但就事业来说,就文学工作的成就来说,这70年却的确使我感到空虚,感到惭愧。今后有生之日,应该看作是党和人民给我的。我一定要尽力而为,做出一点成绩来,以完成有终之美。"9月,参加陕西省政协常委扩大会议。

1966年8月,被关进"牛棚",隔离审查。

1970年春,下放至泾阳县云阳镇人合村,劳动改造。

1972年,返回西安。

1975年,应中央人民广播电台对台广播部之约,撰写对台湾同胞广播稿。

1976年10月,"四人帮"倒台,举国欢腾。郑伯奇万分激动,连忙把子女叫到家里,欢聚一堂,以示庆贺。

1977年,上海师大中文系鲁迅著作注释组来访,谈及创造社和左联的一些情况。

1978年,第五届全国人民代表大会暨第五届政协全国委员会在北京胜利召开,郑伯奇挥笔著文《让祖国大地百花争艳春色满园》,表示祝贺。

1979年1月25日,因脑血管病医治无效,不幸逝世,终年84岁。

附:郑伯奇著译书目

①《鲁森堡之一夜》(法国古尔孟著,长篇小说),上海泰东图书馆1922年5月初版,同年11月再版;署郑伯奇译;列为创造社《世界名家小说》第3种。

②《抗争》(戏剧、小说集),上海创造社出版部1928年2月初版,同年5月再版;署名郑伯奇;列为《创造社丛书》第19种。

③《戏剧论集》,神州国光社1930年6月出版;署名郑伯奇、冯乃超;郑伯奇著戏剧论文《中国戏剧的进路》收入此书。

④《轨道》(戏曲集第1辑),上海启智书局1930年6月出版;署名郑伯奇。

⑤《日本的泛系运动》(国际时事述评),上海良友图书印刷公司1932年4月出版;署名郑虚舟;列为良友图书公司《一角丛书》第33种。

⑥《宽城子大将》(中篇小说),上海良友图书印刷公司1932年9月出版;署名郑伯奇;列为良友图书公司《一角丛书》第44种。

⑦《电影导演论·电影脚本论》(苏联普特符金原著,电影论文集),上海新民出版印刷公司1933年2月出版;署黄子布、席耐芳译;列为上海《晨报·文艺丛书》。

⑧《打火机》(短篇小说集),上海良友图书印刷公司1936年9月出版精装本,1945年6月该公司再版普及本;署名郑伯奇;列为《良友文学丛书》第31种。

⑨《两栖集》(文学·电影评论集),上海良友图书印刷公司1937年1月10日出版;署名郑伯奇。

⑩《日本之产业》(日本三菱经济研究所编),商务印书馆1937年12月出版;署郑君平译。

⑪《人类的脑髓》(日本平先吾一原著),商务印书馆1939年出版;署郑君平译。

⑫《哈尔滨的暗影》(四幕剧),上海杂志公司1941年9月出版;列为《每月文库》第二辑之八。

⑬《抗战文艺论文》(文艺论文集),重庆中西局印行;列为《中西文艺丛书》。

⑭《参差集》(论文、散文、译文集),西安大陆图书杂志公司1946年6月出版;署名郑伯奇。

⑮《中国新文学大系·小说三集》,上海良友图书印刷公司1935年8月初版,同年9月再版,1936年5月三版;署郑伯奇编。

⑯《每月文库》二辑20种。

鲁迅书信、日记中的郑伯奇

1. 人物注释

郑伯奇(1895—1979),名隆谨,字伯奇,笔名君平,《日记》又作郑君,陕西长安人,作家,创造社成员,"左联"成员。一九二七年十一月为《创造周报》复刊事往访鲁迅;一九三二年至一九三五年秋在上海良友图书印刷公司任职,曾为该公司编辑《新小说》月刊。鲁迅常向其推荐青年作家文稿。

——《鲁迅全集》第15卷第488页

2. 书信

320920

伯奇先生：

《新俄小说家二十人集》译稿,顷已全部编好,分二本,上本名《竖琴》,下本名《一天的工作》,今一并交上。格式由书店酌定,但以一律为宜。例如人地名符号,或在左,或在右;一段之下,或空一格或不空,稿上并不一律,希于排印时改归划一。版税请交内山老板。需译者版权证否？候示遵办。

　　此上,即颂

著安。

迅　启上　九月二十日

321106

君平先生：

《竖琴》已校毕,今奉上,其中错误太多,改正之后,最好再给我看一遍(但必须连此次校稿,一同掷下)。又,下列两点,希一并示知：

1. 内缺目录。不知是否有意删去,抑系遗失？
2. 顶线或有横线(最初数页),或无,何故？

　　此上,即请

著安。

迅　启　十一月六日

350524

伯奇先生：

　　下午得赵先生信,云将往北平,有事可与先生接洽;并有《小说二集》排印稿二份。这序里的错字可真不少,今赶紧校出寄上,务希嘱其照改为托。否则,颇觉得太潦草也。

　　专此布达,即请

撰安。

　　　　　　　　　　　　　　　　　　　　　　　迅　上　五月廿四夜

3. 日记

一九二七年

十一月

　　九日　晴。上午得有麟信。午后李秉中来。郑伯奇、蒋光慈、段可情来。下午得小峰信。得淑卿信,三日发。夜食蟹饮酒,大醉。

　　十九日　雨。上午得秉中信。得淑卿信,九日发。午后寄翟永坤信。寄淑卿信。下午郑、段二君来。晚邀孙君烈、许希林、王蕴如、三弟、晔儿及广平往东亚食堂夜餐。

一九三〇年

六月

　　十五日　星期。小雨。下午三弟来。晚内山完造招饮于觉林,同席室伏高信、太田宇之助、藤井元一、高久肇、山县初男、郑伯奇、郁达夫,共九人。

一九三二年

十一月

　　七日　晴。晨坪井学士来为海婴诊。上午寄郑君平信并《竖琴》校稿。下午得钦文信,十月二十三日成都发。广平制孩子衣冒等四种成,托内山君转寄松藻女士。

一九三三年

九月

　　二十八日　晴。上午收大江书店版税三十一元。得姚克信。得伯奇信并《戏》一本。得董永舒信。得西谛信。夜寄申报月刊社稿二篇。

一九三四年

二月

　　七日　晴。上午寄烈文信并诗荃稿二篇。寄三明印刷厂《引玉集》序跋。得增田

17

君所寄其长女木之实照相一枚。收《自由谈》稿费一月分二十四元。下午得诗荃诗并短评稿一篇。得小峰信并版税泉二百,即付印证八千。付《解放了的董吉诃德》排字费五十。晚亚丹来并赠果脯、小米,即分赠内山及三弟。夜同内山及郑伯寄(奇)往歌舞伎座观淡海剧。

十一月

十七日　雨。上午复萧军信。寄河清信。午晴。得徐懋庸信。得王冶秋信并忆素园文一篇。午后须藤先生来诊。下午得母亲所寄小包二个,计外套一件,以与海婴;此外为摩菇、小米、果脯、茯苓饼,均与三弟家分食。晚得伯奇信并柳倩作《生命的微痕》一本。晚蕴如及三弟来并为取得《四部丛刊续编》三种共十六本。夜八时热三十七度七分。

二十八日　晴。上午季市夫人携世玚来,即同往须藤医院诊。得萧军信,即复。得金惟尧信并稿,即复。得刘炜明信,下午复。得赵家璧、郑君平信。夜九时体温三十七度弱。

一九三五年
一月

十日　晴。午达夫、映霞从杭州来,家璧及伯奇、国亮延之在味雅午饭,亦见邀,遂同广平携海婴往。下午得阿芷信并小说稿一本。夜蕴如及三弟来并为买得《饮膳正要》一部三本,价一元。

二月

二十一日　小雨。上午收《译文》六期稿费四十二元。午后寄郑伯奇信。夜濯足。

二十六日　小雨。上午寄赵家璧信并所选小说两本。寄郑伯奇信并萧军稿三篇。得冶秋信。得韩[振]业信。得增田君信,即复。下午得《三人》及《Art Review》各一本,共泉五元八角。夜蕴如及三弟来。

三月

二十五日　晴。上午同广平携海婴往须藤医院诊。午后收《太白》稿费十一元二角。收生活书店《小约翰》及《桃色的云》版税百五十。得李桦信。得萧军信。晚寄郑君平信。夜蕴如及三弟来。风。

二十六日　雨。午后复萧军信。寄河清信。下午得伊罗生信。得《版芸術》四月号一本，五角。得徐懋庸信并稿。得萧军信。得郑伯奇信，即复。得紫佩信。晚内山书店送来《乐浪彩箧冢》一本，三十五元。得母亲信，二十三日发。得雾城信并木刻一幅。得郑伯奇信。夜有雷。

六月
二日　星期。雨。上午寄河清信。收六月分《文学》稿费十二元五角。得杨晦信并陈翔鹤稿。得郑伯奇信二封，即复。夜译《恋歌》讫，一万二千字。

十二日　晴。上午得三弟信，即复。亚平寄赠《都市之冬》一本。寄郑伯奇信。

十四日　晴。上午得河清信。得伯奇信并萧军稿费单。夜风。

七月
二日　晴。上午寄望道信并稿二篇，又悄吟稿一篇。寄郑伯奇信并萧军、悄吟、赖少麒稿各一篇。得靖华信，附与静农笺。得萧军信。午季市来并赠初印本《章氏丛书续编》一部四本，赠以《引玉集》《小说二集》各一本。晚烈文来，赠以《引玉集》一本，画扇一柄，又二柄托其转赠仲方。

八月
二十二日　晴，热。上午得曹聚仁信。得《译文》二卷六期稿费二十八元。晚得萧军信并书一包。得郑伯奇信并还少其及悄吟稿各一篇。得吴朗西信并《俄罗斯童话》校稿一帖，至夜校毕。浴。

九月
一日　星期。昙。午后得伯奇信，告《新小说》停刊。得萧军信。得胡风信。下午姚惺农、王钧初来，晚邀之至新亚饭店夜饭，广平携海婴同去，又赠钧初《北平笺谱》一部。

一九三六年
七月
九日　晴，风，大热。上午得曹白信并郝力群木刻三幅。得郑伯奇信。下午须藤先生来注射。晚增田涉君来辞行，赠以食品四种。

创造社、"左联"与鲁迅(摘录)①

郑伯奇

  大革命失败以后,各地反动势力大兴党狱,疯狂逮捕屠杀,全国骚然。不少进步知识分子和革命青年,毅然决然参加革命队伍,在党的领导下,投入艰苦的土地革命战争。同时,许多进步作家和革命知识青年从各地到上海,从事文化活动。蒋光慈、段可情、黄白薇等先后都来了。创造社成了大家经常出入或临时安身的地方,一时顿形活跃。不久,鲁迅先生也由广州来上海。年底前后,郭沫若同志参加南昌起义,行军潮汕以后,也经由香港回到上海。我们觉得这么多进步作家聚集上海,大家联合起来,共同办一个刊物,提倡新的文学运动一定会发生相当大的影响。政治革命暂时受了挫折,先从文艺战线上重整旗鼓,为迎接将来的革命高潮准备条件,岂不很好吗?蒋光慈、段可情也有同样的想法。我们取得郭沫若同志的同意和支持,同去访问鲁迅先生,谈出联合的意思,鲁迅先生立即欣然同意。他并且主张不必另办刊物,可以恢复《创造周报》,作为共同园地,他将积极参加,我们都很高兴。沫若也表示非常欢迎。我为此曾两次访问过鲁迅先生。这计划曾由鲁迅和沫若领衔发表过启事。后来因为仿吾和日本的创造社同人另有主张,这计划没有实现。

——《创造社后期的革命文学活动》

  现在谈一下创造社和鲁迅先生的笔战。这场笔战是由创造社作者的几篇文章引起的。乃超和初梨的两篇论文特别引起了鲁迅先生的反击。乃超的《艺术与社会生活》(载《文化批判》创刊号)批评了叶圣陶、郁达夫、鲁迅、郭沫若、张资平5个有影响的作家。初梨在《怎样地建设革命文学》(载《文化批判》第二号)那篇论文里,不仅批评了鲁迅,也批评了郭沫若和蒋光慈。此外,仿吾在《完成我们的文学革命》那篇文章

---

① 王延晞、王利编:《郑伯奇研究资料》,知识产权出版社2009年版,第103—104、108—109、122、123、128、137—138页。

里也触犯了鲁迅先生。平心而论,这些文章或多或少都存在着缺点。对于当时文学界的分析和对于当时著名作家的评价并不完全正确。特别是对于鲁迅先生"五四"以来的战斗成绩重视不够,而批评的态度又不够严肃,这些都是引起鲁迅先生反击的原因。说老实话,当时我们谁也没有想到会引起那样一场严重的论战。论战开始以后,《太阳》《我们》以及其他刊物都纷纷加入创造社这一边。这样就使鲁迅先生感觉到受了"围剿"。其中某些作者推波助澜,更使论战发生了偏差。幸亏党及时加以纠正,这场论战才告结束。现在回想起来,这场论战不是不可避免的。至于运动所以发生这种偏差,我觉得可能有以下三个原因。首先因为当时革命斗争非常尖锐,人们无暇分辨敌我矛盾和人民内部矛盾。而况创造社搞起革命文学运动,完全出于自发,最初没有得到党的正确领导,错误更是难免的。其次,据我个人不正确的看法,日本当时无产阶级文学运动的斗争方法和宗派倾向对于我们这些刚回国的人也许有一些不合适的影响。最后,我们出国时间较长,对于当时国内文学界情况不太了解,而又缺乏调查研究,因而在国内文学界的分析、评价方面不能完全正确。由于以上种种原因,这场可以避免的笔战就不免发生了。

——《创造社后期的革命文学活动》

在酝酿期间,党还作了一些必要的工作,使以前有过纷争的作家进行个人接触,消除误会,创造有利于团结的气氛。鲁迅先生对冯乃超等同志批评他的文章颇不满意,党指定专人作具体安排,使冯乃超同志和鲁迅先生会见,两人当面交谈,不仅消除了误会,而且成了很好的朋友。由于党的领导和帮助,以前各文学团体之间以及个别作家之间所存在的意见和误会消除了,革命作家的团结加强了,给建立"左联"造成了有利条件。

——《"左联"回忆散记》

由于党的正确领导和周密安排,"左联"冲破了国民党反动派的白色恐怖,平稳地诞生了,时间是1930年3月2日。究竟在上午还是下午却记不清楚。地点是上海窦乐安路的"中华艺术大学"。这是继"上海艺术大学"之后所谓"赤化"的学校,创造社的一些主要成员参加了这个学校的教学工作。大会是得到校长陈望道先生的默许,在一个大教室内进行的。鲁迅先生作了《对于左翼作家联盟的意见》的演说。会议选出鲁迅、冯乃超、钱杏邨、沈端先、田汉、洪灵菲、郑伯奇七人为常委。当时,郭沫若、成仿吾两同志已出国,茅盾同志尚在国外,蒋光慈同志有病,都没有出席;郁达夫当天也因故没有到会,所以常委的名单上没有他们。因为年代久远了,开会又比较紧张匆促,许多重要情形如到会多少人数,谁主持会等都已记不清,和当时参加的同志们谈过也记不起来,不能写出具体的细节,实在感到非常遗憾。

——《"左联"回忆散记》

"左联"成立不久,即组织成员到上海各大学公开讲演,宣传无产阶级文学理论。鲁迅先生讲演的回数较多,也最受学生欢迎。我和他曾赴大夏大学讲演,他受欢迎的情况,我已经一再追述过,这里不再重复。彭康同志也和鲁迅先生一道去作过讲演,他也认为鲁迅先生的讲演结合实际,深入浅出,容易为听众所接受。"左联"初期的这种宣传活动,特别是通过鲁迅先生的讲演,在大学生中很快地扩大了影响。不久,在各学校中,"中国文学研究会"(简称"文研")和"社会科学研究会"(简称"社研")先后成立了,这样就给左翼文化运动扩张了阵地,也给革命队伍增添了后备力量。

——《"左联"回忆散记》

在这长期不懈的斗争中,鲁迅先生和瞿秋白烈士永远是我们的旗手和舵手。鲁迅先生的许多杂文和瞿秋白烈士的《乱弹》及《文艺杂著续辑》中的大多数文章,都反映了当时文学战线上的尖锐斗争。那些文章所表现的深刻的思想性和准确、犀利的文风,至今仍然放射着灿烂的光芒,值得我们继续深入地学习。

——《"左联"回忆散记》

1933年底成仿吾到上海通过鲁迅与党接上关系,我曾参与其事。当时我得到成仿吾到沪要见我的消息后,就约他在大世界附近热闹的地方见面,并一起吃饭和到大世界游玩。但我怎么会知道他已到沪,或者他用什么方法通知我他已到沪,我都记不起来了。这次见面的具体日期也记不起来了,只记得当时天气还不太冷,你们估计大致在阳历11月,大致不错。就在这次见面时,成仿吾提出要见鲁迅,于是就由我约了鲁迅与成仿吾见面,地点在北四川路的一家饭馆或咖啡馆,可能是白俄饭店。见面时在座共四人,即鲁迅、成仿吾、茅盾和我。为什么茅盾也参加了会面?我记得好像是成仿吾带了沈泽民(茅盾之弟)牺牲后的一些遗物给茅盾,你们说沈泽民当时还未牺牲,那么可能是沈泽民托成仿吾带话给茅盾,所以茅盾也来了。这次会面后,鲁迅就替成仿吾接上了党的关系。这次会面与我第一次见到成仿吾相隔时间不会太长,因为他急着要见鲁迅,但具体日期我已记不清了。我只记得刚见面不久,我发现《呐喊》再版时鲁迅把《不周山》这篇小说抽掉了,因为成仿吾以前攻击过《呐喊》,说《呐喊》中只有《不周山》最好,我当时还奇怪为什么两人刚见面,鲁迅就要把《不周山》抽掉呢?

——《郑伯奇谈创造社、"左联"及其他》

后死者的责任[1]

郑伯奇

鲁迅先生死了!

在抗敌救亡的民族战争正在展开的今日,丧失了这样一个老战士,这损失是意外严重的。

但是,鲁迅先生的死,似乎是无可避免的事。专门的医生曾对他说:"倘是欧洲人,则五年前已经死掉。"鲁迅先生拖着不治之病,苦斗了二十多年,到了精疲力尽的时候,我们还不应该让他永远休息吗?

是的,让鲁迅先生在大众的哀悼声中永远休息了罢。我们应该遵照他的遗嘱:"赶快收殓,埋掉,拉倒。"但,不能"拉倒"的,是鲁迅先生尚未完成的任务——抗敌救亡战线上的一个战士的任务。

从他意识地参加社会生活的那一天起,鲁迅先生就是以一个战士的姿态出现的。在辛亥以前,他加入了光复会从事政治革命;在五四运动时,他粉碎了封建思想,奠定了新文学的基础;五卅以后,他是反帝斗争的急先锋,被压迫大众的代言者。一直到临死的时候,他一面跟病魔搏斗,一面还为抗敌救亡的联合战线表示着很大的关心。

不幸的是,当鲁迅先生的病危中,在联合战线的一角——在文学的阵营中(我不说文艺的阵营,因为个别部门,如戏剧、电影等,似乎没有这样纠纷),曾发生了严重的纠纷。就历来的情势看下来,这纠纷也未尝不可当作文坛上的一种清换空气的作用(对于这次论争的意义,我抱着不同的见解,将来有机会再发表)。这种作用,为文学阵线的正常发展,应该使它有正的、积极的效果。可惜,在要使文坛情势恢复常态、建立更广大的联合战线的这个重要时期,鲁迅先生竟抛弃我们而溘然长逝了!

---

[1] 原载上海《大晚报·每周文坛》,1936年10月23日。

目前,谁都明白,中国民族解放运动已经达到了最后的生死关头了,东北的民众正在喋血挣扎,北方十几省又摆在敌人的枪炮和飞机之下了!北至平津、绥远、包头、宁夏,南至厦门、汕头、海南岛,整个中国已经在敌人的包围中了!在这严重的武装之下,敌人正在交涉我们全民众的卖身契约!面对着这样的现实,被认为民众代言人的文学者,应该怎样处理自己,来尽这时代所付与的责任?

"不妥协","不宽容",是每个战士应有的精神。但,对于个人的好恶"不妥协",而间接"宽容"了重要的敌人,这又是一个战士的耻辱。光明磊落地保持着旧日恩怨,英勇地参加共同战斗,这该是一个战士的态度罢。鲁迅先生以前的行动,就是我们最好的鉴镜(指鲁迅先生对创造社太阳社的关系。这是人人晓得的,不必详述)。

组织更广大的文学阵线,这是后死者的责任!

一九三六·十·二十一

不灭的印象[1]

郑伯奇

一进了万国殡仪馆的门,U书店的P君向着我幽幽地说:

"老朋友呒没咧!"

说话带着一种凄怆的情调。

礼堂上站满了熟人。顾不及打招呼,先到灵前去鞠躬。

遗容跟生前一模一样。脸色比平时还显得红润些,大约是化妆了的缘故。两腮低落了许多,口边似乎尖了一点。U君告诉我,他生前是全部装的义齿,现在去掉了,所以看去好像瘦削了。

他静静地仰卧着。看得久了,觉得他像是就会翻起身来,跟我们谈笑一样。

就这样,在万千人的泪眼中,他还默默地停留了三天。终于在群众的哀歌声中,跟我们永别了。

他跟我们从此永别了。如今,他安息在大地这慈母的怀抱之中了。

可是,怎么也不能相信,他就会这样离开了我们。在这暴风雨将要袭来的时候,他,这样一个老战士,总得跟我们在一起!

是的,鲁迅先生没有死。他还活着在万千人的心中。是的,在知道他的任何人的心中,他留着多多少少的不灭的印象。这些印象将他和他们连系着,永远连系着,一直到永恒的将来。

让这些不灭的印象,在自己的这贫弱的生命记录上,也留下一点痕迹罢。

说是"老朋友",这是P君的一种好意的偏见。在礼堂中,在墓地上,在上海,在北

---

[1] 原载上海《作家》第2卷第2期,1936年12月。

平,在全中国,在全世界,够得上跟鲁迅先生打这样称呼的定然不少;至于自己,虽也少有往来,可毫无资格冒充这样称呼。在鲁迅先生的朋友名簿中,像自己这样人的名字,也许不会发现。不过,从泛泛然相识算起,却也有十年左右了。

最初看见鲁迅先生,记得是在广州昌兴新街创造社出版部的支部。那是一九二六年的秋天罢,日子却记不起了。时候正在中午。仿吾和我,还有社中几个朋友正在吃午饭。顾客是一个都没有。忽然一个五短身材,穿着长袍的中年人上楼来了,后边还跟着一位装束朴素的女士。仿吾像是认识他们,便抬起身子打招呼。那人急忙摆摆手,口里说:"不要客气",转身到架上去看新书。大约不到十几分钟,那人点了点头,同那位女士一道去了。仿吾便问我,认识不认识那个人。我是刚才回国的,自然不会认识。

"那就是大名鼎鼎的鲁迅,《呐喊》的作者。"

照例带着那种似笑非笑的神气,仿吾这样告诉了我。我心中不由得大大地动了一下。座中的广东朋友便说:"那位女士姓许,是广州女师的教员,她是鲁迅先生的学生,鲁迅先生才到广东,也许她给他引路呢。"

我就这样看见了鲁迅先生,同时也看见了许景宋女士;不过这正同戏迷看戏一样,只可自己过瘾而已,台上人是不会晓得的。

我们离开中山大学的时候,就听见新校长请鲁迅先生南来主持文学院的消息,却不料在这里第一次看见了他。不久自己便离开广州了,终没有得到跟他正式会面的机会。

我们第一次正式会面是他到了上海以后。

时候记不清了。不过的的确确是出版部移到麦拿里以后,仿吾去日本的那个期间内的事。

当时革命形势已经另有一种新的展开了。许多参加革命工作的文学者都陆续到了上海。鲁迅先生也是在这情况之下由广东来的。

那时候,我有一个不知自量的妄想,以为趁这机会,大家应该联合在一起,把文学运动复兴起来。至于怎样复兴,当然是莫名其妙。我只想到联络各方面的人出一个"周刊"或《洪水》型的活泼泼的刊物来作推动。当时留社的朋友只有光慈、独清、可情几个人。大家都赞成我这意见。于是我们便想可以联络的作家,去分头接洽。

找鲁迅先生去的是我和光慈。他住在东宝兴路景云里。这是我到他寓所去的第一次。

说是第一次，我现在颇有点怀疑起来了。因为我们当时并没有经人介绍，也没有人引路，自己直接去的；而且，回忆起来，相见的时候，彼此似乎并未感到生疏，丝毫没有初次会面的样子。——那么，以前也许见过面了。不过跟鲁迅先生正式谈事情，这的确是第一次。

谈话的结果很圆满。我们希望他做一个经常的撰稿员，他无条件地答应了。看起来，决不像是"漫然应之"；他的样子很诚恳，还谈到一些具体的话。

这刊物终于没有出来。因为不久初梨、乃超等五个人回国了。他们主张另起炉灶，完全站在新的立场，发刊一个纯粹理论批判的杂志。这新计划我首先赞成；可是我自己的提议，我又不愿放弃。"双管齐下"罢，那时我们的人力财力都做不到。问题就这样搁起来。到后来仿吾等回上海以后，经了一番仔细的考量，乃决计单出理论杂志。这就是划时代的《文化批判》。

仿吾、乃超等的论文引起了鲁迅先生对创造社的论战。以后我们便没有见面的机会。现在我想，假使我计划的那刊物老早实现了，鲁迅先生对创造社的关系也许是另外一个样子，所谓"创造社与语丝社"的论战也许不会发生，即使发生，恐怕也是另外一种样态。但这并不应有什么后悔。因为那论战在中国文化发展的历史上是有重大意义的。

鲁迅先生和创造社的论争，这是人所共知的，我不想说什么。不过有一点应该说明的，论争虽然激烈，他对于创造社同人——尤其是对于跟他直接"论争"的几个人——并无甚恶感。乃超是首先对他开火的一个，可是后来他们两人的关系却很好，这不是明明白白的一个证明吗？

不过一谈到历史，这回论争他是不会忘记的，他对于创造社的不满自然也随时爆发。所以，在《上海文艺之一瞥》上，对创造社依然攻击得很厉害。我以为这大概由于（一）创造社的风气（假使有的说话）跟他不相合，（二）那论争给他的影响太深了。此外我再没有什么可说的。

论争解决了以后，我们曾经共同参加过许多团体。这时期有许多值得记忆的事，现在也无须多讲。不过，他那种富有正义感的慰藉和同情，我至今还深深感到。

他起初提倡木刻画的一些事情，也是值得记忆的。

他对于木刻画的功绩，这要让从事木刻画的艺术家去讲；我所晓得的是第一次开木刻画讲习会的事。

讲习会是在长春路日语学会的楼上开的。

我以前做过两件无聊的事：一件是文献书房，一件是日语学会。这两件事本身都无甚意义，无结果，而且还都连累了热心赞助我的朋友；可是这两件事都有意外的收获。在文献书房的事务室中酝酿了艺术剧社，在日语学会的课堂中产生了木刻画讲习会。

讲习会的主动当然是鲁迅先生。恰巧那时候内山完造先生的弟弟内山嘉吉先生到上海来玩。他是东京玉川学园的教员，对于木刻画颇有心得。鲁迅先生谈得很投机，便和他商量，在日语学会里面，开了个木刻画讲习会。嘉吉先生作了义务讲师，鲁迅先生自己权当翻译。听讲的学生有二三十个，大约都是爱好美术的青年。

鲁迅先生很热心。他不仅翻译讲义，还给学生当通事。学生大都不会说日语，有什么疑问，都要劳他通译的。练习的时间，他在一行一行的桌子中间，走来走去，代学生传疑问，代先生译说明，情形十分忙碌，可是他很高兴，一点厌烦的样子都没有。

讲习会大功告成，就在日语学会里面开了一次展览会。他快活得像看见自己扶植的一棵树成长了一样。

中国的木刻画就这样在他的扶植之下成长起来了。他和中国的木刻画也就这样发生了密切不可分离的关系。一直到他病殁的前几天，他还带病去参加过一个木刻画的展览会。

他对于中国木刻画的前途抱着热烈的希望。但是，他对于现在的木刻画家却并不溺爱。当青年画家寄来一大卷木刻画的时候，他眉开眼笑地一幅一幅仔细翻看，可是他并不忘记了指摘他们的缺点。他以为大概都还缺乏基本的训练。这意见，我想青年画家们总该从他的口中听得很熟了罢。

他对于青年作家的爱护，这已经成了很有名的史实了。

我编《新小说》的时候，才深知道他在这里面所尝到的甘苦。

在没有发刊之先，我便向他要稿。他很爽快地答应了，但却提出了一个交换条件：

"我这里有许多青年作家的稿子，希望你能够登出来一些。"

这是不成问题的。我本也希望多登些青年作家的作品。我自然答应了他。不过，我也提出了一个保留：

"我想提倡通俗化。太高深的作品却有点困难。"

"那自然。你看看,可登就登;不能用,请你不必勉强。"

他交译稿的时候,就附来了一大卷他所介绍的稿子。

后来会面的时候,他首先问那些稿子怎么样。我很直率地把我的见解说了,他也没有什么反对。分手时,他还再三叮咛:

"不用的稿子,请你退还我,千万不要遗失了。"

有一次闲谈的时候,他慨然道:

"许多青年不明白,以为只要有我一句话,什么杂志都可以登出来。登不出来了,还有人写信怪我,说我不肯尽力。却不知道我并不是编辑,我也不能叫编辑都听我的话。"

又有一次,他发过这样的牢骚:

"我还得给人家代收稿费。有些人,稿费迟了几天,便来信质问我,好像我应该替书店负责任的样子。"

这样的人大约是有的,并不是他发无谓的牢骚。

不过,他虽发牢骚,外面不相识的青年作家把稿子寄来了,他仍然很高兴地给他们看稿,介绍,写回信。每天他总要收几包外面寄来的稿件,在这上面花费的时间也不少哩。

可是,有不少的青年作家就在他这种自己牺牲上得到成功了。

鲁迅先生去世已经快要"三七"了,到处还听到哀悼他的言语。这可以证明他给中国文学的影响之大和他给人留的印象之深。像自己这样比较关系不密切的人,也还这样饶舌,正可以见这悲哀的空气是怎样浓厚了。

鲁迅先生逝世了。可是还有更严重的悲痛就要临到我们的头上。我们不能长此沉溺在这空气中,我们要抱着各人的这些宝贵的印象,继续鲁迅先生的足迹前进。

一九三六·十一·八

鲁迅先生的演讲[①]

郑伯奇

鲁迅先生溘然长逝了。这意外的悲痛事件引起了全中国乃至全世界的勤劳大众的哀悼和叹息。他一生的行动言论,成了千万人的回忆的宝贵材料。

笔者和先生相识也有将近十年之久了。因为以前有过一段历史上的纠纷,彼此私人间虽无甚往还,但七八年来,大家都在同一阵营中,因而常有相见的机会;九一八以后,彼此又有几个共同的友人,私人的接触比前较多,足供回忆的材料自然不少,但这几天,看见灵堂上供养着的遗像,常常使我想起跟鲁迅先生一同演讲的那一段逸事。

这是七八年前的事了。

创造社和语丝社的纠纷早已告一段落,一个广大的文学组织宣告成立。就在这时候,为将新的文学主张扩大宣传起见,鲁迅先生和笔者便被派到沪西D大学去演讲。

时期记得是一个下午。当时艺术剧社还存在。在窦乐安路的剧社事务所,会齐了D校的代表,大家便同去邀请鲁迅先生。

那时候,鲁迅先生是住在东宝兴路景云里。他一个人在书房里,脸色很不好。他告诉我们,他病了几天,夜里睡不着,牙齿都落掉了。他表示不能演讲,还把落掉了的一颗大牙齿给我们看。

代表很为难。他说,同学都在等待着鲁迅先生去,若第一次就使同学失望,以后什么怕都不好进行了。我是知道自己不会演讲,唱独脚戏准得失败的,故也极盼鲁迅先生出马。看见这样情形,鲁迅先生终于答应我们,带病去了。

[①] 原载上海《中流》第1卷第5期,1936年11月。

鲁迅先生的演讲

D大学的礼堂兼雨操场里挤满了人。新的文学团体固然也有点号召力,但,大部分的学生是为瞻仰鲁迅先生的言论丰采才集合来的,那是毫无疑义。

由我来唱了开锣戏。现在,连演讲的题目都忘记了,内容如何自然更无从记起。大概不外乎是当时开始受人注意的文艺与社会关系的问题。

现在想起来还要汗颜,笔者讲了不到一刻钟,听众是一个去了又去一个。偌大一座讲堂只剩下寥寥不到百十个人了。我心里有点发慌:

(头一炮就打不响,鲁迅先生又有病,这却怎么办好?)

心里越急,口上越乱。什么"意德沃罗辑"呀,什么"印贴利更地亚"呀,什么"狄亚列克特"呀,这一类生硬的术语,只在口边乱撞。可怜那百十个听众又渐渐散开,变成乌合的散兵线了。

看光景还是趁早退场好,于是赶紧作了个结束了事。

耳边懵懵懂懂听见一阵热烈的鼓掌声,是鲁迅先生登坛了。

怕是有病的关系罢,鲁迅先生的声音并不高,但却带着点沉着的低音。口调是徐缓的,但却像是跟自己人谈家常一样的亲切。

他先从他的家乡说起。他说,他是浙东一个产酒名区的人,但他并不爱喝酒。这样,他对于曾经说他"醉眼朦胧"的冯乃超君轻轻地回敬了一下。

以后,他便谈他家乡的风俗。语词是记不清楚了。大意是他家乡那里,讨媳妇的时候,并不要什么杏脸柳腰的美人,要的是健壮的少女。由这类的例子,他归结到农民和绅士对于美观的不同。然后,他用实证,揭破了"美是绝对的"这种观念论的错误,而给"美的阶级性"这种思想,找出了铁一般的根据。

在朴实的语句中,时时露出讽刺的光芒。而每一个讽刺的利箭投射到大众中间,便引起热烈的鼓掌和哄堂的笑声。

不知什么时候,屋子里添进了那么多的人。偌大的一座讲堂是挤得水泄不通了。连窗子上面都爬着挟书本的学生。

演讲是在热烈的空气中宣告了成功。在散会以后,D校马上成立了一个新的文学组织。

这当然是鲁迅先生抱病演讲的功绩。

以后,或者还同鲁迅先生一同去演讲过,可是这第一次的印象是非常深刻的,到现在,看见鲁迅先生的遗像,我还会自然而然地想起了它。

我以为这里含着一种极有意义的教训。鲁迅先生的演讲能够打动听众的心坎,正和他的文字一样,因为他能在日常生活的微细现象中找出高深理论的具体根据,又能用素朴而深刻的日常言语将这理论表现出来。

到万国殡仪馆来瞻拜鲁迅先生遗容的总有几万人罢。这里面,有小学生,也有工人——这都是比较和新文学不大接近的。鲁迅先生能够获得这么广大的群众,除了他的战斗精神引人钦慕以外,当然要归功于他的作品。而他的作品能获得这样的成功,无疑地是因为他的深刻的理解和素朴的表现了。

鲁迅先生长逝了。要使他永远不离开我们,我们应该接受他给我们遗留下的精神的遗产。在我自己,这一次演讲所给的教训,是这些遗产中很宝贵的一个!

鲁迅灵前答客问[①]

郑伯奇

鲁迅先生的死,不仅使我们悲痛,还使我们想到一些重要的问题,虽然就哀悼的情感来讲,这也许不甚纯粹;但这正是表示鲁迅先生的伟大和他对于中国文化关系的密切,因此,在鲁迅先生的灵前,谈到一些哀悼以外的话,识者也许不会见责罢。

我在灵前默默地坐着,有人轻轻地拍了我一下。

是从前在"文新"干过的一个青年,现在据说是从事教育了。

他急急忙忙地问我:"你对于两个口号的论争,有什么意见?"

在这样的时候,提出这样的问题,我觉得是太不慎重的,我含糊地应了一声:"唔。"

"你是站在那一方面的?"他再逼上了一句。

"我没有发表过意见。"我想逃开。

"你的朋友都是国防文学派,你怕也是赞成国防文学的罢。"

他居然给我下了断语了,这我可不得不说几句话。

"我给你说,我没有发表过意见。到现在,我也还不想发表意见。不过你既然这样问我,我无妨讲几句话。我以前没有发表意见,并不是模棱两可。这有两个原因:第一,你也有点觉得国防两个字,意义太觉得狭隘,并且太觉得政治的;第二,我很想听听两方面年青理论家的意见。所以,双方论争开始的时候,我希望这论争能够正当地发展下去。老实说,从前太没有公开讨论的机会了,因此反惹起许多无聊的纠纷,可是,第一个特辑出来了,看了使人大大地失望,这不是讨论,这是小组织的意气之争。郭沫若先生的几篇文章发表之后,国防文学得到了正确的解释。我所想讲的话,

---

[①] 原载上海《好文章》第3期,1936年11月。

他都讲到了,而且我自己再讲不到那样透彻周密,我便缄默了。后来,鲁迅先生的文章也出来了。所谓'民族革命战争的大众文学'的由来和意见,也得到了真实的说明,两个口号的论争,有了郭、鲁两先生的文章,似乎可以告一个段落了。现在情势这么紧张,整个国家民族的存亡就迫在眼前,从事文学运动的人们应该马上去做进一步的工作。你看,戏剧方面在准备公演,诗歌音乐方面组织了歌咏团,写文章的朋友若要固执着继续以前已经解决了的论争,那将要引起民众的怒骂了。"

有几个朋友关心文学运动的将来,便不期然而问道:

"你看将来文坛怎样?是不是还会更加混乱?"

作预言,我可不敢,何况我又是坛外的人。

我当时只能这样回答:

"这可说不定,也许会更混乱,也许会澄清。不过目前的纠纷决不是片面造成的原因,我们不能归罪任何一方面,因为有从前许多复杂的不幸原因,所以才有目前这样的局面。我总希望这混乱有澄清空气的作用。"

过了一会儿,我坚决地说:

"这样局面是历史造成的,跟青年作家毫无关系。青年作家是无党派的。他们还讨厌这些党派。他们只想从事文化工作,他们只想发表自己的创作或意见,只要把文坛的门户大加开放,一切混乱都会自然消灭的。"

看看鲁迅先生的遗像,看看瞻仰遗像的无数青年,我回顾我的朋友,低声说:

"鲁迅先生最喜欢跟青年作朋友,最喜欢介绍青年作家。他为此吃过许多苦头,可是他并不灰心。这种精神是值得佩服,当然像这样的人,在中国文坛上决不止他一个,可是谁都没有他这样历史长,谁都没他经过的变化多。从高长虹,算算看,有多少人?这也应算是他一生的特长了。"

话又不知不觉地转到鲁迅先生的轶事上去了。

一九三六年

最后的会面[1]

郑伯奇

鲁迅先生的逝去是太得奇突太得意外了,任何人的心里都会发生一种说不出的烦乱。在这时候要说些哀悼的话,谁都觉得难于措辞罢。尤其是自己,更不知从何说起。

老实说,在这样的纸面上写文章来哀悼鲁迅先生,自己并不适当。就个人的交谊讲,自己跟鲁迅先生并没有什么特别关系。就公的方面讲,我们以前是属于同一个团体的。而且,在这个团体,我们共处了有七八年之久。最近文艺家协会成立,鲁迅先生没有参加,并因此曾有点纠纷,但这只是一时的现象,自己相信鲁迅先生跟自己这批人仍是站在同一阵线的。不过,七八年以前,自己所属的那个文学团体,却跟鲁迅先生发生过相当激烈的论争,那些论争,在现在看起来,的确不免有点幼稚。在广大的运动中,那些纷争应该是被扬弃了的。可是,感情的回忆常常使鲁迅先生感到不快。这是自己觉得非常遗憾的一件无可如何的事。

因此,在鲁迅先生的笔下,那个文学团体的朋友变成了"才子兼流氓"。自己因为办"文献书房",也曾被先生的笔尖顺带地扫过一下。如今,这当然都成了陈迹了。不过也就因为这些陈迹,自己同鲁迅先生虽同属于一个组织,而私人交谊却并不密切。

据接近鲁迅先生的人说,对于自己,鲁迅先生比较还好。这我自己也有点感觉到。我曾经有些事情托过他,他都还没有拒绝。我编《新小说》的时候,请他写稿,他马上答应,并且第一个先寄稿来。因为顾虑环境,我将那篇稿子压了两期,没有发表,他也并未生气。他还给我介绍了几个新的作家。萧军先生的小说,金人先生的翻译,都是他介绍来的。他还给我介绍过孟十还先生。这都是我到现在还非常感谢的。

---

[1] 原载上海《文学》第 7 卷第 5 期,1937 年 1 月。

我们也常见面,也常谈话。他的态度是直率坦白。我觉得在文坛交友中,用这样态度对待别人的并不很多,有许多话很有意义,值得记录出来。譬如,他说,因为成仿吾赞美了《不周山》,所以他便从《呐喊》中把那篇删去了。又如,当沫若正陆续发表金石文研究的时候,他引用了一句古谚说道:"拿木乃伊的,变成木乃伊,他也要当心呀。"沫若一点没有被木乃伊所化,客观的事实已经证明了。不过鲁迅先生的这样坦白、诚恳的态度,是令人感佩的。

鲁迅先生病了,没有机会去看他,我觉得非常遗憾。我曾托内山、鹿地、黎烈文几位朋友致意问候。两个口号的论争起来了,我写过一封信给他。我以为这样公开的理论争辩是很好的,应该让它正当地发展下去。后来会到鲁迅先生,才知道那封信他并未看到。大约病得厉害的时候,那样的信,医生也许不许给他看的罢。

病稍微好点,他能够出来走动了,我才会见他。不料这一次就成了我们最后的会面了。

那一天,我同K君夫妇到了内山书店去。一进门,他正在书架上找书。他仍然穿着那件蓝布长衫,头发留得长长的,人却比从前消瘦得多了,脸色也苍白得很。但当时我非常惊喜。因为,我曾听内山先生说过写了那篇"万言长文",他的病势又恶化了。可是如今他不是恢复了健康,可以在外边走动吗?

他告诉我刚刚由病院看病回来。我便问他的病况,他很泰然地说,是肺结核。我以为是肋膜炎转成的,他说:"不,我害肺结核有二十多年了。因为讲起来没有什么用,我一径没有讲过。"他又说:"那个美国医生诊断得很对。这种病是不会好的。不过现在依然没有死,这却同他的结论不一样。"他脸上露着笑容,这使自己很高兴。我便劝他转地疗养,他反问我:"什么地方好去疗养?"说话时,声调有点激越,我反而无以回答。本来,在这样的时代,在我们这样的环境里生活的人,谁有资格谈疗养,所以便默然了。

主人出来招呼,大家便围坐起来闲谈。鲁迅先生正出版了一部书来作S君的纪念,话题便集中在那本书上。忽然K夫人提到《中流》上所发表的《遗嘱》,含笑着说:"先生说,'不要做任何关于纪念的事情',先生却出这部书来作纪念?"鲁迅先生悠然笑道:"我是不要给自己做纪念,但我给别人却可以大做特做。"大概是内山君罢,接着说:"那么,我们将来给你做纪念,你也没有话说了。"鲁迅先生赶快止住:"那不可以,那不可以。"大家哗然笑了。当时只是一场笑谈,如今回想起来,却似乎成了一种"谶语",真使人不胜感慨哩!

正在谈得高兴的当儿,日本中央公论社的特派记者来了。当时中日关系正在紧张,这位记者大概是采访上海方面的"舆论"来的。内山先生将这新客让到里面屋子去。等了一会儿,内山先生出来向鲁迅先生说明,要给介绍。鲁迅先生已经要站起来了,内山先生忽然扬起手来,叫大家一齐进去。我认定这位记者是想见鲁迅先生,所以随便说了一句:"恐怕不方便罢,还是请周先生一个人去。"鲁迅先生听见了,大约以为这话有点意外罢,便看看我:"有什么不方便?难道还有秘密吗?"在这样短短的一句话中,我感觉到我们中间依然是有距离的。

大约不到三十分钟,内山先生又招呼我们几个人到里面房子去。鲁迅先生看见我们,马上站起要走。大家留他再坐一下,他说:"郑先生说不方便,现在他来了!所以我应该去了。"他也许是在说笑话,我却弄得"啼笑皆非"。结果,他一个人就那样去了。

我很知道鲁迅先生在日本是受崇拜的。《中央公论》以前曾发表过鲁迅先生的文章。改造社长山本实彦来上海以后,特请鲁迅先生给《改造》推荐中国青年作家的作品,鹿地君又继续翻译鲁迅先生的散文在《改造》上发表,《中央公论》便被冷落了。我以为在这两大杂志的营业竞争上,《中央公论》的记者或许对鲁迅先生有什么请求。我所说的不方便是意识到这一点。

可是鲁迅先生怕不是这样想。最近文坛上种种无谓的纷纠,给他先生的印象大约很深。因而我随便说的一句话,他也许认为有意义的了!

这样一件无聊的事,本不值得重提的。假使有机会再会面,我们本可以说得开,也许彼此可以一笑了之。可不料那一次的会面竟成了最后的会面了!

在最后的会面中,竟那样分手,这遗憾似的心情将永不会离开我的。

一九三六·十二·一

回忆和学习

——纪念鲁迅逝世十四周年[①]

郑伯奇

鲁迅先生逝世后,今年是第十四周年了。以前的十二个年头,大家是用悲愤的心情来纪念这沉痛的日子。去年今日,人民解放战争已经获得了基本胜利,中华人民共和国已经正式成立了,这个伟大的纪念日才能够在非常兴奋非常热烈的空气中举行。

今年纪念鲁迅先生逝世第十四周年,和去年应该又有些不同。今年,由于毛主席的正确领导,全国财经情况已经开始好转,和平经济建设已经顺利进行,并已获得显著的成绩,全国广大地区正将进行废除封建剥削、解放农村生产力的土地改革;新中国的前途是光明灿烂的。而美帝国主义者,竟在这样的时候,胆敢侵略我台湾,破坏我领土完整,最近更变本加厉,扩大侵略朝鲜战争,使战火逐渐接近我边境。一面是和平建设,一面是疯狂侵略。美帝国主义者好战的野心已引起我国人民的愤怒和警惕,以苏联为首的和平民主阵营的力量是强大无比的。美帝国主义者及一切战贩们敢于冒险,那就等于灯蛾扑火,自取灭亡。当和平民主和侵略战争尖锐斗争的今天,纪念鲁迅先生这样一个反帝反封建反法西斯的战士,那就更有了新的意义。尤其是西北,和其他地方还更有些不同之点。我们刚刚开过了西北文学艺术工作者代表大会。在不久以前,我们每天瞻仰着鲁迅先生的遗像,我们反复地学习着鲁迅先生的言论和指示。这一切印象还明显地刻印在我们的脑中。现在,纪念鲁迅先生逝世十四周年,不仅更会增加我们对于鲁迅先生的认识,提高我们向鲁迅先生学习的热情,而且还会加强我们文艺为工农兵服务的信念,加强我们建设大西北为国防基地的决心和勇气。

[①] 原载西安《群众日报》1950年10月19日。

鲁迅先生值得我们学习的优点和长处是很多的。他的那种不屈不挠的韧性的战斗精神是首先值得学习的。这是大家所公认的,关于这一方面,在研究鲁迅先生的著作中,讲到的已经很多了,不须这里再重复。我想讲讲另外的一方面,就是鲁迅先生对于战友,对于青年同志的关怀和爱护,对于工作的认真和不怕麻烦等等,这些似乎比较平凡的一方面。这些地方似乎平凡,也仍然是他的优点和长处。这些平凡的地方也正形成了他的伟大。我们要学习鲁迅先生,对于这些地方似乎也不应该忽视。尤其是跟鲁迅先生多少直接有过交往的人,这些比较平凡的地方往往会发生相当的作用和影响。鲁迅先生去世以后,这样的作用和影响在人们的记忆中,随着时代的进展,往往会变成更加深刻有力。因此,对于一个伟大人物的回忆,即使是最平凡的几件事情,也可以成为回忆者本人的生动活泼的学习。当鲁迅先生逝世十四周年的纪念日,我愿意来作这样的一个学习。

我和鲁迅先生自从大革命时代相识以来,始终站在一条战线上,虽然我们并非深交,并且中间还曾发生过误会,但在艰苦的日子里,我们始终一致,我们见面谈话的机会比较多,因此鲁迅先生和我平淡的交情也给予了我相当深刻的印象。鲁迅先生去世的时候,我曾写过一些哀悼的文字,虽然是寥寥短文并无深意,却也吐露了我当时哀痛的心情。十四年了,不知不觉地我竟然胡里胡涂地活到了鲁迅先生去世的年龄。在和平民主对侵略战争尖锐斗争的今天,尤其是西北文代大会闭幕不久的今天,对于鲁迅先生的一生,我更增加了"高山仰止"的心情。现在,我就用这样的心情,来写出二三关于鲁迅先生的回忆,一面来纪念这伟大的日子,一面来鞭策自己。

我和鲁迅先生初次见面是大革命时代在广州昌兴街创造社出版部。大革命失败后,我们先后到了上海。可是当鲁迅先生到上海的时候,郭沫若、成仿吾两先生都不在那儿,创造社面临着大转变的前夕,我留在上海感觉力量单薄,尤其感觉到有集合力量出一个进步文艺刊物的必要。当时鲁迅先生住在闸北景云里,我去访问他,提议联合出一个进步的文艺刊物。鲁迅先生非常赞成,并且热心主张恢复《创造周报》,他自己愿意参加撰稿。他认为《创造周报》曾经在广大青年中发生过很大的影响,恢复起来仍然可以继续发生作用。他这种见解完全由工作出发,他当时的态度也很公正。可惜对于以后的工作任务和文艺见解没有深谈,这完全由于我自己的意识模糊。我只简单地将这种情况传达给坚定了革命文学信念的朋友们,当然不会被采纳。以后,对于这计划,我没有坚持,也没有和鲁迅先生作更进一步的谈话,便这样有头无尾地放弃了。这一次的失败完全是我的责任。我对于鲁迅先生还不了解,我对于客观情况也缺乏深入的研究,所以铸成了大错。郭沫若先生在他的著作中虽然提到了这一件事,但他没有指出我的错误,因为当时我的错误,可能他没有发现。事情已经过了二十多年,在这伟大的纪念日,我应该深刻地检讨自己。

左翼作家联盟初成立的时候,为了扩大影响,我们曾分头向上海各大学作过宣传讲演。大概是第一次罢,鲁迅先生和我被分配到大夏大学去。鲁迅先生在外面一所大厅里讲演,我是在一个较大的教室里面。当时我讲了一套无产阶级文学的理论。因为我只搬教条,没有和中国实际结合,不免空洞乏味,起初教室内外挤满了人,后来听众却渐渐离开,越来越少了。我结束了讲演,走到外厅去,鲁迅先生的身边,听众是越来越多。我便参加到听众里面,觉得鲁迅先生的讲演,的确更有趣更实际。题目记不清楚了,大概讲的是美的阶级性。鲁迅先生不背马列的教条,也不引证卢那卡斯基的论文,他只举了一些日常所见的例子。譬如他引证他那里乡下农村选择媳妇的标准是健康、结实、端正,和城里绅士讲究什么苗条,什么娇小玲珑就大不相同,因为健康结实的妇人将来可以种田,可以生育。他就这样用具体的事实和实际的理由来说明美的阶级性。说到有趣处,那些大学生拍掌大笑。我当时也觉得有趣,也很佩服他能深入浅出,但并没有感觉到他的讲演是连系实际连系生活的。现在来说,这种连系实际连系生活的方法,还是值得自己好好学习的。

鲁迅先生对于中国木刻有哺育培养的功劳。他那样热心那样不怕麻烦,参加过木刻讲习会的人都是知道的。那时候,我办了一所日语学会,木刻讲习会就借那里的一个大教室举行的。讲师是一个日本中学教员,鲁迅先生亲自给他作翻译,又托人在日本买木刻工具。第一期毕业时,举行过一次展览会,作品并不多,可是鲁迅先生没有因此灰心,而更坚持下去。现在中国木刻的进步,可说是鲁迅先生热心和耐烦的功劳。这和他不怕麻烦,热心地给青年写作者看稿子并帮助出版,同样是值得我们学习的。

和鲁迅先生的长期的平淡的交谊中,像这样的记忆当然还有,但有的别人已经讲过的,有的现在不必多讲,就在这些片段的回忆中,我们已经看出了鲁迅先生的许多优点和长处值得我们学习。我愿意将这些宝贵的回忆作为今后学习的资料。

一九五〇年,鲁迅先生逝世十四周年纪念前夕,于西北文联

争取今天

——庆祝伯奇五十寿辰及三十年创作生活[①]

郭沫若

伯奇是我的留东同学，他虽然要后我几期，但他和我交谊比同期的好些朋友还要深切。他不仅是详细地知道我的私生活的一个人，而且我们精神生活差不多他都全部知道。我对于他，自信也是这样。

他是初期创造社建设者的一人，而且自始至终都爱护着创造社，一直到现在，他的心情都没有两样。他对于朋友的心情也就是这样的心情。重信义，不轻易改变自己的心向，出处进退决不肯丝毫苟且，这是他所具有的美质。

他的学殖是多方面的，经验也很丰富，处事接物非常和易近人，以他那样的美质和修养应该是能够博得更大的成功的，但似乎是中国社会限制了他，没有可能使他充分地发展自己的抱负。

他是专门学心理学的人，然而一般人都很少知道他是这一方面的专家。法国文学、日本文学和中国文学的教养一样的深，但他在这些方面的介绍却不十分显著。创作的才能是相当卓越的，小说、剧本，都可以写，但也很少写。在负责的译文缺少的我们国度里，以他那样丰富的关于日本语与法语的学殖，也一样很少翻译。认真说，我是觉得他未免太退撄了一点。

他是太爱完美了，不是最上乘的东西不肯写，不肯做，不肯译述。这样自然便会限制了他的活动。而他凡事差不多都是"三思而行"的，在我看来，他不仅"再思可矣"，简直是不思都可以了。准备已经那样周到，见解也在准确的方向上获得了固定，尽可以放胆地做去了。

[①] 原载《高原》第2号，1944年12月1日。

✳✳ 九畹贞风慰独醒

十全十美的事情,天地间是没有的。一切都在进展,今天我们所认为全美的东西,明天说不定又要发生缺陷了。但不要紧,发生了缺陷,我们又再来补实这个缺陷就是。万事都要争取今天!

伯奇的过于谦抑的作风,我觉得应该改换一下才好。这是三十年的友谊使我对他不能不说出的一句心坎里的话。50岁应该对于伯奇是一个警报。我们自然希望他能够活到100岁,但活到那么老其实是一件苦事情。因此我不太奢望他,祝他起码再活20年,而且要活动20年。尽量地把他所有的东西发挥出来,补偿他以往30年的过分谦抑的损失。

大家拿出全力来赌着劲活动20年,中国必然是会改观的。20年后的中国必然是自由幸福的新中国。到这时,我们还要更热烈地庆祝伯奇的70大庆。

11.2 日于重庆

寿伯奇先生[①]

臧克家

我常想,以自己的心血营养过他人的人,他是永远不老的。

自己已经是40岁的人了,回想在15年文学习作的道路上给我影响很大的,创造社就是一个。我正在读中学,案头上杂列着许多刊物,《创造》就在其中。它不但供我文学上的赏鉴与学习,而且还影响了我整个的人。它成了我指路的南针,使我丢开书本跑到了革命的前线上去。

伯奇先生,就是"创造社"的主角之一。当时我是怎样一颗天真的心,企仰着这些文艺天空中的昴星呵。

我终于在西安这座古老的城里,在他的故乡,碰到了伯奇先生,这已经是十几年以后的事了。他敦厚、温暖,他的文,他的人,在我心上统一了起来。

伯奇先生50岁了,在这50年中,他为文艺流了30年的心血。他给青年的一代开辟了道路,也滋养了他们。今日,他依然健步地走在群众前面,执着他的笔!伯奇先生,我遥祝你的健康!

[①] 原载《高原》第2号,1944年12月1日。

回忆郑伯奇同志在"良友"（摘录）[①]

赵家璧

……

"良友"是广东人伍联德于1927年创办的一家商业性质的中型出版公司，以出版各种画报、画刊，主要是《良友》画报为专业方向。自设印刷厂，颇具规模，编辑职员大都是广东人。过去也出版过一些文艺读物，其中有朱应鹏、张若谷和傅彦长之流所写的《艺术三家言》等，没有受到进步读书界的重视。田汉的早期戏剧评论集也在那里出版过。

1932年，"一·二八"淞沪战争发生，"良友"地处北四川路，临近战区，业务大受影响，《良友》画报停刊4个月。5月份恢复出版时，最先两期缩小开本，从影写版改为铜版印。7月恢复大开本，增加白报纸印文字增刊16页，每期刊载国际时事述评和文艺创作等。就在这年4月，有位戴了一副深度近视眼镜，瘦瘦高个子的北方人来到"良友"编辑部。他庄重朴实，不苟言笑，虽和我们一样穿一身西服，却毫不讲究。经理第一天给我们介绍时，称他郑君平先生，陕西长安人。

当时，我刚刚跨出校门，除编一本《中国学生》月刊外，开始编《一角丛书》。因为爱好文学，学校里编过校刊，进入社会后，很想在这方面干番事业，但认识的文艺界圈子极小。组稿对象，仅仅是大学里的老师同学，同乡文友，还有几位月刊的经常撰稿人。"九一八"事变，蒋介石采取"不抵抗"政策把东北三省拱手让人，思想上极为苦闷；接着发生在上海的十九路军英勇抗战结果被蒋介石出卖的悲惨结局，使自己对个人、民族、国家的前途茫然若失。虽有把文学、艺术、编辑、出版作为终身事业的愿望，但究竟为了什么这样做心中无数。

[①] 原载《新文学史料》1979年第5期。

回忆郑伯奇同志在"良友"（摘录）

我们的编辑部占据着大约有一百平方米的大办公室，全室十多个人，我和伯奇的办公桌正好并列在西窗底下。中午饮食自理，我和伯奇两个非广东籍的编辑经常去北四川路的小饭店共进午餐，伯奇还常请我去吴淞路日本购买组合二楼的餐厅吃日本饭。从日常的接触和谈心中，增强了相互间的了解，逐渐建立了友谊。大约一个月后，他才告诉我他原来是赫赫有名的左翼老作家郑伯奇，这次为了避开国民党反动派的耳目，改名来此工作。他早年毕业于日本京都帝大文学部，参加创造社。大革命时期，任广州中山大学教授，担任过黄埔军校政治教官。大革命失败后到上海，曾任上海艺术大学教授，上海艺术剧社社长，参加左翼作家联盟和左翼戏剧家联盟等。我一方面大吃一惊，看不出他是一位革命老前辈；一方面也私自庆幸，来了一位难于觅到的好老师。

正当我在思想上苦恼、事业上束手无策的时刻，郑伯奇同志来到我的身边，正好成为我前进道路上的指路人。他比我年长13岁，谦虚坦率，平易近人，完全是一位忠厚长者。自从我知道他的来历以后，我对他推心置腹，无话不谈，很快结成了好朋友。此后几年，我在编辑计划上有些什么想法，总是先向他请教；我自己写好了什么文章，总是先请他过目修改。对于我的编辑计划，他总是站在我的背后支持我，循循善诱，却从不强加于人。他真是我的良师益友。也在他的教诲下，我开始读了一些过去不知道或是虽然知道却不愿花功夫去认真阅读的革命书籍，逐渐懂得了一点革命的道理。同时通过他的关系，认识了许多"文总""左联""社联"的成员和其他进步作家。我的组稿对象一下子大大地扩大了，既充实了《一角丛书》的内容，又为以后编辑的各套文艺丛书打下了基础。单单以我最早编的第一套丛书——《一角丛书》为例，这套书是按出版先后编排书号的，从80种目录来看，1932年初出版的第21种开始，一批从来没有为"良友"写稿的作家开始在良友出书了。他们都是革命的文艺工作者和社会科学研究者，按出书时间先后为序，可以列出这样一长串作者名单：董绍明（董秋斯）、何思敬（何畏）、林伯修（杜国庠）、丁玲、钱啸秋（钱亦石）、钱杏邨和徐衍存（阿英）、沈端先（夏衍）、周起应（周扬）、袁殊、张天翼、沈起予、赵铭彝、林克多等。这些书稿都是伯奇介绍给我的。大部分作者后来成为我的朋友，继续不断为"良友"写稿；少数作者只见过一二面，对他们在当时担任什么具体革命工作，到新中国成立后，有的直到最近才弄清楚。因为伯奇不谈这些，我也从不打听。那时，我只相信他是不会在任何方面使我为难的，我单凭书稿内容作出取舍标准，后来事实证明完全是这样。1933年1月，《良友文学丛书》创刊，我的组稿工作又进入了一个新的发展阶段，第一种就出版了鲁迅先生的译作，这又得归功于伯奇，因为是他陪我去谒见了鲁迅先生。

从此"良友"一直得到他老人家的热情关怀和大力协助。对我来说,伯奇来后,一个崭新的活跃的组稿局面打开了,我作为编辑的活动天地扩大了。不久,在上海的进步出版界阵营中,便出现了"良友公司"这样一支引人注目的新军。

伯奇在最初一年半时间里,为《良友》画报的文字增刊每期用"虚舟"笔名撰写一篇国际时事述评。他用科学的进步的观点,站在反法西斯斗争的立场上,分析当时的国际形势。淞沪战争之后,全国人民处于惶恐不安的状态中,亟需了解国际上的风云变幻和政治动向,伯奇就在下列的这些题目中——《第二次世界大战之危机》《没有失业者的国——苏俄》《日本最近政变的解剖》和《德国法西斯蒂的前途》等等,向读者进行国际形势教育。这在一贯偏向生活趣味的《良友》画报来说是一次大胆的创举,替素来对国际政治动态漠不关心或不会分析的画报读者,第一次打开了眼界。同时他又用"华尚文"笔名发表小说和散文。不久,茅盾、丁玲、张天翼、楼适夷等的散文或小说也陆续第一次在《良友》画报上出现,那是因为从1932年9月开始,《良友》画报实际上已由马国亮接手主编,他也深受伯奇的影响了。

从1933年7月开始,伯奇用郑君平名义主编《电影画报》。编者在创刊号中说:"本报以提倡国片为主。我们很想提高影迷的趣味,增加观众对于电影艺术的理解,间接促进中国电影的前进。"在1933年出了小开本的六期;1934年出了大开本的十期。一半用铜版纸刊印演员个人照和剧照,一半是文字,内容并无特别引人注目之处。但是这个电影刊物与伯奇在进步电影界的活动具有密切的关系。这给伯奇提供了一个有利条件,使他在电影界获得广泛接触的机会。我现在回忆,这一时期,伯奇不但在"良友"同事间,相处得非常融洽;他的社会活动,也比前一年活跃得多。

我们编辑部靠东北角是一间用木板相隔的会客室,因光线不足经常开着电灯,屋内放着三四张沙发,来看伯奇的朋友很多。我记得经常来的有阿英、夏衍、凌鹤等。起初只有伯奇招待他们,后来我也常常参加谈天,最后,马国亮也和他们交上了朋友。我当时只知道伯奇在电影界关系很多,活动频繁。他还为凌鹤编的《申报·电影专刊》经常写新影评,用的是席耐芳等笔名。但究竟他在干些什么,我从不过问。直到最近读到夏衍同志《忆阿英同志》的文章才知道当时以《孤儿救祖记》等伦理片起家的明星电影公司,主动邀请几位进步作家去当编剧顾问,阿英建议,经当时领导上海文艺工作的党组织同意,由3位同志进入了明星公司,建立了党的阵地,其中除阿英、夏衍外就是郑伯奇。

另一篇阳翰笙同志写《痛悼田汉同志》的纪念文章,有一段回忆也使我联想起伯奇和"良友"的关系。文章说:"继夏衍、阿英、郑伯奇等同志在'明星'公司建立了党的阵地之后",他们又利用资本家的资本筹组艺华影片公司,拍摄了许多反映人民疾苦、反对日帝侵略的革命电影。后来逐步"夺取了'明星''艺华''联华'等编导权。进步电影取得了压倒的优势!"接着国民党反动派"就用所谓'电影界铲共会'名义,纠集流氓打手,对艺华公司进行捣毁破坏……制造了震惊中外的反革命事件!"这件事发生在艺华公司的时间是1933年11月13日上午9时;同日上午11时,良友公司的门市部大玻璃窗,也被一个手持铁锤的"怪客"击碎了。国民党反动派所进行的文化"围剿"的罪行,由于鲁迅在所编《准风月谈》后记中把它"立此存照"而永远成为研究中国现代文学史的反面材料。当时"上海电影界铲共同志会"的油印警告信,不仅发给各书店各报社,"良友"经理也于次日收到一份,他曾给我看过。信末说:"如有不遵,我们必以较对付艺华及良友公司更激烈更彻底的手段对付你们,决不宽假!"仅仅两年前还不为国民党反动派放在眼里的良友公司,忽然与艺华公司同时成为值得大动干戈,把它作为一"铲"为快的目标,这从反面证明了伯奇进入"良友"后所做的工作确实是不平凡的。新中国成立后,我才知道他并非共产党员,但回忆那可纪念的四个年头里,他在良友图书公司,也像他在明星影片公司一样,在党所领导的文化反"围剿"斗争中起到了很大的作用。

  文艺大众化问题讨论的后期,随着有人提出小说大众化和通俗小说的问题。1934年,日本文坛上,也掀起了一阵讨论通俗文学的热潮。伯奇就把日本的老牌文学杂志《新潮》7月号给我看,指出有5位著名作家和文学批评家如片冈铁兵、森山启等对通俗文学各抒己见,写了专文。伯奇对日本的出版物极为熟悉,他告诉我,日本的通俗刊物如King《妇人之友》等,厚厚一大册,销行数十万册,其中发表的通俗小说很多出于名家之手,情节引人入胜,故事饶有趣味,极受广大群众的欢迎。而日本的纯文学杂志,道貌岸然,不能深入一般群众之中,中国的情况也是如此。这年冬,他有放弃《电影画报》,改编一本通俗文学杂志,准备闯一条新路的想法。我认为如果他能编一个文学刊物,一定比编《电影画报》更能发挥他的特长,所以积极支持他向经理提出这一建议。

  1935年2月,用郑君平主编名义的《新小说》创刊了。方方的20开本,插图丰富,别具一格。许多著名作家都为这第一本通俗文学刊物的出现而作出自己的贡献,纷纷试写新作,帮助伯奇开辟这个文学新园地。编者的意图在第二期《编者话》中说得很清楚:"我们要出一本通俗文学杂志,这杂志深入于一般读者中间,但同时,每个作品都要带有艺术气氛……我们相信真正伟大的艺术作品都是能够通俗的,都是能够深入一般读者大众的;同时有生命的通俗作品也都是在艺术方面很成功的……把作品分为艺术的和通俗的,这是一种变态,《新小说》的发刊就是想把这不合理的矛盾统一起来。"伯奇在这一点上有他自己的见解和远大的理想。他还曾在该刊上,写过一篇《小说的将来》,作了许多科学的预言,如广播小说、电视剧、有声小说等。

创刊号里发表了张天翼的小说《1924—1934》,作者用书信体描绘从"五卅"惨案到"九一八""一二八"等翻天覆地的十年社会大变革时期,一个最初决心投身革命的青年,如何在残酷的生活面前,放弃了远大的理想,变成一个意志消沉的小市民。小说连载两期。

张天翼给编者信中说:

> 看到《新小说》极为高兴,编制插图都极吸引人,但望下几期能打进学生以外的多数读者如店员等等。我觉得我那篇不大合适,因为这种文学只有读书人能读,未能通俗。

当时的纯文学刊物,由于写作的题材和方法,读者局限于知识分子阶层,打不进广大群众中去。张天翼愿意在这方面作一尝试,郁达夫也有类似的想法,他写给编者的信中说:

> 我以为通俗小说,终不是我们能写的东西⋯⋯实在要把小说写得通俗真不容易。日本的大众小说倒是我们的一个模范⋯⋯。

在第二期上就发表了郁达夫的《唯命论者》。小说描写教了二十几年课,月挣三十八元六角的一位小学教员,他的妻子用外婆给她外孙的一元钱,偷偷地去买了一张航空奖券。开奖之日,夫妻俩误认号码,以为自己中了头奖,做了一场好梦。等到幻想破灭,小学教员的尸体发现在学校附近的河浜里。这篇作品,当时《文学》5月号的一篇书评《杂志潮里的浪花》中作了这样的评语:"⋯⋯郁达夫的《唯命论者》是既通俗又耐回味的一篇小说⋯⋯我们也觉得在已出二期的《新小说》上真能推为通俗文学的,这也是初次啊!"第三期上刊有老舍的《善人》,郁达夫颇为欣赏,他说:"老舍的《善人》读得很有趣⋯⋯。"发表的通俗小说还有茅盾的《夏夜一点钟》,施蛰存的《猎虎记》,徐迟的《丽士卜的沙弗》,姚雪垠的《野祭》等。柯灵的长篇小说《牺羊》连载六期,由两性生活的矛盾展开到电影界新旧势力的冲突。此外还有洪深的《山东五更调》、陈子展的《呆女婿》等,那从题目上就可看出它是为了适合《新小说》的特点而写作的。

郭沫若当时旅居日本,他来信祝贺这个新生的婴儿,他寄给伯奇的信上说:

> 《新小说》饶别致,文体亦轻松可喜。能于大众化中兼顾到使大众美化(广义的美),是一条顺畅的道路,望兄好为之。

回忆郑伯奇同志在"良友"(摘录)

鲁迅对这个刊物的爱护,不但表现在他把自己翻译的西班牙作家巴罗哈的小说《促狭鬼莱哥羌台奇》寄给伯奇发表,还把萧军的短篇《搭客》介绍给《新小说》。给萧军的信上说:

> 良友收了一篇《搭客》,编辑说要改一个题目。我想这无大关系,代为答应了。

这就是发表在第四期上的《货船》。鲁迅还写信叫孟十还去看伯奇。信上说:

> 良友图书公司出了一种月刊《新小说》,昨天看见那编者郑君平先生,说想托先生译点短篇,我看先生可以去访他一回……去一次自然未必能遇见,那么,只好再去了。

对《新小说》热情支持,足见两位老作家之间深厚的感情。

对这个刊物的编排和装帧设计,伯奇也花心机,重要作品都请万籁鸣、马国亮等作插图,有些画面几占一全版,这在当时的文学刊物中是很少见的。可惜篇幅有限,售价不低,销路受到影响。王任叔来信提意见说:

> 名为通俗读物,这样薄薄一本要卖两角,也不很"通俗",这是书店老板的事,不关吾兄。

但这个矛盾一直没有得到解决。当时良友的经济情况已不及往年,应付稿酬拖拖拉拉,这一情况,可从鲁迅给萧军一信中得到证明。上面讲过的萧军那篇小说发表后,稿费没有及时致送。鲁迅信中说:

> 良友公司的稿费单,写信去催了才寄来,但有期限,在本月廿一,不能立刻取。

这说明现金周转不灵,连一二十元的稿费都开期票了。这类事,对编辑者来说是极为恼火的。我记得有一次内部开会时,伯奇就为此与经理当面顶了起来,不欢而散。

伯奇对《新小说》是寄予很大希望的。那一时期,他经常和我商谈,如何在形式和内容上进一步进行改革,打开僵局。第一卷第五期结束前,他吸取教训,重订计划,把开本缩小为23开本,增加篇幅,缩小插图,准备辟专栏,出专号,广约全国著名作家写稿。他在第二卷革新号的编者言中说:"通俗化不是一件容易事,不单是所登载的作品要容易受大众欢迎,就连编排的体裁、册子的大小、封面画和文字中的插图也都引起读者的兴趣,显然我们以前没有做到。"第二卷革新号于7月份出版,作者中有茅盾、靳以、万迪鹤、姚雪垠、叶圣陶、金人、任钧等。同时预告了第二期为《晚清文学研究特辑》,由郑振铎、阿英等执笔。第三期为《上海动态点滴特辑》,将由20位作家分

※※ 九畹贞风慰独醒

工合作,从各个不同角度反映这个冒险家乐园里两个完全不同的世界。接下去,他还预备出女作家专号、新人专号等等。一看革新号上的广告,就说明编者心中有一幅宏伟的蓝图。他当时充满着信心,认为第二卷出齐时一定可以大有起色。不料8月下旬,经理又和伯奇为了销数、成本、稿费开支等问题闹了一场。伯奇耿直为怀,经理锱铢必较。一怒之下,伯奇于第二天拂袖而去,从此离开了良友。

这件事在《鲁迅书信集》中也有所反映。9月1日鲁迅给萧军信中说:

> 收到良友公司通知信,说《新小说》停刊了,刚刚革新,而且前几天编辑给我信,也毫无此种消息,而忽然"停刊",真有点奇怪。郑君平也辞歇了,你的那篇《军中》便无着落,不知留有原稿否?但我当去问一问别人。

可见此事发生后,经理还以公司名义发了通知信给撰稿人,鲁迅和我们编辑部同事一样都感到突然。他要去问的"别人",当然就是我。所以当天晚上,鲁迅就给我写信说:

> 今天下午,得知《新小说》已停刊,且闻郑君平先生亦即离开公司。我曾代寄萧军作《军中》一篇,且已听得编入"革新"后一期中,今既停止,当然无用,可否请先生代为一查,抽出寄下,使我对于作者有一交代,不胜感幸。

这封信是写得很婉转的,我把萧军的原稿代为寄去后,当然也把伯奇离职的情况告诉鲁迅,但主要向他说明这件事与政治无关。一位对"良友"的文艺出版事业作出过卓越贡献的老作家老编辑就这样被经理轻易地撑走了,这对"良友"是一个无可弥补的损失;对我来说,身边失去了一位随时可以请教的好教师。

伯奇在"良友"工作的四年之中,在"良友"出版过短篇小说集《打火机》,编在《"良友"文学丛书》中;还有一本关于文学与电影艺术的论文集《两栖集》。他为《一角丛书》写过一本小说《宽城子大将》,不久即遭国民党反动派所查禁,理由是"鼓吹阶级斗争"。还用郑虚舟笔名写了一本揭露分析日本法西斯运动的小册子《日本的泛系运动》,也编在《一角丛书》中。这和他给《良友》画报所写连续一年八个月的每月国际时事述评属于同一性质的。至于总结"五四"新文学运动的十卷本《中国新文学大系》得以顺利出版,伯奇的贡献更是不可低估的。他不但自己担任了《小说三集》的编选工作,当鲁迅编选的《小说二集》因检查官乱砍鲁迅在《文学》发表的杂文,几乎使我们的计划中途流产时,全靠伯奇陪我去求见鲁迅,几经劝说,鲁迅才答应下来,使这个计划不致功亏一篑。所以在我的印象中,鲁迅与伯奇之间的友谊是非常真挚十分深厚的。伯奇尊重鲁迅,鲁迅信任伯奇。这是我从和他们二人一起谈话的好几次接触中所深切体会到的。

1979.5.30

追思

——悼郑伯奇同志(摘录)①

柯 灵

……

伯奇同志是创造社的主要成员,而又和鲁迅先生有较融洽的关系。他早年就参加过辛亥革命,30年代是他最活跃的时期。他是"左翼作家联盟"的筹备人和常委,还参加了"左翼戏剧家联盟"和"中国民权保障同盟"。左翼电影运动兴起,他又是积极的参与者,朋辈戏呼他为文学与电影的"两栖动物"。他写电影剧本,写电影批评,还致力于引进十月革命后在苏联登场的新兴电影艺术理论,普多夫金的《电影导演论》和《电影脚本论》,就是他和夏衍同志合译的。特别值得注意的是他的某些主张,例如为了促使中国电影尽快脱离幼年阶段而突飞猛进,他呼吁对电影艺术理论作分门别类的专门研究,呼吁其他姊妹艺术的研究者参加电影行列。他认为中国电影不但要向苏联电影学习,还要借鉴西欧优秀的电影艺术。"他山之石,可以攻玉",我们应该"虚心坦怀",而不要"偏执武断"。从这里可以看出他沉潜的思想的闪光。

我是作为一名摇旗呐喊的小卒,卷进这一场电影革命运动的。邈远的岁月已经使往事如烟,只有一点,历经时间洪流的磨洗而不损其光辉,那就是几位我当时亲炙过的前辈风仪。他们有一种非常突出的共性,是平易近人,不遗余力地汲引后进。而这正是使世界不断前进的引力。我认识这位席耐芳先生的初期,并不知道他就是郑伯奇,后来哑谜揭晓了,刹那间我的确充满了疑幻疑真、又惊又喜的复杂心情。我和伯奇同志之间,光是年龄,就隔着一大段;但各种各样的距离并不妨碍我和他的接近。这里试举文字上的交往为例。党的电影小组成立以后,原来沉闷的局面很快打开。

---

① 原载《人民日报》1980年2月2日。

1933年春,"中国电影文化协会"成立了,这是一次真正的群英会,影坛知名人物第一次集合在进步的旗帜下,宣言要共同建设"新的银色世界"。为了给这种欣欣向荣的景色增添热闹,伯奇同志在同年7月创办了《电影画报》。我记得大世界附近有一间临街的小楼,是"协会"的经常活动场所。《画报》筹备期间,伯奇同志特别约我在小楼上谈了一次。《画报》出版以后,我也就是主要的写稿人之一。我有个朦胧的印象,当时以唯美派著称的青年导演蔡楚生,正处在从象牙之塔到十字街头的转向时期,伯奇同志和我商定,由我在创刊号上写文章介绍蔡楚生。1934年,我在《大美晚报》华文版创编了一个《文化街》周刊,伯奇同志给了我最有力的支持,他几乎每期都有文章发表,后来收在《两栖集》里,总题为《星期一通讯》的一组文艺论文,就是他在《文化街》经营的果实。1935年2月,伯奇同志创办和主编的《新小说》,是对文学通俗化的一个尝试。根据他自己的说法:"真正伟大的艺术作品都是能够通俗的","同时有生命的通俗作品也都是在艺术方面很成功的",他的理想是统一本来不应有的艺术与通俗的矛盾,使左翼文学运动"深入一般读者大众"中去。他主编《新小说》,在时间上和《电影画报》相衔接,可以看出其间显明的血缘关系,那就是电影创作与理论的实践使他看到了文艺和人民的相互影响和力量。这种主张,得到鲁迅、郭沫若、茅盾、郁达夫、老舍和其他著名作家的积极响应,有的还在《新小说》上作了通俗小说的实验。《新小说》后来并没有发生它预期的社会影响,但无疑应当看作是左翼文学力求向纵深发展的一个标记。我当时是一名货真价实的文艺学徒,伯奇同志却热心鼓励我写了长篇小说《牺羊》。这篇小说的题材,也是出于他的提议。他说电影界新旧势力的矛盾很突出,这是社会矛盾的具体反映,其中形形色色的人事浮沉,都是很吸引人的素材。这无疑是一个很好的设想。遗憾的是我没有写好,辜负了他的期望。因为对我当时的负荷能力来说,这确实有点超载了。我决不会有勇气爬这个高门槛。后来因为《新小说》的夭折,《牺羊》也没有终卷。现在想来,《新小说》的不能永年,是一件很可惋惜的事,也是一件很自然的事。解放以前,国统区的新文学运动,始终徘徊在知识分子阶层,连小市民的圈子里也未尝涉足。作者和读者似乎有同样的"洁癖",对通俗文学望而却步。左翼文艺运动虽然要努力要冲决这个樊篱,和工农群众相拥抱,但主客观条件都不成熟,仍然停留在可望而不可即的阶段。人的主观能动性是无限而又有限的——谁也无力做超越时代的事。但能够立足现实而着眼于未来,本身就是一个伟大的起点。

郑伯奇同志的性格是比较内向的,蕴结的热力表现为待人接物的亲切随和。他的特点是扎扎实实地埋头苦干,而说话不多,在我和他结交的四五年间,不曾听到过他的高谈阔论。1937年,抗日战争爆发。上海迫近沦陷以前,他决定离开这个生活和战斗了多年的城市。我到他环龙路寓所送别时,他和他的夫人正忙于整理行装。那是一个明丽的秋日,但战争的气氛和惜别的心情压得我沉甸甸的。当时草草一别,从此在战火纷飞之中,不曾互通音信。我一直蛰居的称为"孤岛"(后来为沦陷区)的上海,形同拘囚,连关于他的消息也没有听到。

……

1979年12月26日

《郑伯奇文集》序[①]

成仿吾

"五四"以来的新文学运动中,郑伯奇同志不是那种叱咤风云的角色,也不是什么头面人物,然而却是一个诚实的、勤恳的、脚踏实地的作家和战士。

伯奇同志最初是作为一个热情的爱国者投入到"五四"新文化运动中来的。那时候,我们都在日本留学。满怀的报国壮志,身受的异族压迫,使我们对帝国主义的侵略无限愤慨,对黑暗、衰败的祖国感到极大痛苦。我们热烈祈望祖国的新生,中华的崛起。十月革命的炮声为我们打开了新的天地,"五四"运动的风暴煽起了我们胸中的熊熊烈火,决心拿起各样的武器,为祖国的解放而呼号、战斗。其间,主要是由于郭沫若同志的热情组织和辛苦奔走,一些志同道合的青年人走到一起来了,于1921年7月成立了创造社。

伯奇同志和我都是创造社最初的成员。当创造社还在酝酿的阶段,我们已经互相认识,但只是神交,并未见面。那时候我在东京,沫若在福冈,伯奇在京都,为讨论出版文艺刊物的事沫若曾多次和我谈到他。对于伯奇同志在创造社成立初期的活动与贡献,特别是1921年暑假期间他从日本回国,先后同沫若、达夫一起筹备、编辑《创造》季刊创刊号的情形,我是很熟悉的。所以我们早已是老朋友了。然而直到1923年底,我们才第一次相见。那也是创造社的一个重要时期。由于革命形势还处于低潮。社会上黑暗势力十分猖獗,给创造社的活动带来严重困难。我和沫若都感到很大压力,内心里也充满着苦闷。正在这时,伯奇从北方来到上海,积极投入创造社的工作。他以他的热诚、奋发、坦率和友情,给了我和沫若以宝贵的支援。这真是雪中送炭!稍后,沫若回日本,我也离开了上海,前期创造社结尾的困难工作,主要是由伯

[①] 原载《人民日报》1984年10月16日。

奇来完成的。

在后来我和伯奇同志的交往中,有两件事最难忘怀。从这两件事,也可以看出伯奇其人的精神和品格。

大革命时期,创造社的主要成员都到了广州。当时广州是"革命的策源地",来自全国各地的文艺工作者都汇集在这里。1927年初鲁迅也到了广州。就在那时,由创造社作家发起,起草了一篇《中国文学家对于英国知识阶级及一般民众宣言》,愤怒声讨帝国主义和中国军阀相互勾结镇压中国革命的罪行,呼吁中国工人阶级和进步知识分子以及世界各国的无产民众,与中国人民团结一致,反对共同的敌人,打倒资本帝国主义。为了争取更多的"对于无产阶级革命确有信心的同志"参加这项工作,我们首先想到刚来广州不久的鲁迅。我给鲁迅写了信,邀他参加;鲁迅慨然应允,在宣言上签了名。后来这份宣言又译成日文、英文、法文寄到国外,一时间在国内外造成不小的影响。在这项工作中,伯奇同志是积极参与其事的,其中宣言的法文稿便是由他译出。就在这项工作进行当中,伯奇同志受创造社同人的委托,于1927年春天从广州赴日本,联络新的同志,准备扩大创造社的队伍;而当他返回广州的时候,却正赶上国民党发动"四一五"反革命政变。霎时间一片腥风血雨,许多革命者惨遭杀戮,恐怖的气氛笼罩着羊城。伯奇同志乘船到香港,心里惦记着创造社的朋友,毅然冒着生命危险来到广州,并四处奔走,寻找革命的同志和战友。那时候,我和他在广州的创造社分部多次相聚,共同商量创造社以后的活动计划,并决定分头从广州到上海,聚集力量,重整旗鼓。在那些严峻的日子里,我同伯奇在一起,心里感到很大的安慰。尤其使我兴奋的,是他从日本带来李初梨、冯乃超等同志的意见,即建议创造社转变方向,起而倡导无产阶级革命文学。这更使我受到鼓舞,在一片漆黑、恐怖的环境中,好像看到了东方的霞光,听到了新的进军的战鼓。我是由此决定亲自去日本,请他们回国的,这可以说是后期创造社发生转变的开端,也是1928年兴起的无产阶级革命文学运动最初的酝酿。

还有一件事项要说明。1933年冬天,我从鄂豫皖苏区到上海找党中央。那时中央已迁往江西,原来的联络点已经撤离;初梨、乃超、彭康等几个熟识的同志也都杳无踪迹。我在上海街头徘徊了半个多月,希望得到一点线索,但一天天过去,却毫无结果,心情越来越变得沉重、焦急。恰在这时,我从报纸上看到良友图书公司的出版广告,上面有伯奇的一本书(书名记不清了)要在那里出版。这给我一线希望。我当即决定:找伯奇去!他不是党员,活动还是公开的;而且他一直生活在上海,联系比较广,也许从他那里可以得到一点线索。我于是找到良友公司。说来也巧,达夫、伯奇正好在那里!他见到我,又惊又喜,闪亮的眼光中流露出无限的关切和深情。我更是欣喜异常,深深感到人间友情之可贵。我们一道从良友出来,走到僻静处,我直接告诉他我的处境和我的急迫需要,向他打听同志们的情况(我想通过他们找到党)。他说他也很久不见他们了,对他们的地址和联络方式,更是一无所知。我又感到茫然了。这时,伯奇好像忽然想起了什么,提醒我说:

"可以去找鲁迅先生,说不定他那里有什么线索。"

这使我心中一亮。对鲁迅先生,我是了解的;虽然过去我们之间有过争论、误解,但那毕竟是同志之间的分歧,而且早已成为过去。对鲁迅先生的思想、品格,我一向是敬佩的,参加革命实践工作以后,体会尤深,但也因为参加实际工作久了,长期脱离文艺界的活动,对于他现在的状况所知甚少,因而不免有些犹豫。伯奇看出了我的心思热情地说:

"放心吧!鲁迅先生现在是左翼文艺运动的领袖,完全靠得住的。现在,连国民党都骂他是'准共产党'呢!"

我释然了,决定去找鲁迅先生。伯奇又告诉我具体办法:到内山书店去问内山老板。内山先生也是老朋友,早就认识,我更放心了。

鲁迅的心是和党联在一起的;通过鲁迅找党,是一条最直捷、最可靠的路。我沿着这条路,顺利地、迅速地找到了党,完成了组织的重托,这是我过去曾经谈过的。这里需要着重说明的是,这条路,最初是伯奇指给我的,并帮助我下了决心。

从这里也可以看出,伯奇同志对鲁迅先生的了解是多么深;他的心同党、同革命事业贴得多么紧!

伯奇同志终其一生都是如此:诚挚、厚笃、热情,对朋友,对同志,关切备至,体贴入微,对党、对革命事业,孜孜不息,忠心耿耿。

中国有句古话"文如其人"。伯奇同志的文章著作,正是他的精神品格的逼真的表现。伯奇同志的精神品格是崇高的、不朽的;他的文章著作也必然如此。这方面,不必我去细说,细心的读者一定会感受更多,收益更多。

1982年6月

父亲高元白应聘陕西省立师范专科学校逸事

高振祥

抗战胜利后,新民主主义革命进入新的发展阶段。1946年2月4日,民盟西北总支部在西安秘密成立,杜斌丞先生任主任委员,领导西北地区民主力量同蒋介石反动集团进行斗争,在他的领导下,民盟成员的斗争广度和深度都有了很好的发展,取得可喜的成绩。

新民主主义革命取得成就,必然引起国民党反动派疯狂打击、迫害中共民主人士,制造白色恐怖。1946年3月1日,大批国民党特务闯进民办《秦风日报·工商日报联合版》营业部,殴打工作人员,砸毁办公设备。4月23日,国民党特务杀害该报法律顾问、民盟盟员王任同志。4月30日,《民众导报》主编、民盟西北总支部青年部部长李敷仁同志被国民党特务秘密枪击,所幸未击中要害,被当地百姓救活,后经地下党护送到边区医治。5月1日,2000军警特包围封锁《秦风日报·工商日报联合版》报社、印刷厂,不准报纸出厂。5月3日,出版最后一期报纸后被迫停刊。

1946年7月11日,民主进步人士、民盟负责人李公朴先生遭到国民党特务暗杀,12日凌晨因伤势过重不治身亡。7月15日,民主进步人士、民盟负责人闻一多先生参加李公朴先生公祭大会后,在回家途中被国民党特务枪杀。暗杀事件是国民党有计划、有目的的罪恶行径,在全国引起巨大震动,全国各地民众举行悼念会,声讨国民党的法西斯罪行。

这时西安文化名人、左翼作家联盟创始人之一、《秦风日报·工商日报联合版》副刊主编郑伯奇先生已引起特务注意,并发现有特务跟踪迹象。国民党市党部强令陕西省立师范专科学校解除郑伯奇一切职务,为保护郑伯奇先生的安全,民盟西北总支部主委杜斌丞先生、执行委员王菊仁先生决定暂停郑伯奇先生一切活动,以保安全。

正当民盟西北总支部寻找适合人选接替郑伯奇先生在师专的工作时,1946年7月我的父亲高元白先生辞去铭贤学院的工作,携家眷返回西安。

杜斌丞、王菊仁得知我父亲已到西安,就请西北大学教授、民盟盟员岳劼恒先生向陕西省立师范专科学校郝耀东校长举荐父亲。

父亲和岳劼恒先生是1937年抗战时,在国立西安临时大学相识的,又在西北联合大学一起工作。岳劼恒先生是陕西长安人,1928年毕业于北京大学物理系,同年赴法国留学,是居里夫人的学生,获得法国国家理学博士。1936年回国,任北平研究院物理研究所研究员兼中法大学理学院教授,抗战时回陕西,任国立西安临时大学、国立西北联合大学、西北大学物理教授。父亲与岳劼恒先生都是陕西人,岳先生年长父亲7岁,是年35岁,父亲当年28岁。虽说二人一文一理,然而意气相投,遂为清交素友。

郝耀东先生和父亲是老朋友,听说父亲到西安了,当即写了聘书请岳劼恒先生转交我的父亲,请父亲如约到职工作。

民盟西北总支部杜斌丞、王菊仁先生认为父亲是接替郑伯奇先生在师专工作的最合适人选,原因有二:

其一,父亲一直在北平生活工作,抗战时到城固西北联大、西北大学、西北农学院、四川铭贤学院工作,远离西安,如今刚到西安,是生面孔,特务不了解父亲的情况,便于开展工作。

其二,父亲在铭贤学院任训导长第一天就取消了每日清晨升国旗仪式,并排除干扰积极支持学生成立"自治会",由学生"班联会"推举候选人,通过学生普选使学生李泰宗(中共地下党员)当选"自治会"主席,学生贺鸿仪(中共地下党员)、学生任纪文(中共地下党员)当选委员。因"自治会"核心成员是进步学生(中共地下党员),有效地领导组织该校的学运工作,使铭贤学院的民主氛围空前高涨。支持学生自办刊物,及时报道各地学运情况,激发学生的爱国热情。与兄弟院校合办进步刊物,组织学生与兄弟院校学生联合游行,声援昆明学生反内战、争民主的运动。

父亲在铭贤学院任训导长时所表现出的勇气和智慧,得到民盟西北总支部的认可,因而决定由父亲接替郑伯奇先生在陕西省立师范专科学校的工作。

父亲就任陕西省立师范专科学校国文教授兼国文科主任,教授"诸子概论"等课程,并遵照民盟西北总支部杜斌丞先生的指示,引导支持学生的民主活动。1946年10月经杜斌丞、高建白先生介绍,父亲加入中国民主同盟,与杜斌丞先生单线联系,从事地下反独裁、争民主的斗争,投入到民主革命的洪流之中。

王捷三与鲁迅

【编者小引】在20世纪五六十年代,王捷三可谓是一位风云人物。他不仅在西安师范学院以留学英美、学识渊博著名,而且在陕西省也有相当的名气。现在,回忆、纪念他的文章不少。这些文章的作者有他当年的学生,有韩城的乡贤,还有西安文史研究者,以及全国著名鲁迅研究专家朱正先生等。

在此,我们强调,王捷三先生有一个特殊的身份:他是一位著名的教育家。这表现在他任职陕西省教育厅厅长期间,创办了三所专科学校(省立医学专科学校、省立商业专科学校、省立师范专科学校),兴办了百余所中学,增设了千余所小学;他又是陕西师范大学的前身——陕西省立师范专科学校筹备委员会的委员(另两名委员是著名语言学家黎锦熙、著名清史专家萧一山)。可以说,王捷三是陕西师范大学的创办人之一。在抗战期间,他亲自创办了兴国中学并任第一任校长,又曾任西安高中校长。在老家韩城办小学,出让自家上等的良田作为捐资,带动了众乡亲。1946—1948年,他任蔡元培创办的华北文法学院的首届院长(后来西安师范学院副院长李瘦枝、我校中文系教授曹冷泉在此期间在该校任教)。王捷三还著有《教育论集》一书,可以说,王捷三是陕西近现代历史上一位杰出的教育家。

2024年是鲁迅来陕讲学100周年。我们可以设想:假如1924年夏,在北大哲学系就读的王捷三,在得知陕西省教育厅没有聘请鲁迅讲学的情况下,不向西大校长傅铜写信提出补聘鲁迅的建议,那么就没有鲁迅来陕讲学这一为陕人津津乐道的文化盛事了。

王捷三简介[1]

王捷三(1898—1966),曾用名王鼎甲,陕西韩城县(今韩城市)巍东乡东仪门村人。自幼随父读书,其父病故后,伯父供他上学,1911年考入韩城县立高小,学习经、史和新学。1914年考入西安省立一中,1919年考入北京大学预科,1920年入政治系,1921年又转入哲学系。1925年以第一名的优秀成绩由北京大学哲学系本科毕业。

王捷三在北大就读期间,受校长蔡元培"循思想自由原则,取兼容并包主义,主张学术研究自由,提倡科学民主"的影响和"科学"与"民主"思想的熏陶,积极投身新文化运动,并博览群书,取其精华;研究各家学说,取其所长。他极爱听鲁迅讲课,常去鲁迅家中请教,以鲁迅为良师。1924年,王捷三获悉西北大学和陕西省教育厅联合举办暑期讲习班,立即给西北大学校长傅铜写信,建议邀请鲁迅到西安讲学。同年7月,他以西北大学驻京代表身份陪同鲁迅赴陕讲学。那时交通十分不便,由北京坐火车至灵宝,再乘船逆流而上至潼关。到潼关时,鲁迅突患急性肠胃炎。王捷三四处求医寻药,设法治疗,使鲁迅很快康复。在西安讲学期间,多次邀请鲁迅到陕西易俗社看秦腔戏,鲁迅兴致极佳,亲笔为易俗社题写了"古调独弹"的牌匾相赠。

1926年初,王捷三回县参与创办韩城中学。其间应邀任胡景翼督军署机要秘书,接待革命党人,协助黄埔军校招收第四期学生。后任国民革命军第二集团南路军秘书长,辗转豫鄂皖一带。

1931年,王捷三送家眷回陕,晋谒杨虎城将军,两人畅谈国事,十分投机。杨虎城器重其才识,乃资助其出国留学。王捷三即赴英国伦敦大学研究院研究哲学和社会科学,并参加了马克思主义学会,数次谒马克思墓。他借暑假赴苏联旅游,目睹苏联之发展,写了《苏联见闻记》,发表于《经世》杂志。1933年,王捷三转入美国哥伦比亚教育学院,对欧美社会、政治、经济情况进行了广泛考察,成为博古通今、学贯中西的

---

[1] 梁星亮、李敬谦主编,陕西省中共党史人物研究会编:《陕西近现代名人录》第5集,西北大学出版社2006年版,第35—38页。

著名学者。

1934年,王捷三留学回国,就任南京国民政府考试院选考委员会专职委员。1937年抗日战争爆发后,回陕西任国立西北联合大学教授,兼省立西安高中校长。同年,上海抗日部队在谢晋元团长率领下,坚守中国银行仓库,与日军殊死奋战,800壮士殉国。上海各界举行追悼会,王捷三写挽联:"昔日孤城持守,力挽狂澜,援已尽,弹已绝,亡吾身不亡吾国,使天下苟全性命人愧死;兹此盖棺定论,群推忠义,重于山,坚于石,有大仁始有大勇,任世间寡廉鲜耻辈偷生。"讴歌了抗日将士的英勇气概,鞭挞了卖国者的可耻行径,显示出他强烈的爱国主义精神。

1939年,王捷三被任命为陕西省教育厅厅长。他上任后,深感陕西教育落后,学校太少,便致力于创办学校。先后创办起师专、医专、商专等专科学校。同时,由于他的大力倡导,全省各地兴办起100多所中学,增设了千余所小学。他在长安兴国寺创办兴国中学,亲自兼任校长。该校的图书馆落成后,他题写的对联是:"此地是杜韦名区,新景留人,莫放春秋佳日去;所藏皆古今宝典,开卷有益,要将学问济时艰。"勉励学生珍爱时光,多读好书,报效祖国。其间,他先后出版的著作有《教育论集》《瑟歌集》《中国伦理史》;译著有《价值哲学》《社会学及社会问题》等。1944年,国民党陕西当局以他"自由色彩浓厚,不能与'异党'斗争"为由,免去他陕西省教育厅厅长职务。之后,他到北洋工学院西北分院任教授。

1945年,王捷三离开西安到北平谋业。先担任北平行辕政务处处长,1946年接任私立华北文法学院院长。他致力于学院的发展与改造。募款扩建学校,增添俄语系,聘任进步教师,倡导校风民主、学术自由,使学院面貌焕然一新。1947年,有人向北平行辕主任李宗仁密告学院秘书兼注册室主任、中共地下党员卫佐臣鼓动学生搞反饥饿、反内战游行。他亲自找李宗仁交涉,掩护卫佐臣。同年"六二二"学生运动,北平警备司令部逮捕了文法学院16名进步学生。他让卫佐臣持学院公函把被捕学生保释出狱,并用他的小汽车把获释学生接到他家中设宴慰问。1948年,国民党当局大肆缉捕学院的地下共产党员和进步人士,王捷三千方百计帮助包括卫佐臣在内的10多名师生转移,保护了他们的安全。卫佐臣介绍地下党负责人崔月犁同王捷三会晤。王捷三又介绍崔月犁在他家中三次同邓宝珊会晤,劝傅作义与中共和谈,促使傅、邓商谈和平解放北平。事后,周恩来宴请有关民主人士,王捷三是其中之一。

1950年,王捷三回到陕西,先后任西北大学、西安师范学院教授。他学识渊博,教学经验丰富,给学生授课联系实际,深入浅出,深受学生的爱戴和崇敬。此间,他还潜心学术研究,先后出版的著作有《中国哲学史大纲》《中国文学史大纲》《先秦文学》

《汉魏六朝文学》《唐宋文学》《元明清文学》等。由于他积极参加各种社会活动,先后被选为西安市人民代表、西安市政协常委和民革陕西省委常委。

  1957年,王捷三被错划为"右派分子",调到西安市文史馆工作。在这里,他先后完成了《唐代诗人与长安》《苏东坡论》《杜甫与长安》《唐代长安树木蠡测》《李宗仁竞选副总统琐记》《南路军的覆没》《抗日时期的陕西教育》《乙亥杂诗》《二成斋诗草》《素王诗草》等文稿。同时,还分类编目,整理了大量外文书籍和线装书籍,编纂了《西安胜迹志略》等。1966年3月,王捷三病逝于西安。1979年2月,陕西师范大学党委对王捷三错划为"右派分子"问题予以纠正,为他恢复政治名誉。

贾珉

自传(1949)

王捷三

我原名鼎甲,字捷三,大学毕业时以名含科举意味,废以字行。一八九八年三月,我生于陕西韩城一农村,祖父兄弟五人,大祖父生先伯父信成公,祖父生先父斐成公,余俱无出。父弱冠中秀才,以家贫授徒私塾,我从学焉。宣统三年,入县立高小,龙门书院所改办者,经史外兼涉新学。辛亥革命,我即剃发响应。父时逝世,伯父无子女,家本中农,兄弟姊妹七人,失学或辍学,随伯父勤耕,供我读书。年十六,入陕西省立第一中学,试恒冠军。国势阽危,瓜分之说时起,护法靖国诸役,关中兵燹特甚;我当时有富强之思,未闻革命之大义也。一九一九年入北京大学,习预科业,升入政治系学习一年,又转入哲学系至毕业。喜社会主义学说,惟受蔡、陈、胡、梁影响为多,博览寡要,无所取裁。未能冲破进化论及实验主义之说,建立唯物思想。六年光阴,仅得知识材料,未立思想体系,失败多于成就也。

一九二五年毕业时,有愿资助赴美留学者,因赴豫。战事旋起,任督府机要秘书。奉命招待革命党人,协助黄埔军校招收四期学生。当时厌恶直奉军阀战乱,以此为革命工作,乐而不疲;于中山遗教,未遑研究也。二军失败,来北平教书。次年,本县约创办县中,筹备甫就,西安围解,北伐军兴。二军改编为二集团南路军,我任秘书长,短衣匹马,驰驱豫、鄂、皖一带,集体生活,苦而不厌。二军与冯(玉祥)部一军,旧有嫌隙,当新乡酣战时,后方酝酿倒冯,我力陈不可,密谋卒寝。时国共合作之局已裂,余感觉彷徨,随军吃苦,自觉革命之心情已冷,遂辞职赴京,在南京中学及首都女子法政讲习所教书。曾编《中央日报·大道》副刊半年,有投稿论失业问题者,中举黄埔学生独有失业津贴。黄埔同学会代表,严令我说出撰稿者,我竣拒之,该代表等盛气凌人,我对军校学生无好感自此始。

一九三〇年,因同乡焦易堂之介,任考选委员会高考科长,时任荐任职者,有非党员不可去之势,亦因焦介,填表入国民党。方认真研读中山遗教,心旨"民主主义是共产主义的实行"之说。对政府无实行三民主义迹象,大滋怀疑。目睹残杀进步青年,心所谓危。一日与王复初向宪兵司令部保释其外甥,适逢押毙学生多人,对政府狰狞面目,感恶甚深。因有辞职求学之决心。

"一·二八"变起,送眷返陕,晤杨虎城主席。杨素器重我,纵论国事,感忱相问,承允资助游学,偿我宿愿。一九三一年赴英入伦敦大学研究院,除哲学外兼及社会科学之研究,二年后转美哥伦比亚教育学院。旅英时,曾入马克思主义学会,数次谒墓致敬,悠然生向往之情。对马、恩著作大体浏览,然于辩证方法及阶级观点,体认不透,哲学思想停滞在混乱状态,以受英美调和改良学说之毒已深故也。暑中,游苏联月余,得以启发,曾写《苏联见闻记》发表于《经世》杂志。时留英学生中,进步落后,派别鲜明。为"安内攘外"先后问题,开会辩论,推我主席,或至动武。南京先安内后攘外之说,纯为镇压革命之借口,我迩时已深烛其奸矣。

一九三四年返国,以与陈大齐委员有师生关系,又重返考选会为专门委员。返陕谒杨,嘱我辞去考选会职,约进步学者来陕以新观点研究中国经济及土地问题。正计划进行中,西安事变起,我居京亦受疑视。

抗战军兴,考试院设办事处于西安,我随同到陕,寇已逼关,院办事处移蜀,我辞职拟还乡游击。一九三八年就国立西北联大教授,旋兼省立高中校长。曾率三千学生赴陕南,林下河曲,弦歌大起,虽甚辛苦,引以为慰。一九三九年三月,忽奉省电,被任为教育厅厅长。当时疑信参半,以与中央及地方当局素昧,事出意外也。但既见征,遂允担任。至省方悉省府改组。CC、复兴二组织争此位置不下,当局始采舆论,征及于我也。五年零三月之行政工作,我以超然身份,严守人才主义。然而困难重重,始受军党猜疑,继受党团夹攻,终以自由色彩浓厚,不能与"异党"斗争被免职(胡宗南语我者)。先后创办专科学校三所,中等学校百余所及国民学校千余所,肃清文盲二百余万(不甚确实)。陕西教育之发展,进步师生之广泛保全,我常引以自慰。而为反动统治长期效力,律以革命大我,实不禁惭愧无地矣。

一九四四年卸职,任北洋工学院西北分院教授。次年夏,伪一战区长官胡宗南为迎合舆论,牢笼人心,对我加以羁縻,强邀我任秘书长,约定不办公文,课我以"联络地方士绅,简拔优秀青年,分析国际局势"之责,实则一事未办。后又推我为伪党部委员,事后方知,当时情况亦无法推辞。我为挂名国民党员,对党早无好感,当局亦明知之。党之CC组织,与三青团之复兴组织,先后对我主持教育联合打击,公开捏词控告,事事殊多,西北人士,有口能详。伪三青团以我为常务监察数年,迭辞不获,我却

自传(1949)

一日未到团办公也。此军、党、团三名义,大违素志,引为耻辱。徒以日寇叩关,逃难无资,且明知当局以此试我,逆则不免遭殃,以是隐忍数月。胜利炮响,便决计摆脱一切,来到北平。

一九四五年冬到北平后,本拟教书自修,以在陕曾与李宗仁评议地方军政作风之缺失,见解契合,约任行辕政务处处长。彼此对党团之开倒车,深致不满;以我之介,颇喜接近进步教授,后来处置学潮亦能容纳我之建议,较为开明。一九四七年竞选成功,大忤蒋意。我乘机劝其实践竞选诺言,反对"戡乱",力主和平。及今年四月,时机成熟,终不肯向人民低头,反动到底耳。政务处后改民政处,一九四八年三月结束,我亦卸职。一九四七年国民党进行登记时,我拒绝登记,坚决脱离,曾向李声明,如非党员不能任职,请准我辞,李谓登记与否是我之自由,坚留不允言辞。事为外间注意,曾遭伪市党部之质询,更以我在华北文法学院之言论措施,伪警备部因是闻曾列我名于黑名单上。从尔时起,我得脱离伪党籍之挂名,精神为之大快!

我接掌私立华北文法学院,从一九四六年春起,添系扩充(添俄文等系),恢复立案,募款设备,独立任之。千余学生,日趋进步,大招党部之忌,历次学潮,被捕较多,释放较迟。我虽横遭疑忌,以系私立,得略依己意,进行教育,精神上大为安慰。教职员均能一意进步,凡稍与顽固组织有关及言论反动者,绝不聘委(辞退王聿修等),直至北平被围,数百学生,多已争先解放(赴石家庄)。

在围城前,我与民主党派朋友,暗中推动和平。围城时,更会同城工部崔月犁策划工作。我曾公开劝傅(作义)和平解放北平,并与邓宝珊联络计议,北平解放,傅为主角,邓力实多。解放后,与范文澜校长商议,自请将华北文法学院并入革命学府华北大学,化私为公,以遂宿愿云。

我教书从政二十年,薪资所得,在西安、北京各有小房一所,子女七人,负担殊重。朋友遍海内,惟与任何方面及私人,均无政治关系。先后有进化社、经世社、民友社及平社之朋友团体,均系自由分子讲学晤聚之粗松组合,早已风流云散矣。西安解放后,旧日同事友朋,多为民主人士及政府干部,为人民全心服务。

自我批评曰:王捷三以中人以上之资,为小资产阶级所囿。在学之年,追求哲理,明昧参半。迫于生事,每不能择木而栖,依人以成功名。误矣!虽久混污泥,而习染未深。自因学马恩列斯毛泽东思想以来,已能笃信唯物之理,掌握辩证之法,坚定立场,从头做起,将以余年用新观点,以钻研学术,授徒治事,为社会主义之实现,效其绵薄力。五十而不惑,未过晚也。

论剧
——对于秦腔的希望[①]

王捷三

戏剧是综合的艺术,也是全面的社会教育。

新兴的"话剧",比旧有的"歌剧",在艺术的观点上,更能表现人生,反映现实,但一般的不能配合民族形式,对大众扞格不入。在社会教育的效果上估价,目前似逊于旧有的歌剧。

在新歌剧尚未形成前,旧歌剧的整理、改进,应是迫切的需要。旧歌剧的编剧、演出,许多地方荒诞不经不合时代。但深入民间,流毒尤甚,正如人们大啖秋天的西瓜,取快一时,不知付予多少健康上的代价。

现行的旧歌剧,绚丽典雅,允推"昆曲",但曲高和寡,不能大众化。"皮簧"最为流行,然其技巧已诣极峰,□趋纤靡,正如熟透了的苹果,有些棉絮似的,未必鲜脆爽口。川、粤、楚、豫各剧,究竟地方色彩太浓,不能行远。惟有"秦腔",激楚悲壮,泼辣有生气,了无猥琐之态,靡靡之音。不仅为中国旧歌剧一大主流,尤为陕、甘、宁、青大西北民间戏剧的重镇。

现在,我们在艺术教育、社会教育的立场上,适应西北社会的需要,首先倡导"秦腔",作□□初步的□□。

"秦腔"究竟应该怎样改进,我以为应从剧本及表演两方面下手。秦腔的"剧本"分新旧两大类,旧剧本当然是旧社会文化的反映,其一部分应随着旧社会文化而归于淘汰,自无疑义,所应当保存的确有一大部分,即是表扬我国"固有道德智能"的剧本,教忠教孝,觉世牖民,其影响之大且广,仅次于□传——此为国魂,非仅保存,应更发

---

① 原载徐筱汀编《学生首次实习公演特刊》(陕西省巡回歌咏戏剧队,1941年)。

扬。新剧本是辛亥后易俗社及其他□社新编的剧本,概括地说,其关于国耻、历史,灌输新思潮、新制度一类的编著,□乎超出平剧及其他地方剧之上,为秦腔放一异彩!间有滥杂庸俗之作,终必为时间所淘汰,不足为病。对于新旧剧本,我以为应当做一番"删、定、修"的工夫。依民族精神、伦理观念、艺术价值诸标准,删修而确定之。定本既成,如教科书然,所有剧院,一概采用,其诲盗诲淫、反科学、反时代的流行剧本,一概禁演!如此戏剧的教育价值,方可充分发挥。

秦腔"表演"自有长处,姑不细论,其缺点有三:一曰"粗";二曰"急";三曰"乱"。激昂慷慨的表演,易流于粗,但粗却并非激昂慷慨的必然属性。我所谓"粗",指其全部编排、动作方面之不调和一贯,细腻刻绘而言。至于急管繁弦,吭喉高歌,犹是"弹筝呜呜"之遗。情到急处,事到急处,自然该急——急岂为病?不过有时管弦腔调混成一片燥[噪]音,弄得毫无美感,总不大好□。乱,是不聚精会神的结果,一堂人物,轮着谁,谁像个剧中人,其余都像看戏的,耳目心神,别有观睹,与牵挂,甚至手足身势,也都□得乱七八糟,甚至全台□□,人物器具,都乱哄哄的,使人减煞美感,也就减却戏剧的效力。我想这些缺点上,都是容易改正的。

为了实验示范起见,在省立巡回歌咏戏剧队中特设一个戏剧专修班,招收一些学龄儿童,先从"秦腔"的训练入手,打算先歌剧而后话剧。话剧排演太费,还想以歌剧养话剧,以便长期研究排演。不过这个专修班主要目的,不在造成一群流俗的演员,而在使他们接受基本的技术训练外,施以普通学科的教育,尤其是戏剧的专门智识,将来能排演改编和新编的剧本,往各县巡回地公演。并希望每个学生毕业后,能成为有力的干部,分布在西北角落,推动剧运,藉收社会教育的实际效果。

戏剧是综合的艺术,也是全面的社会教育。惟其是综合的、全面的,所以"兹事体大",欲求改进,真觉太难!单说剧本整理,一般大都眼高手低,肯真动手的学者、戏曲家,那更少了。本班限于经费,无从延聘专家,从事于此。社会上诸先进君子,肯与合作,不吝指教,其成胜业,这是个人所诚恳希望的。

关于语文教学的一封信[①]

王捷三

查修词立诚,为治学之大本,临池致敬,亦正蒙之始基。故文学列于四科,孔门优其藻鉴,书法存于六艺,唐代悬为铨衡。即在近世,凡属声教昌明之邦,必无数典忘祖之讥。盖各爱其种族统系,自亦各珍其文字语言。国家之命脉所托,民族之精神攸寄。苟异瘠狂,何容轻忽。详观我国中心小学课程标准,均以本国语文为主要科目,在全般课程中,占时独多,教学特详,深意所存,犹可想见。乃核阅近数年中,各种考试之成绩统记,惟国文写作程度最为低落,不仅芜词累句,莫知所裁,甚或淮雨别风,无可究诘。至于笔迹潦草,字体破坏,结蚓涂鸦,谬伪相承,书者棘手,阅之感额。欲于十百试卷中,求一二文通字顺,楷法端正之作,亦未易多睹。本实先拨,可为深虑,倘不亟思改进,力挽颓风,诚恐每况愈下,不知伊于胡底!

查国文教学,方式虽繁,总其大概,要亦不外下列三端:一曰熟读范文。教本所选,应列精读之名作,必须背诵熟习,藉以探求其义蕴之精微,兼可练习其音节之高下。朱子谓横渠叫人读四书,必须成诵,其言曰:读书遍数未足,而已成诵,必须数遍,遍数已足,而未成诵,必待成诵,发挥人十己千之旨,敢为切用,乡贤遗教,允堪取则。二曰勤记札记。依学生学历浅深及读书兴趣,精选名籍,作自学之辅导。务令逐日阅览,摘要札记,或志心得,或详考证,刮磨淬砺,日长月益,积之既久,识解自闳,先行黄氏曰,抄顾氏《日知录》,赵氏《廿二史札记》,皆积平日读书之琐记,竟成绝代宏伟之

[①] 陈义超、张春洲在《王捷三关心语文教学》(刊于《陕西教育》1990年第5期)一文中写道:民国年间留学于日本明治大学获法学学士学位的袁仲溪先生,为了发展家乡教育事业,提高青年的文化水准,于1941年创办了紫阳县立初级中学。为提高教学质量,他费尽了心血,想尽了办法。1943年春,他就如何提高语文教学质量修书请示在任教育厅厅长王捷三。王对袁先生的办学精神十分钦佩,并对书中提出的提高语文教学质量问题十分重视,于同年夏初给袁先生回了一封长信,对提高语文教学质量,改进教学方法,作了精辟的论述。本文就是王捷三书信的全文。

著作,典则匪远,切须服膺。三曰勤习作文。文词体裁,当按年级高低为分习语体文言之标准。大凡初中一、二年级,应以语体为主,三年级及高中以上,则以文言为尚,由浅入深,循序渐进,即不必人握灵蛇之珠,众抱下生之玉,而别裁芜秽,归于雅正,使卒学之日,各得自由,发抒意见,适应所需,亦可提高国文教学之效能,而稍慰政府兴教育才之殷望矣。

又查言为心声,字为心画,书法端楷,有关品格。柳悬诚曰:"用笔在心,心正则笔正。"故识者觇笔姿之风尚,即知世祚之短长,其端虽微,影响实巨。当兹抗战并进,民族复兴之机,欲使开国规模,具于黉舍,先正良范,接武菁莪,必须注重习字,以字迹优劣,列入国文科评定成绩之内,至各科试卷,除英数外,概须用毛笔书写。平日练习,由教师指导,按学生资性所近,示之法程,或雅喜方正,极意欧颜;或务求停匀,专师虞永,俾有依仁游艺之乐,而无望洋向若之叹,循循善诱,望在师仟。此外,于六书义例,声韵通转,必详切为之指授,于宅词位字,章法结构,为适讲贯,求其会通,宏树风声,力为倡导,庶几群才蔚起,增地方之光荣,各业并兴,作兴国之桢干,有厚望焉!

鲁迅日记中的王捷三[①]

一九二四年

七月

四日　昙,午雨。往季市寓午餐。午后往市政公所验契。晚伏园、小峰、矛尘来,从伏园假泉八十六元。王捷三来约赴陕之期。

七日　昙。上午三弟来并交西谛所赠《俄国文学史略》一本。寄女子师校考卷一本。寄向培良信。雨。午往山本医院,以黄油饼十枚赠小土步。晚晴。赴西车站晚餐,餐后登汽车向西安,同行十余人,王捷三招待。

二十六日　晴,热。午前讲演一小时。晚王捷三邀赴易俗社观演《人月圆》。

十一月

五日　晴。上午王捷三来。下午寄三弟信并文稿一篇,又许钦文者三篇。

三十日　晴。上午得三弟信,廿二日发。往真光观电影。与孙伏园同邀王品青、荆有麟、王捷三在中兴楼午饭。下午访小峰,不值。晚往新潮社取《语丝》归。

一九二五年

二月

十八日　晴。上午寄王捷三信。寄李霁野信。午后收北京大学《国学季刊》卷一之四号一本。下午寄伏园信并稿。寄任国桢信。得李庸倩信片,东莞野营中发。晚

[①] 本书编者按:王捷三在鲁迅此次的讲学活动中,一直陪同。载入日记的,仅有一则:"二十六日,晴,热。午前讲演一小时。晚王捷三邀赴易俗社观演《人月圆》。"

伏园来。夜有麟来。译《出了象牙之塔》讫。

二十日 昙。上午往师大讲并取去年三月分薪水泉十一。午后往北大讲。下午得王捷三信。收《东方杂志》一本。得任国桢信。得李霁野信。

十月

九日 晴。上午往大中公学讲。往李小峰寓买《苏俄的文艺论战》四本,一元。午后往女师大讲。王捷三寄赠照相一张。……

王捷三与鲁迅[1]

段国超

一

王捷三,韩城"三王"(王杰、王捷三、王友直)之一,原名王鼎甲,字捷三,1898年3月13日出生在陕西省韩城县(今改市)东仪门村(今属巍东乡)的一个读书人家。其父王斐成,是一个熟读诗书的秀才,是远近闻名的塾师。王捷三自幼聪颖好学,博闻强记,8岁入村塾从父读四书五经,13岁考入县立高小,16岁考入省立第一中学,其学习成绩常名列前茅,甲冠学友。1919年考入北京大学预科,1920年升入政治系,1921年转入哲学系,并同时成为国立西北大学的驻京代表。1925年毕业,旋即去河南省任省督府机要秘书。此时有人愿意资助他去美国留学,他拒绝了。1926年至1928年,应岳西峰的邀请,任国民革命军第二集团军南路军总司令部秘书长,奉命为黄埔军校招收第四期学生。后因厌恶奉直军阀混战而辞职去南京,在南京中学及首都女子法政讲习所任教,其间曾主编《中央日报·大道》副刊半年。1930年,应同乡焦易堂之介,任考选委员会高考科长,亦因焦介,集体加入国民党。1931年至1934年,他得杨虎城将军资助,先后去英国伦敦大学研究院和美国哥伦比亚教育学院学习哲学和社会学。旅英时,曾加入马克思主义学会,数次谒马克思墓,油然心生向往之情(还曾在暑期旅苏,写过《苏联见闻记》等文章)。1934年回国,任南京国民政府考试院专门委员。抗战期间,先后担任西北联合大学教授、省立高中校长、陕西省政府委员兼教育厅厅长、北洋工学院西北分院教授等职。抗战胜利后,任国民政府北平行辕政务处处长,直至解放。其间1946年至1948年,在私立华北文法学院任院长。

---

[1] 原载浙江《绍兴鲁迅研究》1988年第7辑,又载河南《开封师专学报》1989年第2期。

二

在新中国成立前这段时间（新中国成立时他已51岁了），王捷三是个资产阶级的革命的民主主义者，总的思想倾向是进步的。他向往并追求开明的政治，希望有一个民主与和平的社会现实，因而做了不少好事。（一）1947年他做北京行辕政务处处长时，李宗仁当上副总统，他曾劝其实践竞选诺言，反对"戡乱"，力主和平，对李宗仁此时的"离蒋叛蒋"思想出现，起了促进作用；（二）1947年，国民党、蒋介石反共反人民，加剧内战，为整肃组织，调集力量，重新进行党员登记，他看到蒋介石已失去人心，国民党行将灭亡，便拒绝登记，自行脱离国民党；（三）他主持华北文法学院期间，延聘张申府、李瘦枝、亢心栽、曹冷泉、杜任之等一大批进步教授任教，并营救了地下党员孙宝言、校纪英、胡让、王志英等一大批被国民党拘捕在狱的进步学生，为革命保存了进步力量，表现了一个爱国民主革命战士的公正立场和光明磊落的行为；（四）平津战役时，他凭借自己与傅作义的交情，协助共产党人崔月犁，联络国民党爱国人士邓宝珊，与傅作义频繁接触，晓以利害，反复斡旋，为北平的和平解放做出了重大贡献；（五）任陕西省教育厅厅长时，曾先后创办专科学校三所，中等学校百余所，小学千余所，扫除文盲200余万，促进了陕西省教育事业的发展，如此等等。看得出来，王捷三随着时局的变化，其立场和世界观均有所转变，越来越趋向进步，趋向革命，逐步走向和平、民主与光明。这是他识时务的明智表现，也说明他作为一个要求进步的旧知识分子，研究社会、探求人生，最终总算找到了通往理想境界的归路。

三

这里还要特别说到的是，王捷三在1924年至1925年与伟大文学家、思想家和革命家鲁迅的一段交往。

1924年，王捷三是北大哲学系三年级学生。此时他虽学哲学，但酷爱文学，常随物理系同样酷爱文学的同学王品青到鲁迅家做客，探求学习文学的门径，交换对于学界一些问题的看法，因而对鲁迅十分熟悉。这年2月，西北大学与陕西省教育厅决定，将在这年暑假联合举办暑期学校，邀聘京、津、沪、宁等地的学者赴陕讲学。王捷三打听到这批赴陕学者名单中没有鲁迅，很感诧异。出于对鲁迅的学问和为人的敬佩，他便以西北大学驻京代表（办事人）的身份和王品青一道给当时西北大学的校长傅铜写信，介绍鲁迅人品、学问、声望和影响，建议也应邀请鲁迅同来陕西讲学。傅铜同意，并表示歉意，说原未邀请鲁迅，是他工作中的一个疏忽，随即向鲁迅补发出邀请信函。鲁迅此时有写作长篇小说《杨贵妃》的计划,需要去陕西做实地考察。傅的这封邀请信,正好迎合了他的这个需要,于是就欣然同意。这就促成了1924年7月鲁迅赴陕讲学的成行。

这年6月28日《鲁迅日记》载:"……赴西北大学办事人之宴,约往陕作夏期讲演也。"这里的"办事人"即王捷三。同月30日又载:"得傅佩青(即傅铜)信,王品青转来。"这信当系正式邀请鲁迅赴陕讲学的函件。7月4日载:"王捷三来约赴陕之期。"7月7日载:"……登汽车(当时的汽车即火车)向西安,同行十余人,王捷三招待。"鲁迅应邀时间只有短短一周,即同京、津文化名人王桐龄、林励儒、李济之、夏元瑮、孙伏园等十余人一道起程了。毫无疑问,1924年7月鲁迅赴陕讲学的盛举,主要是由王捷三这个当时才只有20余岁的青年人一手促成的。没有王捷三,就没有现代史上这则文坛佳话。

鲁迅在赴陕途中,王捷三每天数遍问安,精心照料鲁迅的生活。鲁迅路过潼关时,得了急性肠胃炎,一日腹泻几次,王捷三便四处寻药,设法疗治,使鲁迅身体很快得以康复。在西安讲学期间,据《鲁迅日记》7月26日载:"晴,热。午前讲演一小时。晚王捷三邀赴易俗社观演《人月圆》。"据有些人回忆,在这次观演之前,鲁迅还曾三次去易俗社观看过乾县人范紫东编写的《大孝传》,绍兴人吕南仲编写的《双锦衣》前后本(《鲁迅日记》亦有记载),而且兴致都很好,对易俗社演出的这些戏很感满意,每次看完戏后总是给以好评。他感到西安地处偏远,交通不便,而能有这样一个提倡以社会教育为宗旨的剧社,起移风易俗的作用,实属难能可贵。故而亲笔题赠"古调独弹"四字牌匾,予以嘉勉。对他的小同乡吕南仲更有好感,认为吕是绍兴人,而编著秦腔剧本,并在秦腔中立足,极值得称赞。王捷三看到鲁迅喜看易俗社的戏,兴致是那样好,就再邀鲁迅去易俗社看戏,让其得到满足,这不能不说是对老师的一种宽慰入微的体贴。再说,当时天气炎热,这对鲁迅辛劳的讲学生活,也是一种很好的调节,对鲁迅解除当时的暑热、疲劳也是很有帮助的。

四

1924年8月3日,鲁迅和孙伏园、夏元瑮二人向东道主和听讲学员辞别。并从刚拿到的200银圆讲学薪金中,取出50银圆,托人捎赠易俗社,说"取之于陕,用之于陕。把陕西人给的钱,在陕西用掉"。4日晨即起程返京。王捷三因要继续照顾其他专家学者的讲学生活,未能同行,并于8月底暑期学校结业之后,回老家韩城歇息了一段时间。但他于11月3日回到北京之后,即于5日去西三条鲁迅家看望鲁迅,问候鲁迅的健康和工作情况,并说自己对鲁迅在西安的讲学生活招待不好,照顾不周,需要向先生表示歉意。鲁迅说:"你的招待是好的,我勿能忘却。"事实也确乎如此,对于西安的讲学生活,鲁迅是感到满意的。因此,鲁迅于11月30日在北京中兴楼请王捷三、王品青吃午饭,并请荆有麟作陪,对二王的邀赴西安之行和所受到王捷三的招待,表示答谢(《鲁迅日记》里同样有记载)。这表明,此时的王捷三与鲁迅,已不只是相识,而且已有着诚挚的友谊。正因为如此,1925年2月18日,鲁迅给王捷三去信,询问王捷三的近况,并探问王捷三的今后打算和是否有出国留学的意向。因为王捷三在北大哲学系的学习已近四年,即将毕业。很快,王捷三收信并回信,感谢鲁迅的关照慰勉,并说现在学运激烈,斗争复杂,不便去看望先生,请求先生原谅。关于毕业后的去向,他告诉鲁迅,他不想出国留学,打算留在国内从戎或从政。也许对他的想法鲁迅感到不尽满意,此后便不再对他的出路和前途留心。8月初,王捷三北大毕业,即去河南省督府就职,9月底在开封铁塔下拍摄了一张单人全身照,一共洗了三张,很快给北京的鲁迅寄去了一张。查《鲁迅日记》,10月9日鲁迅收到了这张照片。也许是因为王捷三的疏忽,寄照片时未曾附言,也或许还有其他的什么原因,鲁迅未曾回信。自此,他们的交往中断了。鲁迅对青年向来是热忱的,他对王捷三由热到冷,原因是什么呢?没有文字资料可鉴。但依我想,也许是鲁迅对此时的王捷三感到失望了吧。因为此时的王捷三热衷官场,向往军旅,以至和国民党的军政要人合作,这是当时的鲁迅无论如何也不会感兴趣的。

五

新中国成立后,王捷三对于私立华北文法学院的处理,接受好友范文澜的劝告,同意党组织的意见,并入华北大学。他本人向党组织提出要求,进入华北大学政治研究所学习,学习马列主义理论著作和新中国成立初期有关党的一系列路线、方针、政策的基本文件。1950年7月,学习结业后调回陕西工作。1950年9月至1957年12月,他历任西北大学、西安师范学院中文系教授。1950年参加革命。由于他积极参加社会政治活动,曾先后当选为西安市人民代表、西安市政协委员和民革陕西省委会常委等。1956年10月19日,在鲁迅逝世20周年纪念日,他以"鲁迅是我的先生,我是鲁迅的学生"作为开头第一句话,给西安师院全院师生做有关鲁迅赴陕讲学的学术报告,引起师生阵阵笑声,受到师生热烈欢迎。1957年,他因被错划为"右派"而调入西安市文史研究馆工作。其间著有《唐代诗人与长安》《杜甫与长安》《苏东坡论》等十余部书稿。1966年3月3日,王捷三病故于西安家中。临死时,枕边还放着一套《鲁迅全集》,在闭眼前的半小时手里还拿着一本《且介亭杂文二集》。他终年68岁,始葬于西安南郊三兆公墓,后迁葬于老家韩城巍东仪门。十一届三中全会以后(1979年3月),他的"右派"一案得到平反昭雪。

王捷三一生主要从事教育工作,也参与了一定的社会政治活动。他和许多从旧社会走过来的旧知识分子一样,其世界观有一个转变过程。他的一生,虽有曲折,但也有闪光之处。他崇敬鲁迅,促成鲁迅的西安讲学;他逐步认清国民党反动派的罪恶本质,最终靠近共产党,站到了人民一边;无论新中国成立前还是新中国成立后,他都为国家培养了大批建设人才……这些功绩都是我们所不能忘记的。作为有贡献的教育家和爱国的社会政治活动家,他的一生是值得我们研究和纪念的。

笔者附记:此稿在写作过程中,曾得到王捷三之子王树中和北京鲁迅博物馆李允经等同志的帮助,在此谨表谢意。

1988年11月29日于渭南

忆争取傅作义将军起义，
和平解放北平（摘录）[1]

崔月犁

正是"三大法宝"的威力，使我们赢得了北平的和平解放，开创了一种不流血的斗争方式。北平的和平解放确实有它特殊的历史意义和现实意义。

……邓宝珊当时是伪"华北剿总"副总司令兼榆林地区国民党军司令。我和邓宝珊见面是在华北学院院长王捷三的家里。邓宝珊穿了一身国民党士兵穿的灰棉军装，四方脸，语音沉重，一见面他就说：

"我是了解共产党的政策的，我有个孩子在延安学习过，我见过毛主席，'陕北电台'的广播我经常听。"

正巧我随身带着"陕北广播电台"记录新闻宣传材料，送了他一份，他很高兴。这次我们谈论了国际形势和国内形势。邓宝珊先生对蒋介石必败认识是明确的，谈得比较投机。我对他说：

"你和傅先生是老同事，希望你劝傅先生赶快下决心和谈，时间不多了，争取北平和平解放，为人民做点好事。"

他表示要极力劝说傅先生。当我问到榆林地区的情况时，他说：

"先把傅先生的事谈定了，至于我那个地方的问题好办。"

我说："那好吧，等以后再商议吧！"

这是第一次会面。

再一次和邓宝珊见面，是在我解放军围攻北平，包围圈愈来愈缩小，城内不断听

---

[1]《红旗飘飘》第27集，中国青年出版社1983年版，第109、118—120页。此文又见《崔月犁自述及纪念文章》第138—150页。

到隆隆的炮声,有些炮弹已经打到城里来了的时候,还是在王捷三院长家里见的面。看样子邓宝珊的情绪比较紧张,交谈的时间较短。他说:

"你能不能通知你们军队先不要打,给我个时间再与傅先生深一步谈谈。"

我说:

"我可以向领导反映。时间不会很长了,我军已包围北平,傅先生的军队走不了啦!再不下决心就晚了。"

当时天津临近解放,刘仁同志转来中央军委的电报,指出天津拿下后,傅作义可能起义,不过还是让我们作两手准备,如果傅作义不接受和谈,即武装解放北平。我按中央军委的意思与邓宝珊进行了交谈,让他促使傅作义快下决心。这次我没有骑自行车,我家住在南池子南口南湾子胡同,王捷三家在南池子北口,离得很近。谈完话临出门时,邓先生说:

"军统活动很厉害,你要多加小心。我用汽车带你一段路吧!"

他用汽车把我带到景山东街,我就下车了,离我家更远了。按地下党的规矩,我们的住处是绝对保密的。

第三次与邓宝珊见面,还是在王捷三家里。邓宝珊一见面就喜笑颜开。这个人比较稳重,不轻易喜形于色。这次一见面,他就带着微笑说:

"傅先生的问题算是解决了,他决定跟共产党合作。这个问题解决后,他的心情也很好,我把他的女儿冬菊叫到一起,亲近的人一块儿吃了顿饭。"

傅将军由犹豫到下了决心,这个决心是难下的。邓宝珊将军对促成傅作义将军起义是起了重要作用的。(事后知道,在我军已包围北平的情况下,是傅作义专程派飞机将邓宝珊接到北平,来商谈北平问题的。)接着,他提出要与我们军队领导进一步商谈。我用电报与城工部联系,经领导同意,我与王苏同志研究,派了一位合适的交通员陪着他们出城,带他们到我们军队的最高指挥部去。我们地下党争取傅作义将军接受和谈的工作到此告一段落。事后听说邓宝珊将军曾多次出城与我前线总指挥部商谈起义具体条件和细节问题,不过后来就不需要通过地下党来联系了。

回忆父亲王捷三在北平解放前夕片断[1]

王本质

我父亲王捷三自1939年3月至1939年6月任陕西省教育厅厅长。由于国民党当局的多方干扰，他不得不离开西安，更由于旧社会的现实和进步势力的影响，尤其解放前夕直接接受中国共产党的领导，父亲坚持民主斗争，在黑暗中迎来了黎明。

1945年下半年，父亲来到北平，本来打算教书自修，不再踏入政界，但由于北平行辕主任李宗仁之聘请，就任了行辕民事处（后改名政务处）处长，兼华北文法学院院长。次年，我们兄妹六人随母亲迁往北平，住南池子11号，父亲见到我们很高兴，向我们介绍北平历史，带我们观览名胜，并给我们安排了入学事宜，使我们很快上了学。但以后很少有机会和父亲长谈，只能在吃饭时见到他。原来父亲正忙于整顿学院。

华北文法学院原名华北大学，为我国著名教育家蔡元培于1924年所创办。校址设在北京市西城区皇城根9号清礼王府（现为国家经委所在地）。抗日战争期间，日本侵略者强占校舍，学校教务长郑浩然同志（后任河北财经学院副院长、河北省人民政府财政厅副厅长）被迫把学校迁往虎坊桥湖广会馆，在极困难的条件下坚持培育人才。

1945年抗战胜利后，学校领导机构进行了改组与加强，成立了新的董事会，由李宗仁任董事长，萧一山任副董事长，我父亲任院长，亢心栽任秘书长，李瘦枝任总务长，教务长仍由郑浩然担任。全部的实际领导者是我父亲。父亲早年毕业于北京大学，后又留学英国，他在北京大学上学时，校长正是蔡元培。父亲受蔡元培的思想影响较深，他常对人讲："当年蔡校长既让李大钊、鲁迅在北大讲课，也让主张复古的辜鸿铭讲课，实行的是'兼容并包'的办学方针，很好！"因此，1946年初，父亲在华北学

---

[1]《陕西文史资料精编》第10卷，陕西人民出版社2010年版，第576—579页。

院(日本投降前叫华北大学,1945年下半年至1946年叫华北学院,1947年经南京国民党政府教育部批准立案,并改名为华北文法学院)全院师生大会上讲话时宣称:"我们学校为国家培育人才,不管是共产党的学生、民主同盟的学生、国民党的学生,我们都收。"他说出了一般主张实行民主的人想讲而不敢讲的话,使进步学生受到鼓励与支持,使国民党反动派感到震惊。当时正是国民党一党专政,准备撕毁重庆政协决议,发动内战的时候,父亲这样讲显然是与国民党唱对台戏,有利于中国共产党领导的民主势力,而不利于国民党的独裁统治。为使华北文法学院成为育才的阵地,父亲在任院长期间,主要采取了如下措施:(一)整顿系、班,使学校教育正规化。1945年复校时只有三四百名学生,各系班级不全,制度欠缺,极不正规。经整顿,设立国文系、英文系、俄文系、历史系、法律系、政治系、经济系等七个学系和一个选修班。学院不断发展,到1948年时,全校学生达到一千二百余名,成为当时北平的六个私立大学之一(即燕京大学、辅仁大学、华北文法学院、中法大学、朝阳大学、中国大学)。(二)延聘进步教授和著名学者到校任教。聘请的进步教授有:亢心栽、杜任之、樊弘、王之湘、曹冷泉、李瘦枝、王志刚、张申府等,其中有的是共产党员,有的是民盟、九三学社等民主党派的成员。聘请的著名学者有:傅佩青、王桐龄、单士元、张伯驹、章友江、粟寄沧、郑伯影、彭主凼、唐悦良、刘尊舆、黄觉非等。(三)调整职工队伍,扩充进步势力。父亲任命的职员有卫佐臣、王绎、卢向林、刘伟绪、吴承棣(女)、刘兢昌、王君强(女)、陈世庄(以上八人都是因在西北大学组织领导民主学生运动,被国民党当局开除学籍或登报通缉,在西安不能立足,转移到北平继续搞民主学生运动)、校纪英、胡让、刘濛尧、白传薪(以上四名是北京师范大学毕业的进步学生),还有王志英、张含等。这些同志都是二十几岁的青年,有的是地下党员,有的是民青成员,满怀革命激情,朝气蓬勃,给学院职工队伍带来了生气。(四)1947年和1948年,学院在西安、河南两地均设招生处,招收了一大批素质较好的学生。与此同时,依靠广大进步的师生员工,通过整顿校纪,考核成绩,审查学籍,清洗了几批政治反动、作风不好的学生,使学院人数增多,质量提高。记得从那时起,我们家就常常有教授、学生走动。父亲很愿意和进步师生来往,尤其是每逢星期六下午,父亲照例在客厅接待教授、学生、同乡,二三十人坐了满满一大屋子。大家谈学校和社会上的各种情况,气氛融洽,情绪热烈。有的兴之所至,就唱起了秦腔(如北京师范大学的陕西籍进步学生郝吉庆、贺雪雁等),父亲有趣味地用手在沙发扶手上敲着板眼,不时随着曲牌哼唱;有时还干脆清清嗓子唱一出《走雪》唱段。此情此景,至今犹历历在目。

父亲所持的建校方针,使学院得到长足发展,并为中国共产党在华北文法学院开展民主学生运动创造了有利条件。

1947年5月20日,北平市各大、中学三万余人在沙滩北大民主广场集合,举行反饥饿、反内战、反迫害大游行。这就是著名的"五二〇"游行,当时南池子南口一带,学生游行队伍浩浩荡荡向前涌进,学生们高呼口号,群情激昂。柏油马路上、墙头、门板上都写满了标语,卫佐臣当日清晨到民主广场,给华北文法学院的进步学生打电话,让他们赶快把学生队伍带来参加游行。接着卫到南池子11号把游行队伍出发的喜讯告诉我父亲,并问他去不去观看这具有历史意义的壮举。父亲听了很高兴,愿意同卫佐臣一起去。父亲当即出了南池子南口,在东长安街至天安门一带兴奋地观看游行队伍。卫佐臣和游行队伍一起到西面返回学校,两三天后,父亲把卫佐臣叫到家中说:"国民党特务把你告到北平行辕主任李宗仁那里,说你在沙滩北京大学红楼打电话煽动学生参加游行,李宗仁批给我处理这件事。"父亲既对特务感到气愤,又感到难办。在进退维谷的困境中,还是不顾个人安危,设法掩护卫佐臣,使他得以继续在学校搞民主学生运动。

1947年"六二"学生运动时,在6月1日夜里,国民党反动派调遣武装军警包围了华北文法学院。6月2日上午9时许,又派大批便衣特务、打手手持手枪和棍棒冲进华北文法学院捕打进步学生,捕去地下党员孙宝言(现名孙知行)等十六名进步学生。为营救被捕学生,卫佐臣邀请了年逾七旬的唐玉书、傅佩青、王桐龄等几位老教授,用我父亲的小汽车把他们送到中南海北平行辕,向李宗仁请愿,要求释放被捕学生。李宗仁听老教授们说明来意后,立即下令清查,看是哪个单位把华北文法学院的学生捕去了,要迅速释放。第二天北平警备司令部通知华北文法学院,让派人持学校公函保释被捕学生。卫佐臣当即持学校公函到外交部街北平警备司令部,用我父亲的小车,并根据我父亲的提议,把被捕的进步学生分批接到我家。父亲还准备了晚餐,非常高兴、热情地欢迎获释学生,并向他们表示慰问。在这次民主学生运动中,我父亲始终站在进步学生一边;当学校被包围,学生被打伤、被逮捕时,他感到极度愤慨,对特务暴行极为反感。在营救被捕学生的过程中,父亲十分尽心,在精神上和物质上都给予了支持。

1948年4月2日,华北文法学院的学生自治会进行改选。在地下党的领导下,在竞选活动中,进步学生团结了全校绝大多数学生。选举结果是,进步学生的候选人所得票数有压倒性优势,国民党特务生看大势已去,就采取砸毁票箱的手段,企图破坏这次民主选举。进步学生为了抗议特务生砸毁票箱的暴行,就成立了"抗暴委员会"举行罢课,开展"抗暴斗争"。国民党特务又捣毁主张罢课的签名桌,遂引起进步学生的公愤,把罪恶多端的特务生冯某打了一顿。国民党当局要他们的反动学生推翻这次选举结果,进步学生要维护这次民主选举结果。进步与反动形成尖锐的对抗。在这种情况下,我父亲出面讲话了,他对国民党学生说:"这次选举你们也投票了,而且你们也有一人当选了,你们有什么理由不承认这次选举的结果呢?学校承认这次选举是合法的,谁得的票数多谁当选。"国民党学生无话可说,他们只得到一席,自知起不了什么作用,便退出了学生自治会的领导机构。从此,华北文法学院的学生自治会主席是地下党员胡汝珍,领导权完全掌握在进步学生手中。在这场"抗暴斗争"中,父亲的政治态度鲜明,坚定地支持进步学生。

1948年夏,南京国民党政府教育部部长朱家骅给我父亲来了一封快邮代电,有代拆代行之权的秘书长亢心栽拆开一看,内容是:"据报你校秘书长亢心栽、注册主任卫佐臣煽动学生闹事,请迅速查办。"亢心栽和卫佐臣商量后,把这封公函拿去请我父亲裁决。我父亲看后对亢心栽说:"这又是这伙坏学生在捣乱。你用我的名义,给朱骝先(即朱家骅)复一封快邮代电,就说经查你和卫佐臣并无越轨行动。"父亲又一次掩护了亢心栽和卫佐臣。

华北文法学院在中国共产党地下党的领导下,经过我父亲的锐意整顿、全体进步师生员工的英勇斗争,由一个政治上后进的学校,转变为一个北平民主学运的红色据点,成为走在北平民主学运前列的队伍之一。

华北文法学院这种日益进步的倾向和父亲的言行终于激怒了国民党当局。有人悄悄向父亲透风说北平警备司令部将他的名字上了黑名单,出外要多加小心。父亲气愤地说:"岂有此理!办教育有什么罪过?"他仍按时到学院上班。

1948年下半年,解放战争的形势神速推进,人民解放军发动了辽沈战役取得伟大胜利,并挥兵南下,使古都北平处在"兵临城下"之势。国民党军用机场修进了城内的东单大操场,物价暴涨。白天,街头军车往来,到处乱糟糟。夜晚,由于灯光管制,一片黑暗,老百姓家家关门闭户,销声匿迹。警车的凄厉笛声打破了深夜的宁静,全副武装的宪兵队撒开警戒线实行宵禁。每当此时,母亲就对父亲的安全担忧至极,曾有几次悄悄溜到我家对面的私立雍华医院门口进行瞭望。就是在这个时刻,"黑暗""窒息"的政治含义刻印在我少年的心灵上。不久,人们暗暗传说北平电灯公司、电车公司工人组织起来护厂;解放军进驻西山的消息更是不胫而走。人们心头都鼓动着希望:冲破阴霾的日子不会远了!

1948年11月下旬前后,辽沈战役胜利结束,淮海战役已经打响了,东北野战军正在星夜进关,在中国人民解放军的强大攻势下,平津告急。一天,卫佐臣正在我家客厅里和父亲座谈,忽然邓宝珊将军到来。父亲问他这次由西北来北平的原因,邓说,主要是来和傅作义将军商讨时局。卫佐臣得知这一重要情况后,当晚就通过自己的领导人向北平地下党做了汇报,北平地下党又及时向解放区的城工部负责同志刘仁做了汇报。过了两三天,地下党让卫佐臣对我父亲讲:"我是中共地下党员,我们党的一位负责同志要来访问您。"父亲听后很高兴,他说:"佐臣,你是地下党员,很好!党的负责同志要见我,我欢迎他到咱家来做客。"又过了一两天,卫佐臣陪同崔月犁同志(现任中华人民共和国卫生部部长)到我家,介绍他和我父亲认识。此后,崔月犁同志经常来我家,并在我家中和邓宝珊将军、父亲一起,先后开过三次会,对和平解放北平,起了相当大的促进作用,父亲非常积极地完成了党交给他的任务。崔月犁—王捷三—邓宝珊—傅作义这条路线,是进行北平和平谈判的重要路线之一。在中国共产党的领导之下,在北平和平解放伟大事业中,我父亲做出了自己的贡献。

1949年1月,寒凝大地,但不久春风劲吹,冰雪消融。在中共中央和中央军委的领导下,在北平地下党的配合和各族人民群众的支持下,北平这个悠久的文化古都牢牢地掌握在人民的手中。北平深蕴着活力,二百万人心里攒动着无上的喜悦和希望。1月31日,北平宣告和平解放!在旧社会从事教育事业二十余年的父亲经历社会黑暗,终于翘首迎来了曙光。

1986年9月23日

鲁迅交往中的右派分子[①]

朱 正

王捷三（1898—1966），陕西韩城人。北京大学哲学系毕业。1924年鲁迅应西北大学和陕西省教育厅合办的暑期学校的邀请前往讲学，同时应邀的还有陈定谟、李济之、蒋廷黻、孙伏园等多人。王捷三负责接待，陪同鲁迅等一行从北京直到西安。回京后，鲁迅和孙伏园在中兴楼宴请他，显然有答谢之意。据鲁迅日记，他们之间曾经有过一次书信往来（1925年2月18日、20日），这信没有保存下来。

1957年，王捷三是西安师范学院语言文学系教授、民革陕西省委常委。5月11日，陕西日报编辑部邀请该院部分教授座谈整风问题。15日的《陕西日报》刊出了座谈会上的发言，王捷三说了这样一通话：

> 党中央提出"百花齐放、百家争鸣""长期共存、互相监督"的方针，这是吸收了中国治国平天下的哲理，又一次丰富和发展了马克思列宁主义。我接触现实不深不广，但这一政策鼓励了我，我要本着知无不言的精神就一般的教育问题、西安师范学院的教学工作和党群关系谈一谈自己的看法。
>
> 各级学校的行政领导由党员担任，在政治上来个大翻身，这是十分必要的，几年来已显示出一定的成绩。至于学术领导究竟和行政领导性质不同。科学造诣不容易马上翻身。我觉得由于各学科部门领导上让资历造诣浅的领导资历造诣深的，无疑是（影响）各级学校教育质量的一个重要原因。学校领导之所以借重这些人，因为他们靠拢组织紧，能听指挥，其实他们的品质是否好，思想是否进步，还成问题。一般说来，学术水平高的老教授老教员不受尊重，就使他们的积极性受到限制，也就影响了课业传授和学术研究。而且，刚起来的青年人迎合领

[①] 朱正：《大家文丛·朱正》，古吴轩出版社2004年版，第67—70页。

导,为了自己上进往往打击别人制造纠纷。这样的结果,当然在提高教育质量上受到不应有的损失。

这里附带谈一下关于党吸收新党员的问题。有些人说吸收高级知识分子入党与民主党派的长期共存有矛盾。我不赞成这种看法。我认为要扩大党的队伍应该吸收高级知识分子入党,但吸收时要注意质量。1949年以前党与敌人作血肉斗争时所吸收的党员,我认识的,我都佩服。但现在却有些人品质和思想并不怎样好,他们申请入党的动机就不纯,他们往往立意在运动中表现为积极分子。因为善于歌功颂德,希风承旨,便成了校院长的心腹,常常假借领导威信,自便私图,因而为学校制造出不应该有的矛盾,而领导者尚懵然不知。这种现象在中小学校更厉害。本来,领导者就易于把他自己的威信等同于党的威信,盛气凌人,每每造成党与非党人士的隔阂。再加上一些人的蒙蔽,对人处事自然难得平允,没矛盾会生出矛盾,小矛盾会变成大矛盾,原因在此。所以,我希望党在高级知识分子中吸收党员,应当格外慎重。

西安师范学院的教学工作,受到主观主义的害处不少,尤其是教条主义。清规戒律到处是,生搬硬套更甚。例如口试制,五分制,工作量制,全面教育的体会等等。(引者按:这些都是"苏联先进经验"的内容)人们把大部精力用在模仿形式上,前几年,讲授只是照本宣科,很少独立思考气氛。我有一次在授课时因为作了古今对比和评价秦政权性质问题,我所采取的其实是很普通的方法和极流行的见解,仅仅两句话不合教条主义的胃口,便戴上唯心主义和反历史唯物主义的帽子!事关学术不容辩论。亏得有"放""鸣"的方针,不然,学术气氛是不会有的。北京有人提出要改革学校管理制度,甚至取消教研组等等,我不赞同。但是西安师范学院中国文学教研组从来很少讨论过真正有关学术的问题。像这样的教研组取消了也没甚损失,至少应该改变作风。语文系和历史系的学生很用功,但直至毕业,苦于阅读中国古籍的程度提不高,至于学外国文学和外国史,一门外文工具都不掌握。像这样严重的大问题却从未引起办学者的注意。长此以往,那确实是一种教育的危机。

官僚主义在西安师范学院也不是空白的。要克服它,我以为应认真体现民主集中制的精神。大学院校学科繁多,行政领导不可能门门都懂,最好信任专家的意见,发挥大众的智慧,把党与非党人士间的墙推倒,沟填平,矛盾随发随解决,领导也将更有效、更顺利了。

最近党提出要与群众同甘共苦,真伟大极了!定出制度,认真贯彻,由党推及非党的知识分子,这便是克服官僚主义、宗派主义和主观主义的切实可行的方法。

这次座谈会以后一个月,王捷三就在反右派斗争中挨斗了。7月28日《陕西日报》发表的《西安师院反右派斗争获得胜利》这篇报道中说:"从6月中旬以来,全院师生员工即投入反右派斗争,目前大部右派分子已经从政治上和思想上被击溃,他们在群众中已经孤立。一些主要的右派分子如王捷三、梁益堂等,在群众的正义声讨和说理斗争面前,不得不低头认罪。……该院反右派斗争获得胜利的标志是,通过多次的说理,群众把右派分子所散播的反党、反人民、反社会主义的谬论和对党、对社会主义事业的恶毒诬蔑,驳斥得体无完肤,使他们彻底破产。右派分子王捷三在对党进攻中说'解放后学校中吸收的新党员中,坏学生多于好学生',在学校人事部门摆出的调查统计材料的铁证面前,王捷三被质问得哑口无声,只好承认他是胡说。"8月5日《陕西日报》在《西安各高校反右派斗争获巨大胜利》的报道中说:"这些右派分子中,有的是一些长期在国民党反动统治时期身居要职,一贯反共,并坚决与人民为敌的家伙。如西北大学的右派分子小集团头子刘不同,西安师范学院的右派分子王捷三等。"

回忆父亲[①]

王树中

我的父亲王捷三1898年生于陕西韩城巍东乡东仪门村。他从小聪敏好学,博闻强记,淳朴孝亲。9岁时路过油坊见用棉花籽在磨盘上碾压油,作诗曰:"眼眼吃得珍珠颗,口口吐出黄金丝。"老师和邻人都说他有灵气。祖父会看病,有一次祖父出外办事去了,给病人开的中药方找不见了,病人很着急,父亲曾看过这药方,他凭记忆将各味药名及分量一一写出。后来祖母扫地时又将药方找了出来,拿原药方和父亲背写的药方相对照,竟无丝毫差错。父亲学习勤奋,考试总是名列前茅,人人夸奖。父亲也回忆说:"我从小学到大学,身经百考,从未名列第二。"

父亲16岁时考入西安陕西省立一中读书,该校学生多在街上饭馆包饭,饭馆老板了解到父亲家计困难的情况后,免收他的饭钱,对他说:"你将来干成事后,有钱还我,没钱算了。"滴水之恩,当涌泉相报。后来父亲做教育厅厅长时,应老板之邀,在城隍庙后街原饭馆为其题写了"马二饭馆"的馆牌,以示答谢,此后该饭馆的生意更加兴隆。

1919年他考入北京大学后就不全靠家里供给学费。时常利用课余时间在出版社打工挣钱,维持学业。他在北大的老师有蔡元培、胡适、梁漱溟等。除学习哲学外,他对文史也很喜爱,常虚心向学者、名流请教。

1924年2月,西北大学与陕西省教育厅联合举办暑期讲习班,邀请京、津、沪、宁学者讲学。父亲向西大校长傅铜建议,还应邀请鲁迅来陕讲学。经傅同意,他以西北大学驻北平代表身份邀鲁迅来陕讲学,同年7月由北平动身,一路由父亲负责招待,同行者十余人。到西安后,父亲又邀鲁迅到易俗社看秦腔《人月圆》。至今易俗社还

[①] 原载韩城《龙门》2001年第11期。

挂有鲁迅题写的"古调独弹"匾牌,弥足珍贵。鲁迅日记上记载了1924年7月父亲邀他来陕讲学之事,当时只有25岁的父亲与鲁迅的亲密交往是西安文坛一则佳话。1956年10月19日鲁迅逝世20周年纪念日,在西安师范举行的纪念会上父亲做了邀请鲁迅来西安讲学的报告,受到师生的热烈欢迎。新中国成立后,西北大学教授单演义先生的《鲁迅讲学在西安》记叙了鲁迅来西安讲学的情况。单演义教授还到青年路我家和父亲见面谈过此事。渭南师专的段国超先生也发表过好几篇文章,记叙父亲与鲁迅的交往。父亲与鲁迅的交往受到人们的关注。

1925年10月,父亲和年轻的清史专家萧一山先生一同拜访清华大学的名流教授梁启超先生。当时梁先生正办夫人丧事很忙,登报敬告来访者每次约谈只限15分钟。而梁先生对父亲拟编中国行为史多有指教,指出应着重对唐、宋、元、明、清刑律加以研究,唐以前可以从略。又对父亲出国留学提出建议。临走时赠送他所著《中国近三百年学术史》和《经籍解词》两本书。畅谈一个半小时,可见梁先生对父亲的关心和器重。

1925年父亲由北京大学毕业,当时北伐战争正酣,他对军阀混战、民不聊生的状况非常不满,愿为打倒封建军阀尽力,乃任北伐军第二集团军胡笠僧督军的机要秘书,奉命招待革命党人,协助黄埔军校招收第四期学员。其后因二军失败,乃去北平教书。

1926年,韩城拟创办初级中学(即现在的象山中学前身),他回家积极参加筹办,基本就绪后才离开家乡。樊厚甫先生是他和师哲、王友直等人上小学时的老师,在韩中曾先后当过三任校长。新中国成立前,韩中学生为纪念樊老师,在校园后面土丘上修建了一座德教碑,名曰"厚甫亭"。家父特为亭撰写一副对联:"礼乐三千士,乾坤一草亭",挂在亭柱上,以作纪念。

韩中首任校长张勉斋先生是父亲在北大时的同学,张先生1936年初病故后,父亲在南京特寄挽联:"聚散各十年,忍泪无从伤往事;死生真一梦,惊心不敢数故人",以寄哀思。

从这些事可以看出他对老师的尊敬、对同窗学友的怀念和对办好故乡教育事业的热忱。

1927年大革命时期,国民二军改编为二集团南路军,父亲任南路军秘书长,辗转豫、鄂、皖一带。后因该军酝酿反对冯玉祥将军,父亲力陈不可,时值国共分裂,北伐失败,父亲深感失望,愤而辞职,乃去南京教书,后任考选委员会高考科长。

父亲去南京前,接家中电报知其伯父病逝,乃星夜赶回家乡,料理后事。并亲写挽联:"吾无伯父不能有今日,伯父无侄无以终余年",沉痛哀悼,感人至深。乡亲们看了盛赞家父不忘伯父抚育之恩和教养之情。

父亲在南京工作期间,曾把祖母接去同他住在一起,亲自给老人端茶端饭,帮老人洗头洗脚。祖母后来在家病故,父亲和我伯父隆重办理丧事,亲写祭文追述老人养育之恩。

1931年父亲送家眷返陕,晋谒杨虎城将军,两人畅论国事,见解一致。杨将军非常器重父亲的才识,承允资助留学。同年他由上海取道印度洋、地中海到英国,在伦敦大学研究院研究哲学和社会科学。暑期去苏联旅游,写有《苏联见闻记》,发表于《经世》杂志。两年后转入美国哥伦比亚教育学院学习。1934年渡太平洋回国,恰绕地球一周。回国后在南京任考试院考选委员,在西安谒见杨虎城主席,杨让他辞去考选委员之职,约进步学者来陕,以新观点研究中国经济及土地问题,正筹划中,"西安事变"爆发,杨的计划未能得以实现。

杨虎城将军在大西南解放前夕的1949年9月被蒋介石秘密杀害后,父亲当时在北京,闻讯后不胜悲愤,写挽词:"赤心为人民,纬武经文,禹甸河山经转揿;青眼及寒素,知深报浅,杜陵风雨永衔哀",表达了自己对爱国将领的沉痛哀悼。

我在韩城市李录勋先生处见到1935年2月韩城旅平同乡出版的《新韩季刊》。父亲为该刊物创刊号题写了刊名,同时发表《何以新吾韩?》一文,文中讲述新有两个方面。一方面是使韩城有新文明,即物质革新。逢河架桥,在黄河上架铁桥。四乡道路,多沿深沟,要修新道路。同时,要集资开煤矿。韩城有四大特产:花、麻、油、靛。自洋油、洋靛流行后,韩城特产出县物品减少一半。故应注意农村副业的发展,如养蜂、养鸡、开设牛奶厂。还可利用韩城煤炭建发电厂。韩城富产石灰石,应开采利用。为人治病,应筹建西医医院。另一方面是使韩城有新文化,即精神之革新。扫除文盲,提高教师待遇,设法供给贫寒子女书膳。关中道大县设有县立中学者不多,而韩城办有县中,应积极办好。其他如社会正当娱乐之提倡,补习教育之推进,欲新韩城,此精神建设殆尤不可轻忽也。父亲最后写道:"旅平诸君愿为新韩城作先驱,热忱可佩!捷三爱乡之心,正与诸君相同,逆料旅居他市及本邑十数万父老兄弟诸姑姊妹莫不愿见新韩城之诞生,甚望终始不懈,坐言起行,新韩城即所以新中国,救乡里即所以救民族也。"改革开放以后,韩城各方面飞速发展,过去人们期盼的事都陆续变成现实,可是在六十几年以前父亲能提出物质革新、精神革新,又具体到方方面面,远见卓识,实属难得。

抗战初期,悼上海八百壮士,父亲写挽联曰:

>　　昔日孤城持守,力挽狂澜,援已尽,弹已绝,亡吾身不亡吾国,使天下苟全性命人愧死;
>
>　　兹此盖棺定论,群推忠义,重于山,坚于石,有大仁始有大勇,任世间寡廉鲜耻辈偷生。

写出了父亲满腔的爱国热情与民族要自尊自强的强烈愿望,父亲积极的生活态度及与时俱进的进步行动同这种爱国主义的思想基础密不可分。

父亲抗战后又回到陕西。1938年在国立西北联合大学任教授,当时他住在西安东关贺端成先生家。贺先生夫妇很勤俭,热情招待我们一家,直到新中国成立后两家还往来频繁。贺老太太年纪大了,还在家里糊火柴盒,以补用度之不足,她80多岁高龄去世后,父亲拟挽联:"温情久足珍,二十年前承款待;坤范真稀有,八旬身后寄长思。"后来我家住崇廉路27号(现西七路85号),挂有"韩城王寓"的牌子。因离火车站较近,父亲欢迎在兴国中学上学的韩城同乡放假回家前先到我家休息、座谈、开茶话会。他非常关心学生们的学习生活,非常喜爱学习努力的学生,一见面就考查学业有无进步,进步了就加以鼓励。至今还有不少当年的学生回忆起与父亲见面谈话的情景,往事历历,直如昨日事。

抗战初期,日本飞机不时狂轰滥炸,他率领三千学生赴陕南洋县,在极其艰苦的条件下,坚持教学工作,为抗战胜利后国家民族的复兴发展,培养了大量人才,积聚了力量。他在教育界颇负盛名,1939年被任命为陕西省教育厅厅长。在任五年多期间,父亲坚持任人唯贤,唯才是举,教师书教得好就重用,学生学得好就表彰奖励,以有限的教育经费办专科学校三所、中等学校数十所和国民学校数百所,扫盲约二百万人,使陕西教育事业得到了发展,教育面貌得到了改善。为解决城区学生和沦陷区学生的失学问题,他在长安兴国寺创办兴国中学,修建土窑洞作为校舍,既节省资金,又便于防空,招收了千余名学生。父亲兼任校长,任李瘦枝为教务主任,聘请武伯伦、赵曼青、朱茂青、李敷仁、冯一航、张影波、郝子俊、张暂我、曹冷泉等著名教师任教。这所学校是当时全省规模最大的一所中学。教师阵容整齐,学生学风端正,文体活动丰富,誉满关中,名噪三秦,是历届为高校输送毕业生最多的学校。至今还有当年的学生记得父亲为兴国中学图书馆拟写的对联:"此地是杜韦名区,新景留人,莫放春秋佳日去;所藏皆古今宝典,开卷有益,要将学问济时艰。"新中国成立后该校址一度为陕西省美术学院所用,现为省职业教育中心。

1943年春,紫阳县中学校长袁仲溪先生就如何提高语文教学质量一事修书请教父亲。父亲对信中提出的问题十分重视,夏初给袁先生回了一长信,对语文教学提出三点改进意见:熟读范文、勤记札记、勤习作文。袁先生接信后很高兴,增强了办学的信心,在教学上做出了成绩。四十七年后,当年父亲关于语文教学的意见还被登在1990年第5期《陕西教育》杂志上。这个意见现在看来对语文教学仍具有一定的参考价值,从文中可以看出父亲对教育事业的热忱与期望。文章文笔简练,颇具文采。父亲还写有《教育论集》一书,记录了他在各学校的讲话和有关教育的文章。

1945年抗战胜利,父亲应李宗仁之邀去北平,住南池子11号(现南池子25号)。到北平后他继续关心教育事业,接办蔡元培先生创办的华北学院,改名为华北文法学院。父亲任院长,亢心栽、李瘦枝、郑浩然分任学院领导,聘请进步教授杜任之、樊弘、黎锦熙、傅佩青、王桐龄、曹冷泉、刘尊舆等任教。教员中在英、美、法、德、苏、日等国留过学的就达四十人之多,专家云集,人才济济。招收学生,择优录取,素质较高。学院的学术空气浓厚。去年,由华北文法学院毕业的刘启年教授、李森生教授合著的《骊山下的人们》一书中记叙了下面一段往事。有个叫胡达寿的学生扰乱从北大来的兼职教授傅老先生的课堂秩序,对老教授对他的批评教育不满意,出言不逊。第二天,全院师生员工齐集大礼堂开会,也邀请傅老教授参加,由负责学籍管理的注册组卫主任主持,主要请父亲讲话。父亲把拐杖靠在讲桌旁,以洪亮的声音宣布:学校决定开除胡达寿学籍。话音刚落,立即响起一阵热烈的掌声。接着继续讲:"昨天发生的扰乱课堂秩序的事,以及胡达寿平时的一贯表现,大家都是知道的。我们这里是最高学府,不能容许任何干扰和破坏教学秩序的流氓行为。图书馆不能安静地看书,教室不能正常上课,这成何体统?傅老教授是我在北大读书时的老师,他受到辱骂,我负有管教不力之责,这里先向傅老师致歉。"边说边转过身去,向傅教授行了个九十度鞠躬礼。"我们学院是蔡元培先生创办的,蔡先生一贯倡导学术自由,我办这学校,不管是共产党的学生,国民党的学生,民盟的学生,我都收。但绝不允许流氓捣乱!"他的话,又赢得一阵热烈的掌声。父亲在当时国民党一党专政、撕毁《双十协定》、推翻政协协议、发动内战时讲这番话,显然有利于中国共产党领导的民主势力,父亲讲了一般人想讲而不敢讲的话。

父亲还健全学院机构,起用新人。在三省市(即陕西、河南两省和北平市)设招生处,广招优秀生入学深造。华北文法学院共有1500名师生,是北平当时包括燕京大学在内的六所私立大学之一。华北文法学院成了政治民主、学术自由、教育质量高的高等学府。父亲当时无视南京政府发动内战,支持进步学生的活动。保释因参加学运而被捕的进步学生和教师,把获释的学生接到自己家予以慰问。解放前夕,还送许多进步教师、学生去石家庄,去延安,走向革命。广大进步师生对父亲公正贤明地处理问题,表示敬佩。

北平解放前,傅作义聘父亲为顾问。父亲和张东荪、彭泽湘、杜任之、续式甫、刘仲华、周范文常接头酝酿和谈。傅的老朋友侯少白也是个顾问,能直接与傅联系。父亲曾与傅约进步教授数十人聚餐时,公开劝过傅同共产党和谈。

1948年11月邓宝珊来到北平,父亲和邓宝珊熟识。他热情欢迎华北文法学院地下党卫佐臣介绍北平地下党负责人之一崔月犁到家中晤谈和平解放北平事宜,先后请邓与崔到家中谈了三次。在和平解放北平这一历史性事件中,父亲起到了铺路搭桥的作用。崔月犁"文革"后任卫生部副部长。后来傅作义特意到我家看望父亲,叶剑英、彭真等领导也宴请过父亲。

北平解放后,华北文法学院大部分学生参加了革命,继续开课有困难。加之私立大学继续募集资金已不可能,正在此时华北大学由解放区迁来北平,急需校舍,父亲和华北大学副校长范文澜是老朋友,经他们磋商,两校很快达成书面协议,合并方案经华北文法学院师生员工民主讨论一致同意,于是将华北文法学院并入华北大学。1950年1月改名为中国人民大学。

父亲新中国成立前的著作有《瑟歌集》《教育论集》《中国伦理史》《苏联见闻记》,译著有《价值哲学》《社会学及社会问题》等。

1950年父亲应邀回到陕西,先后在西北大学、西安师范学院(后改为陕西师范大学)任教。家住北大街青年路156号(现门牌改为143号)。据他的学生回忆,他住处离陕师大较远,当时没有公共汽车,交通不便,加之他年龄大了,所以上课前学生给他准备了个椅子。他来上课,一手提手杖,一手提皮包,准时到校,径直去课堂,讲课时精神饱满。他本来讲古典文学,而他的历史、地理、哲学知识也很渊博,对外国情况也比较了解,所以听他讲课的学生总觉得视野开阔,如入宝山。他可以从来校的路上见到的一件事说起,很快就切入正题,教学中说出自己的看法,不用套话。他按照教学大纲要求讲,从不打开提包取书照本宣读。对中国古典文学中精彩的篇章都能熟练地引用,课讲得生动。

师生中还流传过这样一回事。中文系和外国文学系老师一起讨论如何在教学中学习苏联的经验,说到中国古典文学教学中如何学习苏联时,父亲不是人云亦云,同一位教外国文学的英语老师产生争论,两人就用英语争了起来。父亲英语娴熟,对方马上答不上来。

课余空闲时间,父亲常和同学们交谈,他喜欢青年人的朝气,师生间关系融洽。多少年过去了,他西大、陕师大的同事、学生谈起他都很动情,尊敬和怀念之情溢于言表。

父亲曾是西安市人民代表、市政协委员、民革陕西省委会常委。他积极参加社会活动,关心国家大事和时事新闻,对国家建设、文教事业发展、历史文物发掘、城市建设、环境绿化、工农业生产发展、秦腔艺术都很关注。特别关心祖国统一大业,积极参加对台广播等。

与父亲交往的朋友很多,大家在家谈及新中国各条战线上的进步,不禁欢欣鼓舞。他们也经常谈文艺方面的事。星期天孙蔚如先生来家,在书房里和父亲吟读唐诗。张奚若先生从北京到西安时也来看望父亲,由文学谈到字画的保存。著名秦腔剧作家、《三滴血》剧本的作者范紫东先生和他谈秦腔。省文史馆馆长张寒杉先生常来,谈书法、绘画,高兴时还提笔写点什么。秦腔剧作家淡栖山先生有时也来,易俗社姬颖先生常将他写的秦腔戏稿本给他看,市民革的石仲伟先生和我三姨父董方亭常来跟他下象棋。父亲兴趣广泛,能敏锐地观察许多问题,积极采纳好的意见,虚心学习别人的长处。

父亲一生嗜读书,从求学到工作,陆续选购不少书籍,在青年路居住时,书房占了两大间房,卧室内也有好几个书架,线装书不少,有二十四史、《古今图书集成》、《资治通鉴》、《史记》、《论语》、《孟子》、《李太白全集》等。近代的书有《孙中山全集》《饮冰室合集》《胡适文存》《鲁迅全集》。马克思主义著作有《资本论》《哲学笔记》《斯大林选集》《毛泽东选集》,还有康德、黑格尔的哲学著作。新中国成立后还买了不少文学著作。父亲看过的书多有圈点,有的还有眉批,记下对图书阅后的意见。

父亲读了许多中外文学、哲学著作,不断学习新的知识,他写的讲稿有《中国哲学史纲》《先秦文学》《中国文学大纲》《宋代文学》等,还写有《抗战时期的陕西教育》等史料。

父亲的书房里挂着梁漱溟先生和沈尹默先生给他写的对联和中堂。梁先生写的对联是:"纵横百家才大如海,安坐一室意古于天。"沈先生写的中堂是:"人生当随处有感发,然后能意味深刻,日进于高翔健举之域。"父亲卧室里挂着韩城清代状元王杰的两副对联:"不问主人来看竹,愿为弟子长参禅","大瓢贮月归春瓮,细雨留人入醉乡"。

父亲也喜爱书法,闲暇时翻看《书道全集》影印本。他悟性好,自言没有专门练过书法,但他的行书圆润秀气,神采飞逸。过去给人写了不少对联,也给学校写过不少校牌。1998年西安市政协文史资料委员会编辑《西安近代中等教育》一书时,还收到他过去写校牌的照片。"文革"后落实政策退还抄家东西时,见到他写的三副中堂。王勃诗:"小径偏宜草,空庭不厌花。平生诗与酒,自得会仙家。"杨炯《从军行》:"烽火照西京,心中自不平。牙璋辞凤阙,铁骑绕龙城。雪暗凋旗画,风多杂鼓声。宁为百夫长,胜作一书生。"陆放翁诗:"似睡不睡客敧枕,欲落未落月挂檐。诗到此时当得句,羁愁病思恰相兼。"

去年8月,在韩城芝川镇瓦头村张正义家见到父亲过去写的对联中堂各一副。对联是:"气与山河共振动,文如云汉有光华。"中堂是岑参诗:"日落辕门鼓角鸣,千群面缚出蕃城。洗兵鱼海云迎阵,秣马龙堆月照营。"父亲散落的遗墨,仍被人们珍藏。

1957年整风运动中,他抱着帮助党整风的宗旨,在会上坦诚地提出自己的意见,希望党的整风运动能取得积极成效,不料被错划为右派分子,这给他思想上造成沉重的打击,使他陷入痛苦之中,但他能严格要求自己,认真读书学习,鼓励子女进步,相信他的问题会得到合理解决。

1960年作《庚子春节述怀三首》,其三云:"六十年华岁月稠,羌无一事足千秋。看人万品争先进,置我百家第几流。此日漫愁塞翁马,余生愿作孺子牛。明时居后殊堪耻,改造无成不罢休。"于此可见父亲当时深沉悲壮而又自强不息的胸怀。

1958年7月父亲被调到西安市文史馆任秘书。1962年邓遵宇先生也被调到市文史馆工作,当时他才从大学毕业不久,在工作中与父亲多有接触。他在《我所认识的王捷三先生》一文中是这样写的:60年代初期的文史馆,集聚了一批旧文职官吏和知识分子,其中不乏学识渊博者,王捷三先生就是其中的佼佼者。王先生当时已年逾花甲,依然衣着整洁,气宇轩昂,戴着金丝眼镜,手提司的克,不卑不亢的一派学者风度。先生每有讲话,引经据典,顺口而出的英文,令在座者叹服。先生待人谦和,平易近人,礼贤下士,尤喜欢上进之青年人,对他们多有鼓励和指导。邓先生现为西安市民革秘书长,在他的文章中记叙了当时父亲给他留下的深刻印象。

西安市文史馆藏书有十万册,大部分是线装书、外文书和中文平装书,多是抗战时期内迁的燕京大学和汇文中学的藏书。父亲负责整理的外文书籍有十多个语种,要有相当的外文基础才能进行这项工作,他除了翻译书名,还要分类编目,而他在不很长的时间内就完成了这项繁重任务。后来又参加了线装书的整理。他写有《整书》诗一首以记其事:"十万琅嬛富,八载半手亲。岂徒书盖印?直似墨磨人。展卷唯求益,澄心胜负薪。愧非王仲仁,枉自百城巡。"写出他的无奈,宝贵的时间、精力就这样付出了。

父亲并没有消沉,他对编写文史资料仍很热忱,参与编纂《西安胜迹志略》,写文史资料,内容涉及"南路军的覆没""李宗仁竞选副总统琐记"和"唐代长安树木蠡测"等。

这一时期父亲还阅读了大量的书籍,手不释卷,酝酿著述。"种菜读书意不慵,高年体态未龙钟。"1962年就写诗200余首。他曾给来看他的学生说,他准备写三学:"求学、游学、教学"。后来改变初衷，写成《乙亥杂诗》，这是一本诗传，用七言绝句，一件事写一首，写出了他的一生。"文革"抄家时被红卫兵烧掉，诗稿的散页散落在街上有人捡到，后来听对门刘安国先生说西安城里还有人能记得诗稿的部分内容。我只记得其中先祖父给父亲写了副对联，上联是："龙门初进步，望继续努力，勿教先生见哂。"

这时期父亲写的著作有《杜甫与长安》《苏东坡论》《唐代诗人与长安》等。《唐代诗人与长安》原稿分六册，约30万字，完稿于1963年。父亲曾写完《唐代诗人与长安》后口占二绝，其内容是："人生余事作诗人，尚有诗人等效颦。我爱长吟堪送老，唐音有味始知津。""渭水秦山逞大观，晴明今日满长安。自惭诗涩难歌唱，借得唐贤吐肺肝。"1979年退还抄家东西时，书稿仅存三册。

父亲患糖尿病，1965年经检查发现双肺有病，右肺已穿孔，从此半休在家。父亲对国家大事和时事新闻非常关心。国家科学技术进步，令他鼓舞。对中国之涤纶问世，我国两次原子弹试验成功、抗美援越，他都表示庆贺和支持。父亲盼着祖国富强、科技进步，临终前还问西安至韩城的铁路通了没有，念念不忘家乡和祖国的建设和进步。

父亲1966年3月1日病故，享年68岁，土葬于西安南郊三兆公墓，张寒杉先生写了碑文。1973年母亲杨文澜在韩城病故，我们将父亲骨灰和母亲遗体合葬于韩城巍东小曲头。1979年2月陕师大复查父亲右派问题，发现属于错划，予以改正，恢复其政治名誉。1997年我们将父母遗骸迁安于东仪门村以西，西韩铁路西侧，并立碑记事。记得东仪门村给父亲写挽联的是王维新叔叔，他也是父亲的学生，挽联的内容是："教坛辛勤育栋梁振兴中华，文苑风流润桃李永驻人心"，表达了故乡人对他的怀念。

2000年3月父亲遗著《唐代诗人与长安》在亲友协助下，由子女编辑出版。北京、韩城均召开了座谈会，各书刊上也陆续发表了怀念他的文章。

父亲王捷三是陕西有名望的学者和教育家。其一生主要从事教育事业，培养了大批人才，可谓桃李满天下。他也积极从事社会活动，朋友遍布海内外。世事无情也有情，人民、历史是会对他做出公正评价的。父亲一生对国家和人民做过许多有益的事，他有强烈的爱国热情。他的同事、朋友、学生会记得他，了解他事迹的青年朋友也会记得他。海内外，尤其是故乡韩城的人们也会永远记住他，缅怀他。

富国强民、科教兴国需要经过几代人的努力奋斗。就是国家强盛了，仍需继续努力才能进一步发展。我们要不忘前贤艰难的起步，更要抓紧当前国家改革开放发展的大好形势，急起直追，迎头赶上，以期实现中华民族更加繁荣富强。父亲有知，当能瞑目，含笑九泉。

2001年3月30日

王捷三遗著两种读后
——鸟瞰式研究《苏东坡论》与《唐代诗人与长安》

魏耕原

王捷三早年读的是北京大学哲学系,后来出国留学英美,在伦敦大学研究院、哥伦比亚大学学的也是哲学与社会学。回国后任陕西省教育厅厅长,主持华北文法学院;又兴办多所高等专科学校、中小学,包括有名的兴国中学;新中国成立后,方到西北大学、西安师院,亦即后来的陕西师范大学做教师。1957 年被错划为右派,次年花甲,被安排到西安文史馆,整理中外文书籍以及线装书,一干就是八年。他长于诗,此时作了一本诗传,以七言绝句的形式,一事一叙,述其一生,勒成一编《乙亥杂诗》。仅 1962 年就写了 200 余首。新中国成立前著有《教育论集》,收录了他在各个学校的讲演与有关教育的文章。另外著有《瑟歌集》《中国伦理史》《苏联见闻记》,译著有《价值哲学》《社会学及社会问题》等,然而大多散失。

他在西安文史馆期间,著有《杜甫与长安》《苏东坡论》和《唐代诗人与长安》。后者六大册,"文革"后返回时只余三册。据当年同在西安文史馆工作、被著者邀请为所著《唐代诗人与长安》画有二十余幅插图的邓遵宇说:"《唐代诗人与长安》全书约三十万字,大约从九十位唐代诗人的诗中选出二万首来寻求长安风貌。"[1]《杜甫与长安》经"文革"不幸遗失,而《唐代诗人与长安》返回时仅存一半,所幸《苏东坡论》尚存完整。其家属集资于 2000 年印刷。这就是我们所能看到的王捷三遗著两种。

一、简括剀切的《苏东坡论》

《苏东坡论》部头不大,按出版物计算方法,大约五万六千字。以如此简约字数,

---

[1] 邓遵宇:《我所知道的王捷三先生》,见王捷三:《苏东坡论·附录》自印本,第 151 页。

去讨论像苏东坡这样全能而多产的文学大家,这对作者,无论从哪一方面看,都是一种考验。

著者采取了一种鸟瞰式俯视全方位镜头,提纲挈领论述了苏轼的各个方面。全书分六章:略传、政治生活、思想基础、文艺成就、文艺理论、文学史上的地位;每章又分二、三、四节不等,几乎对苏轼的诗、词、文、赋,以及书法与绘画都有涉及与讨论。论点与论述简括、通透,具有很强的概括性,但都颇中肯綮,显示出一定的学术眼光与过人的识见。有些观点,即使置于今日,亦不失新鲜的活力。

开门见山的"苏东坡的略传"只有一千多字,却为全书奠定了基调,此章很难出新,但却对走近东坡有很大的帮助:

> 他是中国十一世纪的文艺大家,文、赋、诗、词、书、画都是代表人物。他终生从事政治,虽然属于保守派,但却是热爱人民而且富于正义感的政治家。他幼受母亲程氏的教育,以道士张易简为师,二十一岁举进士。赴试礼部及殿试均登高第,丁母丧归家。二十六岁应中制科,授大理评事、凤翔府签判。从这时起直到六十六岁死时的四十年中,除丁父丧居家三年,四十五岁起谪居黄州五年,五十九岁到死的前一年谪居惠州儋州七年外,他都过着官僚生活。三十四岁免父丧还朝,监官告院;三十六岁摄开封府推官,不久,通判杭州;四十岁知密州,四十二岁改知徐州,四十四岁移知湖州。这时候御史李定等媒蘖其所为诗及湖州上表为讪谤,逮赴台狱百日,四十五岁谪居黄州。……他五十五时命知登州,到郡五日,又召充起居舍人;次年迁翰林学士知制诰,这是神宗已死、哲宗(1086—1100)元祐元年司马光当了宰相的时候。五十四岁时,他请外调,知杭州。这又是因和司马光政见不同的缘故。五十六岁复召为翰林学士,数月,又请外调知颍州;次年改知扬州,又调为兵部尚书兼端明、侍读二学士;五十八岁时调礼部尚书。哲宗亲政,改革派又抬头了,他又乞郡知定州。到定州不到一年,又受御史虞策等攻击,以掌内外制日所作词命讥斥先朝,贬居惠州;三年后,又贬居儋州。六十五岁,徽宗(1101—1125)立,大赦内迁;六十六岁度岭北归,死于常州。①

此段文字看起来平平,没有什么异样。但却不是一般的仕历流水账,而是把年龄与政治原因时时点明,这就形成多维度多视角简明的鸟瞰俯视的总览的把握。这种叙述也是全书的基础和出发点。然叙说文字非常简明,著者对苏轼的仕宦经历要烂熟于心,否则不会以简少的文字,表述如此清晰而又有立体感,由此而发议论:"看来

---

① 王捷三:《苏东坡论》自印本,第1—2页。

❋❋ 九畹贞风慰独醒

　　这一位'曾作八州督'(密、徐、湖、登、杭、颍、扬、定),并且两除尚书,三忝侍读的文豪,官运是亨通的,然而三十多年的政治生涯中,贬谪就有十二年之久,在百日台狱中'梦绕云山心似鹿,魂飞汤火命如鸡',已够凄惨了,而'只影自怜,命寄江湖之上;惊魂未定,梦游缧绁之中';在黄五年,'资用罄竭','饥寒为急',又是多么糟心。死前又谪居蛮烟瘴雨之乡,难怪他说'七年来往我何堪'了。他自题李龙眠为他所画的像说:'心似已灰之木,身如不系之舟。问汝平生功业,黄州惠州儋州。'对于自己坎坷的命运真是感慨系之了。"①这种感慨式的议论,更进一步走近苏轼的伤心处,著者的笔端又是多么的感慨系之,于是我们对苏轼的印象不是平面的,就像对着他的雕塑转了几圈,而更有立体感了!

　　宋代是文治的时代,所以官员们往往是文人、学者而兼一身,苏轼、司马光、王安石以及欧阳修等莫不如此。北宋官员们争论最激烈的莫过于王安石变法。苏轼与他们原本都为朋僚关系,却为此搞得很僵。他本着自己的认真先是反对新法,讥讽新法的弊端,后来王安石罢相,司马光执政,尽废新法,他又认为新法不可全废,甚至与司马光争吵起来,显示出在政治上的较真劲儿,使自己处于新旧两党的夹攻之中。王安石和司马光都属知交,东坡确实有公而忘私的骨气。因反新法,贬到通判杭州,又因为反对尽废新法,又再贬出知杭州。他成了两派都不欢迎的"保守派"。"昔之君子惟荆是师,今之君子惟温是随",《与杨元素书》中这句话,显示了他政治立场的独立性。

　　反对新法,在这场大改革中趋于保守。他的《王莽》诗说:"汉家殊未识经纶,人手功名事事新。百尺穿成连夜井,千金购得解飞人。"这是讽刺求水利和开边的新法。《董卓》诗又说:"公业平时劝用儒,诸公何事起相图? 只言天下无健者,岂信车中有布乎?"这是讽刺王安石所任用的吕惠卿、曾布之流,是在王安石罢相后对其的攻击。但在元丰末年看到变法实绩后,又在《与滕达道书》中坦率地说:"盖谓吾侪新法之初,辄守偏见,至有异同之论。虽此心耿耿归于忧国,而所言差谬,少有中理者。今圣德日新,众化大成,回视向之所执,益觉疏矣。"如此坦诚,勇于悔过,可见他的赤诚与认真。王著只五六万字,他以此明快地论述复杂的王安石变法,可谓简明而概括,对于所论的东坡,并没有偏爱,这对于读者来说,也是难能可贵的了。

　　苏轼仕宦一生,不仅"敢言",而且"有猷有为有守"。著者指出:"在凤翔减衙前之害,在开封纠买灯之失,在徐州防治水灾,'庐于城上,过家不入'卒能完城保民,永

---

① 王捷三:《苏东坡论》自印本,第 2 页。

绝水患;东坡真不愧为舍身报国的好官吏。"①他在杭州治理西湖功绩更是名闻天下,"东坡去杭,人民'家有画像,饮食必祝,又为生祠以报',这足以说明人民爱憎的分明和诗人的光荣了"②。

著者在东坡的政治生活中,又专设"有远见的爱国外交家"一节,这在当时的论著中很罕见,就是时至今日,也很少有人论及。虽文字不多,很值一观。

执简驭繁,在把握纷乱材料上,能理出主要头绪,高屋建瓴地抓住最本质的地方。东坡是文学家,也是大学者,但他的思想很斑驳。由于常处于逆境之中,所以老庄之学,佛家理念,纵横家学,像交响曲一样,时时杂奏,显得纷繁,把握其诚属不易。著者是哲学科班出身,出国留学亦求学于斯,所以他对苏轼思想能有清晰的梳理。宋儒大多对禅学有兴趣,这是宋代的学风使然。著者指出:"苏氏正惟其出于纵横之学,所以能和理学的宋儒大有区别。我觉得道家自然思想尤其是东坡思想的主要成分。……苏东坡在古文诗词之外,作有《易传》《书传》《论语说》,苏辙作有《诗传》《春秋传》,苏洵又是《礼》学专家。他们父子对于五经都有发挥,当然配有儒家的称号。正因为有得于纵横之学,不迂不空,志在经世致用,所以高于理学的宋儒。"③这种把握,虽然不能说很全面,但却抓住最主要的方面了。

对于东坡思想,著者又专门开辟了"'世缘终浅道根深'的诗人"一节。其中指出:"东坡是深于老庄之道的。老庄的辩证方法、自然主义的宇宙观是唯物的、进步的,相对认识、无为主义的人生观是唯心的、落后的;老庄的进步思想包括儒家的菁华,老庄的落后思想也具有佛家的缺点。……他确实博通三家之道,而老庄进步性的思想则成为他的指导思想;也混杂着老庄落后性的思想,甚至道士的庸俗信念……进步的文史家如司马迁、王充、陶潜、李白都具有老庄的浓厚色彩。东坡,作为保守派政治家实由于王安石的用人和作风激荡所致;但如上所述,他毕竟不是保守阵营的顽固分子,说他'居中偏右'还切合些。老庄思想的进步性使东坡成为一个进步而绝不顽固的策士和诗人。"④他对东坡思想的如此把握,即使今日看来,也不失为切合实际,且有深刻之处。

东坡的文艺成就与文艺理论,是此书最为用力的两章。首章第一节所提出的人民性,自然带有60年前那个时代的明显痕迹,但其中也有使人注目处。如言:"东坡

---

① 王捷三:《苏东坡论》自印本,第11页。
② 王捷三:《苏东坡论》自印本,第16页。
③ 王捷三:《苏东坡论》自印本,第22页。
④ 王捷三:《苏东坡论》自印本,第26页。

作官到处祷神乞雨,读了使人厌倦,他固然说过'耕田欲雨刈欲晴,去得顺风来者怨。若使人人祷辄遂,告物应须日千变'的明白话,但未能免俗于统治者唯心主义愚民的动作,总使人不快,和他喜欢溜寺院交和尚一样。一与现实接触,主观唯心论者庄周的信徒不能不变为唯物论者要决渠为雨了。尤其重要的是诗人有人民的自觉。他说:'我虽穷苦不如人,要亦自是民之一。形容虽似丧家狗,未肯弭耳争投骨。'有了人民感情方有伟大的像白乐天《秦中吟》一类的诗篇,可惜在东坡集中还觉过少,这因为黄州获罪之后,惠州再贬之前又过着十四年的官僚生活的缘故。"①这是多么通透清澈快人心目的文字,有批评,有肯定,也有惋惜,又是多么冷静客观,可以看到一个真正的东坡。苏轼曾戏言"我是识字耕田夫",也曾说过上至玉皇大帝,下至寺院乞儿,他没有不能交往的,他是极富同情心的大文豪。

林语堂曾言:苏东坡是不可救药的乐天派,一个伟大的人道主义者,一个百姓的朋友。或许因此影响,著者又在"苏东坡的文艺成就"一章里,列了"乐观主义"一节。一落笔即言:"东坡的乐观主义怎样积极进步不敢言,但远不消极颓废则可断言。它是健康的、傲兀的,具有昂扬志气、抵抗艰危的优点。……又吸取了庄子的达观、太白的豪放、陶柳的绮腴、昌黎的险硬和乐天的平易风趣,汇流为'苏海'。"②这样的论断,具有一定的眼光,说明著者有自己独得之秘,以之衡量东坡的诗词文赋,无不合辙!

除了乐观,还讨论了嬉笑或幽默。著者指出:"读东坡集,确乎随处碰到令人忍俊不禁的篇章,听得一片嬉笑之声。笑,据说是不可少的表情,卫生也很需要。笑法有多种,藏刀的笑比怒骂还凶,破涕的笑太委屈,一笑置之或付之一笑的笑具有幽默讽刺性质,意义更深些。东坡为人开朗天真,嬉笑大半属于'说笑话'或'占便宜',是乐观的友谊的表现,风趣极浓。"③东坡的幽默是可以感知的,但感知到著者所说的,就不容易了。这里除了有深刻的眼光,还要有阅世的经历,方能如此看似轻松却鞭辟入里。这些都是这本小书闪光的地方。

在此节末尾,著者深切地说:"东坡真无愁吗? 不错,他常笑。但《初到黄州》一开口'自笑平生为口忙,老来事业转荒唐',这'笑'就不那么单纯。'犹当距杨墨,稍欲惩荆舒'(《和陶赠羊长史》),申展齐物之志,才是乐观主义诗人终生的目的哩。"④真是惜墨如金,催人进一步往深处去想。此书只有五六万字,这么短的篇幅,不可能

---

① 王捷三:《苏东坡论》自印本,第43页。
② 王捷三:《苏东坡论》自印本,第49页。
③ 王捷三:《苏东坡论》自印本,第55—56页。
④ 王捷三:《苏东坡论》自印本,第59页。

把东坡的诗词文赋全面分体展开讨论,未免太可惜了。

在"真挚的情感"一节里,著者说:"东坡对朋友、师长、兄弟、妻子的真挚之情,读所遗留的书简诗词真感动人,人情味浓厚之至。他致慨于'世事如今腊酒浓,交情自古春云薄',他自己呢,则是'仕宦常畏人,退居还喜客'的。……东坡交游遍天下,由于震世的名,也由于乐群的天性,特别对于寒士董传、李鹰鼓励资助不遗余力,对于奇士如陈慥、潘谷更是契合,对于文士如文与可及黄庭坚、秦观、张耒、晁补之之辈推心置腹更不待言。"①从亲情与友情以及人情看,东坡倒接近杜甫,杜甫被梁启超称为"情圣",对于东坡,我们可以称为"情感的亚圣"了。

"苏东坡的文艺成就"的第四节"多样的技巧",是论述文学之才能。王著则从文学发展的角度讨论苏轼:"北宋古文运动远绍韩柳,底于大成,乃欧苏之功。东坡学韩的古文而更畅辨,诗也极肖,……但东坡不止略如昌黎,就风格论,他晚年的作品更似渊明。……其次,东坡学杜能'得其皮与其骨',达到批评现实主义的境界,在塑造形象、选择典型乃至遣词造句各方面,都不愧为杜后的大家。……专就技巧说,东坡真是集大成了。"②王著又指出:"他各体诗都好,即如四言诗罢,……纯用本色语,'寄兴深微',……至于六言,东坡也擅长,前录和荆公诗,一气呵成,可见一斑。"③他又指出东坡好用仄韵,长于比喻。而且还说:"宋诗较唐诗进步的一点是清新通俗。东坡诗古典气味太重,但他也努力采用方言谚语入诗。他很满意他的'刮毛龟背上,何时得成毡'两句,这两句诗的确清新通俗可取。《和王巩六首》中说:'君生纨绮间,欲学非其脚',这'脚'字今云脚色,孙绰注'事有非所素习而漫为之,谚云不是脚'即脚色之意。又《答王巩》诗说:'连车载酒来,不饮外酒嫌其村',这'村'字也是土俗之意,用在这里清新之至。《新城道中》用'铜钲''帽絮',《被酒独行诗》'但寻牛矢觅归路,家在牛栏西复西'都是以俗语入诗。"④对嵌姓名入诗,以及用典的特点,都有论述,这些都能抓住苏诗的特征,而且也可见著者对苏诗的熟稔。可惜限于篇幅,过于简括。如有丰裕之于他,一定会看到更多通透、清澈的论述。

第五章"苏东坡的文艺理论",是全书重要的一章,从三个方面论述。一是"天工与清新",二是"咸酸杂众好",三是"读书万卷始通神"。对于前者则言:"'天工'是写真实的自然主义罢,但照样描写与照相何异?故'天工'必得加上'清新',有真实,

---

① 王捷三:《苏东坡论》自印本,第61—64页。
② 王捷三:《苏东坡论》自印本,第69—70页。
③ 王捷三:《苏东坡论》自印本,第70页。
④ 王捷三:《苏东坡论》自印本,第73页。

✾✾ 九畹贞风慰独醒

有目标,有选择,主客观统一起来,清新的天工方成为其创作,点红寄春,一叶知秋,掌握典型性,才是大手笔。"①东坡是个随性随遇而安的人,他的创作亦是顺其才性,所谓"天工",就是强调自然,有了自然,才能进而清新。苏轼最得意于散文创作,他在《与谢民师推官书》中对此有惬意的表达:说他写散文,"大略如行云流水,初无定质,但常行于所当行,常止于所不可不止。文理自然,姿态横生"。这实际上是对"天工与清新"的倡导。

值得注意的是,王著对苏轼的文艺主张还特意提出一条:"咸酸杂众好"。苏轼认为"中有至味永",这是《送参寥师》中的话,所送的是一位诗僧。他在这首诗中说:"新诗如玉屑,出语便清警。"又推崇韩愈论草书"忧愁不平气,一寓笔所骋",明确提出:"欲令诗语妙,无厌空且静。静故了群动,空故纳万境。"这些都被注意到了,唯有"咸酸杂众好,中有至味永"至今尚未引起足够的重视。他对审美上的咸酸不轩轾抑扬,书法上的环肥燕瘦各有其美,所以不赞成杜甫"书贵瘦硬方通神"的说法。这和他崇尚天工自然的审美观是一致的。

"苏东坡在文学史中的地位"是全书最后一章。王著说:"文学家自庄屈马班,曹王陶谢,李杜元白,韩柳欧苏,以至于辛陆之后的关马郑白,施曹洪孔,这般人的身世情况和觉悟程度各不相同,作品中表达出的现实性和人民性也深浅不同。总之,由他们构成文学史上一条进步的红线。东坡站在中间的十一世纪,显出承前启后的业绩。东坡学习庄周直至欧阳修,启发辛弃疾、陆游、元好问的线索是很显明的。"②这是从俯瞰角度,按文学史发展的历程,看出东坡承前启后的大作用。这一节着重论述东坡身边团结不少人才,而且门户广开,并不要求别人的审美风格与自己一致。王著还指出:"宋代以后,中国文学主流向小说戏剧方面发展。至于古文、诗、词,东坡已是最高发展阶段的人物了。"③这些议论都能给人以一定的启发。

总之,王著以五六万字综论苏轼的政绩、思想、文艺主张、文学特色等,只能出之简括笔墨,与时下高论俨然有别,但却使我们更能走近苏东坡,有些观点即使在今天亦有可取之处。尤其是论述文字洞达洗练,通透朗澈,学术空间恢张阔达,而没有受文字不多的约束,这更是难能可贵。作者不尚空论,言必有据。即从书中所称引来看,著者对苏轼诗集、文集、词集均有研讨。这样整体上有所把握,游刃有余。值得一提的是,书后附有"苏轼诗选目录",始自出蜀之作,终止南归过岭之作。可见对苏轼

---

① 王捷三:《苏东坡论》自印本,第76页。
② 王捷三:《苏东坡论》自印本,第85页。
③ 王捷三:《苏东坡论》自印本,第89页。

有成竹在胸的把握。而以五六万之字数,去论述文学史上全能作家,这也是难能可贵的地方。

二、精心详明的《唐代诗人与长安》

王捷三是关中东北韩城人,对关中和长安具有深切的故乡之情。《杜甫与长安》《唐代诗人与长安》写作的缘由即出于此,可惜前者在"文革"间佚失,后者只存留了一半。

此书绪论两篇,以下分十三章,第六章讲杜甫,第九章讲柳宗元、刘禹锡等,第十章讲白居易、元稹,第十一章讲杜牧、李商隐、温庭筠,第十二章讲皮日休、杜荀鹤等,第十三章讲韦庄、韩偓及司空图,以上六章因"文革"未全部返回,故此书为残璧,实在让人扼腕。

此书总论和分论相结合,总论笼罩全书,从长安与诗人两方面论述。绪论一为"唐代诗人概况",绪论二为"唐代长安概况"。这两篇写得大气宏阔,目光四射,足以显示著者把握全局之能力。

正如著者在《小序》中开门见山所言:"从唐诗里寻求七至十世纪世界上最大、最富、最文明的都会——长安的实况,当然比从其他记载中所能得到的更真实、更有趣。本编就是从大约九十位唐代诗人的诗中,选出二万多首诗来,寻求当时长安的风貌。"①

两篇绪论,实际上展示该书的大背景,从整体上使读者对全书有概貌性的了解。如绪论一论初唐:"沈宋在形式上完成了唐诗,陈子昂在内容上革新了唐诗。子昂扫清了六朝以来形式主义的绮丽浮艳、无病呻吟的积习,恢复了可以兴、观、群、怨,为时代服务的诗的本质。……很可注意,四杰以次直到陈子昂,地位都比较低,境遇都比较苦,所以,都走上了进步的道路。惟独张九龄是个例外,他作过宰相,但也是诗风的革新者;受李林甫排挤,贬作荆州长史而死,或许是个原因罢。"②若从文学史角度看,这里并没有什么发明,但值得注意的是,他把沈宋在形式上完成了唐诗——应该说是律诗,作为正能量,而截至现在,文学史著述是作为负面讲的,王著却从形式与内容上看出沈宋实际上与陈子昂合构了唐诗的开幕曲。他特意指出"张九龄是个例外",也是独具只眼,能启人进一步思考。

---

① 王捷三:《唐代诗人与长安·小序》自印本,第1页。
② 王捷三:《唐代诗人与长安·绪论一》自印本,第6页。

他的这篇序言实际上是唐诗分期发展史的"压缩版",全书也是围绕长安而展开唐诗的发展过程。对于唐诗初盛中晚的四分法,他指出这是一种无可奈何的选择,有些诗人"不可能为此划分清楚的。例如,杜甫在大历时诗作很多,能把他划入中唐吗?又如被划入中唐的钱起、韦应物曾和盛唐多人有唱和,能把他们划入盛唐吗?"①实际任何按时间的分期法,都有此不足,前后的穿插是免不了的。著者意在说明,他指四唐分法叙论,只是为了方便简明罢了。

有些见解新颖独到,不同于以往与当时的流行看法。比如他认为刘禹锡与柳宗元"是学杜而异军特起者。向来认为柳宗元是韦应物一派,称'韦柳';又因为刘禹锡晚年与白居易唱和,称'刘白',其实不然。韩退之称柳文'雄深雅健',苏东坡称柳诗'温丽靖深',都能指出子厚的特点。至于刘禹锡《竹枝九章》《淮阴行》以及很多律诗'情调珠丽',高的有超过杜子美处。苏东坡晚年多令人学刘禹锡诗,以为用意深远,有曲折处。柳刘热心政治改革,终身失意,以抑郁的心情,发为'雄健'的诗歌,确乎是中唐的特色"②。刘柳当然各有不同,这里不过连类而论。持论的眼光有过人之处,颇能开启后人思路。

绪论二"唐代长安概况",属于人文地理总览,主要从"自然形势""城坊建置""市民生活""风俗习尚"四方面展开叙述。他在第一节里说:"唐代诗人一提到长安形势,很喜欢说'五原''八水'。中宗李显说:'四郊秦汉国,八水帝王都'……五原即白鹿原、少陵原、神禾原、毕原和细柳原。八水即泾、渭、浐、灞、沣、滈、涝、潏。川原相间。白鹿原在灞、浐之间,少陵原在浐、潏之间,神禾原在潏、滈之间,毕原和细柳原在滈、沣之间。"③这种鸟瞰式的勾勒,是作者论述的长项,往往可使读者对复杂的事物尽收眼底,有个全盘把握。著者接言:"这些川原都从终南山自南而北,以达于横贯关中的渭河。南山渭水是长安的屏带。……成为诗人们歌咏的好题材。唐末,陇西人李拯伤时感事,望南山吟出一绝:'紫宸朝罢缀鸳鸾,丹凤楼前驻马看。惟有终南山色在,晴明依旧满长安。'长安,在阶级社会里,时兴时衰,但终南秀色却亘古如斯,一直到迎接解放的晴明,这位不大为人所知的唐代诗人若有预见,特为录出。"④著者搜集材料之泛,由此可见一斑。

在第二节"城坊建置"中,在叙述了皇城与城坊的布局后,著者不由自主地说:

---

① 王捷三:《唐代诗人与长安·绪论一》自印本,第4页。
② 王捷三:《唐代诗人与长安·绪论一》自印本,第10页。
③ 王捷三:《唐代诗人与长安·绪论二》自印本,第1—2页。
④ 王捷三:《唐代诗人与长安·绪论二》自印本,第2页。

"这样整齐的规划,笔直的街道,出现在六七世纪,真是伟大国家的伟大城市。在西洋,伦敦巴黎的街道至今曲折迷人。欧人移民到美洲,方出现几何画式的纽约,但已落后中国千年之久了。"①如此中西比较,眼光是宏阔的。著者原本留学欧美,有自己切身经历,是有感而发的。

在"市民生活"中谈到吃饭、吃水、居住房屋等问题。说到住宅,一一细数四唐诗人所居坊里,又说:"很多人在樊川、杜曲、灞上、沣上、周至、蓝田有别业,大抵是先人的遗产。赖有这些诗人们所居成诗,为长安留下真实的写照。"②每次的叙述,不仅有议论,更重要的是"有诗为证"。著者对唐诗的熟悉程度,不亚于专门的学者。

在"风俗习尚"里,说到交通、斗鸡、歌舞、打球、音乐戏曲,强调秦腔与二黄腔,中国两大戏剧都源于长安。又言及嗜酒、植树、栽花,以及节日的热闹。这个绪论简直是长安的小型百科全书,全书即围绕以上两个绪论展开,故而与唐诗发展史无异,只是围绕长安展开而已。

首章"李世民及贵族诗人"以热情赞美的笔调说:"李世民上马杀贼,下马作诗,'文物多师古,朝廷半老儒'(杜甫句)。他所延揽的凌烟阁二十四功臣之外,文学馆十八学士都是士林翘楚。造成中国诗歌的黄金时代,确实令人可爱。"③

每个时代的兴盛,都有经典的文学作品作为标准。西汉司马相如的《子虚赋》《上林赋》,东汉班固的《两都赋》,西晋左思的《三都赋》莫不如是。大唐兴盛的标志则是卢照邻的《长安古意》以及骆宾王的《帝京篇》。对此著者说:"唐初五十年,随着经济繁荣与政治安定,诗文正在变。内容由宫廷到民间,由颓废到刚健,由空虚到充实,形式由浮艳到清丽,由堆砌到疏畅,由杂乱到整齐。五律和七律体裁确立了,七言歌行大发达,值得大书特书。这开山业绩应归功于文豪'四杰'。"④他又说:"他们潦倒长安,愤慨塞胸,用夸张的笔墨,写贵族的奢侈,讽刺鞭打之意,情见乎词。唐代长安的物质文明和社会风气,摄影似的被记录下来。唐代文物达到封建时代的顶峰,而阶级分化亦日趋极端。可惜他们眼光只向上看,记下贵族的无耻生活,却没有记下平民的艰难境遇。"⑤原本属歌颂题材,却携带了不少超前的讥讽笔墨,正因如此,方才不朽。正如著者所言:"他们结束了初唐步趋六朝的余波,开展了盛唐涵润千载的局

---

① 王捷三:《唐代诗人与长安·绪论二》自印本,第5页。
② 王捷三:《唐代诗人与长安·绪论二》自印本,第11页。
③ 王捷三:《唐代诗人与长安》自印本,第4页。
④ 王捷三:《唐代诗人与长安》自印本,第17页。
⑤ 王捷三:《唐代诗人与长安》自印本,第20页。

面。唐诗确立了。"①这是对初唐的肯定。

论到张若虚,王著说:"《春江花月夜》太有名了,以无关长安不录。将这宇宙间五种伟大的现象与人生融在一起,在'永恒'面前,流露出'有限'与'无限''有情'与'无情'的辩证统一的宇宙意识来。使纯洁渺小而又庄严伟大的情感,迸出炽热的火花。谈爱情从宫体诗到张若虚,真是从伪到真,从卑污到纯洁,从消极到积极了。"②不难看出,从论四杰到此,论者显然接受了闻一多《唐诗杂论》的影响,但也显示出早年的哲学功力于此带来的深沉思考。

对于张九龄,王著指出:"他已是盛唐人物,在诗文革新运动上,具有仅次于陈子昂的贡献,自来'陈张'并称。"③这也是很能启发人的见解。论到王维,认为他的"思想由儒而佛,摩诘的际遇由顺而逆;诗笔因之由粗而细,由豪放而婉约。明胡应麟说,右丞五言有二派,绮丽精工的与沈宋合调,幽闲古淡的与储孟同声,说得不错"④。又指出:"他的诗和文都是极好的'有声画'。昔人称他妙于诗,故画意有余;精于画,故诗意转工,诚然。"又指出:"中年好道,晚年好静,登山临水。写'山水诗'极佳,'田园诗'比较少。这时候他的生活感情已与人民有大距离,只能摹画田家外貌,不能捕捉社会实质,因而便远逊于陶渊明。"⑤王维自小至老都在长安,他是典型的京都诗人。长安远郊的出猎,城东清明寒食的踢球,西郊远送西域的友人,城南香积寺游览,蓝田辋川的山水诗,以及对终南山的精彩描写,对长安城外关中渭川田家的刻画,无不显示出"诗家射雕手"的大本领,显示出盛唐跳跃的动脉。

还有他与贾至、杜甫、岑参的同题诗作《早朝大明宫呈两省僚友》,显示出歌颂才能。王著说:"在京师喋血之后,疮痍未覆,而四人都夸美朝仪如此。"然而,在安史大乱后,长安收复了,诗人又怎能不高兴,不振笔赞颂!王著又说:"王维的思想与诗,前后极为矛盾。若论艺术,他确乎是盛唐首出的大家。长安山水在他的诗篇画幅中,给千古留下雄丽的印象。"⑥

杜甫、高适、岑参、储光羲、薛据写有《同诸公登慈恩寺塔》,此塔为长安之标志。此次五大诗人赛诗,乃长安之盛事。王著对此有极好之评价:"储诗只说身闲、塔高、

---

① 王捷三:《唐代诗人与长安》自印本,第31—32页。
② 王捷三:《唐代诗人与长安》自印本,第33页。
③ 王捷三:《唐代诗人与长安》自印本,第39页。
④ 王捷三:《唐代诗人与长安》自印本,第46页。
⑤ 王捷三:《唐代诗人与长安》自印本,第49页。
⑥ 王捷三:《唐代诗人与长安》自印本,第54页。

云雨变化、归到佛家空了,结语似寓'高不忘危'之义,但只指出塔危不如大厦之安,意亦平庸。此时已是'渔阳鼙鼓动地来'的前二年,大厦将倾,安于何有?消极分子,自谋逍遥,心中没有国计民生,于此可见。岑参写塔高,写四围景物,气势磅礴,确是好诗。秋色五陵一转,亦寓感慨,但结语同储一样消极。高诗结合自己,身世上,形神王是登高应有的感触,而点出秋字,意识到秦塞清晴,五陵难保盛况,乐不忘危,感慨系之,倘可输效,岂甘游放!爱国爱民,情见乎词。"尤其对杜诗评价更为深刻:

> 惟杜诗一开首即有王粲登楼之感。三山老人胡氏说:"秦山忽破碎,喻人君失道也;泾渭不可求,言清浊不分也;焉能辨皇州,伤天下无纪纲文章而上都亦然也;虞舜苍梧,思古圣君而不可得也;瑶池日宴,谓明皇方耽于淫乐而未已也;贤人君子多去朝廷,故以黄鹄哀鸣比之;小人贪禄恋位,故以阳雁稻梁刺之",解释甚确。李唐王朝的民族矛盾、阶级矛盾日益加剧,将次爆发了,人民诗人要替人民说话了。田园山水诗人也"逍遥"不多日子了。①

这两组和诗,从不同方面使我们了解到不同时代的长安,诗人眼光高下也由此可见。

对于边塞诗人岑参,他说:"岑参很爱长安。一离长安便思长安。"②他写过《怀长安曲》《逢入京使》《宿蒲关东店忆杜陵别业》,都写得很有人情味。原本出生于长安的王昌龄,写了《塞上》《出塞》,也写了《闺怨》、宫怨诗,前者属于时代,后者属于长安人的心声。

李白在长安生活不过三年,但他的长安诗却是那么感人,又是那么热情洋溢。在长安写了不少诗,讥讽过斗鸡走狗的权宦,揭露过宫廷的黑暗;也写过不少"清平乐"之类的颂美之诗。当然,这都是"命题作文"。王著用了三节的篇幅。最后说:"太白既离长安,但长安昏君谗臣可憎,而爱国与爱君在当时是不可分的,因而太白一生怀念长安的诗句极多。'鲁客向西笑,君门若梦中';'总为浮云能蔽日,长安不见使人愁';'一为迁客去长沙,西望长安不见家';'记得长安还欲笑,不知何处是西天';……欲济苍生,毕竟忘不了长安,送人入京,每动感慨。《金乡送韦八之西京》竟写得如许深刻,这是深刻爱国心情的深刻表现:'客自长安来,还归长安去。狂风吹我心,西挂咸阳树。此情不可道,此别何时遇。望望不见君,连山起烟霞。'"③这样的诗又怎能不感人,怎能不使人向往大唐之长安,而成为永久之纪念。

---

① 王捷三:《唐代诗人与长安》自印本,第61—62页。
② 王捷三:《唐代诗人与长安》自印本,第69页。
③ 王捷三:《唐代诗人与长安》自印本,第103页。

杜甫一章分了五节,可惜"文革"抄家而未全部返还!否则,会有更启人深思的论述。韩愈一章也分五节,连带韩派诗人又多了两节。王著总论韩愈:"从生活经历、思想作风、政治业绩、文学创作各方面估价韩愈,这位庶族地主阶级的大知识分子是一个境遇坎坷、性格倔强、热衷功名、见义勇为、比较进步的爱国家爱人民的人物;在散文创造和诗歌发展上,尤其是中国文学史上一颗最光辉灿烂的明星。"①

新中国成立以来,对韩愈的评价忽高忽低,王著所论,也还是中肯的。

韩愈享年57岁,而在长安前后有近三年。早年的《出门》中的"长安百万家,出门无所之",显示处境孤苦。王著说:"很幸运,他在这里提供了唐代长安人口的资料。'百万家'都市在当时世界上应该是最大的。休说八口之家,一家以五口计,该有五百万了。好在他《论今年权停举选状》也提到长安人口说:'今京师之人不啻百万',因之诗中所谓'家'当作'口'解,应无疑义。"②韩愈诗的前导,应是苦吟诗人孟郊,他的《长安道》诗也说:"家家朱门开,得见不可入。……高阁何人家,笙簧正喧吸。"他们对长安的感受,不是温暖与辉煌,而是冷凉与讽刺。

韩愈在长安作有《示儿》《符读书城南》,向儿辈夸示家业与富贵,希望他们好好读书,能有所成。但这两首诗常遭后人诟病。王著说:"后人多取《示儿》诗'开门问谁来,无非卿大夫。不知官高卑,玉带悬金鱼'语句,与《符读书城南》诗'不见公与相,起身自犁锄'句,批评退之富贵利达的观念太重,其实从这些诗句正见此公毫无伪饰。卿大夫来访与自趋权门恰是两回事。当时'持钧衡'的裴度、王涯、崔群都是正人君子,都是故人,来访能不见吗?他只不肯趋附李逢吉之徒而已。"③这种见解很通达,有独到之处,比起人云亦云者,就高明得多了。

韩愈也写过不少长安诗,他赞美曲江秋天"曲江荷花盖十里"的秋景,也有"曲江水满花千树"的描写,又说"曲江千顷秋波静,平铺红云盖明镜"。而长安晚春则极具个性:"草树知春不久归,百般红紫斗芳菲。杨花榆荚无才思,惟解漫天作雪飞",很能显示出兀傲倔强的个性。还用诗写过南郊去天尺五的韦杜名区。

韩愈还有一首长篇大制的《南山》,为唐人三大长诗之一。王著对此说:"他和孟郊《城南联句》,争奇斗险,写尽城南风物;……南山即距长安城南五十里的终南山,在天之中,居都之南,亦名中南山。与杜甫《北征》曾被相提并论的《南山诗》长达百零五韵。这诗有人认为'曼冗',有人誉为'工巧';宋黄山谷少时说:'北征不可无,而南

---

① 王捷三:《唐代诗人与长安》自印本,第136页。
② 王捷三:《唐代诗人与长安》自印本,第143页。
③ 王捷三:《唐代诗人与长安》自印本,第145—146页。

山虽不作未害也'。取言情的北征与体物的南山相较,比于不伦,难言优劣。徐震评释说:'别开境界,前无古人';顾嗣立谓之光怪陆离,方世举称其雄奇纵恣,合斯二语,庶几得之。"①用比喻写诗,本是诗人才技,此诗苦心呕血铸成的比喻倾箱倒箧而出,用了近百个比喻,有些喻体匪夷所思,未免有些炫才逞能了。

长安城东的乐游原,是登高望远名地,其上有寺。韩愈为此作《游青龙寺》,想象丰富,光怪可骇,迥异于游寺之作。

被韩愈视为师友的孟郊,是个刺激力极强的讽刺诗人。他以一个被人遗忘的贫穷者的目光,冷视着偌大长安城。他的《游终南山》说:"南山塞天地,日月石上生",也是可惊可愕!不顾一切地抒发胸臆:"昔日龌龊不足夸,今朝放荡思无涯。春风得意马蹄疾,一日看尽长安花。"用笔之狠重,真是前无古人!

总之,这部残书,颇有可读之处。作者简括通达的论述,不同流俗的见识,以及对长安的特别情感悄然流露笔下,增强了本书的可读性。作者对诗也有很高的鉴赏之悟性,以及驾驭纷繁材料之能力。60年前,作者还有一个令人胆战心惊之大帽子,下笔并不那么遂心如意,当有许多收敛。尤其是此稿残佚,不能目睹余秩,这更令人遗憾了!

王捷三先生是学人,更是教育家。1939年,他任陕西省教育厅厅长。在任期间,兴办了几所大专学校之外,还兴办了大量的中小学。1946—1948年,他在北平华北文法学院任院长(这是蔡元培先生创办的大学)。北平和平解放,他即与华北大学副校长范文澜磋商,将华北文法学院的校舍、图书、家具、资产全部合并给华北大学(中国人民大学的前身)。北平和平解放,王捷三先生起了为国共双方和谈铺路搭桥的作用,这有我党当事人崔月犁同志的回忆文章为证(按:《忆争取傅作义将军起义,和平解放北平》一文,已收入本书)。在庆祝我校80周年华诞之际,重温王捷三先生的遗著,我们惊异于他从哲学学科跨越到中国古典文学的学科迁移能力,感到他是深入到唐代诗歌世界里去了,并有自己不少独特的发现。

2024年1月22日晚

---

① 王捷三:《唐代诗人与长安》自印本,第156页。

王儒卿与鲁迅

【编者小引】王儒卿先生(1892—1967),是本书提到的与鲁迅有关系的教授中,唯一毕业于北京大学中文系、正式听过鲁迅讲授"中国小说史"的学生。鲁迅在北大讲授此门课程,是从王儒卿那一届(1919—1923)开始的。应该说,他是实在意义上鲁迅的受业弟子。由于王先生先后在南开学校、西北农学院、西北大学、陕西师范大学任教,工作单位变动频繁,加上社会动荡的原因,他留下来的可供搜索、研究的材料并不多。

现在陕西师范大学文学院80岁以上的老先生,有的不知道王先生其人,知者也不能道其详。现有的材料,其要点是:王先生从北大毕业后,与范文澜在南开学校任教,合编《南开国文读本》;40年代初,拟定《续修商县志工作方案》;1947年,著有《小山词笺》;还著有《国学浅说》《陕西乡贤事略》。他的专业是中国古典文学。"文革"初期,他即辞世。他的著作,仅《小山词笺》网上有售,校图书馆无存;其他的,难以觅得。他写《陕西乡贤事略》,表征了他与曹冷泉先生一样,对于地域文化十分重视。《鲁迅日记》1924年7月23日,记载了王儒卿的来访(时鲁迅在西安讲学,王先生暑假归乡路过西安)。他写于20世纪50年代那封关于在北大听鲁迅讲课的信函,弥足珍贵!王先生喜欢宋词,我们在此引录苏轼的四句诗:"人生到处知何似,应似飞鸿踏雪泥。泥上偶然留指爪,鸿飞那复计东西。"也许,此四句诗就王先生的心境而言,可以得其仿佛。

王儒卿简介

  王儒卿,字焕猷(1892—1967),商州纯古村(今城关东店子)人。20世纪20年代初在北京大学求学,毕业后到天津南开学校任教,曾与范文澜合编《南开国文教本》。1947年注释并出版过宋人晏几道词的《小山词笺》(商务印书馆)。40年代初,曾拟定《续修商县志工作方案》,由冯光裕先生任总纂,编成《续修商县志稿》二十四卷。1949年后先后在西北农学院、西北大学、陕西师范大学任教。

鲁迅日记中的王儒卿

1. 人物注释

王焕猷,字儒卿,陕西商县人。一九二三年北京大学国文系毕业后,在天津南开学校任教。一九二四年暑假回西安时,适值鲁迅在西安讲学,故往访。

——《鲁迅全集》第 15 卷第 352 页

2. 日记

一九二四年

七月

二十三日 昙。上午小雨。讲演二小时。午后晴。王焕猷字儒卿来。晚与五六同人出校游步,践破砌,失足仆地,伤右膝,遂中止,购饼饵少许而回,于伤处涂碘酒。

——《鲁迅全集》第 14 卷第 506 页

关于鲁迅来陕讲学致单演义先生的一封信[①]

王儒卿[②]

鲁迅先生是我的老师,他在北大教课即由我们那一班开始,教的是中国小说史。他出版的《中国小说史略》,就是给我们编的讲义。他来陕讲学是在1924年暑假,那时有个国立西北大学,与陕西教育厅合办了个暑期讲习会,鲁迅先生是请来讲学人之一,他讲的是中国小说史。那时我在天津南开学校教课,也于暑假回到西安。我到西安后,知道鲁迅先生前来讲学,去看过鲁迅先生两次,也不过是学生看老师的意义,并没谈论多少问题。

我虽然是鲁迅先生的一个普通学生,但鲁迅老师对我的印象却甚深。我觉得他是处处都在教育青年,时时都在热爱青年,兹举二事以为证明:

一、鲁迅老师与我们讲课时,讲完《红楼梦》那一部分,他问道:"你们爱不爱林黛玉?"当时许多同学都不假思索,随口乱答。其中一个同学反问道:"周先生你爱不爱?"鲁迅老师毫不迟疑地答道:"我不爱。"又问:"为什么不爱?"答曰:"我嫌她哭哭

[①] 单演义:《鲁迅在西安》,西北大学出版社2009年版,第111—112页。本书编者按:所录信文,无抬头、写信人的具名及写信日期。

[②] 我校中文系教授王儒卿,1923年毕业于北京大学国文系,他听过鲁迅在北大讲的"中国小说史"课程。可以说,王儒卿是鲁迅先生实实在在的学生,而不是仅仅听过一次讲演的学生。因此,当他1924年7月回乡在西安停留时听说鲁迅在西安讲学,即动了师生之情,先后两次拜访他敬爱的授业老师。鲁迅研究专家单演义教授,曾就此事问王儒卿与鲁迅接触的感受,王儒卿给单演义先生回了一封信。应该说,此信在陕西师范大学,几乎无人知晓。王儒卿先后在南开学校、西北农学院、西北大学和我校任教,他的生平资料奇缺;在这个意义上,此信弥足珍贵。王儒卿先生在陕西师大任教的时间比较短,他的此段历史处于被湮没状态。今天,将他的此段经历(包括此信)发掘出来,对文学院发扬鲁迅传统,有积极的促进作用。王儒卿先生,是我校原政经学院院长王振亚教授的祖父。单演义教授在《鲁迅在西安》一书中写道:"据原曾在北京大学毕业的学生王儒卿说,鲁迅来西安讲学时,他们也曾见过面,鲁迅对他很关怀,使他受到深刻的教育。笔者曾向王儒卿询问在西安与鲁迅接触的感受,他回我一封长信。"本文就是这封信的全文。

❋❋ 九晼贞风慰独醒

啼啼。"这一次问答就此完结。我常推想这正是鲁迅先生教育青年改正数千年来以"工愁善病""弱不胜衣"的美态看妇女的错误思想。所以这一段话永远在我的脑中深印着。

二、鲁迅老师来陕讲学我去看他,他首先问:"你暑假毕了还去南开么?"我答道:"我回来时把南开的续聘退还了。现在这里(西北大学)叫我教些课,还有两个中学也约我教些课,我都答应了。"鲁迅老师即说:"那就好。你可以回家一趟。"我答道:"我是商县人,来回得走八天,秋夏之交常多雨,且发山洪,回家恐误了开学日期。"我与鲁迅先生谈话本极平常,但是他关心我的职业,关心我的生活,正是老师对学生的恳切热爱,所以我永远不能忘记。……

文学课堂内外的"笑声"(摘录)①

陈平原

古往今来,任何一个民族,都有恰如其分的"文学教育"。分歧在于"文学"的定义,以及什么才是好的教育方式。单有演讲者的"谈吐自如"还不够,还必须有听讲者的"莫逆于心",这才是理想的状态。第一是表演,第二是氛围,第三是对话,第四是回味——20世纪中国的"大历史",此时此地的"小环境",加上讲授者个人的学识与才情,共同酿就了诸多充满灵气、变幻莫测、让后世读者追怀不已的"文学课堂"。1924年7月,鲁迅赴西安,在西北大学与陕西教育厅合办的暑假讲习会演讲。这十一次演讲,整理成《中国小说的历史的变迁》。阅读讲稿,很容易理解其用心:依旧是小说史,只不过更为通俗化。这既是因材施教,也是一种必要的自我保护。在政治形势险恶的西安,鲁迅的讲授,不像课堂那样夹杂许多政治讽喻,就连给下级军官士兵讲演,"我要讲的题目仍然是小说史"。正所谓"可与言而不与之言,失人;不可与言而与之言,失言。知者不失人,亦不失言"(《论语·卫灵公》)。也有一些引申发挥,但无关大雅。王儒卿在回忆鲁迅的信中记述:"鲁迅老师与我们讲课时,讲完《红楼梦》那一部分,他问道:'你们爱不爱林黛玉?'当时许多同学都不假思索,随口乱答。其中一个同学反问道:'周先生你爱不爱?'鲁迅老师毫不迟疑地答道:'我不爱。'又问:'为什么不爱?'答曰:'我嫌她哭哭啼啼。'这一次问答就此完结。我常推想这正是鲁迅先生教育青年改正数千年来以'工愁善病''弱不胜衣'的美态看妇女的错误思想。所以这一段话永远在我的脑中深印着。"学生记忆中的课堂,大都是专业论述以外的"闲话"。不过,这段关于林黛玉的妙语,很可能是为了活跃气氛事先准备的。因为北大

---

① 陈平原:《"文学"如何"教育":关于"文学课堂"的追怀、重构与阐释》,载台湾《新地文学》2012年秋季号。本书编者按:此文引用的王儒卿的话语,与单演义先生在《鲁迅在西安》中所录的信文完全一样,这证明了王儒卿那封信是真实可信的。

✽✽ 九畹贞风慰独醒

法文系学生,听了四年鲁迅"中国小说史"课并帮助校对讲义的常惠,晚年撰文称:"先生在讲堂上曾说过:'你们都喜欢林黛玉小姐,其实我对她并不怎么样。'学生们都一愣,先生停了一下才说:'我不喜欢她,因为她是瘆病鬼。'同学们都笑了起来,先生绷着脸不笑,然后微微一笑。"记得小说家王鲁彦有个说法,十分生动,但不无夸张:"大家在听他的'中国小说史'的讲述,却仿佛听到了全人类的灵魂的历史……"这样的课堂,自然值得我们永远追怀。

我所了解的祖父王儒卿[①]

王振亚

我的祖父王儒卿(又名王焕猷)1923年毕业于北京大学中文系。在北大读本科期间,曾系统地聆听过鲁迅讲授的"中国小说史"课程,算是鲁迅先生名副其实的受业弟子。从1924年开始,祖父先后在南开学校、西北农学院、西北大学、陕西师范大学任教,是师大中文系与鲁迅有过交往的几位老教授之一。文学院阎庆生教授是鲁迅研究和孙犁研究专家,他学养深厚,为人热情,是我十分敬重的兄长。阎兄曾多次建议我搜集、整理一下我祖父的有关材料,但是,说句实话,我掌握的资料很有限。我从小随父母在杨凌长大,那个年代交通不发达,来一趟西安并不容易,因此与祖父相处的时间并不多,对祖父的了解自然就十分有限。

我第一次知道祖父是鲁迅的学生,大约是在20世纪60年代初。有一次,父亲闲聊时,给我讲了一个真实的"笑话"。他回忆说,1937年10月,鲁迅逝世一周年之际,西安地区的学生集会举行纪念活动,西安市警察局长在劝阻学生时称鲁迅为"鲁先生",学生们当场对警察局长的无知报以讥笑和嘲讽。父亲讲完这个"笑话"后说道:"你爷爷就是鲁迅的学生。1924年暑期,鲁迅在西北大学讲学时,你爷爷恰好从天津南开学校回陕,还专门去拜访过鲁迅。"

1977年,我在陕师大政教系毕业后留校任教,1982年武汉大学研究生毕业后继续回校任教。80年代中后期,我打算调到另一所高校任教,就向系里和学校递交了请调报告。后来我去学校人事处说明请调理由,人事处副处长姚桂芸老师说,学校有规定,研究生毕业的原则上不放,除非主管副校长批准。于是,我又去找当时主管人

[①] 本书编者按:此书在编撰的最后阶段,剩几天就要过年了。我们向王振亚教授约稿,他爽快地答应了。正如他所说,他了解的有关情况并不多,遂向其兄长等家人进一步询问。然后将全部材料写出交给我们,并帮助我们校正错字。

事的李钟善副校长。我说:"您看我家里有两代人在师大服务过,把我放了吧。"他问:"你家里还有谁在师大服务过?"我说:"我爷爷王儒卿。"李校长说:"哦,那是我老师。"后来,我和李校长同住一幢楼。前几年,有一天在楼下碰见李校长,他说最近他在读《吴宓日记》,吴宓在日记中还提到我祖父。

祖父生前著有《小山词笺》《国学浅说》《陕西乡贤事略》等,其代表作是1947年商务印书馆出版的《小山词笺》。60年代,商务印书馆请他将《小山词笺》修订再版,后祖父因中风瘫痪未能如愿。90年代初的一天,我父亲在西安看病,顺便去看望我们政教系的袁博文老师。袁老师在西北农学院读本科时,我父亲曾是他们的班主任。两人见面后,回忆了当年许多趣事,父亲还询问了其他一些学生的情况。临告别时,我父亲问袁老师:"老人(指我祖父)曾送你一本《小山词笺》,不知这本书还在不在?我现在手头一本都没有。"后来,袁老师告知,因多次搬家,那本书现在已经找不到了。

1991年7月6日的《陕西日报》刊发了一则消息:《商州发现范文澜手笔》。祖父北大毕业后曾与著名史学家范文澜一起在南开学校任教,二人私交甚好并合作编写了《南开国文教本》。《陕西日报》这则消息称,发现的范文澜手笔,是范文澜1924年5月13日和6月15日写给王儒卿的两个条幅(这两个条幅由我们家族中的一位亲戚捐赠给了商州区文化馆)。其中第一幅全文为:"我们应当剥皮为纸,折骨为笔,刺血为墨,写一千一万个努力!努力!"第二幅全文为:"我们莫名其妙的聚在南开,不多时,我们又莫名其妙的离散了!我们能有些微自主权么?我想:聚不必喜欢,离不必愁苦。最好,我们把所谓我们的'精神''形骸'全数交给'自然',看他怎样摆布我们!"条幅的落款是"过河的枯鱼范文澜书以勖儒卿我哥"。这两个条幅,反映了范文澜和我祖父他们这一群曾聚在南开的年轻人忧国忧民的家国情怀,即对民族和国家前途命运的关切以及努力改变中国现状的决心和抱负。

西北大学单演义先生在其所著的《鲁迅在西安》一书中,曾收录我祖父写给他的一封回忆鲁迅先生的长信。在这封信中,祖父回忆了当年鲁迅先生在北大讲授"中国小说史"课程时的一些有趣的细节。同时,也回忆了1924年暑期鲁迅在西安讲学时,祖父以师生之谊两次拜访鲁迅先生的情况。从祖父的回忆中,可以感受到鲁迅对青年学子的深切关爱和孜孜不倦的教诲,这无疑是鲁迅先生留给后世的一笔珍贵的精神财富。

2024年2月4日

王焕猷与商州民歌[①]

高 信

王焕猷先生收集整理的商州民歌,最早发表在《歌谣》周刊上。

《歌谣》周刊,是北京大学研究所国学门所属歌谣研究会出版的周刊,1922年创刊,16开,铅印,每期仅有四版。

鲁迅先生是征集歌谣并加以研究的首倡者。1912年2月,鲁迅先生在北洋政府教育部《编纂处月刊》第1卷第1册发表《拟播布美术意见书》,其中就谈到"当立国民文术研究会,以理各地歌谣、俚谚、传说、童话等;详其意谊,辨其特性,又发挥而光大之,并以辅翼教育"。三年后,北大成立歌谣征集处以响应,刘半农先生且对征集到的歌谣加以选择,每天在《北大日刊》发表。后又于1922年成立歌谣研究会,出版《歌谣》周刊,周作人、胡适、沈兼士、魏建功、顾颉刚等北大教授鼎力支持,常惠(常维钧)先生亲任主编,编辑班子过硬,学术级别高,仍附于《北大日刊》发行,是新文学运动以来第一本歌谣刊物。《歌谣》周年纪念增刊出版时,鲁迅先生特别为之制作封面。

[①] 原载《商洛日报》2007年9月22日,又见高信:《书房写意》,上海远东出版社2009年版,第174—178页。

❋❋ 九畹贞风慰独醒

《歌谣纪念增刊》封面，鲁迅设计

《歌谣》（创刊号）

王焕猷与商州民歌

1922年12月,《歌谣》第一期出版。沈兼士先生写的《对于投稿诸君进一解》的长文中,举出流行全国各地的十多首歌谣,把男青年去岳父家相亲时,如何看见未来媳妇的"最有趣味,最可研究的那一句"列举出来比较,北京是"隔着竹帘看见她",北方是"推开门来看见她",京兆是"隔着竹帘瞧见她",河北是"隔玻璃看见小奴家",胡适提供故乡绩溪是"风吹帘幕瞧着她",旌德是"帘背后看见她",丰城是"掀开门帘看见她",夏口是"格子眼望见她",真是林林总总,各有其趣。"谁知道我们文科的同学王焕猷先生又寄来一首,并说通行于陕西而尤以东南部为盛",王先生提供的全文如下:

燕雀燕,双屹杈,你骑骡子我压马,看谁先到丈人家。进的门磕一头就走呀!大姨子留,小姨子拉,拉拉扯扯就坐下,油漆桌子揾布摸,乌木筷子厅哩川,四个菜碟单摆下,坐煎酒,泡桂花,风摆门帘看见她,白白脸,黑头发,包包嘴,糯米牙,白白手,红指甲,银镯子,十两八,银筒箍,珐琅花,缎子鞋,打子花,还是奴家亲手扎,步步走路踩莲花;走路好像风摆柳,立下就像一股香,坐下就像活娘娘。我回去先与爹娘夸一夸,卖房卖地要娶她。

这首歌谣,高林兄主编的《商州市志》收入了,但版本不同,也许是传播日久,有所简化,远无这首情浓趣足:骑马叫"压马";"乌木筷子"的响声好繁,用象声词"厅哩川";写"她"的外貌的几句,也足令人莞尔,而"风摆门帘看见她"一句最有诗意。商州百年前的语汇乡音听来如此亲切,现在恐怕还能找到一点遗音吧。难怪沈兼士先生专门把王焕猷先生点了出来,以示特别看重。

此后几期《歌谣》,陆续刊发了王先生收集的商州歌谣多首,上了年龄的商州人也许能记得儿时的传唱,可惜已不见文字记录和钩沉,现录三首:

炭铣杷,颠倒安,娘家叫,心喜欢,不等锅煎就打扮。打扮齐,问公婆,公婆恼的不言喘。

白菜扑地叶叶黄,我娘生我不气强;小着吃的亲娘奶,长大侍候公带婆;人家的脚地我扫白,人家的爷婆堂咱摸净;人家的大咱叫大,人家的妈咱叫妈,人家的娃子咱叫他。

青石头,响叮当,我爹卖我不商量;卖的银钱还了账,不与小奴做陪房。

当年的男女不平等,婚姻不自由,妇女受压迫,是民谣的重要内容,可以想见,多少含辛茹苦的妇女,只能把自己的委屈,随口编成歌谣,在抱着孩子的时候随口吟哦,无非排遣心中积郁。而花鼓戏艺人,则有勇气来为妇女道屈喊冤,诉述衷情,有《石榴娃烧火》就如此唱:"风箱拉一拉,想起了娘家妈,狠心的娘家妈,咋不来看你石榴娃?

炭铣戳一戳,想起了娘家哥,狠心的娘家哥,咋不来看石榴我?"很可以从中看出民间歌谣到花鼓小调之间的传承关系。

也有对"种瓜得豆"的男子的无奈的调侃:"这山更比那山高,那山一树红樱桃;哥哥担水妹妹浇,卖下钱了娶嫂嫂;娶下嫂嫂巧的太,三天上一裤子腰。"

王焕猷先生是有心的学人,他按学术规范,不删,不改,不生编,不乱造,老老实实,尊重前人,敬畏历史,经他记录下来的这些歌谣,填补了商州草根阶层弱势群体百年前民间创作的空白,自有其功绩在。

王焕猷先生字儒卿,商州纯古村人,生于1892年。20世纪20年代初在北京大学文科求学时,曾与鲁迅先生有师生之谊。1923年,经蔡元培校长推荐到天津南开学校教国文。次年夏,自津回商省亲时,适逢鲁迅先生在陕西暑期学校讲学,王焕猷专门看望了鲁迅先生。《鲁迅日记》1924年7月23日有"王焕猷字儒卿来"的记载。在天津教书时,曾与范文澜先生合编《南开国文教本》。1947年在商务印书馆出版过笺注宋人晏几道词的《小山词笺》,王先生熟悉商州的乡邦文献和风情物事,40年代初,曾拟定《续修商县志工作方案》,由冯光裕先生任总纂,成《续修商县志稿》二十四卷,以手稿存。王焕猷先生1967年在西安去世。

附录:

王焕猷先生收集的商州民歌,除文中引用者外,尚有以下四首:

麻野雀,夹柳梢,担担水,拧拧腰,挣下钱,娶上一个花嫂嫂。

曲儿长,曲儿短,曲儿他妈会看眼;骑的驴驴打的伞,背的包袱挽的鬏。

渠渠水,道道流,莲花开到水里头。我向莲花拜一拜,莲花骂我小奴才。今年我在铺里坐,明年买马办高台。高台一枝花,摇摇摆摆到西家。西家问我谁家女?我是张家小银花。西瓜皮儿纳袖袄,翠瓜皮儿搭挽袖;茄子开花定板扣,辣子开花叫舅舅。

石榴花,五瓣五,我娘生我五瓣五;大姐嫁到染房家,又会染布吼靛花。二姐嫁到铁匠家,又会抡锤扇风匣。三姐嫁到木匠家,又会锛柴拾木杂。四姐嫁到货郎儿,又会分线扎桃花。丢下五姐没人要,叫姑姑,劝女娃。女娃女娃不出嫁,姑姑与娃寻一好人家:七间楼,八间厦,白铜烟袋珐琅花。银镯子,听哩川;吃去,吃的百子肉,喝去,喝的百子茶。

2007年8月28日

党家斌与鲁迅

【编者小引】陕西师范大学与鲁迅有过接触的6位教授中,党家斌是一位非"文学"专业出身,却与鲁迅有过深切交往并发生"经济纠葛"的人物。他长期从事的是数学教学工作,生前是陕西师范大学数学系的副教授,并担任初等数学与教学法教研室主任。

党家斌青年时代,却是一位典型的"文学青年"。党家斌,亦名修甫,祖籍陕西省合阳县,1903年2月生于北京。1915年至1919年在北京高等师范学校附中上学,1920年17岁时,考入北京大学预科。时值"五四"新文化运动方兴未艾,党家斌积极投入"五四"文学潮流中,与赵世炎、夏康农、张友松等中学同学组织了"少年学会",编辑出版《少年》杂志,宣传新文化、新思想。在北大期间,党家斌结交了周作人、朱自清、台静农、章洪熙(章衣萍)、王忘我(鲁彦)等人,参加了明天社、浅草社等"五四"文学社团的活动,并在《浅草》季刊、北大《歌谣》周刊、河南大学《青年》半月刊等刊物上发表了大量的诗歌、散文、小说、论文,成为小有名气的青年作家。党家斌还参加了当时盛行一时的北京大学工读互助团,通过半工半读的方式补助自己在北大上学的费用。他仰慕胡适,常常帮助胡适抄写稿件,他在北大预科学习期间的费用,都是胡适先生资助的。章衣萍在《胡适先生给我的印象》一文中云:"常往来胡先生的家里的,有党家斌,他崇拜尼采(Nietzsche),我们大家替他取了一个'超人'的绰号。"

党家斌后来因家贫而在北大辍学,先后在合阳、西安等地任教。1928年因同学张友松的关系在上海春潮书局任编辑,从而结识鲁迅,开始了他与鲁迅的"缘分"。党家斌与鲁迅的"交游",主要有两件事:一是他帮鲁迅打官司,要回了鲁迅该得的"版权费",这于鲁迅有"助益"之劳,对此坊间有大量的叙述和研究,此不赘述。二是他以家乡受灾为由,先后向鲁迅借了600元钱,后竟不见音信。党家斌后来回到陕西在西安各校任教。鲁迅逝世时,他曾参与1936年11月1日西安各界追悼鲁迅大会并在会上讲了话,至今上海鲁迅纪念馆尚存有他联署的"吊电一通"[纪文《鲁迅丧仪礼物登记册录》,见《上海鲁迅研究》(3),百家出版社1990年版]。此后,再也没有见到他有关鲁迅的任何文字或信息。

党家斌简介[①]

党修甫，男，祖籍陕西省合阳县。父亲为清末举人，在北京做官，党先生1903年2月生于北京。1910年父亲病故，家庭生活逐渐困难。

1909年至1915年在北京上小学。1915年至1919年在北京高等师范学校附中上学。当时正值"五四"运动的兴起，党先生受进步思想的影响，上中学时便和赵世炎、夏康农、张友松等同学组织"少年学会"，编辑出版《少年》杂志，宣传新文化、新思想。在向北洋军阀政府的请愿示威中，他积极参加，是其中勇猛的一员，因此被北洋军阀政府拘留。在社会各界人士的强烈抗议下，才获得释放。

党先生1920年17岁时，考入北京大学预科。由于党先生聪明好学，才华出众，得到北大教授胡适先生的赏识。他在北大预科学习期间的一切费用，都是胡适先生资助的。

尽管党先生上大学的费用有人资助，可是家中还有母亲和弟妹，家庭经济没有来源，生活非常困难。党先生不得不离开他心爱的学校，出外找工作，以养家糊口。1920年至1923年在北京、南京等地当编辑，在中学教数学。

1924年回到老家合阳，在合阳中学任教育主任。1927年到西安师范任训育主任。

1928年至1930年在上海春潮书局当编辑，同时在复旦大学实验中学教数学。鲁迅先生经常给《春潮》月刊投稿，党先生因此与鲁迅先生交往，关系甚好。鲁迅先生曾赠送党先生两本《茶花女》，党先生也曾帮助鲁迅先生打官司等。受鲁迅先生的影响，党先生在这一时期的思想进步很快。

1931年至1947年，党先生在合阳中学、西安高中、兴国中学、咸林中学、富平庄里中学、三原中学、泾阳中学等多所中学任数学教员，结识了不少地下共产党员。其中

[①] 张建祥主编：《陕西师范大学校史人物传略》，陕西师范大学出版社2006年版，第218—219页。

于1943年协助李敷仁(共产党员)办《民众导报》,编写一些通俗易懂的文章,积极宣传抗日。李敷仁对党先生的思想影响很大。

1947年下半年,党先生回到合阳中学任教。当时合阳县一度被我解放军占领,得到解放,党先生和当时的县长、共产党员管建勋取得联系,便直接参加了革命,作了很多宣传革命的工作。党先生在合阳县是知名人士,在他的宣传、动员和影响下,不少青年学生奔赴解放区,参加了革命。后来国民党军队反扑过来,攻占合阳,党先生和合阳师范等校的师生员工随解放军撤出合阳,到达当时设在洛川的延大分校,党先生受到贺龙、林伯渠、杨明轩等中央领导同志的亲切接待和欢迎。此后党先生由杨明轩介绍到延大工作,担任班主任、副系主任等职,讲授"社会发展史"等课程。

1949年5月20日西安解放,不久,党先生到西北大学师范学院数学系任副教授。50年代初,党先生的教学积极性很高,担任初等数学与教学法教研室主任,主讲解析几何、初等数学、教学法等课程,为数学系的教学和发展作出了重要贡献。

党先生一生追求进步。在50年代后期,由于视力严重下降,阅读书籍困难,他的学术发展受到很大影响。

党先生于1965年12月退休。"文化大革命"中,被迫回原籍,身心受到很大影响,不幸于1972年12月在合阳逝世。党先生为革命和教育事业作出的贡献,将永照千秋。

鲁迅和春潮书局及其他（摘录）[1]

张友松

我和鲁迅先生曾经有过一度相当频繁的交往，一九二八至一九三〇年间关系颇为密切。那就是我在上海办春潮书局的时期。这位伟大导师给我留下了不少永世难忘的深刻印象。但因当时我对他的革命精神和战斗生活的了解还很肤浅，便没有跟随他走上革命道路。这是我毕生莫大的恨事。

我经营春潮书局，经历了重重困难和挫折，曾经得到鲁迅先生的热情支持和无私援助。我谈谈自己开办这个短命的小书店的经过，回顾一下鲁迅对我的关怀和扶助，可以作为先生爱护青年的一个实例，并以我亲身经历，从一个侧面反映当时出版界的一些情况。

一九二七年春，我和大姐挹兰都在北大读书。大姐参加革命，早已成为一个挂名的学生。后来终于在她接任国共合作的北京市党部妇女部长时，先后和李大钊同志等二十人被捕，于四月二十八日一同牺牲在奉系军阀的绞架下。那是北洋军阀和新兴的蒋介石反革命集团对共产党领导的民主革命同时采取的血腥镇压。我和大姐是半工半读的，还要供养母亲，抚育弟妹。大姐牺牲后，我的家庭负担更重了。我本来就没有参加革命斗争，对共产党的认识还很模糊，此后我就更加安于走个人奋斗的道路了。我无心再到北大上课。正好上海北新书局老板李小峰于这年秋天邀请我去担任编辑。我在北新任职不到一年，就动了自办书店的念头，只是苦于没有资金，又无志同道合的人合作。此时恰好有两个中学同班的夏康农和林熙盛都失业了，同来找我谋出路，便和我商量了创办春潮书局的计划。我们因为没有正确的政治方向，一心只想办一个"正派"的书店，出些"好书"，既不贻害读者，又不剥削别人，也不受人剥

---

[1] 北京鲁迅博物馆、鲁迅研究室编：《鲁迅研究资料》第7辑，天津人民出版社1980年版，第91—109页。

削。我们所谓的"正派"书店,就是没有书商习气,兼顾读者、译著者和职工利益的书店;所谓"好书",就是没有黄色、下流和反动的内容,经过认真编辑、校订而不是粗制滥造的堂堂正正、对读者有益的读物。在这种模糊思想的支配下,我们就筹集了少量资金,兴致勃勃、信心十足地干起来了。于是我们就在朋友们当中物色了一些勉强能供稿的作者和译者,并接受各方的来稿,包括一些青年生手投来的需要大改特改的作品和译品。当时上海新开办的小书店犹如雨后春笋,一时热闹非凡,但几乎都只是昙花一现,极少长寿的。创办人的立场、动机和意图各不相同。有人拿蒋帮的津贴,充当法西斯政权的走卒。有人披着"进步"的外衣,同革命的文化工作者作对。有人主观上想破旧立新,却因为没有正确的指导思想,无法实现他们的愿望。我们办春潮,就是属于后一类的。

……

"春潮"开办不久,夏康农和林熙盛二人一看困难太多,前途渺茫,就另找了工作,把书店的重担全部甩给我一人承担。在此之前,另有一个中学同班的党家斌因无业从外地来到上海找我们,我们就让他在"春潮"帮帮忙。夏、林离开后,他还留在书店里;但他对我的帮助很小。从那以后,我就要兼顾书店的编辑和营业,夜以继日地忙个不停。我找来搞营业工作的人换了几个,都是些外行,其中还接连有几个舞弊的人,更使我大伤脑筋。因此我日益穷于应付,始终不能专心干编译工作。……

下面我要谈谈鲁迅同北新书局打官司的经过。北新主要是靠出版五四运动后传播新思想的书刊迅速发展起来的,特别是鲁迅的著作最关重要。但这个书店随着营业的发展,老板的书商作风日益严重;营业账目有真假两套,对鲁迅的版税舞弊很大。老板李小峰约期付款,总是说某月某日"以后"一定送来,而不说"以前"。鲁迅风趣地说:"他这样说,是永远不会失信的。"小峰的哥哥志云是个贪官,下台后就把他刮来的钱给"北新"投资,取代经理职务。他们兄弟二人和一个妹妹分掌财权,钩心斗角;还抽出资金另搞投机生意,牟取更大的利润。因此鲁迅的版税就更难领到了。我和夏康农、党家斌听到鲁迅谈及他的困难和苦恼,便很为他抱不平,主张他同"北新"打官司。党家斌推荐了他熟识的律师杨铿,先给"北新"提出协商解决的办法,未能谈妥,终于由杨律师向法院控告了"北新"。经过查账,取得了胜诉。经法院判决,"北新"应补偿鲁迅近万元版税;以后出书,每本都要贴版权印花,版税每月支付几百元,分期结算。但"北新"仍然有些舞弊的花招,鲁迅哪有工夫追查;不过比过去所受的剥削小多了。原来鲁迅的著作很少给别的书店出版;从此以后,向他索稿的书店就多起来了。鲁迅也就把一部分作品分给他们出版。这样一来,"北新"和别的书店付版税都不敢太不老实了。书商之间的竞争对鲁迅是有利的。鲁迅待人极为宽厚,经过诉讼之后,他对"北新"还是相当照顾,对李小峰仍旧保持着友好关系。事实上,小峰在全家中要算是心地最好的成员。

……

在鲁迅和"北新"的诉讼中,杨律师给鲁迅取得了胜诉,这原是应有的结果;别的律师也能办到。但党家斌却自以为他介绍了这位律师,便是立了大功,也应得到报酬。没有多久,他就说家乡闹灾荒,老家急待接济,叫我向鲁迅替他借了二百元。当时我不知党是撒谎,便帮他求助,鲁迅立即同意。但因"北新"应付的钱尚未拿到,他便把许广平同志的一张二百元存款单托我转交党家斌。近来从《鲁迅日记》里看到,党后来又向鲁迅"借"了四百元,他却没有让我知道。我觉得这未免太不像话了。但鲁迅对此并未表示反感,而且还很关心党的经济困难。他叫我转告党,说胜诉后律师应得当事人所得之款的二十分之一,介绍人可得律师所得的十分之一;党可向杨律师要他这一份。从此党就每月领到这笔收入。鲁迅待人一向十分慷慨,自己花钱则除买书而外,颇为节省。但有人却利用这一点,多次向他告贷,不但不还,居然还托人嘱咐鲁迅,不要让别人知道。提起这种很顾体面的告贷者,鲁迅倒是引为笑谈的。

……

现在我再谈谈春潮书局终于失败的经过和我现在对于一些往事的看法吧。夏康农虽然早已在劳动大学当了教授,却因他是"春潮"的创办人之一,我有事还得和他商量。但他最爱打牌,我每次去找他,都得坐在一边,等他过足了牌瘾,才能和他谈书店的事。他不但对我面临的重重困难漠不关心,还爱百般挑剔,说些挖苦的话,指责我无能。他还怀疑我承担了书店的重担,不但不是苦差事,还可以独享经济利益。他只译过一本小说《茶花女》,我还对照英译本做了不少修改。他却贪得无厌地要预支过多的版税,使我难上加难。我在"春潮"无法维持时,曾多方托人增募股本,但所获甚少,无济于事。后来我终于向鲁迅说明我的窘境,请予支援。他毫不犹疑地借给我五百元,还帮我约了雪峰、柔石等人稿件,决定给"春潮"编译一套文艺小丛书。我曾在《春潮》月刊上登出预告。当时我对"春潮"的前途还是没有多大把握,曾对鲁迅说,万一面临败局终于不能挽回,我就不知何年何月才能偿还这笔借款。他说那没有关系,叫我不用担心。当时的五百元是很顶事的,再加另外还有两个朋友帮了点忙,我业已开始编注的活页英文选的出版计划便得以顺利进行了,书店的营业也就逐渐有了起色。但我因多次受夏康农的气,有一天终于忍无可忍,同他发生了一场剧烈的冲突。从此他就把我恨之入骨,心怀鬼胎,暗中报复。正在"春潮"已有转机时,他竟突然找了一个会计师,在报上登出清查"春潮"账目的启事。这么一来,各处欠书店的钱都收不回来,同时书店的债主纷纷逼债,使"春潮"受到致命的打击。我无法应付,只好委托一位在上海住家的同事代为料理"春潮"的后事,我就悄悄地到北京来避难。过了半年,我才找到了工作,到青岛去教书。我到北京后,曾将"春潮"倒闭的经过函告鲁迅。后来于一九三一年七月到达青岛,又给他去信,劝他到青岛易地疗养。随即接到他的回信,他对我表示谢意,但说他虽然身体不好,别的朋友也主张他易地疗养,他却不能离开上海。那是因为他正在对反动派的文化"围剿"进行反击,宁肯不顾自己的安危和健康,也不愿离开战场。现在看了别的同志写的回忆录,我对这一点更加明白了。当时我却没有料到,从此就永远见不到这位伟大的导师了。《鲁迅日记》里一九三一年七月二十八日记着"午后得张子长信,即复"。这个"张子长"可能是鲁迅给我用的化名,因为我那次给他去信,正是在那个时候,而鲁迅在全部日记里又只记下他和张子长这么一次通信。可是倘使这个"张子长"果真是我,又猜不透鲁迅为什么要改换我的名字。好在这是无关紧要的。

现在回顾往事,我认为应该实事求是,一分为二地对待自己的过去,在继续批判和改造自己的前提下,争取党对我的了解和教育,迎着无限春光的大好形势,满怀信心地急起直追,在晚年赶上时代的步伐,参加新的长征,再为社会主义事业多贡献一份力量。

……

鲁迅日记中的党家斌[①]

一九二九年

七月

一日　晴。午秋田义一来。晚党家斌、张友松来。夜雨。

十八日　昙。上午复石民信。寄小峰信。下午党家斌、张友松来。

二十二日　晴,大热。上午寄石民信。寄矛尘信。寄淑卿信。下午得侍桁信并稿。收李秉中自日本所寄赠《观光纪游》一部三本。晚张友松、党家斌来。得小峰信并版税二百。

八月

七日　晴,热。上午得孙席珍信并《女人的心》一本。得雪峰信,午后复。夜张友松、党家斌来。

八日　晴。上午复韦丛芜信。复雨谷清信。同广平往福民医院诊察。往内山书店买《言語その本質、発達及ひ起原》一本,计泉九元六角。下午得友松信并日本现代小说一本。得侍桁信。晚访友松,不遇。党家斌来。夜达夫来。友松来。福冈诚一来,谈至夜半。

十日　晴。上午往内山书店。寄雪峰信。下午家斌、康农、友松来。得矛尘信。夜得钦文信。报告陶元庆君于六日午后八时逝世。雨。

[①] 本书编者按:鲁迅日记中提及党家斌(修甫)的,共有51则之多。本书收录时,部分无关文字有省略。

十一日　星期。晴,午雨一陈即霁。下午家斌、友松来。

十二日　昙,大风。晨寄李小峰信,告以停编《奔流》。上午得幼渔信。下午访友松、家斌,邀其同访律师杨铿。晚得小峰信并版税五十,《奔流》编辑费五十。夜雨。

十三日　昙,午后雨。得霁野信。下午梁耀南来。友松、家斌来,晚托其访杨律师,委以向北新书局索取版税之权,并付公费二百。夜家斌来,言与律师谈事条件不谐,以泉见返。梁耀南来。

十四日　雨。午钦文托人送来璇卿逝世后照相三枚。下午家斌、友松来,仍托其往访杨律师,持泉二百。夜大风雨,屋漏不能睡。

十六日　昙。上午得杨铿信。得白莽信并稿。收霁野所寄《近代文艺批评断片》五本。午叶某来。午后晴。下午得钦文信,即复。小峰来。收教育部编译费三百。得杨骚信。夜友松、修甫来。

十七日　雨。上午复白莽信。寄淑卿信。午后复杨骚信。寄达夫信。寄矛尘信。下午访友松、修甫。晚得达夫信。

十八日　星期。晴。上午复达夫信。下午白莽来,付以稿费廿。得侍桁信。晚往内山书店。夜友松、修甫来。

二十一日　晴。午后复王艺滨信。寄达夫信。寄霁野信。寄季志仁信。下午浴。友松、修甫来。夜雪峰来。

二十五日　星期。晴,热。午后同修甫往杨律师寓,下午即在其寓开会,商议版税事,大体俱定,列席者为李志云、小峰、郁达夫,共五人。雨。

二十七日　昙。上午收王余杞所寄之《惜分飞》一本。……下午骤雨一陈即霁。达夫来,并交厦门文艺社信及所赠《高蹈会紫叶会联合图录》一本,先寄在现代书局,匿而不出，今乃被夏莱蒂搜得者。晚友松、修甫来。矛尘来。柔石为从扫叶山房买来《茜窗小品》一部二本，计泉二元四角。

九月

二日　晴。上午修甫、友松来。得石民信并稿。得杨骚信。夜得季志仁信。

五日　晴。上午得矛尘信。同广平往福民医院诊察。下午叶永蓁来并赠《小小十年》一部。修甫、友松来。

七日　昙。上午秋田义一来还拓片。午钦文来。得小峰信并书报等。下午得淑卿信，九月三十日发。夜康农、修甫、友松来。

十日　晴。上午内山书店送来《厨川白村集》（六）一本，全部完。午后雨一陈即霁。寄修甫信。下午达夫来。晚得小峰信并《奔流》第四期。得黎锦明信并稿。得罗西信并稿。得陈翔冰信并稿。得柳垂、陈梦庚、李少仙、范文澜信各一封，夜复讫。

十一日　晴。午后修甫来，托其以译著印花约四万枚送交杨律师。……

十六日　晴。上午得杨律师信。得侍桁信并稿。午后寄修甫、友松信。下午往内山书店买《支那历史地理研究》及《续编》共二册，泉十元八角。夜修甫及友松来，并赠糖食三合。

二十日　晴。下午友松、修甫来。广平从冯姑母得景明本《闺范》一部，即以见与。

二十一日　晴。上午友松送来《小小十年》五部。午杨律师来，交还诉讼费一百五十，并交北新书局版税二千二百元，即付以办理费百十元。午后寄友松信。下午白莽来，付以泉五十，作为稿费。晚康农、修甫、友松来，邀往东亚食堂晚餐。假修甫泉四百。

二十七日　晴。晨八时广平生一男。午后寄谢敦南信。寄淑卿信。下午得友松、修甫信。夜为《朝华旬刊》译游记一篇。

二十九日　星期。晴。上午往福民医院诊,取药三种,共泉二元四角。晚康农、修甫、友松来访,夜邀之往东亚食堂晚餐。

十月
二日　晴。上午友松赠仙果牌烟卷四合。午后修甫来。往福民医院。往内山书店。晚得达夫信。夜同三弟往福民医院,又之市买一帽,直三元。

十七日　晴。上午代广平寄张维汉、谢敦南书各一包。午后修甫来。……

二十七日　星期。昙。上午得侍桁信。下午修甫、友松来,并赠毛线一包。

十一月
四日　昙。午后得杨律师信。晚得小峰信并书籍、杂志。夜康农、修甫、友松来。康农赠孩子衣冒各一。雨。

五日　昙。午后友松、修甫来。下午访杨律师。许叔和来访,未见。夜雨。

七日　昙。上午得杨维铨信。得汤爱理信。晚修甫、友松来,邀往中华饭店晚餐,并有侃元、雪峰、柔石。真吾赠芋头并番薯一筐。

十三日　晴。上午得汤爱理信。得汪馥泉信,即复。下午修甫、友松来,托其寄王余杞信并汇稿费十元。寄达夫信。晚杨骚、凌璧如来。夜理发。寄友松信。寄小峰信。

十九日　晴。……夜修甫、友松来。

二十一日　晴。……晚修甫、友松来。

二十七日　晴。……午后修甫、友松来。……

十二月

三日 雨。上午得刘肖愚信。下午修甫来。夜译《恶魔》毕。

五日 晴。午后修甫、友松来。下午同柔石往天主堂街看法文书店。往内山书店买《康定斯基芸術论》一本,八元二角。夜友松来。

十二日 昙。午前修甫来,并交白龙淮信。午后得淑卿信,五日发。叶永蓁来。

二十二日 星期。晴。上午党修甫来,并赠《茶花女》两本。……

二十五日 晴。上午得史沫特列女士信,午后复。寄修甫信。……

二十八日 昙。午后修甫来。夜小雨。

一九三〇年
一月

二日 昙。午后修甫来。下午望道来。雨。

六日 昙。上午往福民医院,邀杨女士为海婴洗浴。往内山书店杂志部买《新兴芸術》四本,四元。得叶锄非信。下午往小林制版所,托制版。往内山书店还围巾。得徐诗荃信。晚章衣萍来,不见。夜友松、修甫来。大冷。

九日 晴。……晚修甫及友松来,托其以原文《恶之花》一本赠石民。夜代女工王阿花付赎身钱百五十元,由魏福绵经手。

十日 晴。上午得季市信。午修甫、友松来。……

二十六日 星期。昙。午后修甫、友松来。达夫来并赠《达夫代表作》一本。

三十日 庚午元旦。晴。午后得羡苏信,二十五日发。下午侍桁来。夏康农、党

�֍�֍ 九畹贞风慰独醒

修甫、张友松来。

二月

六日　晴。……下午修甫、友松来。晚出街买倍溶器二个,一元五角。

三月

二日　星期。晴。上午携海婴往福民医院诊。……午后修甫、友松来。往艺术大学参加左翼作家连盟成立会。夜蓬子来。雨。

十五日　晴。午后以《萌芽》三本寄矛尘。往内山书店买《柳濑正梦画集》一本,二元四角。下午康农、修甫、友松来。晚望道来。因有绍酒越鸡,遂邀广湘、侍桁、雪峰、柔石夜饭。夜建行来。得叶永蓁来。

党家斌与鲁迅[1]

段国超

我在二十几年前就想写《党家斌与鲁迅》这篇文章。当时鲁研界的老专家单演义教授还健在,他知道我这个想法后就对我说:"这个题目有价值。党家斌这个人是你们渭南人,你熟悉,你写吧。"但出于各种原因,我一直没有写。现在我已60多岁了,再不写就迟了!再说,也太有负已经作古多年的单老先生了吧。

一

关于党家斌这个人,现在鲁研界知道他的人恐怕不多了。要写好"党家斌与鲁迅"这个题目,有必要先对他做点介绍。关于党家斌,我现在手头有两份材料,一份是他大儿子党培基提供的《家父的简历》,一份是他侄子党培根提供的《党修甫(家斌)先生年谱》。这两份材料虽较详细,但都不够全面,甚而有些地方失真,说具体些,就是只写闪光的,不写阴暗的。例如只写党家斌加入共产党,而不写党家斌退出共产党,更不写党家斌两次加入国民党。关于他与鲁迅的关系,这两份材料,一份说他"为鲁迅请律师与北新书局打官司,《鲁迅日记》有记载";一份说他"为鲁迅请律师与北新书局打官司,讨版税,《鲁迅日记》有记载"。似乎不愿意多写,都是一笔带过。好的是现在渭南市合阳县新出的县志上有党家斌的小传(市志没有),我以为还写得较为客观,较为全面,现不妨照录如下:

党修甫(1903—1972),又名家斌,王村镇坊社村人。少时在北京虎坊街小学读书。后入北师大附中上学,与赵世炎、夏康农、张友松等组织少年学会,出刊《少年》杂志。因参加向北洋政府请愿示威,被拘押于北大第三院,后在全国

---

[1] 原载《绍兴鲁迅研究》2007年版,又载《鲁迅研究月刊》2008年第4期。

各界抗议下获释。1920年暑期,考入北大理预科,因生活无着而辍学,加入李大钊、胡适等人发起的工读互助会。同年,在北京香山慈幼院做校刊编辑。1921年先后在南京私立建业中学、北京市立一中教数学。1922年下半年在北京参与常惠所办《歌谣周刊》编辑工作。1923年下半年在徐州邳县古邳中学教数学,年终返乡,在合阳中学任教。1927年初,由魏野畴介绍在国民革命军驻陕总司令部任秘书,旋任西安师范训育主任,并加入中国共产党。同年暑假回合阳时,因革命受挫而退出党组织。1928年初赴沪,和翻译家张友松开设"春潮"书局,任编辑,同时在复旦大学教数学。其间,托曹翰廷之挚友著名律师出庭辩护,替鲁迅先生向北新书局讨还累欠版税8000元。1930年下半年起,先后在青岛市立女中、合阳中学、西安师范、西安高中等校任教。1938年加入国民党。1939年至1942年,在西安兴国中学任教。1942年底至1945年春,由孟国吾介绍到国民党战干团教数学,任上校政治教官。1943年7月,再次加入国民党,任国民党隶属第一区分部候补委员。1944年任《民意报》周刊编辑。1945年8月至1947年,先后在富平庄里镇立诚中学、三原中学、泾阳泾干中学任教。1947年回合阳,后随合阳简师撤出合阳,到洛川延大分校任教,后到延大总校任教育系副主任、部副主任等职。1949年9月,先后在西北大学、陕西师范大学数学系任副教授及初等数学教研组、数学教学法研究室主任等职。1966年受"文化大革命"冲击而退休家居。[1]

这份"小传"基本上勾画出了党家斌一生的简要历史。需要订正的是,党家斌是1928年暑期赴沪,投奔他中学时的同班同学张友松。这时张友松主持的"春潮"书局早在这年的春天成立,谈不上他和"张友松开设'春潮'书局",他只是协助张友松编辑由书局创办的《春潮》月刊。还有,这里的"三原中学"应为"三原第三中学"。再,需要补充的是,党家斌虽是陕西渭南合阳人,但他却是1903年2月(农历)出生在寓居北京的一个小京官之家。其父党征元是前清举人,一直在北京候补,其外祖父是江西望族陶家,曾任知府。他因为这些关系,生活虽然清苦,走南闯北,漂浮不定,但门路较多,到处投靠,家里日子还过得去。他1933年回归陕西。1966年退休。1969年全家从西安陕西师大迁回故土合阳。"文革"中因"个人历史问题",受到打击和迫害。1972年12月,因患脑癌病逝,终年69岁。

---

[1]《合阳县志》,陕西人民出版社1996年版,第847—848页。

二

1927年初,党家斌在国民革命军驻陕司令部由魏野畴介绍加入中国共产党。但不久蒋介石在上海发动"四一二"反革命政变,许克祥在湖南长沙发动马日事变,这场大拘捕、大屠杀的腥风血雨迅即席卷全国,是年6月陕西西安也陷入白色恐怖之中,一些革命者、共产党人、爱国学生猝不及防,同样遭到拘捕屠杀。党家斌害怕了,这年7月借放暑假回合阳老家与曹芸香结婚之际,宣布退出共产党。结婚之后即潜居合阳,远离西安,在合阳中学帮忙教点数学。合阳又岂是安宁之地?伪陕西省省长、军阀吴新田,通令全省抓捕镇压共产党;加之此时全省出现大旱,全省人民处于水深火热之中。1928年暑假,党家斌即赴上海,投奔他在北京时的中学同班同学张友松。此时张友松的春潮书局已开业,即让他协助编辑书局创办的《春潮》月刊。真是有缘,在这段时间里,他结识了鲁迅,成了鲁迅生平研究中的一个不可忽视的人物。

据张友松后来回忆说,他在夏康农和林熙盛这两个中学同班同学的支持下创办了春潮书局。但春潮书局开办不久,"夏康农和林熙盛二人一看困难太多,前途渺茫,就另找了工作,把书店的重担全部甩给我一人承担。在此之前,另有一个中学同班的党家斌因无业从外地来到上海找我们,我们就让他在'春潮'帮帮忙。夏、林离开后,他还留在书店里;但他对我的帮助很小。从那以后,我就要兼顾书店的编辑和营业,夜以继日地忙个不停。我找来搞营业工作的人换了几个,都是些外行,其中还接连有几个舞弊的人,更使我大伤脑筋。因此我日益穷于应付,始终不能专心干编译工作。在那四顾茫茫的日子里,只有鲁迅先生最关心我,最同情我的处境。有时他和我长谈,使我精神振奋,有了克服困难、不畏艰险的勇气"[①]。是的,每当春潮书局出现困难,或是书稿、文稿来源不足,或是经济出现拮据,张友松即登门向鲁迅求助。在这个过程中,党家斌常陪同张友松一道前往,这样就也认识了鲁迅。1929年7月1日《鲁迅日记》载:"晚党家斌、张友松来。"这大概是党家斌第一次见到鲁迅吧!这年的8月11日是星期日,党家斌陪同张友松去访问鲁迅。因为坐的时间较长,在谈毕"春潮"《活页英文选》的出版计划之后,鲁迅就对他们谈起了近时心中的一件不愉快事——李小峰主持的上海北新书局长期拖欠版税,已经影响到自己和一些作者及家人的生活。张友松听到这里,很为鲁迅抱不平,说:"先生,你可控告他!"党家斌听到这里,亦赞成鲁迅同"北新"打官司,并且说他在上海认识律师杨铿(通过其挚友曹翰廷认识

[①] 张友松:《鲁迅和春潮书局及其他》,见《鲁迅研究资料》(7),天津人民出版社1980年版。

的),可以帮忙。大约是鲁迅听进了他俩的意见,据《鲁迅日记》载,8月12日晨,鲁迅即寄信通知"北新"李小峰,停其所托编之刊物《奔流》,下午即访张友松、党家斌,邀其同访律师杨铿,委托其代为交涉。13日,"友松、家斌来,晚托其访杨律师,委以向北新书局索取版税之权,并付公费二百。夜家斌来,言其律师谈事条件不谐,以泉见返"。14日,"下午家斌、友松来,仍托其往访杨律师,持泉二百"。15日,"午后得友松信并杨律师收条一纸"。信告杨律师答应办事,收钱二百,将收条一纸附在信中。16日,"上午得杨铿信",亲告接受委托,向法院提出诉讼。下午"小峰来"。大约是李小峰得知鲁迅延聘律师向"北新"交涉版税,来求和解。"夜友松、修甫来。"鲁迅即告知李小峰前来"求和"之事,说只要问题解决,可以和解。17日,"下午访友松、修甫",请告知杨律师,李求其和解,现应李之要求,同意和解。18日,"夜友松、修甫来"。传告杨律师意见:和解亦好。20日,"得达夫信"。此时郁达夫在杭州,信告鲁迅,言李小峰去电求其调解与鲁迅版税事,并言其近日即可到达上海。21日,"友松、修甫来"。与鲁迅互告李小峰请人说事,确有和解诚意。23日,"午后访杨律师。夜达夫来。得川岛信"。这一天,鲁迅午后访杨律师,请杨主持调解。是晚,郁达夫为调解果然迅速到达上海。又得杭州章川岛信,亦言李小峰请其从中调解,亦准备近日到达上海。由此看出,李小峰为保证调解成功,所请调解人都是鲁迅最要好的朋友。24日,"得杨律师信"。杨告诉鲁迅,现调解时机成熟,调解事,明日可在其家中进行。25日,"星期。晴,热。午后同修甫往杨律师寓,下午即在其寓开会,商议版税事,大体俱定,列席者为李志云、小峰、郁达夫,共五人"。这里的"开会""商议版税事"即为调解,矛盾双方到场,杨律师主持,党家斌、郁达夫作为调解人,鲁迅和李志云、李小峰弟兄俩均可发表意见。最后"大体俱定":"北新书局陆续偿还拖欠鲁迅的版税;鲁迅作价收回旧著纸型;此后北新书局出版鲁迅著作,必须加贴版税印花;鲁迅续编《奔流》,每期出版时北新书局将稿费交由鲁迅传发各作者。"[①]这即是其调解结果。这就鲁迅来说,解决了"北新"长期拖欠版税的问题;就"北新"老板李小峰来说,也达到了求得"和解"的目的,结果双方满意。此后,根据《鲁迅日记》载:8月28日,"下午达夫来。石君、矛尘来(矛尘即章川岛,此时章川岛亦已到达上海)。……小峰来,并送来纸版,由达夫、矛尘作证,计算收回费用五百四十八元五角"。9月11日,"午后修甫来,托其以译著印花约四万枚送交杨律师"。9月21日,"午杨律师来,交还诉讼费一百五十,并交北新书局版税二千二百元,即付以办理费百十元"。10月14日,"午杨律师

[①]《鲁迅全集》第14卷,人民文学出版社1981年版,第778页注[6]。

来,交北新书局第二期版税泉二千二百,即付以手续费百十"。11月22日,"杨律师来,并交北新书店第三次版税千九百二十八元四角一分七厘"。12月23日,"下午杨律师来并交北新书局第四期版税千九百二十八元四角一分七厘,至此旧欠俱讫"。看,到这里,也即9月21日至12月23日,鲁迅四次共收北新书局还欠版税8256元8角3分4厘。至此,他们的旧账结清了。由此可以看出,北新书局老板李小峰对清欠鲁迅版税,履行"和解"协议是认真的,而且以后再也没有出现过拖欠、克扣鲁迅版税的现象。

那么,以前北新书局李小峰为什么会出现拖欠、克扣鲁迅版税的现象呢?知情的张友松后来有这么一段回忆文字:"北新主要是靠出版五四运动后传播新思想的书刊迅速发展起来的,特别是鲁迅的著作最关重要。但这个书店随着营业的发展,老板的书商作风日益严重;营业账目有真假两套,对鲁迅的版税舞弊很大。老板李小峰约期付款,总是说某月某日'以后'一定送来,而不说'以前'。鲁迅风趣地说:'他这样说,是永远不会失信的。'小峰的哥哥志云是个贪官,下台后就把他刮来的钱给'北新'投资,取代经理职务。他们兄弟二人和一个妹妹分掌财权,钩心斗角;还抽出资金另搞投机生意,牟取更大的利润。因此,鲁迅的版税就更难领到了。"①原来如此。但是,鲁迅和李小峰之间的关系,在这场版税纠纷之后还是好的。亦如张友松所说,"鲁迅待人极为宽厚,经过诉讼之后,他对'北新'还是相当照顾,对李小峰仍旧保持着友好关系。事实上,小峰在全家中要算是心地最好的成员"②。所以他们原来的友好关系还能继续保持着。

三

鲁迅对党家斌这次帮助请律师打官司,追回了北新书局所拖欠、克扣的版税是感激的。鲁迅说了些什么感激的话未见记载,但从1929年9月21日,北新书局第一次也是第一批经杨铿律师手给鲁迅交还版税2200元,鲁迅即在当晚请党家斌、张友松、夏康农三人往东亚食堂晚餐,几天之后的9月29日晚,又再次请党家斌、张友松、夏康农三人往东亚食堂晚餐的事实看,鲁迅的感激之情是发自内心的。更何况9月21日这一天,党家斌还狮子大开口,向鲁迅借钱400元,鲁迅也高兴地借给了。须知,鲁迅与党家斌相识到此时还不到3个月,一次就借给他这么多钱,完全是因为这次打官

---

① 张友松:《鲁迅和春潮书局及其他》,见《鲁迅研究资料》(7),天津人民出版社1980年版。
② 张友松:《鲁迅和春潮书局及其他》,见《鲁迅研究资料》(7),天津人民出版社1980年版。

司,党家斌帮他荐请了杨铿律师。而党家斌呢,他的帮忙大约也是认真的。在鲁迅打官司的过程中,他与张友松跑来跑去,有时竟至一天两次去鲁迅家(如8月13日)或上午给鲁迅寄信还不够,下午或晚上还得亲自再跑一趟(如9月16日),不断传递信息,并一起共商一些问题。据《鲁迅日记》载,党家斌自1929年7月1日与鲁迅第一次见面起,至1930年3月15日最后一次拜访鲁迅止(以后无任何联系),这段时间,计9个半月,与鲁迅的各方面交往计:

就党家斌这方面来说——

与张友松、夏康农往鲁迅家访鲁迅40次,个人往访7次,共47次;和张友松赠鲁迅糖食三合1次,赠毛线一包1次,个人赠鲁迅《茶花女》两本1次;与张友松联名致信鲁迅2次;托鲁迅"以原文《恶之花》一本赠石民"1次;托张友松以张友松名义向鲁迅借钱200元1次,亲自向鲁迅借钱400元1次(向鲁迅借钱共计600元)。

就鲁迅这方面来说——

去春潮书局访党家斌和张友松2次;请党家斌和张友松去东亚食堂晚餐2次;致信党家斌和张友松4次,其中单独致信党家斌2次;党家斌"以译著印花约四万枚送交杨律师"1次;托党家斌和张友松"寄王余杞信并汇稿费十元"1次。

在1930年3月15日以前的9个多月里,党家斌与鲁迅的这段关系,可以说是十分密切的。但从1930年3月15日起往后,党家斌与鲁迅再也没有任何交往。鲁迅至死再也没有收到过党家斌任何来信,自然再也没有见到过党家斌其人——对鲁迅来说,党家斌不知去向,可以说是音信全无,彻底失踪了。那么1930年3月15日往后党家斌到哪里去了呢?根据党家斌亲属提供的两份资料[《家父的简历》和《党修甫(家斌)先生年谱》],党家斌1930年3月15日至1930年8月下旬依然还在上海春潮书局。到1930年9月,张友松无力支撑春潮书局,逃离上海,春潮书局彻底倒闭了,党家斌才不得不离开上海。离开上海后,在友人介绍下径直到青岛市立女中任教。1933年暑假回陕西,连续在多个单位任职,直到新中国成立后相继在西北大学、陕西师大任教,"文革"中病逝,再也不曾离开陕西。1930年3月15日后党家斌与鲁迅没有任何联系,1930年9月后,党家斌(离开上海)与鲁迅彻底断绝关系,我想这是党家斌的个人自由,别人无法指责。那么,他向鲁迅借的600元钱呢,还了没有?关于他向鲁迅借钱的事张友松在他的回忆文章中说:"在鲁迅和'北新'的诉讼中,杨律师给鲁迅取得了胜诉,这原是应有的结果;别的律师也能办到。但党家斌却自以为他介绍了这位律师,便是立了大功,也应得到报酬。没有多久,他就说家乡闹灾荒,老家急待接济,叫我向鲁迅替他借了二百元。当时我不知党是撒谎,便帮他求助,鲁迅立即同意。但因'北新'应付的钱尚未拿到,他便把许广平同志的一张二百元存款单托我转交党家斌。近来从《鲁迅日记》里看到,党后来又向鲁迅'借'了四百元,他却没有让我知道。我觉得这未免太不像话了。"①他向鲁迅"借"的这600元钱,自始至终没有还,为什么没有还,他也未向鲁迅说明情况,若无其事。他大约如张友松所说,他帮鲁迅介绍了律师,"便是立了大功",他就应该得到这600元钱吧!其实,说句实话,他也只是介绍了这位律师而已!至于具体地请,具体地跑路,张友松比他跑得还多,更何况鲁迅还亲自往访,及时付给了"办事"费用。张友松还说:"鲁迅待人一向十分慷慨,自己花钱则除买书而外,颇为节省。但有人却利用这一点,多次向他告贷,不但不还,居然还托人嘱咐鲁迅,不要让别人知道。"②很显然,这"有人"就是党家斌,这党家斌就是这种人。而这也就未免太不地道了!这种人为人处世的无理和自私应该受到针砭。

须知,鲁迅对金钱也并不是毫不在乎,他就曾经说过:"钱这个字很难听,或者要被高尚的君子们所非笑,但我总觉得人们的议论是不但昨天和今天,即使饭前和饭后,也往往有些差别。凡承认饭需钱买,而以说钱为卑鄙者,倘能按一按他的胃,那里面怕总还有鱼肉没有消化完,须得饿他一天之后,再来听他发议论。"③鲁迅的这话是来自生活,深有所感的。他当时因长期抱病,身体不好,连医药费都不足,是很需要钱而没有多少钱的。一次一位青年作家许钦文去看他,他说:"我的肺已经烂掉了许多,照医生说来,如果是欧洲人,早就在五六年以前死掉。还有人责备我,说我以前太不当心,为什么不早医治,不知道我的父亲并没有几万几万的财产遗留下来的,专管病是先要饿死的。有病要医,难道我还不晓得!"④这也足见鲁迅当时在经济上的困境。党家斌借钱不还,鲁迅并未索要;党家斌若无其事,鲁迅也不曾提起。这里可以看出鲁迅的为人:不忘记别人的好处——党家斌给他介绍律师打官司,他为了表示感激,他乐意给党家斌借钱。也乐于助人——当党家斌说"家乡闹灾荒,老家急待接济",就一借再借,他也一一予以满足。这里我要纠正张友松的是,党家斌说"家乡闹灾荒"是事实,民国十八年(1929)陕西的确大旱,"赤地千里,饿殍满野",但家乡闹灾荒,就可以借钱不还,甚而连句解释的话也没有?这是极不道德的,是怎么也说不过去的。

通过前面的事实,我们可以看到:鲁迅的确对党家斌有恩。但党家斌不仅借钱不

---

① 张友松:《鲁迅和春潮书局及其他》,见《鲁迅研究资料》(7),天津人民出版社1980年版。
② 张友松:《鲁迅和春潮书局及其他》,见《鲁迅研究资料》(7),天津人民出版社1980年版。
③《坟·娜拉走后怎样》。
④ 许钦文:《同鲁迅先生最后的晤谈》,见鲁迅先生纪念委员会编《鲁迅先生纪念集》。

还,1936年10月19日鲁迅病逝和病逝以后,党家斌对鲁迅的那种冷漠无情更令人难以置信,难以容忍。关于这个问题,我曾和鲁研界的老前辈、西北大学老教授单演义先生有过多次交谈。单先生"几十年来,曾费了较大精力,广泛寻找有关报刊书籍,多方询问有关人士","曾于1957年写过一本《鲁迅讲学在西安》(1958年长江文艺出版社出版),后来又编印了一本《鲁迅在西安》资料性的集子(1978年西北大学鲁迅研究室印行)"。[①] 1981年,老先生又在这两本书的基础上,增添内容,编著了一本《鲁迅在西安》(陕西人民出版社1981年版),他对党家斌有关鲁迅的一些表现是非常熟悉的。现将单老先生和我所了解的一些情况综述提供如下:

1936年10月19日鲁迅病逝。西安学生联合会于10月23日在西安革命广场(今西安市人民体育场)召开追悼会。此时正在西安师范做数学教师的党家斌知道这件事,西安师范的学生邀请他参加,但他看到当时"政治形势不对"(在西安的国民党省党部"不准",西安师范校长、CC特务头目田杰生"反对"),拒绝参加。10月28日,陕西省教育界在当时的省主席、鲁迅的绍籍同乡和留日同学邵力子的指示下在西安易俗社开追悼会(邵力子认为,鲁迅是全国名学者、名教授,教育界可以开追悼会),党家斌见台下坐的有国民党特务,大概是害怕了,去了,但最终还是走了,也没有参加。11月1日,西安文化界在陕西省民教馆开追悼会。党家斌见教育界、新闻界、文化界的一些民主人士都参加了,还有不少学生代表,到会的人多,总算是应邀以"民主人士"的身份参加了。会中,参加开会并代表主席团致挽词的宋绮云(杨虎城秘书)请他发言说:"党先生,你在上海待过,见过鲁迅,说几句吧!"他摇手,拒绝发言。为此事,单演义先生曾专门拜访过他,他说他"参加开会了,也说过几句",但他是否真的说过几句,说了些什么,他本人不愿意谈,别人也没有印象,无法证明。所以西安的这次追悼会,单演义先生在他的《鲁迅在西安》这本书中,只能做这样描写:"据说,在上海和鲁迅有过交往的党家斌,也在会上发了言。"[②]"据说"而已,据谁说?据他自己说。单演义先生还对我说:"我解放前就在西大,解放初,党家斌也在西大,我们熟。关于鲁迅,他守口如瓶。在陕西,他、郑伯奇、王捷三、曹冷泉、冯润璋这些人都与鲁迅有过交往。对他们这些人我都做了采访,就他不愿意见我。郑、王、曹、冯与鲁迅有什么关系,我在《鲁迅在西安》这本书中都较翔实地写了;就他,我没法写,只能提及一句半句。"[③]在这里,我再补充一下,1953年西北大学师范学院从西北大学分离,单独成立

[①] 单演义:《鲁迅在西安》,陕西人民出版社1981年版,第195页。
[②] 单演义:《鲁迅在西安》,陕西人民出版社1981年版,第145页。
[③] 见单演义先生给笔者的信(1985年8月14日)。

西安师范学院。1956年10月,该校全体师生召开大会,纪念鲁迅逝世20周年,请他和曹冷泉、王捷三(都是本校教师)这三个与鲁迅有过交往的人做报告,曹、王答应了,而他没有。再,无论新中国成立前后,关于鲁迅,他不愿意和别人谈及,更没有写过一个字的文章,更不要说悼念或忆念的文章。当然,这写文章或做报告,曹、王是著名学者和教授、作家和诗人,而党不是(党只在1922年于北京大学协助常惠编《歌谣》周刊时发过几首小诗,在上海虽协助张友松编过《春潮》月刊,却从来不写文章,不发作品,算不得学者,也算不得作家、诗人),但难道写文章追怀鲁迅甚或研究鲁迅就只能是著名学者和教授、作家和诗人吗?这里的答案只有一个:恐怕是党家斌这个人有些毛病吧!要准确地说,这具体毛病是什么,我想,麻木不仁、无情无义这一点总是可以肯定的。当然,"文革"中把党家斌打成"叛徒"和"历史反革命分子"是错误的,是冤案。

　　写到这里,我有个推想:党家斌当年推介律师帮鲁迅打官司,也跟随张友松跑前跑后,看起来很积极,只不过是出于一种需要而已,说得难听一点是别有用心:想从鲁迅那里弄点钱。不是吗?目的达到了,600元拿到手了,就一走了之,你鲁迅就是想要我还钱,你知道我在哪里?你找得着我吗?说实话,党家斌向鲁迅借钱,的确近乎"骗"——钱骗到手了,人就走了。而鲁迅呢?他以为是帮助了一个青年,做了一件好事,实际是遭人暗算。

　　写到这里,我还有这么些想法:鲁迅像头牛,他终日劳作,吃的是草,挤出来的是奶。他日渐消瘦,以至过早衰亡,而却用奶汁哺育了别人,特别是一代青年。这"别人"大多健康地茁壮地成长着,心里充满了感激;而有个别人心存不正,不知好歹,最后即使吸吮了鲁迅的这奶汁,得到了好处,而最终也不过是一个无情无义的人。鲁迅像团火,他用自己的光和热,照亮了别人,指引了别人,温暖了别人,而有些人却用一副冰冷的心肠对待他,这实在不公正,不公允,也不道德,不仁义。鲁迅也实在太像一位慈爱的老人,他总是把慈爱献给子孙,而自己从来没有想到要有什么回报,即使这子孙是不肖之徒,他也压根儿没有想到要去计较。我们仔细考察党家斌与鲁迅的这段关系,我想谁都会与我有这些相同的感受吧!

2006.6.10. 晚草于渭南鄠牛村

曹冷泉与鲁迅

【编者小引】此组史料与有关文章,介绍了曹冷泉与鲁迅交往的情况,以及有关曹冷泉先生的生平经历。限于篇幅,曹先生的几篇代表性诗文无法编入。在此,我们强调:曹冷泉教授不是单纯的学者,而是一位久经考验的无产阶级革命家。他于1925年入党,参加过五卅大罢工和农民暴动。三年多的时间(自1927年起),被国民党反动派以"在逃共党要犯"罪名通缉(通缉令曾刊于上海《申报》)。国民政府为通缉他,曾悬赏万元,当时任国民党中央总干事的邵华通过关系屡次劝曹冷泉投降,被他严加驳斥。1928年起,曹冷泉与宋绮云一起在西安创办《西北文化日报》《西北画报》。曹冷泉和同事曾去沪上自费购买印刷设备,不久将此设备送延安党中央。1934年秋,陕西省省党部书记宋志先率人搜捕《西北文化日报》社,发现所印中央文件,即将曹冷泉逮捕,幸得地下党营救,由杨虎城将军保释出狱。1946年夏,遭国民党特务追捕,他未及告诉家人,即在进步学生掩护下,逃离西安,辗转到北平,在王捷三任院长的华北文法学院任教。在革命征途中,魏野畴、宋绮云、吉鸿昌、宋日昌、李何林等著名的革命志士,都是他的战友。曹先生作为无产阶级革命家的这一身份,似乎并没有引起当代文教界的重视。

作为学者的曹冷泉,在学术成就上,一点也不逊色。他先后著有《孙子兵法注释》《诗品通释》《文心雕龙浅释》《楚辞研究》《陕西近代人物小志》《文学教学法》等著作,发表多篇学术论文。他又是著名的诗人,著有旧诗集《翠华集》、新诗集《落英集》、词及散文《黄花集》,并有译文译诗,被时人誉为"曹诗人"。其散文,文笔清秀,亦不乏美文。在文学创作上,其名不彰,这与他的低调和时代变迁有关。但其传世之作《诗品通释》(1989)、《曹冷泉诗文集》(2012)的问世,会使他的学术声望万难磨灭。他刊于1941年《西北文化月刊》上分量很重的长文《关学概论》,久被湮没,2018年被西北大学魏冬教授等从民国旧籍中发现。魏冬教授写了一篇万字长文《曹冷泉关学研究述评》,全面介绍了曹文对关学的定性及其特质、基调、发展阶段、各时期的代表人物及其学术特点、视角和主张的论析,并给予高度评价:"对当今关学研究具有重要的借鉴价值。"

  1961年陕西师范大学中文系开设研究生班,曹先生任班主任并作为古代文学教师授课。曹先生于1962年在《光明日报·文学遗产》发表论文《论黄季刚先生的〈文心雕龙札记〉及风骨问题》,他所带的青年教师寇效信同年在《文学评论》上发表重要论文《论"风骨"》。这一历史碎片被打捞出来,说明"名师出高徒"的道理,也说明了曹先生在治学上,是一位修养深厚、治学面很宽的学者。2024年4月中旬,我校两位颇有名望的文科老教授指出:"我们对曹冷泉先生的学术贡献,重视不够。"可见,识得"全人",戛戛乎其难哉!

曹冷泉传略[①]

曹春芷

曹冷泉，原名赞卿，字襄忱，1901年10月生于安徽省颍上县一个自耕农家庭。幼年丧父，其母严于管教。少年时入私塾，1917年考入阜阳省立六中，在"五四"运动的影响下，与进步同学讨论国家大事，组织学生会及"颍上旅外学会"，上街向群众宣传新文化、新道德，揭露封建军阀投靠帝国主义祸国殃民的罪行。因发动学潮，反对反动腐化的校长，被校方开除，后得邢元伟等老师说情，终允参加考试，以优异成绩毕业。

一、怀着反帝爱国的思想走上革命道路

1923年考入南京国立东南大学（1927年改中央大学）学习。1925年"五卅"惨案发生，曹冷泉积极投入反帝斗争。10月经罗世璠、杨祥林介绍加入中国共产党。先后担任党小组长、代理东南大学党总支书记。利用寒暑假返颍上秘密组织"会文社"发展党组织。1927年4月蒋介石发动反革命政变，曹冷泉组织东大学生与全市其他大专院校学生请愿示威，遭到国民党军、警、特的伏击负伤。之后，他参加了罗世璠领导的中共南京市委临时领导小组。6、7月间，与金陵大学中共党员于铭之到安徽省农协筹备委员会工作，任常委兼组织部部长，在各县组织农会及农民革命军。军阀何键率部进驻安庆，查封了省农协及各革命团体。曹冷泉潜回南京，与康靖人、宋绮云、乔锦清等秘密成立了"四一二"大屠杀后南京第一个党小组——清凉山小组。初冬，参加了孙津川主持的中共南京市委扩大会议。

1928年初，根据中共中央"八七"会议精神，曹冷泉赴阜阳参加中共皖北特委魏

---

① 原载《陕西史志》2004年第4期。

野畴、蒋听松领导的"皖北四九暴动"。暴动失败后,他与郭乐山(中共徐海农运委员会主任、时任杨虎城部政治处主任)一同冲出重围,返回南京,担任中共南京市委军事委员。因计划南京暴动被敌人发现。摆脱敌人围捕后,他不顾自身安危,按组织意见,为营救王崇典(中共南京市委委员)、齐国庆(中共东大支部书记),只身深入虎穴,三次险被敌人抓获。之后参加了茅山暴动。10月4日,因各大报登载国民党政府在全国通缉他的通缉令,被迫转移到西安,在陕西财政厅任科员,并在省立女子师范、省立中山中学及省立西安高职执教。

二、到西安后翻开革命斗争新的一页

1929年初,曹冷泉任陕西省党部宣传部秘书、西北军机关报《陕西中山日报》社长,并任"西安各界讨蒋委员会"主任委员。宋哲元忙于中原大战无暇他顾,他利用这个机会,将中共党员、进步人士刘永言、李敷仁、程西玙等安排进宣传部。8月与秦振鏊等创办《反蒋画报》及《讨蒋战报》,进行革命宣传。10月3日曹冷泉召集新闻界开会决定成立"西安报界联合会"及"通讯社",担任陕西省宣传丛书编委会主任,加强反蒋、反军阀、反帝宣传,打击反动报社。他亲临各校,做讨蒋报告,深揭军阀勾结帝国主义祸国殃民的罪恶并利用自己的身份保护我党地下人员办的进步书店——五洲书店。利用办"暑期党务训练班"的时机,和李敷仁及中共党员何寓础、雷五斋等向学员宣传马列主义。10月上旬与张雨棠、刘永言、程西玙、李敷仁等集资创办《唤起》月刊,他写了《发刊词》《生命的颂歌》《冲锋》《灵魂的埋葬》等诗及剧本。同时参加陕西文教界革命进步人士武伯纶、余海波、刘尚达等组织的"渭潮社",出版《渭潮》月刊。1929年初国民党进行全国清党和党员登记,由于他软磨硬拖,回避登记,成为省党部中唯一没有国民党党籍的部门负责人。是年与进步青年陈文光结为伉俪。

1930年冬,中原大战冯、阎失败,蒋帮特务入关,陕西原先的反共顽固派群起鼓噪要求追究曹冷泉,因处境危险,他欲离陕去北平恢复党的组织关系,后经随杨虎城将军入陕的宋绮云劝说,乃留西安,到《西北文化日报》社工作,并在省立西安师范兼课,任教务主任。1931年夏,与原冯玉祥部中共地下党员刘战敌、徐鸿宾同赴潢川,帮助吉鸿昌部策动起义。与中共地下党员李洛九去大别山红军根据地会见党代表刘寄生,为起义做准备。曹冷泉分到葛云龙师,以宣传科长兼学兵营教官身份进行工作。其间,他为该师创办《青白通讯》报。起义失败后,宋绮云通知曹冷泉返陕帮他接办《西北文化日报》。为使曹冷泉更有利于运用在陕西文教界的影响,发挥作用,组织上决定,只与宋绮云保持单线联系,隶属中央军委驻沪小。

在《西北文化日报》工作期间,任副刊总编,成为宋绮云的得力助手。协助宋绮云清除社内特务分子,吸收中共党员及进步分子到报社工作,如刘永言、康靖人、王章峰等。这期间他配合宋绮云,还从事很多革命秘密工作和社会活动,并按宋嘱咐将收集的各地报纸亲自捆扎不断寄给"红色交通线"的开创者——武志平,送往川陕边区的红四方面军。他们为党印了许多文件和大批革命书刊,接待过很多革命同志和党的高级干部,团结更多进步力量,使报社实际成了党的地下外围机构,在白色恐怖下为革命做了大量工作。

1933年宋绮云等建立中共秘密联络站,曹冷泉不仅为选址奔走,还捐款帮助筹建,于西安莲湖公园旁办起莲湖食堂,中共西北特支及西救会的秘密会议大都在此召开。林伯渠常在此会见社会各界著名人士。

林伯渠任中共中央驻西安办事处代表后,曹冷泉在办事处及西安冰窖巷蒋自明家常与林老见面,并参加蒋听松、匡厚生等的马列主义研究会学习活动。

1931年至1938年8月,曹冷泉在西安师范任教,在西安高中兼课,在党领导下从事学运。1934年与革命人士党晴梵、武伯纶合办《廿四》月刊。

1934年初宋绮云与他商议集资创办《西北画报》。由曹冷泉赴上海采购设备,同年9月出版,曹冷泉任经理,邵幼和任总编辑。他去上海时到山阴路两次会见了鲁迅。他写的散文《沙漠上惨痛的回忆》经鲁迅推荐,8月31日于《申报·自由谈》上发表。

1934年他被新加坡《星洲日报》总编辑傅无闷聘为国内特约记者,因而《西北文化日报》能在南洋大量发行,揭露蒋介石所谓"攘外必先安内"的卖国政策、宣传我党抗日救国政策,在南洋产生重大政治影响。

由于他入陕以来大量的进步活动引起了国民党反动派的仇恨,1934年秋,国民党陕西省特务头子、省党部书记长宋志先率武装在《西北文化日报》查出报社印的中共大量文件及瞿秋白等的文章,遂将曹冷泉逮捕,严刑逼供。妻陈文光与地下党同志宋绮云、蒋听松、杨保庆(瞿秋白的内弟)等四处奔走营救,后经杨虎城将军出面将其保释出狱。

1935年10月19日,中央红军完成举世闻名的长征,在吴起镇与陕北红军胜利会师,《西北文化日报》在头条位置报道了这一胜利消息。宋绮云、曹冷泉、邵幼和、杨宾青四人研究,将《西北画报》全套设备及器材捐献给党中央,为加强党的宣传工作和延安的印刷事业做了显著贡献。

1933年中共中央军委派徐彬如到陕做统战工作,同时与宋绮云负责学运,即指示曹冷泉领导西安师范(下文称西师)的学运,并在陕西教育界发挥作用。曹冷泉经常参加他们的碰头会,研究西安学运各阶段的方针策略。第一阶段,曹冷泉按既定方针利用自己与教育界上层的关系,将中共党员苏洪渐及进步人士郁达夫、武伯纶、李敷仁等先后介绍进西师,加强进步教师阵营。第二阶段发动学潮,驱逐了西师、二中的反动校长田杰生、魏海等,推选进步人士担任校领导。随着学运蓬勃发展,曹冷泉参与发动组织全市学生集体行动,形成抗日救亡的高潮,尤其是纪念"一二·九"一周年时,全市学生集会游行请愿,对震惊中外的"西安事变"起到促成作用。

1936年12月12日,"西安事变"爆发。这一天全市各报都停刊,唯《西北文化日报》于上午9点发号外,报道了事变消息并登载了张、杨二将军的八大主张全文。这时期曹冷泉被选为"西安新闻界救国会"执行委员,并与邵幼和等负责为刚被由国民党监狱中营救出的革命同志募捐、购买寒衣及慰问品的工作。同时参与组织"西京文化协会"。

12月下旬,党派他参加"陕西民众动员委员会"的"宣传工作组",准备分赴蒋介石势力统治区华北、华东宣传"西安事变"真相及我党抗日民族统一战线政策。出发当天下午在大荔被冯钦哉部拘留,经杨虎城派人营救,脱险后辗转到北平、济南、徐州等地继续进行革命活动。

1937年2月返陕,因蒋介石背信弃义扣留张学良,解除杨虎城的职务,取缔西安爱国团体,曹冷泉与宋绮云被迫离开《西北文化日报》,后专在西安师范任教。1937年至1939年夏,根据宋绮云与林放的指示,曹冷泉介绍并资助朱棠、游月英等十余名爱国青年去延安参加革命。

1937年5月中下旬,由李敷仁和他分任"教育考察团"正副团长,率西师毕业班学生赴江浙考察陶行知倡导的生活教育运动,抵南京时受到于右任设宴热情接待。他们调研了南京、无锡、上海、杭州几所教育改革的典型学校,历时月余。1937年秋积极支持帮助李敷仁创办《老百姓》报。1937年冬至1938年春,在陕西省抗敌后援会西安分会发动下,曹冷泉率领部分西师学生与女师同学组成农村工作团,深入渭南、潼关农村,进行抗日宣传活动。

三、播撒抗日救亡和反蒋火种,宣传马列主义,著书立说

1938年,西安白色恐怖更加严重,7月,曹冷泉离开西安,来到陕西汉中。1938年秋至1940年,在铁道部扶轮中学任教。他通过内侄陈其明(时任扶中等三校共青团地下支书),联络学生进行抗日救亡活动,团结了一批思想进步的学生如陈克胥(荷

夫)、李肇英、杨石路、杨春云等,并引导他们阅读革命进步书籍。常与学生一起上街下乡,文艺演出,宣传抗日救亡。针对社会上弥漫的"亡国论"举办星期六时事研究会,宣传抗日必胜的革命道理。1939年初暗中支持陈其明等十余名共青团员和进步同学到陕南苏维埃学习;协助打入扶轮中学的中共地下党员白路建立"读书会",办《老乡报》,发展"民族解放先锋队",引起反动派的仇视和镇压。当曹冷泉获悉特务要逮捕白路时,即让陈克胥通知白路逃离扶轮。陈克胥等进步学生被迫离校,后曹冷泉亦离开扶中。他在扶中任教时间不长,但播下了革命的种子。

1940年2月至1946年夏,曹冷泉在西安省立兴国中学任教,同时任西安师范专科学校副教授,并在长安县中兼课。其间1943年有一学期在蔡家坡扶中任教务主任,因学潮险遭逮捕而离任。兴中政治空气及学术风气很浓,曹冷泉深入调研陕西人文史哲,写了《陕西近代人物小志》《楚辞研究》等著作,并在《经世》月刊上连续发表了《刘古愚哲学体系》等文章,产生了很大的影响。曹冷泉入陕以来,还发表了大量抒发革命情怀的新旧体诗、散文及诗评,1932年出版了新诗诗集《落英集》,1939年刻印了旧体诗集,在陕被誉为"曹诗人"。

1945年曹冷泉经杜斌丞介绍参加了"民盟",在杜斌丞及李敷仁领导下进行民主革命活动,组织进步学生办起"班级小型图书馆",在课堂上向学生推荐进步报纸(如《新华日报》重庆版等)及书刊,针砭时弊,向学生赠送马列主义小册子,引导他们走上革命道路。1945年初兴中形势逆转,反动校长范重仔加紧反动统治,扼杀学生运动,迫害进步教师。1946年春斗争更为激烈,李敷仁等进步人士被迫离开兴中。1946年5月特务来校准备逮捕曹冷泉,曹冷泉在进步学生吴怀书、魏宏运、翁建修、吴怀德、单骏丰等的帮助下脱险,逃往北平。家被抄,爱人陈文光遭审讯,后逃汉中。

四、解放战争中继续反对蒋介石的反动统治

1946年夏,曹冷泉逃到北平,在华北文法学院任国文教授。与李瘦枝、卫佐臣一起支持校内进步学生的反饥饿、反迫害、反独裁斗争,组织进步学生张旭(该校中共地下党支部书记)、范云、张嘉秀等,以他个人宿舍作编辑室,办团社,出壁报,并多次保释爱国学生出狱。

1947年冬,曹冷泉行踪被特务发现,他摆脱追捕,1948年夏辗转逃到芜湖市,任安徽学院中文系教授,并参加了当地民盟的革命活动,担任民盟芜湖地区委员会宣传委员。针对皖省CC头子、反动校长万昌言侵占公款、残酷压榨教职工的罪行,他与盟员时佩铎秘密刻印、张贴和散发自己写的传单和讽刺诗,掀起驱万学潮和反对国民党

腐朽统治的宣传活动。随着全国解放战争节节胜利,遵照解放军皖西军区联络部的指示,曹冷泉参加了詹云青、时佩铎组成的"应变委员会",调查绘制国民党军队布防图,传送给江北解放军安徽渡江总指挥宋日昌。组织广大群众反对国民党反动派的迁校、迁厂、迁医院命令。1949年当得知4月20日解放军要在芜湖渡江时,曹冷泉与时佩铎率领芜湖大中院校数千学生,冒连天炮火前往江滨控制码头,迎接解放军渡江,并在江边召开了庆祝渡江胜利大会,欢呼的学生将曹冷泉及解放军代表高高抬到肩上。芜湖解放,5月间曹冷泉被推为接管安徽学院校委会委员。

1949年9月安徽大学迁到芜湖,与安徽学院合并,曹冷泉任中文教研室主任兼政治教育委员会委员。

1950年抗美援朝运动中,曹冷泉支持唯一健全且年仅15岁的儿子曹春芷投笔从戎,受到皖南行政公署褒扬,曹冷泉代表学生家长在各界人民欢送参军学生大会上讲了话并接受少先队献花。1954年在安徽文学艺术工作者代表会上,曹冷泉被选为省文联常委。

1954—1955年,因安大新来领导中个别主要负责人,不了解新中国成立前校内革命与反革命斗争的实况,一度轻信有些人的谎言,使新中国成立前为反对反动派、创建新中国坚决斗争的包括曹冷泉、詹云青等在内的民盟同志,几乎皆遭诬陷和打击,曹冷泉被收审,妻陈文光被迫害致死。幸部分校领导一直抵制这种错误倾向,省委发觉后立即进行了纠正,才没有造成更为严重的后果。

五、新中国成立后不遗余力从事教学和著书,为国家培养了大批人才,为后世留下宝贵的精神财富

1957年秋,调至陕西师范学院,任教授、语文教研室主任。同年被选为雁塔区人民代表、民盟陕西省委会委员、陕西省政协委员、省文化教育工作组成员。1958年曹冷泉兼任陕西业余师范大学副校长。连续六年到农村、工厂,办了20多个补习班,为国家培养中小学师资做了很大贡献。1960年陕西师院与西安师院合并为陕西师大,曹冷泉抱精诚团结的态度继续做好自己的教学工作,并担任研究生班班主任。除了教学工作,他潜心研究,专心著述,先后完成《诗品通释》《文学教学法》《文心雕龙浅释》《关于苏轼的评价问题》《关于十二湘篇独唱和对唱的探讨》《论黄季刚先生的〈文心雕龙札记〉及风骨问题》等论著。

1965年,曹冷泉退休后,默默地从事学术研究,完成了8万多字的《爱国诗人——屈复评传》及6万余字的《孙子兵法注释》。他30年代写的神话长诗《翠华

曲》被编成戏剧及电视剧而广为传播。

十年动乱期间,曹冷泉被当作叛徒、特务怀疑对象受到批斗,但他不畏林彪、江青反革命集团外调人员高压威胁,不顾个人安危,如实地写了他熟悉的先烈、革命老干部的光辉事迹,并在病榻上写了《雨花台慨歌》《杨虎城将军诗传》《大刀歌——吉鸿昌颂》《宋绮云及西北文化日报》《蒋自明与莲湖食堂》《刘永言烈士事迹》《我所知的邵幼和同志》《西安鲁迅追悼会前前后后》等文章。

1980年11月30日,曹冷泉走完了他人生的里程。在陕西省委的关怀下及长安县政协主持下,其骨灰葬于翠华山天池畔。陕西省人大常委会副主任李瘦枝为其墓题碑曰:"翠花(华)曲作者陕西师范大学教授曹冷泉之墓"。

沙漠上惨痛的回忆[1]

曹冷泉

在那一片焦土和沙漠的西北,我曾挨了八年艰苦的生活。那延长三四年的旱灾,和种种奇变,我都经历过。许多同胞因此惨死,而我还能苟延生命,自己真觉得万分侥幸了。在那些时候我常常想:"西北的饭已经不够吃了,我还来吃!"因此任何奢望也都烟消。

从民国十六年到二十三年,西北也不曾畅快地下一次雨,广大的平地山丘,赤红着脸,似乎有所愤怒,很难看见一点青绿的植物。骄阳凶狠狠地放出火光,硬要烧死地面的一切。有时狂风忽起,漫天的尘沙,一望昏黄,使人疑是世界末日的来临。

那几千万灾患中的群众,为了生存仍不息地与自然挣扎拼命;他们流着汗从几十丈的井里汲取一点清水来灌田(西北各处往往掘到几十丈才能得水),终于像一杯水浇在热锅里,不禁得一下子蒸发!禾苗是枯槁了,血汗是白流了。骄阳煎迫着他们,使他们成千成万地死,死是他们唯一的解脱。

民国十八年是西北灾患最严重的一年,旱灾、寒灾、兵灾、狼灾、鼠灾,色色俱备。此外并有饥饿的军队挨户搜粮,狼群饿了,集队出山捕食人畜。

面一块钱三斤,炭一块钱七斤,人生的资源这样的缺乏。因此有许多人借政治力量剥夺别人的生命而保全自己的生命。无助的灾民睡在街头吞食黄土,勉强度命。我也曾亲见过。

那年十二月中旬,许久不雨的天,忽然降了一场大雪,乌鸦、雀子成群地冻死了。晚间那班流离失所的灾民,往往三五成群地围卧在人家大门前,第二天早上已成堆死在那儿。一不当心,往往碰到僵尸。因此有些人家往往将门前堆雪以防灾民偷卧!

---

[1] 阎庆生:《鸿影小集》,陕西人民教育出版社1991年版,第151—152页。

人类的同情都灭绝了!

  在那次大雪中生命的牺牲真不知几许。幸存的灾民手足冻落的在西安市上到处可以看见。他们成行成列的,有的手足上的筋肉已冻烂而剥落尽了,骨节还如人体骨骼标本般连续着。有的四肢完全冻落了,紫红浮肿的肉中露出白骨,四肢痛得不敢触地,坐着惨呼。

  饥饿、严寒、酷热,以及官绅的敲诈,加速那一群人生命的消灭。同时军阀的混战更时时掀起恐慌。在那三年间,仅陕西一省,听说已有三百万无辜的百姓便这般地惨死。

  这样悲惨的牺牲,比绥拉菲摩维支所写的《铁流》的一群,还要悲痛。然而仅是一场悲痛,代价在哪里呢?

鲁迅与《沙漠上惨痛的回忆》①

阎 木

曹冷泉的《沙漠上惨痛的回忆》,是一篇承受过鲁迅先生的手泽,饱含着鲁迅先生心血的散文。

在这篇散文中,作者以亲身经历,饱含血泪地记述了民国十八年(1929)陕西的灾荒,真实地描绘了当时的灾民无衣无食、流离失所,在饥饿线上挣扎、死亡的悲惨情景,有力地控诉了反动派的黑暗统治。今天,它仍然使我们有不忍卒读之感。

作者曹冷泉,安徽颍上人。在上大学期间,他参加了革命活动。第一次国内革命战争失败后,他因受反动派通缉而开始逃亡,到了西安。1931年初至1937年初,他在《西北文化日报》任副刊编辑。这期间和之后,曹冷泉曾为党做过一些工作。逃亡到陕以后,他目睹陕西人民在封建军阀、地主的残酷统治之下苦不堪言,而偏又雪上加霜,遭逢民国十八年前后连续数年的罕见灾荒,以致饿殍遍野,户倒丁绝,十分悲惨、凄凉。《沙漠上惨痛的回忆》是他对劳动人民的深切同情、对反动派的仇恨的集中表现。

1977年8月22日,笔者访问了多年卧病、76岁高龄的曹冷泉先生。据他谈,1934年,他乘去上海买印刷机器之便,通过内山书店将《沙漠上惨痛的回忆》一文转交给鲁迅先生,希望推荐给当时在全国有影响的大报《申报》发表,从而让更多的群众了解陕西的灾情,抨击国民党的黑暗统治。果然,不到一个星期,这篇稿子便在《申报·自由谈》发表了。

据作者谈,刊出的文章结尾部分和原稿不同,系由鲁迅先生亲笔修改。原稿结尾一段,意思大致如下:虽是天灾,实为人祸,陕西境内所有老百姓耕种收入被剥夺殆

---

① 原载《陕西教育》1978年第2期,又见散文集《鸿影小集》第148—150页。

尽,而国内的救济又被关外的军阀扣作军饷,陕西老百姓只得活活饿死啊!我们不起来革命,活活地饿死,代价又何在呢?鲁迅改为:"这样悲惨的牺牲,比绥拉菲摩维支所写的《铁流》的一群,还要悲痛。然而仅是一场悲痛,代价在哪里呢?"这个改动十分必要,它体现了鲁迅"壕堑战"的战术,使这篇文章能够在中国黎明前最黑暗的年代得到发表。其他地方,没有改动。文章发表后不几天,曹冷泉又经内山书店介绍,访问了鲁迅先生。见面后,鲁迅先生很热情。他对曹冷泉说:你的文章写得好。中国的军阀剥夺老百姓,老百姓应该反抗。但你这篇文章后边几句太明显了,我删掉。内地对西北情况不大了解,你能多写些这样的文章,是很有价值的。今后作文章,多反映西北现实。还说:陕西我到过,是旧游之地,讲过学,对西北很关心。由于国民党的封锁,外边不知道西北的情况。希望你多努力……。这些话,凝结着鲁迅的深厚感情,表现了他作为一个伟大的革命家对处于国民党黑暗统治之下劳动人民的生活和命运的无比关怀,也表现了一个革命前辈对青年的热情鼓励和殷切期望。

曹冷泉访鲁迅事,不见《鲁迅日记》。

这篇文章在《申报》发表后,由风沙(王志之)编入《新少年文学拔萃读本》第一集(上海现实出版社,1936年5月初版)。

应当提到,鲁迅先生曾于1924年七八月间应邀来西北大学讲学。当时陕西的百业凋敝、民不聊生的情景,在他脑子里留下了深刻的印象。1933年5月,陕西旅沪青年冯润章(笔名周茨石,左联成员)为了报道陕西灾情,筹备出版《洪荒》月刊,写信给鲁迅请求支持。鲁迅曾说过:"灾区的真实情形,南边的坐在家里的人,知道得很少,报上的记载,也无非是'惨不忍睹'一类含浑的文字。所以倘有切实的记录或描写出版,是极好的。"(《鲁迅书信集》第375页)上述鲁迅给曹冷泉讲的话,同这封信的精神是完全一致的。

鲁迅一生为培养青年,呕心沥血,功绩卓著。即以他帮助青年作者看、校、改以至推荐稿件来说,数量也非常惊人。除见于他的书信、日记记载之外,尚有大量没有记载的,《沙漠上惨痛的回忆》即是其一。今天,我们介绍鲁迅同《沙漠上惨痛的回忆》这篇散文的关系,是为了学习鲁迅精神,并存留他在培养青年方面事虽细微而意旨深长的研究资料。

1977年7月写于西安

鲁迅对曹冷泉的帮助[①]

单演义

曹冷泉是安徽人,在新中国成立后的陕西师范大学中文系任教授,后因病与年老退休,现已病逝。我因研究鲁迅,经常访问他,书信来往颇多,又系同乡,因此成了知无不言的老友。

他曾和我谈起他的经历。他在大革命前参加共产党,大革命失败后遭通缉,逃亡到西安,与党失去了联系。抗日战争前在《西北文化日报》社担任编辑,与杨虎城、宋绮云关系密切。1934年去上海,曾写文章由内山书店转给鲁迅,请鲁迅为之介绍发表。他所写的文章题目是《沙漠上惨痛的回忆》,主要反映陕西人民极其惨痛的生活,揭露国民党反动派的残酷统治。

(原文略,见本书)

鲁迅将改后的这篇稿子,交给《申报》,约一周时间,就在《自由谈》上发表了。

这篇文章发表后,曹冷泉又通过内山书店,访见了鲁迅。鲁迅非常热情地说:文章写得好,只是最后写得太露骨了,不容易发表,我删改了几句,发表了,总算达到你反映西北现实悲惨的目的,这样的文章,今后要多多写!鲁迅对他这样的希望,不仅表现了对陕西革命青年的热情鼓励,更表现出他对大西北以至全国广大劳动人民的无比热爱。

[①] 单演义:《鲁迅在西安》,西北大学出版社2009年版,第138、140页。

一九三六年西安追悼
鲁迅先生大会的前前后后[1]

曹冷泉

一九三六年十月十九日，我国文化革命的主将、伟大的文学家、伟大的思想家、伟大的革命家——鲁迅先生在国民党反动派迫害之下而义愤填膺地逝世了。噩耗传出，全国革命的知识分子、青年学生，无不为之悲哀痛悼。西安学生联合会闻讯决定于十月二十四日在西安革命公园广场举行追悼大会。会前各校同学夜以继日地制作花圈，编写挽联，书写标语，布置会场，充分表现了青年学生们对鲁迅先生的无限敬仰和哀悼。

不想到，在开会的那一天，伪国民党西安公安局局长马志超、陕西省肃反专员彭振寰两个小丑率领几百个武装警察占据了大会主席台（革命亭），并包围了大会会场。马志超公然向同学们宣布："……奉上级命令，今天不准在此开会。……还有……兄弟对鲁先生也是非常崇拜的，可是……"同学们听到所谓"鲁先生"的称呼，更加愤恨、藐视这个法西斯小丑，就高呼："鲁迅先生不姓鲁，姓高，中国的高尔基！"同学们的主席团的同志，不屈不挠地登上主席台（革命亭）与马志超据理力争。"你兄弟既然崇拜鲁先生，你为什么不准纪念鲁先生呢？""这是上级的命令呀！""上级是什么东西，上级难道不讲理吗？"七嘴八舌斗得马志超无言回答，呆若木鸡。就在这时，突然跳出来一个凶头凶脑的家伙大吼一声："就是不准你们在这开会，你们敢怎样！"此人就是陕西肃反专员、国民党CC特务彭振寰，江西人氏。同学们看到这个猖狂的家伙，非常恼火，异口同声高呼："打、打、打倒彭振寰！""打不倒！"彭振寰两手叉在腰间，摇头晃脑，显出蒋匪特务所特有的形态。

---

[1] 单演义编：《鲁迅在西安》（资料汇编），西北大学鲁迅研究室资料组印，1978年6月。

面对国民党特务的捣乱、破坏,同学们怒喊、怒骂,经过多时,忽然一位同学建议:"就在大会场的中央,高举起鲁迅先生的遗像和标语牌,作为临时的主席台,不是一样的开会嘛!"大家异口同声说:"好极了,好极了!"霎时,临时主席台布置好了。就按照原定的会议程序,庄严隆重地举行追悼仪式,法西斯匪徒只得远远地呆立在原来的主席台上看着我们开会,也无可奈何。

同学们不但在激烈的斗争中胜利地举行了追悼鲁迅先生的仪式,还给法西斯匪徒以无情的打击。会毕,同学们举着校旗、标语牌,沿途发散传单,高呼口号,胜利地返回学校。

这场小小的斗争自然是与全国性的政治斗争息息相关的,更是当时陕西政治斗争所激荡出的一个浪花。

西安这个古城,一九三〇年到一九三六年这七年间,是蒋管区内学运最激烈、规模最大的一个地方。因是,许多共产党员,如担任杨虎城将军的秘书长南汉宸、杨虎城的顾问杨晓初、在杨虎城部队工作的宋绮云等,都随杨虎城部队进关,在他们的努力下促进了西安学运的发展。随后,党又派李克农、徐彬如等同志来西安指导学运,西安的学运更加澎湃。

至少应该回溯到一九三五年。这一年秋天,伟大领袖毛主席和党中央率领中央红军经过二万五千里长征,胜利到达陕北,在吴起镇与红二十五军会师。这个消息传到西安,广大革命青年群众振奋,反蒋爱国的热潮空前高涨。从这时起,在党的抗日民族统一战线政策感召和推动下,知识分子、青年学生、爱国军人……广泛的社会阶层中已经形成抗日救国运动的怒潮,好像要爆发的火山。张寒晖同志所谱的《松花江上》《打回老家去》等是沸腾在西安市人们口中的歌声,也就是广大人民要求抗日救国的怒吼。虽然在蒋匪帮残酷的镇压下,劳动营、反省院、军法处、伪省党部看守所已经是人满为患,但抗日救国运动仍日趋高涨,不可遏抑。在陕北战场上的东北军喊起"打回老家去!""中国人不打中国人!"的口号。在各学校中抗日救亡运动如雨后春笋,出壁报,发传单,驱逐学校中阻挠运动的特务和恶棍。风潮此起彼伏,大有山雨欲来风满楼之势。

可是,就在这个时候,人民公敌蒋介石正加紧策划反共卖国、投降日寇的罪恶阴谋。蒋介石不但拒绝东北军将领张学良和西北高级将领杨虎城提出的联共抗日的要求,而且派遣三十六万嫡系部队围攻陕甘宁边区革命根据地和红军,并监视张、杨的行动。一九三六年十二月上旬,蒋介石亲自到西安逼迫张、杨进攻红军、镇压西安学生的抗日救亡运动。蒋介石的倒行逆施,激起了广大群众和东北军、西北军官兵的愤慨,张、杨被迫于十二月十二日扣了坚持卖国、内战、反共的蒋介石。于是,震惊世界的西安事变爆发了。

一九三六年春,接受了我党团结抗日主张的张学良将军曾告诫陕西省主席邵力子"不要压迫学生爱国运动"。邵力子是个有名的善观风向、随风转舵的能手。他非常乐意接受张学良的指示,他手腕灵活又很巧妙地执行了这个指示。邵曾面谕伪陕西省教育厅厅长周学易说:"……各学校的学潮必须设法平息,力求安定。各学校校长若不能维持上课秩序,应在该校教师中遴选能孚众望的来接充,不要另派人去,以致学潮更趋高潮,不可收拾。"因此在无形中各校同学们可以大胆地驱逐阻挠爱国运动的国民党党棍特务。

邵力子是蒋介石的亲信,曾任蒋的秘书长。在三十年代初期,蒋匪的兵力尚未到达西北,就派邵力子为陕西省主席,企图从政治上统一西北。邵力子到陕后虽然对蒋匪仍是忠心耿耿,但他极力要把自己表现成为开明的政治家;在不影响他的政治地位时,他也可以表示进步的倾向。反动派禁止追悼鲁迅也不是出自邵的命令。邵曾对他的一些老朋友说:"鲁迅先生是个无党无派的革命文学家,学生追悼鲁迅也未可厚非的,不必大惊小怪。"

学生在革命公园举行追悼鲁迅大会之后的几天,有些人以陕西教育界的名义在陕西易俗社剧场又召开追悼鲁迅先生大会。根据当时情况来推测,这自然是在邵力子暗示之下召开的,否则教育界就没有人敢公然追悼鲁迅。他们开会的真正目的虽然未经宣布,但也是很清楚的。首先他们不是因为崇拜鲁迅来追悼鲁迅,他们不过借此来掩饰他们前次禁止追悼鲁迅先生的那桩罪行,并企图欺骗人民,说明他们也是崇拜鲁迅的(这实质上是对鲁迅实行诬蔑)。同时,他们借此来显示:只有他们国民党才有权召集群众大会,一些毛学生哪有权开会追悼鲁迅呢? 根据这个"道理",他们的"禁止"就是"合理合法"的。邵力子自以为自己足智多谋,深信他的导演所在有"理",头头是"道",但是他们的目的并没有达到。听说参加他们会议的只有教育界的一小撮党棍,台下的人没有台上的多,等了半天也开不成会。他们只好宣布"今天开的算是筹备会,大会改日召开……散会"。虽然如此,这也算是西安第二次追悼鲁迅的大会了。

地下党领导同志听到上述情况以及得知邵力子的态度,就托邵的老友缪石逸、吴召侠向邵疏通,邵允许和支持西安文化界正式召开一次追悼鲁迅先生大会。邵自然非常欢迎,他并得意而自豪地说鲁迅是他们绍兴同乡,又是他留日的同学,他们彼此关系也很好。这些情况也不必加以考证了。

西安第三次追悼鲁迅先生大会是在地下党主持下以西安文化界的名义召开的。会前经过充分的准备,也防备发生意外。会场是用陕西省民教馆礼堂。主席团由地下党领导同志及民主人士组成。到会的群众主要是各学校学生代表,以及新闻记者、学校教师,约五六百人,把民教馆礼堂坐得满满的。主席团为了使会议表现得灰色些,敦请缪石逸、吴召侠两个老官僚担任主祭和襄祭。他们都穿着长袍马褂,庄矜严肃地领导全体向鲁迅先生遗像鞠躬致敬、静肃默悼。继由陕西实验小学学生所组织的乐队奏挽歌。歌曲和歌词为上海某音乐家所作。声调极为沉郁悲壮,庄严肃穆,奏时全场群众立即浸沉在悲凄静穆的气氛中,事过多年那曲悲歌仍清晰地印在我的脑海里。后由《西北文化日报》社社长宋绮云同志代表主席团致挽词(挽词曾经印出),大意略云:……有些同志说鲁迅先生是无党无派的革命文学家,这话自然也是相当正确的。不过我们应该加以补充地说,鲁迅先生虽然是无党无派的,但他不是超然于各党各派之上的超然派;鲁迅先生是坚定地站在中国人民的立场的,因而他也强烈地同情于站在中国人民立场之上的革命政党。这由鲁迅先生自己的话可以证明,他说:"……那切切实实,足踏在地上,为着现在中国人民的生存而流血奋斗者,我得引为同志,是自以为光荣的。"由于鲁迅先生真正站在人民立场,强烈地反对日本侵略者,因而他也强烈地痛恨向日寇屈膝投降的汉奸卖国贼。鲁迅从来反对空喊革命的空头革命家,他近年来,以病危之身,垂暮之年,犹奔走呼号,不遗余力,要求我国同胞无条件地接受革命政党所提出的抗日民族统一战线政策。这种呼吁是站在人民的立场对于国家民族无限忠诚的表现。同志们不妨设想一下,假使我国同胞仍然互相火拼,互相厮杀,那不就等于让日寇长驱直入,完全占领我国吗?现在东三省早已沦亡了,华北已经变色了。这难道不是惊心动魄的事情吗?

同志们,在我们民族国家这样危急的关头,鲁迅先生溘然与世长辞自然要引起所有的爱国人们的万分悲痛。但我们必须化悲痛为救国的力量,无负于鲁迅先生对于我们的希望。鲁迅先生同过去伟大的历史人物一样,当他生命还有光有热的时候,他要尽力发挥他的光他的热,与一切反动的邪恶的势力勇敢坚决地斗争;当他的生命将要熄灭的时候,他一点也不悲哀沮丧,他只希望他的事业继承有人!鲁迅先生于一九三五年冬(到今天正好一周年),给革命者留下一个遗言,提出他的希望:"在你们身上,寄托着人类和中国的将来。"鲁迅先生对革命者的期许和鼓励如何殷切呀。这个遗言自然也是伟大的鲁迅对历史的预言,将来必然要为历史所证实的。当然还有赖于革命者百折不回,艰苦奋斗……最后我们高呼:鲁迅先生精神永远不朽!宋绮云同志的讲话受到与会群众热烈欢迎,掌声经久不息,后仍由实验小学乐队奏挽歌。与会同志心中激荡着悲痛激愤的感情离开会场。

宋绮云同志当时任《西北文化日报》社社长、西北各界救国联合会宣传部副部长。一九三五年以后任中共西北特支支部委员。当一九四一年国民党反动派发动第二次反共高潮时,宋绮云同志及其夫人徐林侠、幼子宋振中于西安被捕,先后被囚于"中美合作所"集中营——"白公馆"和贵州息烽监狱。一九四九年蒋家王朝崩溃之时,匪首蒋介石亲自安排杀害杨虎城将军一家和宋绮云同志的罪恶计划。九月十七日晚他们被害于重庆。时至今日,我们回想起宋绮云烈士在西安第三次追悼鲁迅大会上的讲话,仍然感到深受鼓舞,浑身增添了不少力量。

会后十余日,主祭缪石逸寄来一首五言诗,要求《西北文化报》给他发表。题目是《南阳边上》,诗序略云:"某年途经南阳,泥泞载道,骄阳当头,停午后,远近雷声殷殷,忧晴忧雨,此心惴惴,遥望道旁古寺,僧人背手闲立。益感行役之苦。"诗云:"赤日当头炙,黑泥没踝深。山僧门外立,晴雨不关心。"经《西北文化报》编辑部调查研究,得知蒋匪特务到缪家责难、威迫,故缪想借此诗以表白他不关心政治之态度。编辑为了照顾缪的处境,就把诗发表了。

这段诗话似的琐细的尾声,本来是微不足道的,不过颇能说明蒋匪帮在行将灭亡的末日,惶恐疑忌,更加穷凶极恶了。他们对于一个行将就木的昏聩老叟,偶尔触犯了他们的忌讳,也不惮烦地进行威迫。蒋匪帮对于伟大的鲁迅先生自然要恨之入骨,而欲置之于死地。但是鲁迅先生倒不像一些人畏风畏雨、委曲求全或狡猾取巧、左右逢源。"横眉冷对千夫指,俯首甘为孺子牛。"立场最为坚定,爱憎最为分明,成为我国"最正确、最勇敢、最坚决、最忠实、最热忱的空前的民族英雄"。

鲁迅先生逝世五十二日后西安事变爆发了,在西安追悼鲁迅先生大会上慷慨陈词、斥责奸凶的革命同志以及激昂奋力与特务做面对面斗争的革命同志,都冒着凶险参加了西安事变的斗争,有些因此而壮烈牺牲。鲁迅先生的遗志继承有人!鲁迅先生的精神与中国革命事业是永远联系在一起的。

回忆曹冷泉老师[1]

吴怀书

从我上私塾、小学、中学到上大学,教过我的老师不算少,但对我教育和影响最大、最深,而又使我难忘的却是曹冷泉老师。

我认识曹老师是1938年夏天在西安黎明补习学校。当时我是西安师范附属小学五年级的学生,暑假,父亲送我到设在西安菊花园街饮马池巷口的这所学校补习。可别小看这所补习学校,她可是一个藏龙卧虎的地方。那时西安没有一所大学,只有一所高中、一所师范,这就是那时的最高学府了。曹老师是西安师范学校的语文教师,在这所补习学校兼课。他讲课生动,引人入胜,待人热情和善,深受同学们的爱戴。盛夏的西安酷热难熬,晚上大家都在院子里乘凉,而曹老师却汗流浃背地坐在小油灯下看书,批改作业。他对我的语文作业细微深刻的评语,悉心指导我遣词造句,鼓舞了我的写作兴趣,给我留下了至今不忘的美好回忆。

在这所学校里,由于曹老师等经常对我们进行爱国主义教育,讲述抗日救亡的道理。所以,这年9月西安文化教育各界发动抗日救亡宣传运动时,同学们斗志昂扬地走上了街头,用歌唱、用演讲,向群众揭露日寇的暴行,宣传抗日将士英勇杀敌的壮烈事迹,号召全国人民团结一致,抗战到底,誓死打倒日本帝国主义。从而,爱国主义在我们脑海里深深扎下了根。

1938年10、11月,日军接连轰炸西安,父亲要我回家乡陕西商南县读书,因而,我离开了曹老师。

1941年春,我由商县中学转学到陕西新建的一所重点中学——兴国中学。学校坐落在西安市郊靠近终南山的樊川。在兴国中学我第二次见到了曹老师,高兴万分。

---

[1] 中共阜阳地委党史办公室、中共颍上县委党史办公室编:《丹心谱——皖西北党史人物传》第2辑,安徽人民出版社1992年版,第61—66页。

按照商县中学转学证件我应读初三，但我觉得数理化学得不好、不扎实。为此，征求曹老师的意见，他说："既然没学好，就上二年级，学得更扎实些好。"这样，我就到二年级插班。事实证明，这对我的学习打基础大有好处，所以，至今我十分敬佩曹老师的实事求是的治学精神。

曹老师是位德高望重的教师，学校分给他一处独门独院的农村的土坯房子。房子倒还宽敞，但屋内陈设非常简陋，唯有靠北墙一个大书橱放满了各类书籍。我经常到曹老师家求教，有时也和曹老师或曹师母聊聊天，见他生活很清苦。主食是玉米稀饭、馒头，副食经常是青菜萝卜，两个月也难吃上一次肉。曹老师全身心地投入教学和社会活动，家务全由曹师母承担。她要教育春苓、春芷两个上小学的孩子，又要在院子种点蔬菜。他虽然繁忙、劳累，生活也很清苦、单调，但曹老师夫妇都是乐天派，从未见他们愁闷、怄气，整个家庭是非常和睦幸福的。

在兴国中学，曹老师授高中三年级语文课。他备课细致，讲课深入浅出，言简意赅。课堂上，他生动地介绍许多爱国诗人、学者忧国忧民的高尚情操；用中国历代英雄人物抵御外侮、为国捐躯的事迹，来嘲讽和批判国民党反动派、贪官污吏、军阀恶霸，使同学们不仅学到文化知识，而且受到了良好的思想品德教育与爱国主义教育。

曹老师还很注意课外的政治教育与对学生的个别教育。他发动学生组织班级小型图书馆，利用学生登门求教的机会，有针对性地进行个别交谈；他把鲁迅、郭沫若的作品，艾思奇的《大众哲学》《科学历史观教程》等著作介绍给同学作为课外读物。鼓励同学走革命道路，为中国人民的革命和解放事业建功立业。有一次他和魏宏运同学与我一起讨论学习辩证法、大众哲学，各抒己见、倾心谈吐的情景，至今难以忘怀。

曹老师除努力教学之外，还潜心研究中国古代文学。他十分崇拜屈原和他的作品，写了《屈复评传》《楚辞研究》两本书稿。比较系统地研究了有关陕西的一些著名诗人、文学家的著作，出版过《诗品通释》《陕西近代人物小志》等著作。

曹老师不仅是位教师，而且是位革命家。听说他在大学上学时就是一个革命积极分子。他还是著名爱国将领杨虎城将军的宣传科长、中共党员宋绮云的挚友。他在《西京日报》《西北文化日报》担任过编辑，在《老百姓报》《民众导报》《经世月刊》等报纸杂志上发表文章抨击时弊，揭露反动派的罪恶行径。

1944年以后，范重仔到兴国中学当校长，指使国民党、三青团分子在学校横行霸道，为非作歹，并利用每周的"总理纪念周"活动吹捧蒋介石，污蔑共产党，扬言要把某些老师、同学送进劳动营（即集中营）训练（实质是迫害）。曹老师则劝同学不要信他那套骗人的鬼话。1945年秋，为响应全国各民主党派和全国人民要求国民党实行民主政治的号召和声明,兴国中学进步学生在中共地下组织与其外围组织民主青年社的领导下,与以三青团组织的新世风社为一方的反动派,围绕成立学生自治会展开了针锋相对的斗争。在曹老师和李敷仁、武伯纶老师的领导与帮助下,通过演讲、开会、个别发动,使全校绝大多数同学都站到进步学生一边,挫败了反动派。校长范重仔借国民党省政府的名义,无限期地推迟成立学生自治会。这次民主运动和斗争擦亮了广大同学的眼睛,看清了反动派专制独裁的嘴脸。

1946年春,国民党反动派发动了大规模的反苏反共活动,西安国民党当局在2月下旬即部署动员2万人在3月1日举行反苏反共大游行。在中共地下党组织领导下,曹老师和其他进步教师一起做学生的工作,揭露反动派组织游行的阴谋,结果2000人的兴国中学只几十人参加游行。在这次游行中,特务们捣毁了《秦风日报·工商日报联合版》编辑部,逮捕了几名工作人员。从而,把国民党反动派的反动本质更加清楚地暴露在广大人民面前。

5月下旬,地下党组织得知曹冷泉老师被排进特务逮捕人员的黑名单中,通过魏宏运同学转告我设法保护曹老师脱险。于是我陪曹老师走陵原小道到五里村翁建修同学家躲避了三天,然后由我弟吴怀德护送到洛南县我的家,20天后,经河南灵宝县、安徽颍上县,安抵北平。

1946年秋至1948年春,曹老师在北平华北文法学院任中文系教授,我考入上海复旦大学政治系,经常与曹老师通信。他常在信中勉励我学习革命理论,积极参加社会活动和民主运动。因此,我与复旦大学内的进步师生联系增多了,学习了一些马列主义原著和毛泽东同志的著作,使我的思想由接受到笃信马克思主义。所以我更积极地参加上海历次反蒋的学生运动,受到更实际的锻炼与考验。1948年1月,中共地下党组织接收我为一名共产党员。曹老师虽不是我的入党介绍人,但他却是我走上革命道路的向导与启蒙老师。

1948年夏,迫于形势,曹老师几经周折到芜湖安徽大学任教授。10月,为躲避敌人逮捕,组织上决定我离开上海,于是我就到芜湖曹老师的住处。见到我,曹老师特别高兴。家眷没来,他独自一人生活,他不仅忙着做好吃的,而且陪我游览长江沿岸风景。他尤其关心我的政治成长,听说我学习马列著作,积极从事革命活动,感到十分欣慰,并对我说,如果在上海形势险恶,他可以通过关系介绍我到解放区参加革命。可见曹老师已和地下党有联系,为全国解放贡献力量。我向他暗示已经参加了党组织,一切听从组织安排,他表示赞同。

1949年2月,我奉命到南昌参加党的地下工作,曹老师怕我生活上有困难,主动寄来半个月的生活费,帮助我克服了在白区工作之初的困难。这既是曹老师对我的关怀,也是他对解放事业的赤诚。

新中国成立后,我们还经常通信,他总是鼓励我勤奋学习,努力工作。1960年春,我回到阔别15年的家乡陕西探望亲友时,专程去陕西师范大学看望曹老师。这时他已是花甲之年,显得比12年前在芜湖时苍老了些,但他精神矍铄。他热烈欢迎我的到来,欢谈畅叙,心情十分快慰。下午,我们一道游览了师大校园,还徒步陪我到大雁塔游览,直至日落西山,我才抱着依依惜别的心情告辞。没想到这竟成为最后一面。1980年,敬爱的曹老师与世长辞,由于远隔关山,工作繁忙诸多原因,没能去参加他的追悼会,至今每每想起尤觉遗憾。

1986年,曹老师的二儿子春芷寄来曹老师的一本诗集,其中有论述我们师生情谊的诗篇,读来使我又回想到40年代在兴国中学聆听他的教导、亲切交谈,以及与反动派针锋相对斗争的情景。最近又收到春芷寄来曹老师的生平年表,才使我全面了解他革命的一生中许多令人钦佩的事迹,其中包括他在50年代被诬为胡风分子被收审,曹师母陈文光也被折磨致死的内容。而这些,过去在通信中,或者是久别重逢畅谈中,他却只字未提。曹老师,一生热爱共产党,热爱社会主义,从不计较个人的荣辱得失,他不愧是中国知识分子的优秀代表。

刁汝钧与鲁迅

【编者小引】刁汝钧先生，毕业于上海暨南大学中国语言文学系。大学毕业后，获燕京大学中文专业硕士学位。1931年，赴法国巴黎大学学习文学、戏剧。其间，收集了不少有关敦煌学和"变文"的资料（先生曾给中文系中青年教师说，回国后，他的这些资料给了他的老师郑振铎先生）。1935年回国后，同著名戏剧家熊佛西先生一起从事爱国戏剧活动。曾在国立贵州大学外语系、国立重庆女子师范学院中文系任教授。其早年著有《现代中国女作家论》，并翻译法国文学作品多种。刁先生对敦煌文学情有独钟，一直在研究，发表过此方面的学术论文，并接受过有关机构的咨询。

刁先生编著过中国现代文学教材，担任过中国现代文学研究会西北地区的理事。他待人谦和，热情扶持和奖掖青年学人。他所回忆的1927年鲁迅在上海暨南大学的那次讲演，主要是谈读书和写作问题，与鲁迅讲演记录稿是吻合的。两相对照，能够触发我校青年学子的幽思与灵感：我们文学院的老先生中，还有人听过伟大的鲁迅先生的课呢……

刁汝钧简介[①]

刁汝钧(1907—1994),文学评论家、翻译家。字士衡,笔名草野。1907年5月7日生于河北省邯郸县。1930年毕业于上海国立暨南大学中国语言文学系,获文学学士学位。1931年毕业于北京燕京大学研究院,获文学硕士学位。同年赴法国巴黎大学文科研究院研究戏剧文学,并在巴黎国家图书馆研究敦煌"变文"及敦煌文学。1935年回国,在北京与熊佛西一起从事戏剧爱国运动,并筹备上演《赛金花》(后被亲日政府禁演)。此时期先后发表论著《敦煌变文研究》(燕京大学出版,1945年《文艺先锋》第8卷第1期转载,见《敦煌变文集》第2册),《现代中国女作家论》(北京人文书店1933年版),《评雷雨》(北平《晨报·剧刊》1937年第312期)等。1937年至1938年在长沙参加熊佛西领导的"抗战剧团",从事抗战救国宣传活动,先后上演《后防》《放下你的鞭子》《月亮上升》等话剧。1938年在四川成都任省立戏剧教育实验学校教员兼校长办公室秘书等职。1941年至1949年,任国立贵州农工学院副教授、国立贵州大学外语系教授、国立重庆女子师范学院中文系教授等职。1950年在北京华北革大政治研究院毕业,参加陕西渭南地区土改工作。1951年至1953年任西安西北艺术学院戏剧系教授。1953年转任西安师范学院中文系教授兼系副主任,同年参加中国民主同盟,并任西安师范学院民盟支部副主任委员。1960年至1987年,任陕西师范大学中文系教授。1980年至1986年,任中国现代文学研究会西北区理事。曾任陕西省中国现代文学学会名誉会长。新中国成立以来的著述有:《中国现代文学参考资料》上下册(西安师范学院1957年版)、《敦煌变文研究管见》(《陕西师范大学学报》1979年第1期)等。历年的译著有《假医生》([法]莫里哀著,1937年2月6日《晨报·剧刊》第315期)、《〈窦巴斯〉脚本提要》([法]巴纽尔著,1937年5月15日北平《晨报·剧刊》第328期)、《文法》(多场剧,[法]拉比士著,1943年贵阳《文讯》

[①] 尹恺德主编:《当代中国社会科学人物》,四川教育出版社1992年版,第278—279页。

月刊)、《龟兔竞走》(四幕讽刺喜剧,[法]拉比士著,商务印书馆重庆1945年版)、《论苏联的儿童剧院》([苏]季克瑞日蒂斯凯著,《艺术生活》1952年第8期)等。与王瑶等合编《小说鉴赏文库·中国现代卷》(陕西人民出版社1986年版),主编《中国现代小说散文选读》上下卷(陕西青年杂志社1982年版)。撰写的回忆文章有《追忆鲁迅先生的一次演讲》(1981年9月25日《陕西日报》,收入《鲁迅诞辰一百周年纪念文集》,陕西人民出版社出版,获陕西省社会科学优秀成果奖)、《哀悼茅盾同志逝世而想起的往事》(收入《纪念茅盾》一书,陕西人民出版社出版)。另有《敦煌宝藏·索引》序(陕西师范大学图书馆出版)。正在撰写的著作有《敦煌遗书五百卷纪要》等。

追忆鲁迅先生的一次演讲[1]

刁汝钧

鲁迅先生结束了他在广州中山大学八个多月惊心动魄的战斗,亲身经历了广州"四一五"反革命事变,亲眼看到了以蒋介石为首的新军阀对共产党人、共青团员和革命群众的血腥镇压。他怀着痛苦的经验和深刻的观察,于一九二七年十月三日回到上海,又重新开始了他以笔为投枪艰苦复杂绞心沥血的战斗生活。

从十月三日到十一月六日,仅仅在一个月零三天的日子里他就被邀请出席了四个学校、五个轮次的演讲。这第五个轮次的演讲,即一九二七年十一月六日《鲁迅日记》所记的:

六日　星期。晴。上午丐尊来邀至华兴楼所设暨南大学同级会演讲并午餐。

当时,我作为一个二十岁的暨大中国语言文学系首届一年级的学生,有幸聆听了鲁迅先生这次的演讲。他和夏丐尊师当时那样鲜明的截然不同的两个形象,至今仍深刻地留在我的脑海:鲁迅先生是身材瘦小精干,黑发,上唇留着短须;而丐尊师的身材却比较高大,头发花白,而且有些秃顶了。鲁迅先生当时穿的是灰哔叽夹袍,上身套青色带大襟的丝绸坎肩,戴灰呢青箍礼帽,操一口绍兴官话;但咬字清晰,音调抑扬顿挫,使人听起来很有节奏,并不像传闻和想象的那种令人难懂的江南方言。他的既严肃又平易近人的态度,令人肃然起敬。

那天的演讲会实际上也可说是一次谈话会吧。因为既无讲题,又无正式记录。丐尊师面带笑容,在简短的欢迎辞中说:鲁迅先生刚刚回到上海就来给我们演讲,这正表明了先生一向重视指导青年、帮助青年的热情。先生对青年写作方面的帮助可以说几乎超过了他对自己的创作所花费的精力……。我们大家对此表示了热烈的欢

---

[1]《西安地区纪念鲁迅诞生一百周年文集》,陕西人民出版社1984年版,第71—74页。

迎和感谢,接着鲁迅先生便开始了他的演讲。

关于写作问题,在我的追忆中鲁迅先生讲话的大意是:你们大家多来自南洋,学的又是中国文学,毕业后有的要回南洋,有的要留在国内,但总的来说是要从事教书,或者做新闻记者,可能有人还要从事创作,当然也可能还有人要去经商,做生意,都好嘛。现在,我仅就教书、做新闻记者、从事创作,谈一些自己的意见。你们从事这三项工作的任何一项,都需要能读、能讲、能写,尤其是要能写。关于这个问题,我奉劝大家胆子要放大一点,不要有过多的顾虑,什么出版法的限制呀,当局动不动对作家提出的警告呀,以及批评家对作家作品的批评呀,尤其是对青年作家作品的苛刻的批评,要有正确的态度和看法。

关于作家怎样写真实问题,鲁迅先生对青年作家,以至对正在学习和准备写作的人,也作了热情的指导。大意是说进行创作无非是作者借别人来写自己,或者是根据自己所熟悉的东西来写别人。这样即使有时不合事实,然而还是真实。如果认为必须合乎事实,那就不如去看新闻记事了。只要作者能忠实于生活,写出人物的真实思想感情,那就会使读者感到是真实的,也就不存在真实与不真实的问题了。他以李慈铭写的《越缦堂日记》为例,认为从这书的名目看是日记,是真实的东西;但它的内容却是大量的钞"上谕",是有意写给人家看的,一点也看不出作者的内心活动,让人看了只感到是做作,是让人受骗。这怎么能说是写真实呢?

关于学习外语问题,由于鲁迅先生一向很重视外语学习,所以他非常担心我们学中文的容易钻进故纸堆里发霉,以至思想落后,变成老夫子、东亚病夫。他告诫我们至少要学好一门外语,读一些外国文学名著,采用它们的优美的语言,尤其是吸收它们的有益营养、振奋人心的进步思想。当然,你们不少人来自殖民地南洋,你们也懂一点外国话,但是那很不够。你们一定要努力去学好一门外语,掌握一门外语,不管从哪一方面说,这都是非常必要的,万万不能认为学中国文学就不需要学外语,那是十分错误的。

由于丐尊师在致欢迎辞中,谈到暨大试行学分制问题,鲁迅先生对此也表示了赞同的意见。他认为这种学制的改革,对学生的学习很有利,学生学完了规定的学分,就可以提前毕业,提前工作,及早地去改变我国在文化、教育、科学各个方面的落后状况;也有利于促进有志教师多开选修课,得到深造,提高教学水平。可以肯定这种制度的改革对学生教师都起了鼓励和促进的作用。实践证明鲁迅先生的看法是完全正确的。据我回忆,在我们的同学中就有唐路、黄焕文,历史系就有谭其骧等,都在三年半内学完了规定的一百二十个学分,分别提前于一九三一年上学期毕业,有的去教书,有的考入研究院深造。

鲁迅先生的讲话,大约于十一时结束。大家不愿散去,仍旧围坐在一张长方形桌子的周围。有的提问:大学国文系的学生应该阅读什么书籍?有的手捧着先生的著作,请先生签名留念。鲁迅先生都耐心地诚恳地一一满足了大家的要求。接着欢宴开始了,吃的中餐。丐尊师笑嘻嘻地捧着一杯花雕(黄酒)向先生敬酒,表示对先生的感谢。这时同学们也都接二连三端起酒杯向先生敬酒。丐尊师在旁边笑着打趣地说道:"周先生的海量,对我们绍兴的花雕可不在乎。"鲁迅先生于是采取了以烟代酒的办法,一口一口不断地吸着纸烟,在缕缕缭绕的青烟中,鲁迅先生以特有的低沉的声音,向我们谈论着他在广州的战斗生活。他的充满智慧的有神采的眼睛和他的亲切的神态,给我留下了永远不能磨灭的深刻印象。

约在午后三时,鲁迅先生该回去休息了,我们大家都以恋恋不舍的心情向先生致谢和告别。以后,我是多么希望有机会能和先生接近,再一次聆听先生的教诲呀!但时事变迁,谁又能想到这第一次的会见也竟成为最后的一次了呢。

鲁迅在上海暨南大学文学系同级会的讲演[①]

马蹄疾

讲演日期及时间：一九二七年十一月六日上午十时，讲演至午餐。

主办单位及地点：上海暨南大学文学系同级会主办，地点在当时上海福州路华兴楼饭店。暨南大学，是一所国立综合性大学。初名暨南学堂，一九〇六年创办于南京，以教育培养华侨子弟为目的。次年改名暨南中学堂，一九一一年停办，一九一八年复校，改名暨南学校，后在上海建筑校舍，一九二七年改名暨南大学，该校一九二七年中文系只有一年级学生。

讲题及讲演内容：讲题失记，讲稿失传。这次讲演是通过夏丏尊的联系，应上海暨南大学文学系一年级同级会的邀请前往的。夏丏尊（1885—1946），浙江绍兴人，鲁迅在杭州浙江两级师范学堂任教时的同事。长期从事文化教育和翻译工作，曾参加创办开明书店，主编《中学生》和《一般》杂志。当时是上海暨南大学中文系教授。

讲演结束，即在华兴楼饭店午餐。参加听讲的约三十人。据当时听过这次讲演的黄慕度回忆，鲁迅这次讲演的内容，是关于文艺创作和读书方法等问题。当时没有具体的讲题。

〔鲁迅自己谈这次讲演〕鲁迅1927年日记：

十月三十日：上午得夏丏尊信。

十一月六日：上午丏尊来邀至华兴楼所设暨南大学同级会演讲并午餐。

[①] 本书编者按：据马蹄疾先生考证，此次讲演的题目是《关于文艺创作和读书方法》，见《鲁迅讲演考》，黑龙江人民出版社1981年版，第269—270页。

鲁迅先生在暨南大学讲演回忆（摘录）[①]

黄慕度

一九二七年十一月六日鲁迅先生在上海福州路华兴楼国立暨南大学中国文学系同级会所设的欢迎宴会上讲演，当时听到这次讲演的，在上海现在可能只有谭其骧教授和我二人了。但他刻下住院养病，我觉得我有责任将这次讲演的实况回忆起来，哪怕是片段，也是有意义的。

那是一九二七年十月下旬，在夏丏尊先生讲授《马氏文通》将要下课之际，我跑到讲坛前面，很兴奋地说："夏先生，听说鲁迅先生从广州回到上海不少天数了，我们举行一次宴会以表示欢迎，同时，请他演讲好不好？"建议的声音还没有完，全班同学异口同声一致附和了。夏先生是极受尊敬而和蔼可亲的老师，他微笑着说："可以，但是鲁迅先生很忙，有许多学校都要请他演讲，你们先写一封请书，由我面交以后，请他决定日期。"第三天就得到了佳音，准于十一月六日上午赴宴。

一九二七年十一月六日上午九点钟过后，我们中文系一年级同班全体将近三十位一齐集中到真如车站上（当时校址就在车站北首），集体到了福州路华兴楼宴会厅，宴会厅设在二楼，其余吃客都在楼下，所以并不感觉都市的尘嚣气。我们同学到齐以后，有的看报，有的翻阅新出版的杂志，无不喜形于色，怀着渴仰的心情，静候着鲁迅先生的到来。十点过了，鲁迅先生果然来了。他和夏先生一上楼，大家霍然起立，一致热烈地鼓掌欢迎。鲁迅先生穿着灰色线呢的长夹袍，着一双半新旧的网球鞋，是很朴素的。他中等身材，两道浓眉之下黑白分明的眼球炯炯有神，日本式的短髭簇聚在

[①] 据鲁迅编辑室保存黄慕度1978年6月1日写的手稿复印件摘抄，见马蹄疾：《鲁迅讲演考》，黑龙江人民出版社1981年版，第270—276页。

鲁迅先生在暨南大学讲演回忆（摘录）

上唇，显出别致的风采。他微笑着向大家不断地点头，取下了礼帽，我立刻把它挂在衣架上面。因为是吃中菜的，宴会厅里从西向东一条线摆着五张八仙桌，鲁迅先生当然第一桌的首席，其余各桌的首席依次是夏丏尊（时为中国文学系主任）、方光焘（时为"文学概论"讲师）、谢循初（时为教育学院院长兼心理学系主任）等先生，就座以后，夏先生用爽朗的声音说："现在，请鲁迅先生给我们讲讲有关文艺创作和读书方法等方面的问题。"大家又一次热烈地鼓掌。鲁迅先生随即起立，用历历分明的绍兴官话开始演讲。下面是他演讲的主要内容：

今天，承蒙夏先生叫我到这里来和大家见面而且漫谈谈，我觉得很高兴，因为我很喜欢和怀有雄心壮志的青年人谈天。好！我们就随便谈谈吧。我从广州回来不久，对于广州有一些感觉，那个地方的蚊虫很多，而且比浙江的要大些，嘴也要长些，吸起血来不用说是厉害得多，我是供给不起的。（说到这里，先生微笑了，同时引起了大家一阵欢笑，但到了大家发笑的时候，他却不笑了，反而看着大家笑，这是鲁迅先生演讲时常常有的现象）广州也有些特点，花草和水果极为丰富，这是一般游客所艳羡的。不过，权柄仍然掌握在军阀和富商的手里头，一般人民的生活并不怎么样好过，这使我以前的想象都落了空。（先生显出失望的神气）

中国算是又革了一次命，但我最近一个月来看看上海的情况还是老样子，一动没动；不过，各种税捐增加了，物价上涨了，尤其是吃的东西。我是略无宏图的人，当然要注意到"江东的米价"，这哪里能不注意呢？常言道："民以食为天"，如然弄得小百姓就连吃口稀粥都比以前还要困难，那么这一次革命，真是成功，还是失败呢？我真茫然了！好在将来的历史学者是会有定论的。

我们"中华大国"真是形形色色，无奇不有。辛亥革命以来已经十几年了，而剃发编小辫子的仍然大有人在。被他们称为三家村的愚民自不待言，就是那班"青春作赋，皓首穷经"的道学家们，也还仍然有把小辫子盘在头顶上用瓜皮帽子罩起来，这其间想是大有道理的，恐怕是谨遵先圣的遗训"身体发肤，受之父母，不敢毁伤"吧。如然仍旧端居高拱，手捧宝书，终日在那里咿唔咕哔着，但不知还能持续多少时候。暴风雨总是要到来的，我看这一类人也应该朝窗户外面觑一觑，久发"思古之幽情"也没味道，最好换换调门吧。到了现在还谈得上"幽灵"吗？其实是"哀鸣"。这也有诗为证。不见康南海有句云："袖手河山白日矄"，

九晼贞风慰独醒

这真不愧为"爱新觉罗化"坚贞不渝的"忠臣"啊！（先生面呈鄙夷之容）

我想年纪大一些的人，应该走在前头作为带路人，这也不是以"前驱"自居，而是应该这样做。因为世界上的路原来是没有的，是由人们逐渐地走出来的。前头的人踩出一个路影子来，大家跟着不断地向前走，那就会开出康庄大道来的；但是康庄大道的出现，是很多人艰辛劳动的结果，是要付出相当大的代价，而不是"一蹴即儿"的。现在，我们需要开出一条康庄大道，不但是便利人民大众和后代的人，同时，自己也好走。我看，我们不必在崎岖的羊肠小道旁盘桓了。不过，要走这条路，在自己看来是正确的，但在另有些人看来却是"歧途"，他们就要设"路障"，扯"铁蒺藜"，阻止你前进。怎么办？当然就要引起争论；争论不已，就不得不"混斗"一团了。假如就在这"万弩齐张"以你为"的"的时候，有人出来叫你"带住"，从表面上看来这是"和事佬"的善意，其实是帮敌人的大忙。你们看，怎么能"带住"呢？假如"带住"的话，那不但有"没落"之危，实际是自取"灭亡"之道。因此，我们要有勇气，必须拆除"路障"，也必须把"铁蒺藜"扯得干干净净，然后才能向前进。（讲到这里，先生把香烟放下，作扯铁蒺藜的姿态，声音激昂，气势宏洪）现在，我们在一个"大铁幕"里面生活着，实在透不过气来，用"笔杆子"来戳破几个小洞给大家透点气也觉不容易，更何况阻力丛生哩。我看，光靠"笔杆子"总嫌弱，将来若要把这个"大铁幕"掀掉，那就非"枪杆子"和"炸弹"不可；但这总要有人"带头"才行。我们应该晓得，这是要有巨大的力量的，现在还是"聚集力量"的时候。

以下，我们谈谈文艺创作。依理而论，既然是创作，就要有闯劲，要开辟出一条新路子来，不能受前人的框框所限制，陈陈相因，依样画葫芦，老是那一套，那还有什么意思呢？要写东西，首先要把主意拿定了，方向切准了，就写起来。胆量要大些，不要怕人家批评。批评的人，他们有他们一套的观点、手法和作用，恐怕未必和我们执笔的人一致，因此，他们说他们的，我们写我们的，不管他。（说到这，丏尊老师风趣地说："那方光焘先生就缺少工作做了。"方先生微笑着说："我们的方向是一致的，我有我的事好做。"鲁迅先生略停一下，继续讲下去）开始写东西，或许词汇不够或词不达意，这是难免的，不要胆怯。须知一个人，并不是一出母胎就成为大人的，是逐渐地壮大的，幼稚是不足怕，也不足羞，久炼成钢嘛，只要能自强不息，不断地求进步，那自然会充实起来。当知，没有从天而降的

"天才",大众是产生"天才"的土壤,现在土壤雄厚了些,将来就有产生"天才"的可能;不过,刻下能动笔的青年作家并不多,我是把文艺的未来和中国的未来寄希望于青年的。

你们现在能够上大学,真是幸福。学中国文学并不容易,因为中国文学遗产确是汗牛充栋,其中精华不少,垃圾确也很多,应当吸取其精华,不要被垃圾压倒了。从前有一句老话叫作"鹅王择乳",说的是乳和水放在一道,鹅有特殊的选择能力,只吃乳而不喝水。这是不是事实呢?我们且不管他,但这个故事很有启发作用。我们应该吃些乳以滋养身体,若是多喝些清水,就不免发生膨胀病,而况是浊水和毒水呢?假如喝得多一些,那就是速死之道,无药可医了。我自幼是读过一点古书的,回忆起来真有趣,当时的老师叫我用硃笔圈点生书,这是很耗费光阴和脑力的;并且,一本书用硃笔点完了,又要改用绿颜色的笔复校。因此,我总希望有人出来把切合目前需要的古书加上新式标点,以节省学人的时间和脑力;但是,标点古书不是一件简单的事,标点弄错了,就会使人误解和曲解原文的含义。唉!我们中国的古书真难读,据传说班昭把她父兄的遗业《汉书》继续完成了,当时的大儒就要请求她面授句读。你们看,专在纸头上考古之难,有如此者。我想,在古书里面取材料以资参考是可以的,倘若一头钻进故纸堆里面爬不出来,那就不好了。当然,也会有些老头子起来反对我的说法,那就只好让他们一味笼统盲目地"古之又古""作古千古"去罢。

现在,各处报刊发稿费都是按字数多少算钱的,因此就有人故意把"大作"拉得长些,则稿费从丰。此风实不可长,因为不求内容的充实而贪字数的增多,这实在是一种病态。你们假如要做文章,第一,切忌言之无物;第二,切忌冗长;第三,切忌"敝帚千金",需要改之又改;第四,不要因袭别人;第五,务必精练些;第六,如为环境所限,不便"直笔",就改用"曲笔"也可以。

关于外国的文艺名著也可以选读,这是有借鉴的作用的;但有先决条件,最好能够懂得一种欧洲语文,若是专靠华文译本,那就隔了一层。听说,你们多是读英语的,许多世界文艺名著都有英译本,而中译本很不全,这是一个缺陷,将来可能会填补起来。不过就我的经验很感觉用这种方块汉字去翻译外国文艺名著,有的时候就是"配合"不上,若是诗歌,它那韵律的美妙,都是含有音乐性的,一经翻译,可以说完全失掉了。当然,诗中有画的中国古诗,尤其是律诗的对仗,

❋❋ 九畹贞风慰独醒

用拼音文字来翻译,也是无法着笔的。

鲁迅先生的讲演结束以后,即坐下,大家又报以热烈的掌声。

宴会开始了,第一席只坐了六个人,鲁迅先生坐在上面,我坐在对面斟酒,两边坐着四个同学,鲁迅先生的酒量不大,小小的杯子只喝了两杯半,饭量也不大,一小碗饭还要拨下来些。

宴会厅里的钟敲了两下,夏先生恭送鲁迅先生回去。同学们也跟随两先生出了酒楼大门。

下 编

读《野草诠释》

卫俊秀

卫俊秀(1909—2002),字子英,号若鲁、景迅。1909年1月生于山西省襄汾县。当代著名学者、书法家,曾为陕西师范大学教授、陕西省文史研究馆馆员、中国民盟盟员、首都师范大学书法博士生考试咨询委员会委员。先生为著名的傅山、鲁迅研究专家,又精于庄学。先后出版《傅山论书法》《鲁迅野草探索》《卫俊秀书法》《卫俊秀书历代名贤诗文选》《卫俊秀书古诗十九首》《当代书法家精品集·卫俊秀卷》《卫俊秀碑帖札记》《居约心语》等数种专著,为海内外学术、艺术界所称道。先后在太原、西安、北京举办个人书展。山西省襄汾县建有卫俊秀书法艺术馆。先生书法属雄强一路,以草书见长。有评论家评其成功地解决了草书的碑化问题,称其与于右任、王蘧常、林散之为20世纪草书四大家。

前几天,友人从外地寄来了件邮包,打开一看:《野草诠释》,许杰,一九八一年出版。这真是我所急需的一件礼物。因为远在一九五四年的时候,拙作《鲁迅〈野草〉探索》,在上海泥土社出版了,当时参考书很少,无从借鉴;加以思想上的种种戒惧,总是不敢放笔直书;又因水平有限,所以偏颇、曲解之处,自知是很不少的。现在这类分析、注解、研究的著作,可就多起来了,要想从事这门著述,条件比先前要优越得多。可以作为参考材料的,不难找到百八十种,而且越来越深入发展,接近正确。我想,一切学术上的成就,该就是这样不断地修正、积累、丰富前人的认识经验而发展起来的吧。所以它既是个人辛勤的劳动,也是前人、今人合力的创造;既是集体的荣誉,又是国家的光荣了。许先生这本大作《诠释》,问世既晚,自多高见,颇有特色,足以匡正拙作之失。例如作者不受"政治标准第一,艺术标准第二"这一公式的蒙蔽,倒转过来,给艺术以崇高的地位,并把它作为分析作品的钥匙,还有对《野草》新的三种分类法,

九畹贞风慰独醒

……所有这些创例,都是发前人所未发,开我茅塞,深受教益。然而细想,又觉得还有一些值得商榷的地方,不妨再提出来,供大家研讨。又由于自己平素对于鲁迅研究,也还有一点卑之无甚高的意见,也趁此便,一并写在这里。那么,我的这些话,也就不能说是专为《诠释》而发的了。

一

先总的说说我粗读了《诠释》后的几点意见,或者说是感觉吧。

(一)分析问题,往往多从"想当然"出发,主观失实,过分地重感情,就难得有持平之论了。《诠释》里面,时时杂以批评,这是好的,因为文艺作品如果没有批评家紧跟随在后面,就不易得到进步,要萎缩起来。但批评,不是一味地"批"而不"评"。不管怎样的尖锐、尖刻,只有能顾及客观实际情况,平平实实,是好是坏,各还它个本来面目,不任气,不使性,方能使人口服心服,收到批评的良好效果。但在《诠释》里面,虽然用了不少的哲学术语:矛盾、统一、质量、否定等等,却很少能看见一分为二的运用。只有缺点,很少优点。"独照隅隙,鲜观衢道",不够全面。对于不同的意见,正如鲁迅先生所说的"按之入地","一律掩住嘴"。那么,《诠释》所见到处,果真达到了十分之见的高明地步吗?"自见者不明,自是者不彰。"细察《诠释》中立论,不仅有"曲解""偏颇"处,甚至还有阉割扼杀处。别的且不说,单看他对于我那《好的故事》一文的一段结语,就可明白他所"指出"的地方,还必须再来个"指出"为是。容后面细说。

(二)写作的步骤,总是先有了意思,然后才去考虑那写法的。不是胸中先抱有一套技巧——艺术手法,然后才去考虑要说的意思。内容决定形式,这本是很自然的道理,毫不勉强,也无所谓公式,更不会影响到分析文章的效果。但《诠释》却别出心裁地说:

> 我们一向在"政治标准第一,艺术标准第二"这一公式的蒙蔽下,总在分析作品的思想性以后,再来一个作品艺术性的分析。这几乎成了"应景"的工作……
> (《诠释》73页)

分析作品,从内容到形式,或倒转过来,从形式进入内容,这只是个步骤,或者说是个方法的问题。"应景"工作则是属于态度的问题。步骤不对,方法错误,与态度何关?小学生写字,执笔不对,不知笔画的顺序,然而态度很认真,两者有甚关涉。

分析作品,强调艺术性,的确是很必要的。歌德就曾特别留心于形式的美,而感叹于人们对它的疏忽。我们过去在一段时间内,常因为谈作品的艺术性而被视为"纯技术观点"。所以现在恢复艺术性在作品中应有的地位,来纠正以往之失,这是非常必要的,但一定要倒转过来,艺术领先,并把它作为分析作品的入门,也不过是从一个极端走向另一个极端,仍有待于商量的。

《诠释》中说:

……如果不从《野草》的艺术成就上进行探求——"以心逆心"地循着作者的思路,去作精神的探险,从而去享受作者高度的艺术形式的美,那是连它所寄寓所内藏的隐晦的思想内容,也不容易把捉得到的。(《诠释》78页)

我这才懂得要把捉住一种作品,尤其是像《野草》那样具有隐晦的思想内容的散文诗,必须先进入那风景区,陶醉一番,享受够了,然后"以心逆心",循着作者的思路,深入探险,就可以直探到骊珠了:这个奥妙的想法,也许是一把聪明而乖巧的钥匙,但可惜不是金钥匙。所以能否使用,我还不敢十分相信。比如《好的故事》一文,注释家各说不一。这难道是因为不善于欣赏景物,不能"以心逆心"地找出作者的思路而迷失了方向吗?"以心逆心"大约是说心心相印,以我之心,推别人之心,触及作者灵魂的意思吧?但怎样个逆(触)法?这首先须自己得"懂"。但"懂"就很不容易,"懂"有至乎十分之见的懂,有未至乎十分之见的懂,程度不同;何况在阶级社会里,由于利害关系,人与人之间如同隔着一堵高墙,怎能心心相印?(鲁迅语)即使是同路人,也不见得就会一致,《阿Q正传》读者看罢,有说滑稽的,有说讽刺的,还有说是病态的……反应各种各样,难得一致。"以心逆心"说得轻松,而事实上是不易做到的。

《野草》中的作品,是在"碰了许多钉子之后写出来的"(《给肖军信》),难以直说,而又非说不可。所以它的曲折、隐晦的地方,是作者出于无奈而采取的特殊手法。这对于读者说来,固然是增加了阅读的困难,但对于敌人,却是必要的"障眼法"。因为不如此过不了关,也就难以送到读者手中了。所以要比较地了解《野草》的基本精神,我看,还是得研究作者当时的处境,和他的思想发展的道路,以及他的生活,一句话:明白他的"全人",这才是较为科学的、可以通行的具体办法。此外,没有什么捷径可走。

(三)对于《野草》全书二十三篇作品,按照体裁和作者写作时的态度的不同,《诠释》把它分为三种类型:

第一类是比较外露的抒情的,以《秋夜》为代表作品;

第二类是专门刻画内心世界的矛盾和自我的心灵解剖,以《影的告别》为代表作品;

第三类是介乎中间的一类,讽喻和讽刺情调更浓。以《狗的驳诘》《聪明人和傻子和奴才》等为代表作品。

以上三类分法,各有各的标准,第一类重在体裁,是抒情,而不是记叙等;第二类重在内容,写作者自我改造、解剖自己,而不是别的什么故事;第三类既然是介乎二者之间的产物,就应该分别具有二者构成的因素,才能讲得通。但这一类是写作者的态度或者说是手法,讽刺讽喻的,而不是什么谆谆告诫。这和以上两类,毫无相似之处,难能说是介乎二者之间。再一点,这三个类型,既是《野草》全书的分类,那么,除已列入代表作品的四篇不计外,其余的十九篇,都可以依照自己的类别归队。那么,《这样的战士》一文,应该列入哪一类?它一不是抒情,二不是刻画内心世界,三也不是讽刺,如何安插?莫非又要分出个第四类,写勇敢的战士吗?总之,这种分类法似乎还不够科学,界限暧昧,无从识别。《诠释》虽说也认识到这一点,但不忍割爱,又从而为之词,说:"也正因一切文艺作品,原是作家心灵的创造,它容不得模仿,自然不能有同一印版的模式的雷同。"(《诠释》72页)那么这样的分类,又有什么必要?岂不成了个多余?我这才懂得科学和文学的分野:一个是要精确,一个不妨笼统。

(四)《诠释·〈野草〉精神试论》开头大意说:自来对《野草》的研究,总不免有些偏颇、曲解,理解不一致。当然如都能像《诠释》那样地"诠",那样地"释",就不会有什么偏颇、曲解的地方,理解也就一致了。但学术的研究,毕竟不同于汉王之取天下,可以"马上得之"。汉武帝可以恃其权势,罢黜百家,独尊孔孟。但百家之学,并未就此灭亡,儒家也不见得从此以后就一门鼎盛。学术上的研究,统一不统一,一致不一致,倒不必为此杞忧。"诗无达诂"是前人从多少诗注、评释中,得来的一句总结语,这就说明了"一致"的不容易。远古的民歌——《诗经》,郑注、毛注、朱注……以及现代如郭沫若、闻一多诸大师的研究、翻译,就各不相同,见解不得一致。说到诗圣杜少陵的注诗来,从古到今,注解、分析、研究者,何止千百十家,而仁者见仁,意见偏多分歧。但《诠释》对于这本连鲁迅先生也认为隐晦难懂的散文诗,却天真地苦于"理解不一致",我看是无关重要的。至于对"偏颇、曲解"之说,更不必害怕。因为还有时间以及读者的检验,如果真是"毒草""魔品",它将有如浮起的沉渣,水波一旦平静下来,自然又会沉到水底去的。

"读书有得,存乎其人,各不相涉。"(章学诚语)《诠释》自有其高明所在。但真是达到了十分之见,百无一失吗?孔子行年六十而六十化。人总是在不断地变化着、进步着。有今天以为是的,也许到了明天,又以为不是了;反之,亦然。"百花齐放,百家争鸣。"真理愈辩愈明,还是虚心听听各方面的意见。"毋意、毋必、毋固、毋我",方称得上破除"我执"。对异己者的意见,即使是些谬误的,须知"谬误常是正确的向导"。

"缺陷可以表现为某种有意义的东西。"(黑格尔语)这确乎是条不移的真理。"看作品,因读者而不同。"(鲁迅语)何以故?各人出身不同,经验阅历不同,文化水平更难得一律;还有一个人的才情、兴趣、注意力的角度,都不一样,那么领会的深浅,受益的大小,也就很悬殊了。这些都是难得一致的缘由。

还有一层,语言文字本身,也有它的局限性,"常恨语言浅,不如人意深"(李清照语),"纸上得来终觉浅"(陆放翁语)。人的心灵微妙处,有些地方的确不是文字语言所能表达得出来的。庄子这位神于文者,就曾有一段论语言的精辟的文字,他说:"世之所贵道者,书也。书不过语,语有贵也。语之所贵者,意也。意有所随,意之所随者,不可以言传也。而世因贵言传书,世虽贵之,我犹不足贵也,为其贵,非其贵也。故视而可见者,形与色也;听而可闻者,名与声也。悲夫!世人以形色名声,为足以得彼之情!夫形色名声,果不足以得彼之情,则知者不言,言者不知,而世岂识之哉?"(《庄子·天道》)这段话的大意是说,人们以为道在书里面,所以很贵重书籍。但书上所写的,不过是些文字,文字是表达人的意思的,而意思的深处,常有一种微妙的难显之情,这就不是读者所容易领会到的了。所以人们重视书,也只能从形色、名声表面的现象上,知道一点粗浅的概念,真正的妙道,哪里能领会得出来呢?这就是语言文字所不够的地方。黑格尔也曾说:"语言实质上只表达普遍的东西。但人们所想的,却是特殊的东西,个别的东西。因此,不能用语言来表达人们所想的东西。"(黑格尔《哲学史讲演录》)何况"俏皮的写作手法,它预计读者也有智慧,它不把一切都说出来,而让读者自己说出这样一些关系、条件和界限——只有这些关系、条件和界限具备时,说出来的那句话才是真实的和有意义的"(费尔巴哈《宗教本质讲演录》)。这些都是古今中外大师们最精辟的语言论。懂得了这个道理,就知道作书固难,看书也不容易了。尤其是对《野草》这本书,更是轻弄手眼不得。总须刻苦钻研,既要自作主宰,也须尊重别人的意见,勉强合拍,要求一致,万无是处。

以上几点,仅是我的一点粗浅的看法,因为还没有来得及细读全书,难免有歪曲的地方,尚望见原。下面言归正传。

二

《诠释》指责拙作《鲁迅〈野草〉探索》中严重错误的篇目:一是《好的故事》,二是《墓碣文》。

先来研究《诠释》对于我那篇《好的故事》一文的探索所作出的"宣告":

还有一些研究者,似乎大有心得体会,而且似乎大有颖悟觉解,说文章中写的"何尝有一丝碎影,只见昏暗的灯光,我不在小船里了",是"把一片好景,扫荡得干干净净,真是大杀风景,但令人感到一片'空虚'、'缥缈'气息"(卫俊秀《鲁迅〈野草〉探索》)。甚至拉扯到鲁迅先生受有佛经文学的影响上去!似乎也有"白茫茫一片大地真干净"的思想。这难道就是研究的正路,不应该加以指出吗?

这段文字归结起来,不外两个意思:一是指责我把《好的故事》里美丽幽雅的景物,扫荡得干干净净,落得一片空虚;一是指责我把鲁迅先生此文,说成是受了"佛经"的影响。请看看我的原文吧:

《好的故事》结局是:

……何尝有一丝碎影,只见昏暗的灯火,我不在小船里了。

这一下,把一片好景扫荡得干干净净,真是大杀风景,但令人感一片"空虚"、"缥缈"气息。因而王士菁先生便推测,这也许是受了佛经的影响。诚然,鲁迅先生对于佛经造诣是很深的,……但如果说他在佛学中,受了点影响,那影响似乎不在这些"幻境"里,而在另一个地方。鲁迅先生说过:

释迦牟尼出世以后,割肉喂鹰,投身狮虎的是小乘,纱纱茫茫地说教的倒算是大乘,总是发达起来,我想,那机微就在于此。(《小小十年》小引)

这是鲁迅对"小乘"、"大乘"所作的区别,但他所喜欢的是前者,不是后者……。又说:

……假使我的血肉该喂动物,我情愿喂狮虎鹰隼,却一点也不给赖皮狗们吃。

自然这并非说鲁迅愿以肉体喂狮虎鹰隼的假设的目的与……"小乘"完全相似,这不过只是说他在佛学中所受的影响(如果真受到影响的话)在此不在彼而已。

这就是我的原文。请检查一下我的哪一个字身上披着袈裟,带着佛气,说鲁迅先生此文受了佛学的影响?在我的行文中用了"……诚然……但如果说……",观点态度,非常明朗。而《诠释》含含混混,不加细察,只从"想当然"出发,便孟浪地下断语,说我如何如何,主观臆断,阉割扼杀得真可以了!我这才懂得黑格尔那句"语言的欺骗是微妙的"名言的道理。这是一个方面。

另外一点,《诠释》指责我把《好的故事》里面的美丽幽雅的好景,扫荡得干干净净,但令人感到一片空虚、缥缈气息。这是我说过的话。但这只是我就原文的结局所作的表述,不是我的认识。这句话,可以是褒义,也可以是贬义。要看了下文,才能作出肯定。但《诠释》竟然把我后面的文字直截了当地砍掉了。我在文末作出的结

论是:

> ……那么这篇《好的故事》,该就是当寂寞盘据心境时,从心田中放出的"花朵"吧。

这"花朵"二字,难道是虚设,而没有一点意义吗?天上出彩霞,地上开红花,我看无须再加说明。"用尽闺中力,君听空外音",读者自具聪明,这"空外音"的音,让读者自己去听、去想、去说,也许会听到更多的音声,想出更多的深意,说出更多的道理,丰富诗篇的内容。

《好的故事》的主题,《诠释》认为是写作者的"理想与现实的矛盾,是理想被现实冲破的迷惘或悲哀"。这是《诠释》的认识,是值得重视的一种见解。我是尊重的。但我也还有一种看法,还是引来鲁迅先生的话,再作研究。鲁迅先生明白地告诉我们说:

> 我有一时,曾经屡次忆起儿童时在故乡所吃的蔬果、菱角、罗汉豆……都曾是使我思乡的蛊惑。后来,我在久别之后尝到了,也不过如此;惟独在记忆上,还有旧来的意味留存。他们也许要哄骗我一生,使我时时反顾。(《朝华夕拾》小引)

这段话的"理路""情分"是很容易体会到的。据此,再结合《好的故事》一文,可以找出以下的几个意思:

(一)因有感于环境的寂寞、离奇,于是

(二)引起回忆起儿时的日子:故乡美丽的景色、吃蔬果,所谓"猛忆儿时心力异"聊以自慰吧。但又惊异于这种蛊惑,不过是一种骗局,决不能受它的麻醉,拉住自己,终于

(三)决意摆脱这个摇篮,以免使他时时反顾,而又回到这个昏暗的世界里了。

"说从前好的,自己回去",他相信将来,更着重现在。着重现在,目的就是为了将来。这是在他的《人与时》那首哲理诗里显示出的精神。准此,来仔细体会《好的故事》的精神,不正是充满了像《影的告别》和《过客》以及《希望》等篇所具有的那种不肯反顾,站在现世的磐石上,向黑暗直冲的精神吗?虽然他不曾明白说出,但确有此种意向。又"小引"中的不愿反顾,是出于主动,生怕被它哄骗了自己的一生;而《好的故事》里的"我不在小船里了"则好像是出于被动,欲留在小船里而不得。其实仍应按主动的意思来理解,不可拘于字面。

在写作手法方面,《诠释》认为是一种现实主义的手法——白描法,在拙作《探索》中,也曾如此提过。白描法,用鲁迅先生的话说,就是:"有真意,去粉饰,少做作,

勿卖弄。"如此而已。但《诠释》自出心裁地又说是"印象派风景画的手法"。在我这个不懂艺术的人看来,恕不敢苟同。这不仅是作雾自迷,也迷了别人。按写实手法,要求作者的是:"写景逼真,写情不伪。"这就要靠作者敏锐地缜密地观察:观察事实,观察思想。观察愈深刻,表现愈真实。而印象派呢?它要求作者的,恰恰不然。在绘画方面,形象倒不求多么清晰。只要把感官在一瞬间所得来的印象,轮廓和色彩复杂的变化,给以艺术地表现出来,就可以了。在文学方面,则以思想和形象的不明朗为其特征,即只重形式、技巧,轻视真实,仅此而已。而《诠释》硬要把两种不同的概念的手法拉在一起,给人一模糊不清的观念,我看是值得商量的。何况两者都是独立的一个派别,这么一来,将置印象派于何地?当然,《诠释》也有它的理由,它说:"虽然来自实际的生活,如果不通过作者主观的印象,也是写不出来的。"那么,倒转过来,对于一个印象派的作家来说,也可以称为写实主义者了。因为虽然来自印象,如果不通过作者实际的生活的体验也是写不出来的。能站得住脚跟吗?巴尔扎克是写实主义的作家,能说他是用印象派的手法来创作的吗?王尔德是印象派的作家,能说他又是写实主义者吗?《诠释》所持的理由,未免太一般化了!这正如一人说:"民以食为天。"而另一人则说:"不然,空气才是上帝。"这理由虽说很充足,其实是多余的。因为还有太阳、水、土,都是万物不可须臾离的。

综上所述,《诠释》对于我的《探索》所作的结语,在内容上,歪曲扼杀,无中生有,实在是值得重新考虑的。在写作手法上,自作聪明,标新立异,将以立论,未见其论立也。

下面再来看看《诠释》对于《墓碣文》的分析:

《诠释》在这篇文字里,严词厉句,很不平静地指斥我"没有读懂",甚至说我"不知道把青年引到什么路上去"。的确,如前所述,在当时的条件下,我不仅在那时"没有读懂",即使在三十年后的今天,我能懂多少,实在也还不敢说,也常常为此而不安。直到一九八〇年来到西安后,这才读了李何林先生的《鲁迅〈野草〉注解》,解我疑虑,开我茅塞,受到很大的启发教育。心上有个底子了。我当时认为死者的思想,是专指社会上的"名流""论客"而言。这是不确的。李老认为:"虽然有时也是客观现实的反映,但究竟是作者思想中的阴影。……在一定程度上,可以说是揭露他自己,解剖他自己的吧?"(《鲁迅〈野草〉注解》131 页)在这里,李老指出了《墓碣文》既是反映客观现实的一面,又是鲁迅先生自我解剖的一面。持论是谨慎的允当的。我表示非常同意。《诠释》的看法,则是:"两种思想,都是作者自我的化身。"各人所说,对象不同,角度不同,认识上也就悬殊了。如何处理?也就是说,死尸的思想,究竟是专指名流、论客,还是全系鲁迅先生自己的解剖,抑或兼而有之?那就先听听鲁迅先生的指

点吧:

> 果戈理作《巡按使》,使演员直接对看客道:"你们笑自己!"(奇怪的是中国的译本,却将这极要紧的一句删去了)我的方法是使读者摸不着在写自己以外的谁,一下子就推诿掉,变成旁观者,而疑心到象是写自己,又象是写一切人,由此开出反省的道路。但我看历来的批评家,是没有一个注意到这一点的。(1934年11月14日《答〈戏剧〉周刊编者信》)

这一指点,对于我们学习鲁迅著作,尤其是这本《野草》,真是金针度人,可少费多少力气,可免去多少口舌。

鲁迅文章,具有特殊的高风与手法,不能用一般的读法来看待,例如说到"人称"吧,一般文章里的"我",就只能是"我"而不是"你"。鲁迅文章中的"我",却暗中常包含个"你"在内;有时甚至不知道指的是谁。那目的,就是要读者"想到自己",开拓出反省的道路,扩大改造、教育面。"以己为鉴,教育别人。"这是鲁迅先生的大德所在。例如《一件小事》里的"我",果真是写他自己吗? 榨出我的"小"来,这个"小",也决不是鲁迅先生的"小",而是社会上千千万万人的"小"。鲁迅先生倒不是那般自私自利的。我们读罢这个短篇,谁也不会感到鲁迅先生品德的不高,相反地倒会使自己深加愧赧和不安,收到鲁迅先生当年立意改造国民性的实效了。同样,读《墓碣文》也应作如此观。这篇文章,固然是写作者的自我思想改造,勇于解剖自己,要同虚无主义思想永别;但同时,又反映了当时客观现实——悲观、失望,虚无主义思想的毒害之深,有必要予以揭发根除,这才是文章的实质。鲁迅先生说得很清楚:

> 华夏大概并非地狱,然而"境由心造"。我眼前总充满着重叠的黑云,其中有故鬼、新鬼、游魂、牛首阿旁、畜生、化生、大叫唤、无叫唤,使我不得闻见。我装着无所闻见的模样,以图欺骗自己,总算从地狱中出离。(《华盖集·碰壁之后》)

下文紧接着就是:

> ……我本就怕这个学校(北京女子师范大学——秀),因为一进门,就觉阴惨惨,不知其所以然。

这不正是《墓碣文》中所述的那种阴惨的情状的现实中的真相吗? 在当时文艺作品里,到处可以触到悲观无望的虚无主义思想,像酒一般浓烈。有的作家,年纪还不到半百,却抱起索罗古勃的那个"死"字来,为自己安排后事,物色茔地,说是百年之后,希望他能埋在一处什么山峦起伏、涧水清澈的地方,这种悲观厌世的思想传播开来,将会使人走向哪里去呢? 据说,叔本华的厌世哲学一出世,德国人不知道死了多少万。这对于当时寻求改革、摸索救国救民之路的鲁迅先生来说,怎能不使他满怀忧愤，而出之以振笔诛伐呢？分析这篇文章不涉及当时社会赋予的使命这个重大的方面，仅仅单纯地只看到鲁迅先生勇于解剖自己、克服旧我一方面，我看是不够的。鲁迅先生不仅要埋掉自己的虚无主义思想，更要埋掉社会上一切"名流""论客"之类的这种思想，才符合鲁迅思想的实际。我那篇《墓碣文》探索的文字，太偏重了这一方面，而没看到鲁迅先生自我解剖的那一方面，诸多错误，这是值得自己改正的，而《诠释》正相反，各走了个极端。《诠释》运用唯物主义辩证法，对"死者"思想进行分析，这是值得取法的。但论证的结论，一句话，就是否认鲁迅先生有虚无主义思想，强调他是"一个战斗的社会主义者"，如此而已。但我们切不要忘记《墓碣文》写作的时间——一九二五年六月。

且来看看《诠释》的论述吧。当讲到"于浩歌狂热之际中寒；于天上看见深渊；于一切眼中看见无所有"这三句时，它说："有人说，'这是鲁迅先生虚无主义思想的表现'，可能还勉强说得通。"（204页）这自然是对"有人说"出来的那句话，表示不以为然的意思，也就是不承认鲁迅先生有虚无主义思想。所以它在下面虽然说"这三句是一个形式，一种体系，即是从正面看到反面，从积极看出消极，的确是鲁迅先生的'虚无'的一种表现"的话（207页），而后面还有一个并列的第四个句子"于无所希望中得救"。照《诠释》的看法，说是从消极到积极，和上面三句意思合不上套。于是《诠释》只好让它和弟兄们分门另居，又勉强地解释说："'于无所希望中得救'虽然和上文三句刻辞并列在一面，是同样在赞颂着墓中人的业绩和精神。……但在同时，他却不是虚无主义者，……鲁迅先生是一个战斗的现实主义者。"（205页）又用"于无声处听惊雷"类似语句，说这是鲁迅先生"一贯的坚信不疑的信念"，"自强不息""予及汝皆亡"的精神。到此，鲁迅先生的虚无主义思想，也就清除得干干净净的了。

文末《诠释》虽然提出了墓中人的虚无之至的言辞："待我成尘时，你将见我的微笑。"而它又说，"同时又有自强不息"的"于无所希望中得救"的斗争精神。这与其说是矛盾统一，相反而相成，不如说是两相抵消。那么鲁迅先生身上还有什么可怕的思想存在着呢？如此，则"我疾走，不敢反顾……"一句，也就没有什么意义了。正因为他的思想逻辑性的不强，措辞也就显得无力。

《墓碣文》是篇有着唐人传奇风貌的作品。诡谲奇绝，虽多"幻设"，实具"作意"。本文主要精神，固然是在写鲁迅先生自我思想改造的痛苦的经历，志存筑起坟墓埋掉自己，但实际亦在于反映社会现实，要使这虚无主义思想同归于尽。

诗篇内容，就是刻在碑石正面和背面上的两段文辞。

正文开头四句，是总述墓中人的虚无主义思想。由初感到寒冷，看见深渊以至于

读《野草诠释》

无所有;最后,在无所希望之中,终于走上了死亡的道路,得到了如意的归宿,思想的发展,一步深入一步,达到了虚无思想的极致。《诠释》对于第四个句子"于无所希望中得救"用人们的常情来理解,自然就很不好讲了。而不知在虚无主义者看来,却正是他的理想。试举个例子来说,庄子有一次到楚国去,在路上见有个髑髅,便对起话来。于是枕着髑髅,进入梦中。要请司命之神,复活他的生命,让他再回到人间来。但髑髅一听满脸愁容,忙说道:死了就是皇帝也没有这样的快乐,决不愿再返回人间吃苦头。(《庄子·至乐》)这正是"于无所希望中得救"一句的最好的注脚。

下面两行文字,把这种思想落实到具体人的身上,"有一游魂……终以殒颠。……""终以殒颠"和"于无所希望中得救"的意思是一致的。紧接着两个字"……离开!……"这是什么意思?从游魂"终以殒颠"的结局来看,正是向人世告别,好像说"别了,痛苦的人间!"我看这么解释,是很顺理的。

以上是梦中的"我",从碑石的正文上看到的现象。下面是碑阴上的文字,先写出死尸的惨状:"胸腹俱破……","而脸上却绝不显哀乐之状"。这正是虚无主义者思想的本色:不知有哀,亦不知有乐,不知悦生,不知恶死,心上一片恬然。其次写出死尸自我解剖的痛苦,这种滋味,不管在创痛酷烈之际,或是在痛定之后,都是很难体会得出来的。所以要"我"作答,说出:"……答我,否则,离开!"这里的"离开"仅附着在"答"字后面,是以答出与否为转移的。这个回答,也不一定是要"我"来回答,似乎应视为作者的写作手法来理解,较为妥帖。鲁迅先生非常重视果戈理《巡按使》,使演员直接对看客说出那句话:"你们笑自己!"这就是让看客们回想自己,探索问题,自行解决,也就是启发式的教育方法。鲁迅先生在他的作品里,常用这种手法。例如,在《一件小事》里,当他掏出一大把铜元,交给巡警,请他转交给车夫,……他就自问:什么意思?奖他吗?我还能裁判车夫吗?……到此,读者也就不免要想:这是什么意思,……动起脑筋来。又在《药》里面,那老女人看到瑜儿墓上的花圈时,就疑虑起来:"这是怎么回事呢?"直到离开墓地时,还在想:"这是怎么回事?"这就启发读者,不免要追究一番。还有在《祝福》中,故事收尾时,就提出研究性的问题说:"然而他是从四叔家出去就成了乞丐的呢,还是先到卫老婆子家再成乞丐的呢?那我可不知道。"当然读者更不知道。学起于思,思起于疑。有了疑难,就要去研究了。这个手法,大约也同前面引费尔巴哈所说的"俏皮的写作手法"的作用,是一样的。那么《墓碣文》中的这个"答我"也该是这种目的吧?

最后,"墓中人"自以为得胜而有深意地吐出那句虚无之至的言辞:

待我成尘时,你将见我的微笑。

193

✳✳ 九畹贞风慰独醒

　　按当时的鲁迅先生,思想上,精神上,虽然具有"过客"那样的不畏黑暗、冲向前去的毅力,但他曾说:看《韩非子》忽而严峻,看《庄子》忽而随便,起伏而已。这就说明作者的思想这时候还没有走上马克思主义的道路。"毒气和鬼气"有时不免袭来,所以下面说出:

　　　　我疾走,……

毅然决然地表示同旧我决裂,埋掉过去。这就是我对于《墓碣文》的一点粗浅的看法。至于它将会把青年一代引到什么路子上去,那我可不知道了。

　　十年动乱以来,久住山村,对鲁迅的学习和研究,中断多年,对有关鲁迅研究的著作,知道得很少;《诠释》也还不曾细读,所以本文如有错误的地方,还请同志们批评指正。

1983 年 5 月

鲁迅最早的知音

——谈谈茅盾前期对鲁迅的评价[1]

黎 风

> 黎风（1922—1998），原名黎文星，男，江西吉水人。1948年入党。40年代开始从事诗歌创作与编辑工作，是泥土社成员并出版诗集《彩色的画像》等。50年代曾任北京师范大学三系（中文系、历史系、外语系）支部书记、学校党总支委员。其诗文多发表于《人民日报》《光明日报》以及《观察》杂志。1956年受胡风事件牵连，被调到陕西师范学院任讲师。新时期任陕西师范大学副教授、教授，兼任中国鲁迅研究会会员、中国闻一多研究会理事等。主要从事中国现当代文学的教学与科研，是陕师大第一位招收中国现当代文学专业硕士研究生的导师。讲授过中国现代文学史、鲁迅研究、鲁迅文论研究等课程。著有《鲁迅小说艺术讲话》，撰有《鲁迅最早的知音》等论文。

一

一九三三年，瞿秋白同志在《〈鲁迅杂感选集〉序言》中，对鲁迅杂文及其思想发展和伟大的革命精神，作了精辟深刻的论述。一九四〇年，毛泽东同志在《新民主主义论》中，对鲁迅伟大的革命的一生及其在中国文化革命史上的地位和对中国革命的贡献，作了科学的高度的评价。因此，当我们学习鲁迅时，就首先想到了他们。然而，中国无产阶级正确认识和评价鲁迅，并不是从瞿秋白和毛泽东同志开始，而是一个历史的发展过程。寻本溯源，我们不能不看到，茅盾作为中国早期的共产党人和无产阶

---

[1] 原载《陕西师范大学学报（哲学社会科学版）》1986年第1期。

级文化战士,可以说是鲁迅最早的知音,是中国无产阶级最早正确认识和评价鲁迅的先驱,在中国现代文学批评史上有着重要的意义。

马克思说:"每一个社会时代都需要有自己的伟大人物,如果没有这样的人物,它就要创造出这样的人物来。"(《马克思恩格斯全集》第七卷,人民出版社六一年版七十二页)中国近代和现代是充满惊心动魄的反帝反封建斗争的伟大时代,它曾经创造出不少伟大的、杰出的革命家、思想家、文学家和艺术家。鲁迅是其中突出的一个,他在旧民主主义革命时期,就在反帝反封建的斗争中显露了他的思想锋芒和艺术才华。提出了反对"国粹",解放个性,立国先"立人"的卓越见解和主张。但是,在当时的历史条件下,青年鲁迅并未遇到知音,因此他深感"如置身于无边际的荒原",充满了"悲哀"与"寂寞"(《〈呐喊〉自序》)。到了"五四"时期,中国革命揭开了崭新的一页,跨入了新民主主义革命的新时代。从这个时期开始,蕴蓄在鲁迅身上的伟大爱国主义情感和彻底的不妥协的革命精神,以及善于观察生活表现生活的艺术才华,像一个清澈的喷泉,在反帝反封建的思想斗争和文艺斗争中喷发出来,从而以他的具有高度思想性、战斗性和艺术性的小说和杂文,贡献于中国人民争取自由解放的伟大事业,成为文化革命最伟大最英勇的旗手,成为伟大的文学家、思想家和革命家。只有到了这个新的历史阶段,鲁迅的斗争和创作,才受到人们的注意,在社会上激起了强烈的反响。早在"五四"初期,当鲁迅的小说开始在《新青年》发表的时候,领导"五四"爱国运动和"五四"文化革命的陈独秀,就是"催促"、支持和鼓励鲁迅写小说"最着力的一个"(《南腔北调集·我怎么做起小说来》)。另一个文化革命的闯将吴虞在一九一九年《新青年》上发表的《吃人与礼教》一文中,也称赞了鲁迅的《狂人日记》,并以此为例来抨击封建礼教道德。但是,陈独秀和吴虞并未对鲁迅精神及其创作进行具体的分析和评价。此外,当时一般读者特别是青年对于鲁迅小说的反响虽然也很强烈,但是有些人的理解是不正确的。一九二二年,有一位叫谭国棠的读者致函《小说月报》的记者说:"《晨报》上连登了四期的《阿Q正传》,作者一枝笔真正锋芒得很,但是又似是太锋芒了,稍伤真实,讽刺过份,易流入矫揉造作,令人起不真实之感,则是《阿Q正传》也算不得完善的了。创作坛真贫乏极了。"(一九二二年《小说月报》十三卷二号"通讯"栏)这位读者对于《阿Q正传》主题思想的深刻性及其艺术成就,显然缺乏正确的认识。正是在这个时候和这种情况下,茅盾第一个站出来,从朴素的历史唯物论观点出发,对鲁迅小说作了正确而深刻的评价。他在一九二一年发表的《评四五六月的创作》一文中说过:"过去三个月的创作我最佩服的是鲁迅的《故乡》。""我觉得这篇《故乡》的中心思想是悲哀那人与人中间的不了解、隔膜。造成了这不了解的原因是历史遗传的阶级观念。《故乡》中的'豆腐西施'对于'迅哥儿'的态度,似乎与'闰土'一定要称'老爷'的态度,相差很远;而实则同有那一样的阶级观念在脑子里,不过因为两人的生活状况不同,所以口吻和举动也大异了。但作者本意是在表出'人生来是一气的,后来却隔离了'这个根本观念。"(《小说月报》十二卷八号)这种精辟的分析,真正抓住了《故乡》的要害,点明了鲁迅写作《故乡》的根本精神。一九二二年,他在答谭国棠提问的通讯中,又指出:"《阿Q正传》,虽祇登到第四章,但以我看来,实是一部杰作。""阿Q这人,要在现社会中去实指出来,是办不到的,但是我读这篇小说的时候,总觉得阿Q这人很是面熟。是呵,他是中国人品性的结晶呀!"(《小说月报》十三卷二号)这样的见解是卓越的。特别是当《阿Q正传》只发表了四章尚未登完的时候,他就下了"实是一部杰作"的断语,对阿Q作了如此精湛的分析,如果不是独具慧眼,洞察底蕴,是办不到的!由此可见,我们说茅盾是鲁迅最早的知音,并非虚言。

二

在茅盾的作家论中,评论鲁迅的文章最多。除了上面引用和散见于其他文章中的片段论述外,成篇的文章有《读〈呐喊〉》(一九二三)、《鲁迅论》(一九二七)、《论鲁迅的小说》(一九四八)、《鲁迅——从革命民主主义到共产主义》(一九五六)。可见茅盾何等重视鲁迅研究。但在这里只着重谈谈《读〈呐喊〉》和《鲁迅论》两篇。因为这是在二十年代发表的,比瞿秋白同志的《〈鲁迅杂感选集〉序言》的发表早得多。在"鲁迅学"这门学科的发展史上,起了开拓性的作用。特别是《鲁迅论》,可以说是鲁迅研究史上的第一块里程碑。

那么,茅盾的《读〈呐喊〉》和《鲁迅论》对于鲁迅的研究究竟提出了哪些深刻的见解,具有什么特点呢?我以为首先一点,是茅盾站在反帝反封建的立场上,以朴素而鲜明的历史唯物论观点,实事求是地说明了鲁迅伟大的革命精神,特别是最早最深刻地肯定了鲁迅的自我解剖精神。这是茅盾作为知音的具体表现,也是对"鲁迅学"这门学科发展作出的一个重要贡献。

我们知道,《狂人日记》是鲁迅的第一篇白话小说,也是中国新文学史上的第一篇反封建的宣言和新文学第一篇奠基性的作品。它以特别的格式和扣人心弦的语言,彻底揭露了封建家族制度和封建礼教道德的"吃人"本质,控诉了封建宗法社会制度的罪恶,当时"颇激动了一部分青年读者的心"。但是,正如茅盾所说的:这篇可怪的《狂人日记》,既"未能邀国粹家之一斥",也"不曾在'文坛'上掀起了显著的风波"

(《读〈呐喊〉》)。所以在"五四"时期,除了吴虞在《吃人与礼教》一文中提到外,并没有引起评论者的重视和评价。到了"五四"以后的一九二四年初,成仿吾倒是注意到了《狂人日记》,但他并不认识它的深广的思想性和强烈的战斗性,更不理解它的艺术成就,因而作出了错误的分析评价。认为《狂人日记》是"再现的记述","浅薄的纪实的使记","很平凡"。(《〈呐喊〉的评价》,一九二四年一月《创造季刊》)这对于广大读者正确认识《狂人日记》是有害的。而茅盾则不然,他在一九二三年发表的《读〈呐喊〉》一文中,就正确而深刻地认识和评价了《狂人日记》。他谈到读《狂人日记》的感受时说:"只觉得受着一种痛快的刺戟,犹如久处黑暗的人们骤然看见了绚丽的阳光。这奇文中冷隽的句子,挺峭的文调,对照着那含蓄半吐的意义,和淡淡的象征主义的色彩,便构成了异样的风格,使人一见就感着不可言喻的悲哀的愉快。这种快感正象吃辣的人所感到的'愈辣愈爽快'的感觉。我想当日如果竟有若干国粹派读者把这《狂人日记》反复读至五六遍之多,那我就敢断定他们(国粹派)一定不会默默地看它(《狂人日记》)产生,而要用恶骂来欢迎它(《狂人日记》)的生辰了。因为这篇文章,除了古怪而不足为训的方式外,还颇有'离经叛道'的思想。传统的旧礼教,在这里受着最刻薄的攻击。蒙上了'吃人'的罪名了。"(《读〈呐喊〉》)这段话告诉人们:《狂人日记》具有深刻的思想性,表现了"离经叛道"的思想,揭露了旧礼教的"吃人"本质。《狂人日记》具有强烈的战斗性,它使一切"国粹"派感到憎恶,使封建复古主义者深感不安!但却使具有反封建思想的人们感到"痛快","感着不可言喻的悲哀的愉快"。《狂人日记》也具有高度的艺术性,那"冷隽的句子,挺峭的文调","含蓄半吐的意义","淡淡的象征主义的色彩","构成了异样的风格",使人们产生强烈的美感,享受着它的艺术美。把这几点归纳起来,我们可以看到:茅盾是如何从鲜明的革命立场和朴素的历史唯物论观点出发,深刻地说明了鲁迅表现在《狂人日记》中的伟大革命精神,充分地肯定了《狂人日记》在新文学史上和思想斗争史上的重要地位。这难道不足以表明茅盾是鲁迅最早的真正的知音吗?又难道不足以表明茅盾对于"鲁迅学"的贡献吗?

当然,茅盾作为鲁迅最早的知音,并不止于表现在这一点上。我们还可以看到他对鲁迅敢于解剖别人也勇于解剖自己的彻底革命精神的深刻理解和肯定。

翻开从"五四"到一九二七年前的文学史和思想斗争史,就会了解评论者对于鲁迅的毁誉是多种多样的。有的出于反动立场,对鲁迅进行恶毒的攻击。如陈西滢在《致志摩》(一九二六)一文中,就污蔑鲁迅是"刑名师爷",惯于对人"放冷箭",极力丑化鲁迅。有些评论者虽对鲁迅精神提出了一些好的见解,但也并不完全正确和深刻。如张定璜在《鲁迅先生》(一九二五)一文中,说鲁迅在小说中善于解剖别人,具有"老于手术富于经验的医生的特色,第一个,冷静,第二个,还是冷静,第三个,还是冷静",这是颇有见地的。但是张定璜把鲁迅看作一个生活的旁观者,好像他冷静到超脱了一切爱憎,只是"站在路旁,看见我们男男女女在大街上来去,高的矮的,肥的瘦的,笑的哭的,一大群在那里蠢动"。这又表明他对鲁迅精神的理解是片面的和表面的,并未真正深入到鲁迅精神及其作品的精髓。值得注意的,还有一声的《第三样世界的创造》(一九二七年二月发表于共青团广东区委机关刊物《少年先锋》二卷十五期)。它对鲁迅作了基本正确的评价,认为鲁迅"对于封建社会和他的遗孽是如此仇视、憎恨,憎恨到使他丢了医生的解剖刀(按:指小说),变成泼皮,拿起短棒(按:指杂文)去和他们相殴相打。他的论文所攻击的对象都是所谓礼教,所谓国粹,精神文明,东方文化等一类的封建思想"。毫无疑问,这评价是对的。但是,严格地说,这篇文章对于鲁迅彻底革命精神的理解也还不够全面和深入。第一,它把鲁迅小说和杂文所表现的精神分割开来看,认为鲁迅在小说中表现的态度"是失望的,冷的",而在杂文中表现的态度则"是希望的,热的"。第二,它只了解鲁迅解剖别人,而忽视或不理解鲁迅在解剖别人的同时也无情地解剖自己。

  那么,茅盾是怎样理解和评价鲁迅精神呢?第一,茅盾研究和评价鲁迅精神,是把他的小说和杂文密切联系起来看的。他认为:"在他的创作小说里有反面的解释,在他的杂感和杂文里就有正面的说明。单读了鲁迅的创作小说,未必能够完全明白他的用意,必须也读了他的杂感集。"(《鲁迅论》)这是茅盾提出的一个研究鲁迅的原则和方法。第二,在茅盾看来,鲁迅在小说创作中常常是把解剖别人和解剖自己结合在一起的。对于鲁迅精神的研究必须既要看到他如何无情地解剖别人,也要看到他怎样无情地解剖自己。这样才能了解鲁迅并不是现实生活的"冷静"的旁观者,而是怀着热烈的爱憎去对待人生和社会,对待自己身上的"毒气"和"鬼气"。因此,茅盾说:"鲁迅板着脸,专剥露别人的虚伪的外套,然而我们并不以为可厌,就因为他也严格地自己批评自己分析啊!"这是茅盾提出的又一个研究鲁迅的重要原则和方法。这些原则与方法的提出,有力地说明茅盾对于鲁迅精神及其创作的透辟理解,在二十年代是仅有的、卓绝的。他正是运用了这些原则和方法来研究鲁迅精神及其作品。所以,他不同意张定璜只把鲁迅看成三个"冷静"和"沉默的旁观"的说法,深刻地指出:"我们也不要忘记,鲁迅站在旁边,老实不客气的剥脱我们男男女女,同时他也老实不客气的剥脱自己。他不是一个站在云端的'超人',嘴角上挂着庄严的冷笑,来指斥世人的愚笨卑劣;他不是这种样的'圣哲'!他是实实地生根在我们这愚笨卑劣的人世间,忍住了悲悯的热泪,用冷讽的微笑,一遍一遍不惮烦地向我们解释人类是如何脆弱,世事是多么矛盾!他决不忘记自己也有这本性上的脆弱和潜伏的矛盾。"(《鲁迅论》)这段话对鲁迅冷静而又热烈地塑造被侮辱与损害者的态度,对鲁迅严于解剖别人同时也严于解剖自己的精神,说得何等清楚精辟!为了论证这一点,茅盾还进一步以《一件小事》《故乡》和《端午节》等作品为例,更具体更深入地说明了鲁迅既剥露别人也"赤裸裸地把自己剥露了给世人看"的彻底革命精神。

鲁迅说过:"我的确时时解剖别人,然而更多的是更无情面地解剖我自己。"(《写在〈坟〉后面》)他不但这样说过,而且在自己一生的生活斗争实践和文学创作实践中始终不渝地做到这一点。这是鲁迅伟大革命精神中的根本因素,是他的文学创作具有强烈生命力的根本原因。研究鲁迅的人如不认识、理解这一点,或者是忽视、抹杀这一点,就不可能真正了解、说明鲁迅的伟大,甚至会达到歪曲鲁迅的地步。正因为这样,所以茅盾在二十年代对于鲁迅精神的深刻的分析和全面中肯的论断,确实表明他是鲁迅最早的真正的知音。因此,他对鲁迅的评论,对于中国无产阶级和人民群众逐步地正确地认识鲁迅的伟大,不能不起着启迪的作用。

三

从"五四"时期到第一次国内革命战争时期,对鲁迅的小说创作有过各种各样的评论,或肯定,或否定,或评价较高,或大加贬低,众说纷纭,不一而足。在肯定的评价当中,是有不少好的见解的。然而真正正确、全面、深刻地进行分析和评价的却很少见。例如,周作人虽然对于《阿Q正传》的讽刺性和阿Q的典型性提出了一些有益的看法,但他认为《阿Q正传》"多理性而少热情,多憎而少爱",就表明他对于这篇杰作缺乏真正的实质性的理解。又例如,Y生的《读〈呐喊〉》认为其中的小说"多为赤裸裸的写实,活现出社会之真实背影",固然不错,但对于《呐喊》的反封建精神并未触及。再例如张定璜的《鲁迅先生》认为《呐喊》的作者最可贵之处是有着艺术家的"诚实",他忠于生活,"他看见什么,他描写什么。他把自己的世界展开给我们,不粉饰,也不遮盖",这也不失其正确,但鲁迅小说的强大生命力究竟在哪里,仍未作深入的探讨。仅从这些例子就可以知道,要真正理解和确切地评价鲁迅的小说,并不是那么容易的。因为如果评论者没有先进的立场和观点,就不可能真正理解鲁迅的伟大革命精神,从而也不可能真正理解鲁迅的小说。而恰恰在这个问题上,茅盾优于上述评论者。他是从革命的立场观点出发,从对鲁迅伟大革命精神的正确理解出发,来研究评价《呐喊》与《彷徨》的。因此,他在研究分析鲁迅小说的过程中体现了两条基本原则:(1)把对人物形象的分析和鲁迅批判中国几千年来的封建精神传统密切联系起来,去说明人物形象的悲剧性和喜剧性;(2)把人物的典型性和整个民族与社会的精神状态密切联系起来,以说明人物典型性的深广社会意义。茅盾紧紧地把握了这两点。所以他比起当时一般鲁迅研究者,更正确更深刻地说明了鲁迅小说人物形象的创造及其艺术生命。

首先,让我们来看看茅盾对《呐喊》与《彷徨》的总的评论。他说:"《呐喊》所收十五篇,《彷徨》所收十一篇,除几篇例外的,如《不周山》(按:《不周山》后改名《补天》,收入《故事新编》)、《兔和猫》、《幸福的家庭》、《伤逝》等,大都是描写'老中国的儿女'的思想和生活。""我们读了这许多小说,接触了那些思想生活和我们完全不同的人物,而有极亲切的同情:我们跟着单四嫂子悲哀,我们爱那个懒散苟活的孔乙己,我们忘不了那有着生活的重担而麻木的闰土,我们的心为祥林嫂而沉重,我们以紧张的心情追随着爱姑的冒险,我们鄙夷然而又怜悯又爱阿Q……这些'老中国的儿女'的灵魂上,有着几千年的传统的重担子,他们的面目是可憎的,他们的生活是可以诅咒的,然而你不能不承认他们的存在,并且不能不懔懔地反省自己的灵魂究竟已否完全脱卸了几千年传统的重担。我以为《呐喊》和《彷徨》所以值得并且逼迫我们一遍一遍地翻读而不厌倦,根本原因便在这一点。"(《鲁迅论》)我们细细玩味一下,不能不看到,茅盾对《呐喊》与《彷徨》普通人物形象的分析是入木三分、极其深刻的。他把这些人物放在中国几千年精神传统的巨大背景上,去看他们的悲剧和喜剧,说明他们的命运。他深刻地指出这些"老中国的儿女"的"思想和生活","正是中国现在百分之九十九的人们的思想和生活";他们精神上的沉重历史负担,也普遍地存在于中国百分之九十九的人们身上。因此,鲁迅通过人物形象的创造对中国几千年封建精神传统的解剖,其中包括自我解剖,就是小说所以使人百读不厌、震撼人心的根本原因。毫无疑问,茅盾的这种分析,把《呐喊》与《彷徨》的反封建倾向、艺术形象的创造和作品的艺术生命,联系和融合在一起,说深论透,在当时其他人的评论中是看不到的。

在分别论述人物形象的时候,茅盾对一些不同类型的代表人物形象更进一步作了具体深入的分析。他不但说明了他们的典型性,而且说明了典型人物所揭示的历史社会本质。这也比起当时有些评论者单纯谈典型性要全面、深刻得多。例如,他第一次使用"阿Q相""精神胜利的法宝"来概括阿Q的主要典型特征,指出可以在中国"社会的各方面遇见"这种"阿Q相"的人物(《读〈呐喊〉》),因而阿Q"是'乏'的中国人的结晶"(《鲁迅论》)。茅盾还进一步说明:阿Q是一个悲喜剧兼而有之的典型,他的悲剧性就在他的可悲的命运反映了"老中国儿女们的灰色的人生",显示了辛亥革命的失败,他的喜剧性在于他有着"精神胜利的法宝",使人感到"滑稽"可笑。然而阿Q的悲剧命运越来越使人同情,使人看到旧中国"几千年传统"的罪恶。"所以《阿Q正传》的诙谐,即使最初使你笑,但立刻我们失却了笑的勇气,转为惴惴的不安了。"特别是其中关于"阿Q去革命,'文童'的'咸与维新'","把总也做了革命党",赵家遭抢,"举人老爷也帮办民政"等情节的描写,虽是"十六年前的陈事了,然而钻到我们眼里,还是这样的新鲜,似乎历史又在重演了"。很显然,茅盾对阿Q的这种剖析,深刻地揭示了这个典型人物的本质及其典型环境所体现的深广的历史、社会意义。

茅盾在分析评论鲁迅小说中的其他人物形象时,也并不是限于说明人物本身的命运,而是深入到对中国历史传统的社会本质的解剖。这也不能不是他真正认识和理解鲁迅创作的具体表现。例如,他说《伤逝》和《幸福的家庭》中"主人公的幻想的终于破灭,幸运的恶化,主要原因都是经济压迫";《在酒楼上》和《孤独者》中的"主人公都是先曾抱着满腔的'大志',想有一番作为的,然而环境——数千年传统的灰色人生——压迫他们,使他们成为失败者"。(《鲁迅论》)这都是抓住了历史社会特点,洞察问题本质的真知灼见。自然,茅盾也一针见血地指出了这些人物本身性格和精神上的弱点。在说明他们的弱点时也是很有见地的。比如,他认为在《伤逝》里听到的"不是被压迫者的引吭的绝叫,而是疲苶的婉转的呻吟";而《幸福的家庭》的主人公"只是麻木地负荷那'恋爱的重担'"。(《鲁迅论》)

值得注意的是茅盾对鲁迅小说的艺术性,也提出了卓越见解。在他看来,"在中国文坛上,鲁迅君常常是创造'新形式'的先锋;《呐喊》里的十多篇小说几乎一篇有一篇的形式,而这些新形式又莫不给青年作者以极大的影响,必然有多数人跟上去试验"(《读〈呐喊〉》)。这种见解,在人们对鲁迅小说的巨大艺术成就及其对新文学创作的影响还缺乏认识的二十年代,甚至在后来,无疑是像阳光一样照亮了人们的眼睛,使人们更清楚地了解鲁迅小说的艺术价值,看到它在中国新文学发展史上的重要地位和深刻影响。

但是,我们还应当看到,就在茅盾正确评价了鲁迅小说之后,一九二八年,创造社、太阳社的革命文学家们,在"左倾"教条主义的影响和宗派主义的驱使下,发动了对鲁迅的攻击,全盘否定了鲁迅的小说创作和杂文。并且,茅盾也因自己的小说创作和文学主张,遭受创造社的批判。然而,茅盾并没有屈于压力,改弦更张,随波逐流,放弃自己对于鲁迅及其小说的正确评价。他在一九二九年发表的《读〈倪焕之〉》一文中,还仍然坚持原则,对鲁迅小说作了热情的充分的肯定。他指出:《呐喊》"在攻击传统思想这一点上,不能不说是表现了'五四'的精神";在《呐喊》中"有封建社会崩塌的响声,有粘附着封建社会的老朽废物的迷惑失措和死的挣扎,也有那受不着新思潮的冲激,'不知有汉,无论魏晋'的老中国的暗陬的乡村,以及生活在这些暗陬的老中国的儿女们"。(《茅盾论创作》)这不但又一次表现了茅盾与众不同的卓越见解,而且突出地表现了他在逆风浊流袭击的时候,敢于坚持马克思列宁主义实事求是的原则,勇于捍卫真理、捍卫鲁迅的革命胆识和革命气魄。

当然,茅盾作为鲁迅的知音,不光表现在他在众口铄金的时候,认识鲁迅的伟大,坚持对鲁迅小说的正确评价,而且也表现在他深刻了解并指出鲁迅思想及其小说的局限性。在他看来,鲁迅在写作《呐喊》时"颇带些悲观的心情",他在小说中"并没有反映出'五四'当时及以后的刻刻在转变着的人心",没有反映出"都市中青年们的心的跳动"(《茅盾论创作》)。这意思就是说:鲁迅在小说中并没有表现出"五四"时代出现的新的先进的社会力量,没有反映当时青年们在时代潮流激荡下出现的朝气蓬勃的精神世界。毫无疑问,这种对鲁迅思想及其小说局限性的准确的说明,也还表明了茅盾不愧是鲁迅的知音。

四

我们说,茅盾是鲁迅最早的知音,还有一个重要的根据:他最早评价和肯定了鲁迅早期杂文的思想性和战斗性。

杂文这种艺术形式虽是"古已有之",但真正成为文学百花园中一朵受人重视的鲜花,成为革命作家在政治、思想斗争中横扫千军的艺术武器,并在文学史上占有一个重要地位,还是从"五四"时期开始。当时李大钊、陈独秀、刘半农、钱玄同等在倡导文化革命,提倡新文学的时候,基于现实斗争的需要,都曾写过杂文。但对杂文这种艺术武器运用最多、最成熟、最有战斗效果、艺术成就最大的,却是鲁迅。从"五四"到一九二七年"四一二"政变前,他出版了《热风》《坟》《华盖集》《华盖集续编》。这是鲁迅作为文化革命旗手的斗争结晶,是二十年代中国思想斗争的真实记录,也是激励人民群众特别是青年坚持反帝反封建斗争的战斗檄文。但是,那时的文学评论者重视鲁迅的小说而不重视鲁迅的杂文,因而评论不多,肯定很少。有些人,如陈西滢之流的"正人君子",还极力贬低鲁迅杂文的思想社会意义和艺术价值,把它看作是"刀笔吏"写出来的"骂人"、"挖苦"人、对人"刻薄"的东西。因此,如何正确地认识和评价鲁迅的杂文,使人们理解它的思想性和战斗性,是当时急需解决的一个问题。而茅盾就应时而出,对鲁迅杂文作了明确的肯定的评价。

茅盾对鲁迅杂文的评价,同样是建立在对鲁迅伟大革命精神的正确和深刻的理解基础上,所以处处闪烁着他作为知音的思想光辉。首先,他和张定璜的理解不同:鲁迅的杂文并不是"舟子在人生的航海里饱尝了忧患之后的叹息",而是和现实斗争有着密切的关系,是反抗斗争的号角,是积极进取勇于解剖旧中国旧传统的锋锐的解剖刀。他说:

> 他的胸中燃着少年之火,精神上,他是一个"老孩子"!他没有主义要宣传,也不想发起一种什么运动,然而他的著作里,也没有"人生无常"的叹息,也没有暮年的暂得宁静的欹羡与自慰(象许多作家常有的),反之,他的著作里却充满了反抗的呼声和无情的剥露。反抗一切的压迫,剥露一切的虚伪!老中国的毒疮太多了,他忍不住拿着刀一遍一遍地不懂世故地自刺。我们翻开鲁迅的杂感集三种来看,则杂感集第一的《热风》大部分是剜剔中华民族的"国疮",在杂感集第二集《华盖集》中,我们看见鲁迅除奋勇剜剔毒疮而外,又有"岁月已非,毒疮依旧"的新愤慨。

这是对鲁迅前期杂文主要思想倾向和根本精神的总的论断。这个论断是极其准确和深刻的。在《热风》《坟》《华盖集》和《华盖集续编》等杂文集中,表现的思想内容很丰富,涉及历史和现实方面的问题不少。但始终贯穿到底的是对中国几千年来封建精神文明的揭露和对封建卫道者、复古主义者的批判。一句话,就是"剜剔中华民族的'国疮'",对维护"国疮"的封建势力表示新的"愤慨"。尽管"绅士们讨厌他多嘴,把他看作'老鸦',一开口就是'不祥'。并且把他看作'火老鸦',他所到的地方就要火着。然而鲁迅不馁怯,不妥协"(《鲁迅论》),更谈不上有什么悲观厌世的哀叹。茅盾对鲁迅杂文的这种准确而深刻的分析和论断,在当时的鲁迅评论文章中是仅见的。

在《鲁迅论》中,茅盾对于鲁迅前期杂文的丰富思想内容,虽未进行全面的具体的分析,但他从当时现实斗争的需要出发,有针对性地强调说明了在鲁迅前期杂文中所表现的作者的革命坚定性,以及鲁迅对青年的伟大指导作用。在说明这两个问题时,实际上涉及鲁迅前期杂文的基本思想内容。因此,茅盾有针对性地介绍说明这两个问题,不仅是重要的有现实意义的,而且也表现了他对鲁迅及其杂文的真正理解。

首先,在茅盾看来,鲁迅前期杂文从《热风》到《华盖集续编》,表现了他从"五四"高潮时期到"五四"后革命低潮时期的革命坚定性。《热风》所收入的是一九一八年到一九二四年的杂文,那时,"横厉不可一世"的"思想革命"正处于高潮。不少资产阶级和小资产阶级知识分子,包括一些进步青年,热情地参加了文化革命。但是,自一九二四年到一九二六年第一次国内革命战争爆发前,从"五四"开始形成的文化革命统一战线就分裂了,"有的高升,有的退隐,有的前进";有些青年也消极颓唐了。于是"新文苑"变得很"寂寞","旧战场"变得"平安"了。这种表面现象是否说明"老中国的毒疮已经剜去",不需要再进行"思想革命"呢？茅盾回答说："不是"这样。但是,茅盾认为：当时能够坚持"剜剔中华民族的'国疮'"的只有鲁迅。所以他说：在这个革命低潮时期,"攻击老中国的国疮的声音,几乎只剩下鲁迅一个人了。他在一九二五年内所做的杂感,现在收在《华盖集》内的,分量竟比一九一六年至一九二四年这八年中为多。一九二六年做的,似乎更多些。'寂寞'中间这老头儿的精神和大部分青年的'阑珊',成了鲜明的对照"。这种具体深刻的分析,充分说明了无论是在革命的高潮时期或低潮时期,鲁迅总是坚定地站在反帝反封建的革命立场上,进行神圣的剜剔"国疮"、批判"国粹"派的斗争。《坟》中的大部分杂文,《华盖集》和《华盖集续编》,就是他在革命低潮时期坚持斗争的丰硕的战果。茅盾用鲁迅的这种丰硕的战果来说明鲁迅的革命坚定性,是富有说服力的。它不仅回击了一些人对鲁迅的中伤,而且在青年面前树立了鲁迅这样一个光辉的榜样。

茅盾的这种难能可贵的意图,突出地表现在他进一步说明鲁迅前期杂文对青年的关怀与指导这一重要问题上。

在二十年代,有些人攻击和污蔑鲁迅,往往是和他们贬低和否定鲁迅前期杂文分不开的；而贬低鲁迅杂文也就贬低和否定了鲁迅对青年的指导作用。陈西滢在《致志摩》一文中就在攻击鲁迅杂文的同时,嘲笑鲁迅被人们看作"思想界的权威"和"青年叛徒的领袖"。青年文人高长虹,也在《一九二五年,北京出版界形势指掌图》一文中,用了与陈西滢同样的口吻来挖苦和诋毁鲁迅。他们的目的不仅在于贬低和否定鲁迅前期杂文的思想性和战斗性,而且也是为了打击鲁迅的威信,离间鲁迅和青年的血肉关系,从而孤立鲁迅,使鲁迅无法发挥对青年的指导作用。当然,鲁迅从来不承认自己是"青年的导师""青年叛徒的领袖"和"思想界的权威",因而也不承认自己能够或者曾经指导青年。他在一九二五年说过："倘说为别人引路,那就更不容易了,因为连我自己还不明白应当怎么走。中国大概很有些青年的'前辈'和'导师'罢,但那不是我,我也不相信他们。"(《写在〈坟〉后面》)这是鲁迅的实话,也是鲁迅的谦逊。说是"实话",因为鲁迅当时世界观尚未获得根本的转变,对于中国无产阶级革命的方向和道路还认识不够清楚,所以产生"彷徨"。说是"谦逊",是因为鲁迅虽然对无产阶级革命方向和道路不够清楚,但他是坚定不移地拥护反帝反封建的革命运动,强烈要求推翻旧世界、创造新世界的。为此,他在文化思想战线上冲锋陷阵,坚持了不屈不挠的斗争。在斗争的过程中,他始终关怀青年,支持和鼓励青年们的反帝反封建的斗争,给他们指出前进的道路,从而表现了他的伟大革命精神。这一点在鲁迅前期的杂文中表现得非常充分和深刻。茅盾作为无产阶级的文化战士,自然关心当时文化思想上的斗争,清楚地看到了鲁迅对青年的伟大指导作用。因此,他在《鲁迅论》中特别提出和论述了鲁迅与青年的关系问题。在他看来,鲁迅否认自己是青年的导师,是出于谦逊。所以他说:"我们不可上鲁迅的当,以为他真个没有引路;他确没有主义要宣传,也不想发起什么运动,他从不摆出'我是青年导师'的面孔,然而他确指引青年们一个大方针:怎样生活着,怎样动作着的大方针。鲁迅决不肯提出来呼号于青年之前,或板起脸孔教训他们,然而他的著作里有许多是指引青年应当如何生活、如何行动的。"这段话深刻地说明了鲁迅对青年的热烈深厚的爱护与关怀,及其对青年的指导作用。这种关怀和指导,是表现在教导青年们"如何生活如何行动"的"大方针"上。所谓"大方针"就是关于爱祖国、爱人民、反帝反封建、改造旧社会、追求真理、坚持斗争等方面的革命方向和道路,以及思想和作风、政治情操和道德修养。茅盾认为:鲁迅杂文对青年们"如何生活、如何行动"的"大方针"作了具体的深刻的指导。他列举了八个问题,摆出了鲁迅杂文的不少原文论证这一点。第一,鲁迅教导青年解放思想,破除迷信,敢于革命,敢于斗争。如果有谁阻挡人民群众"要生存""要温饱""要发展"的斗争,"无论是古是今,是人是鬼,是《三坟》《五典》,百宋千元,天球河图,金人玉佛,祖传丸散,秘制膏丹,全都踏倒他"(《华盖集》)。第二,鲁迅激励青年,为了改造旧社会,创造新社会,要有冒险和自我牺牲的精神。第三,鲁迅告诫青年不要盲目相信"那挂着金字招牌的导师",而要自己"寻朋友,联合起来,向着似乎可以生存的方向走",披荆斩棘,去开辟走向自由解放的道路。第四,鲁迅希望青年要有"记性",不要善于"忘却"。所谓要有"记性",就是要记住民族的敌人和一切压迫者,要记住对反动派的仇恨,记住我们民族和"人民的痛苦",记住过去革命者失败的教训,等等,决不能像阿Q那样善于"忘却",用"精神胜利法"来自我陶醉。第五,鲁迅认为青年要从事革命和社会改造,必须坚持"韧性"的战斗。第六,鲁迅教育青年在"除旧革新"的斗争中,要坚决维护和支持新生事物,勇于反抗旧传统观念和旧事物。第七,鲁迅劝告文艺青年"努力大胆去创作,不要怕幼稚",在创作实践中锻炼成长起来。第八,鲁迅殷切希望革命青年在敌人强大狰狞的情况下,不要举行和平"请愿",作"无谓的牺牲";而要寻求"别种方法的战斗","血债必须用同物偿还"。茅盾在列举上述八个方面的问题时,虽然多是摆出原文,很少甚至不作阐释,但从他摘引的重要原文可以看出他深刻理解鲁迅原文的精神实质,并予以充分的肯定。因此,在引用原文之后,他每每画龙点睛地点明原文的精神和意义,指出鲁迅的话虽是"平淡无奇",但却是"青年们所需要,而也是他们所最忽视的"。很明显,茅盾是要求青年们听从鲁迅的教导,遵循鲁迅提出的"大方针"去"生活"和"行动",进行反帝反封建的斗争。因此,我们可以看到:茅盾对鲁迅如何指导青年的分析与说明,不仅表现了他对鲁迅及其前期杂文的深刻理解,而且表现了作为一个早期共产党人和无产阶级文化战士对于鲁迅正确指导青年的高度重视。

茅盾写作《鲁迅论》,是在他看到"世间对于鲁迅这人及其著作,有如此这般不同的论调"(《鲁迅论》)的时候,因此,他对鲁迅精神、鲁迅小说和前期杂文的立论与分析,是有的放矢的,带着战斗情感的。这是中国无产阶级在文化战线上的杰出代表第一次为了阐扬和捍卫鲁迅精神及其创作而进行的文艺批评和思想斗争,也是中国无产阶级第一次对鲁迅较为全面和深刻的评论。"海内存知己,天涯若比邻。"尽管当时茅盾和鲁迅并不相识,但茅盾的评论表明他们已是"知己",心心相印了。因此,茅盾二十年代对鲁迅的评论,特别是《鲁迅论》,在中国现代文学批评史上,在"鲁迅学"的发展史上,应当占有光辉的一页。

关于《铸剑》的主题、人物及其他[①]

傅正乾

傅正乾(1931—2021),1931年4月生于陕西省蓝田县。1955年7月毕业于西安师范学院,曾任陕西师范大学中文系教授、中国郭沫若研究学会理事、陕西省鲁迅研究学会副会长。陕西省第七、第八届人大常委会委员,政府特殊津贴享受者。先后出版了《郭沫若创作论稿》《历史·史剧·现实——郭沫若史剧理论研究》《郭沫若与中外作家比较论》等3部专著,在《中国社会科学》《中国现代文学研究丛刊》《郭沫若研究》等刊物上发表学术论文60余篇,被誉为"郭沫若研究专家",开创了郭沫若史剧理论的研究。

鲁迅《故事新编》中的《铸剑》,从发表到现在已经五十多年了。在这期间,对它的各种评论中,曾经出现过一些在我认为是片面的和不正确的观点。如,有的认为作者所热烈歌颂的那种与敌人同归于尽的大无畏的牺牲精神,还缺乏健康的战斗的乐观主义色彩,反映了鲁迅前期思想上的局限性;有的认为《铸剑》是《故事新编》中仅有的一篇博考文献、言必有据的历史作品,从而否定其他各篇是历史小说;还有的认为《铸剑》的主人公是眉间尺,而不承认宴之敖者也是作品的主人公。近年来,一些评论者力图正确地阐释《铸剑》的深刻的思想内容和社会意义,但对这些问题的看法,还没有完全一致。

本文试图围绕这些问题,通过对《铸剑》的主题和人物的分析和探讨,提出一些不同的意见,向研究鲁迅和中国现代文学的前辈和专家们请教。

[①] 原载《人文杂志》1981年第1期。

关于《铸剑》的主题、人物及其他

一

鲁迅从事小说创作有非常明确的目的。他开始于一九二二年、完成于一九三五年的《故事新编》,是为了服务于当时的现实斗争而写的,目的在于把北洋军阀和国民党反动派"那些坏种的祖坟刨一下"[1]。我们要正确地评论《铸剑》的主题和人物,必须深入研究鲁迅写作这篇小说的思想基础,研究鲁迅对所选取的历史题材赋予了哪些新的意义。只有这样,才有可能对这些问题获得比较符合作者创作意图的认识。

《铸剑》于一九二七年四月三日写成于广州。它深刻地表现了被压迫者向最高统治者讨还血债,并与之血战到底的主题,具有强烈的战斗精神,这决不是偶然的。

首先,这个时期,鲁迅对于马克思主义学说有了初步的了解。马克思的名字最早出现于鲁迅作品中的,是他于一九二四年二月写的短篇小说《幸福的家庭》。鲁迅说:"马克思在儿女的啼哭声中还会做《资本论》,所以他是伟人。"如果说,这是鲁迅对无产阶级革命导师马克思抱着一种崇敬的态度,赞颂马克思勤于著作的精神,还没有涉及马克思主义学说的问题,那么,在他一九二五年写的《苏俄文艺论战》的《前记》中,则正式提到马克思主义学说这个问题。他说:"《蒲力汗诺夫与艺术问题》一篇,是用Marxism 于文艺的研究的。"鲁迅能够作出这样的分析和判断,说明他已经开始了解什么是马克思主义。一九二六年,鲁迅在谈论勃洛克等苏联诗人时又指出:"他们自然是苏联的诗人,但若用了纯马克斯流的眼光来批评,当然也还是很有可议的处所。"[2]这又显示出他对马克思主义学说进一步有所领会。在这个时期,鲁迅不但能初步地运用马克思主义的观点分析问题、评论事物、衡量作家,而且还写出了《春末闲谈》《灯下漫笔》《论"费尔厄泼赖"应该缓行》《〈争自由的波浪〉小引》等一些具有阶级观点和充满战斗气息的杂文。在这些文章中,他反复地阐述了革命人民对阶级敌人不能仁慈、不能妥协的主张,把革命民主主义思想发挥到最高度,在某些地方已具有无产阶级专政的革命思想。由于马克思主义的思想开始注入鲁迅的灵魂,因而改变了他写作《彷徨》和《野草》时那种复杂、矛盾、寂寞的心情,增强了继续战斗的信心、勇气和力量。一九二六年六月十七日在致李秉中的信中,他曾表述自己这时的心情说:"我近来忽然还想活下去了。为什么呢?说起来或者有些好笑,一,是世上还有几个人希望我活下去,二,是自己还要发点议论,印点关于文学的书。"又说:"我近来的思

---

[1] 鲁迅:《致肖军肖红》(1935年1月4日)。
[2] 鲁迅:《华盖集续编·马上日记之二》。

想,倒比先前乐观些,并不怎么颓唐。"由此可见,把《铸剑》所歌颂的眉间尺和宴之敖者与暴君同归于尽的牺牲精神,笼统地归之于"鲁迅前期那类只要敌人灭亡就和敌人一同下地狱也甘愿"的复仇思想,显然是不符合鲁迅的思想实际的。

其次,鲁迅早年的"青年必胜于老人"的生物进化论的思想,这时也逐渐地为他从斗争实践中总结出来的对于阶级性的认识所代替。他指出:"青年又何能一概而论?有醒着的,有睡着的,有昏着的,有躺着的,有玩着的,此外还多。但是,自然也有要前进的。"①很明显,鲁迅对于青年已经不是同样看待,而是有所分析,也有所区别的。鲁迅在一九二六年抵达厦门以后,进一步发现在他所接触的文学青年中,有不少人在思想品质上存在着严重的毛病。他说:"我现在对于做文章的青年,实在有些失望;我看有希望的青年,恐怕大抵打仗去了,至于弄弄笔墨的,却还未遇着真有几分为社会的,他们多是挂新招牌的利己主义者。"②可见"青年必胜于老人"的公式,在他所总结的阶级斗争面前,已日趋瓦解,失去作用。鲁迅思想上的这种进步,不只反映在他的理性认识上,也反映在他的文学创作中。《奔月》所塑造的逄蒙这个形象,就是对那些"挂新招牌的利己主义者"的严肃批判和讽刺,也是对于"青年必胜于老人"的进化论观点的一个自我否定。有所否定,必有所肯定;有所批判,必有所称颂。《铸剑》热情地歌颂了劳动人民的后代,这和鲁迅此时期内对劳动人民的正确认识,是有着密切的关系的。在厦门时,鲁迅对工人农民的革命精神和创造力量曾经给予充分的肯定。他在谈到俄国革命时说:"俄皇的皮鞭和绞架,拷问和西伯利亚,是不能造出对于怨敌也极仁慈的人民的",而中国的"平民总未必会舍命改革以后,倒给上等人安排鱼翅席"。③ 他认为:"世界却正由愚人造成,聪明人决不能支持世界,尤其是中国的聪明人。"④"平民"和"上等人"、"愚人"和"聪明人"是指两个不同的阶级。《铸剑》的主人公眉间尺,是个手工业劳动者的后代形象,他敢于反抗封建暴君,决不妥协。这样的形象在鲁迅的小说创作中出现,是很值得重视的。

最后,《铸剑》热情地歌颂劳动人民拿起武器向封建统治者讨还血债的高昂的战斗精神,同样也是有它的思想渊源的。一九二五年四月,鲁迅在谈到辛亥革命的历史教训时指出:"无论如何,总要改革才好。但改革最快的还是火与剑。孙中山奔波一

---

① 鲁迅:《华盖集·导师》。
② 鲁迅:《两地书·八五》。
③ 鲁迅:《集外集拾遗·〈争自由的波浪〉小引》。
④ 鲁迅:《写在〈坟〉后面》。

世,而中国还是如此者,最大原因还在他没有党军,因此不能不迁就有武力的别人。"①在"五卅"运动中,英、日等帝国主义杀害了中国工人,鲁迅坚决反对"张着含冤的眼睛,向世界搜求公道"。他大声疾呼:"我们早就该抽刃而起,要求'以血还血'了。"并且指出,只有"学学枪击我们的洋鬼子,这才可望有新的希望的萌芽"②。一九二六年,鲁迅经历了北洋军阀段祺瑞屠杀请愿学生的"三一八"惨案,他的思想又一次受到了巨大的影响。他强烈地谴责北洋军阀政府"如此残虐险狠的行为,不但在禽兽中所未曾见,便是在人类中也极少有的,除却俄皇尼古拉二世使可萨克兵击杀民众的事,仅有一点相象"。他说:"血债必须用同物偿还,拖欠的愈久,就要付更大的利息!"③事实证明,"请愿"是革命人民进行阶级斗争的一种形式,但是在被压迫阶级对压迫阶级的激烈搏斗中,它毕竟是一种比较和平的方法。鲁迅总结了这次血的教训,深刻地指出:"这回死者的遗给后来的功德,是在撕去了许多东西的人相,露出那出于意料之外的阴毒的心,教给继续战斗者以别种方法战斗。"④一九二七年四月八日,即《铸剑》写成后的第五天,鲁迅在黄埔军官学校的讲演中又指出:"中国现在的社会情状,止有实地的革命战争,一首诗吓不走孙传芳,一炮就把孙传芳轰走了。"⑤这充分说明鲁迅经过"五卅"运动和"三一八"惨案,在当时党所领导的席卷中国南部的武装斗争风暴的影响下,开始认识到用《狂人日记》中那种劝诫吃人者的方法进行斗争,已经是无济于事了,而必须"拳来拳对,刀来刀当"⑥,依仗"火与剑"同统治者进行殊死的斗争。

综上所述,可见一九二五年以来,鲁迅初步地运用马克思主义的思想观点,分析现实阶级斗争中的问题,进一步认识到北洋军阀反动凶残的阶级本质,认识到工农群众的力量和暴力革命的必要性和重要性。这就是他创作《铸剑》这篇小说的思想基础。而依靠"火与剑"向反动统治阶级讨还血债,并与之血战到底,则是鲁迅从现实的斗争生活中孕育出来的《铸剑》的主题。

从现实斗争中孕育出创作的主题,是从现实生活中选取题材,还是从历史记事中选取题材加以表现,对一个作家来说,是有充分的自由的。鲁迅在厦门、广州期间经

---

① 鲁迅:《两地书·一〇》。
② 鲁迅:《华盖集·忽然想到(十至十一)》。
③ 鲁迅:《华盖集续编·无花的蔷薇之二》。
④ 鲁迅:《华盖集续编·空谈》。
⑤ 鲁迅:《而已集·革命时代的文学》。
⑥ 鲁迅:《两地书·七九》。

常"翻着古书"的生活,决定他"仍旧拾取古代的传说之类"进行"故事新编"。根据鲁迅当时正在编订的《古小说钩沉》来看,他创作《铸剑》所拾取的古代传说,应是曹丕的《列异传》所记载的故事:

> 干将莫邪为楚王作剑,三年而成。剑有雌雄,天下名器也,乃以雌剑献君,藏其雄者。谓其妻曰:"吾藏剑在南山之阴,北山之阳;松生石上,剑在其中矣。君若觉杀我,尔生男,以告之。"及至君觉,杀干将。妻后生男,名赤鼻,告之。赤鼻斫南山之松,不得剑;忽于屋柱中得之。楚王梦一人,眉广三寸,辞欲报仇。购求甚急,乃逃朱兴山中。遇客,欲为之报;乃刎首,将以奉楚王。客令镬煮之,头三日三夜跳不烂。王往观之,客以雄剑倚拟王,王头堕镬中;客人自刎,三头悉烂,不可分别。分葬之。名曰:"三王冢"。

根据这样一个古代传说,写成《铸剑》这样枝叶繁茂的小说,鲁迅说他"是只给铺排,没有改动的"①。我们认为,这只说明《铸剑》是依据了一个完整的故事,不像《故事新编》中的其他各篇是依据较多的古代传说或历史事实,经过剪裁、加工、提炼创造出来的。对此,我们只能从这一意义上来理解。如果我们把这个古代传说和《铸剑》的故事情节加以对照,就不难发现鲁迅对于原材料有所增补,有所改动,也有所发挥,表现出惊人的艺术创造力。如原文中干将铸剑成功之后,把雄剑藏起来,但并未说明原因,而《铸剑》则作了必要的交代;原文说是楚王梦见眉间尺要报仇才捕拿的,而《铸剑》则说是由于"告密";原文说眉间尺的剑是从"屋柱中得之",而《铸剑》则说是从地下挖出来的;原文中没有眉间尺夜间捕鼠的情节,而《铸剑》则按其性格成长的需要增加了这一情节;原文中对于向楚王献头后,"客令镬煮之"的原因没有说明,而《铸剑》则增加了充满浪漫主义情调的变戏法的场面,使这一点得到合乎情理的解释……这样,经过鲁迅的改造、制作,把原来那样一个比较粗糙的原始的古代传说,演义成为一篇情节生动、形象鲜明的历史小说。

但是,《铸剑》的思想、艺术成就决不仅仅表现在这些地方。更重要的是,为了表现战斗的主题,鲁迅对他所选取的历史题材赋予了新的思想意义,刻画了栩栩如生的崭新的人物形象。

二

《铸剑》刻画的虽然是古代的人物,但是他们的艺术形象却深深地植根于现实生

---

① 鲁迅:《致徐懋庸》(1936年2月17日)。

活的土壤里。他们既有鲜明的个性特征,又富有典型的社会意义。为了叙述的方便,我们先来评析国王的艺术形象。

在作品中,国王是作为与眉间尺、宴之敖者相对立的统治阶级的最高代表而出现的。鲁迅怀着极端愤怒的感情,以讽刺的笔调刻画了国王的丑恶形象。国王是一个"向来善于猜疑,又极残忍的"封建暴君。眉间尺的父亲为他炼成一柄世间稀有的宝剑,他为了免使铸剑者再给别人铸剑,"来和他匹敌,或者超过他",便以铸剑者的血来"饲"了他的剑。他接到眉间尺要为父报仇的"密报"以后,便要捉拿眉间尺,斩草除根。他不仅蛮横残暴,而且嫔妃成群,荒淫无耻。"白须老臣的讲道,矮胖侏儒的打诨",不足以释其闷,"走索、缘竿、抛丸、倒立、吞刀、吐火等等奇妙的把戏",不足以悦其目,唯有第九个妃子"坐在他的御膝上,特别扭了七十多回",才使他的愁眉渐渐地舒展。正是因为他要看一种可以"解愁释闷"的奇异的把戏,宴之敖者才得以斩下他的狗头。这又表现出他的极端愚蠢。联系小说产生的时代背景来看,鲁迅笔下这个国王的形象,显然是对当时现实中的反动军阀段祺瑞之流的生动写照。或者说,要让读者透过国王这面镜子,照见段祺瑞们的影子。鲁迅通过这个形象的塑造,矛头直接指向半殖民地半封建社会的最高统治者。在鲁迅的小说中,反动统治阶级的代表人物,受到被压迫者的正义惩罚,落到被处死下场的,这个国王还是头一个。

眉间尺的父亲在《铸剑》中没有出场。对这个人物性格的刻画,完全是通过眉间尺母亲的叙述,从侧面来表现的。他是一个铸剑的巧匠,铸艺高超,世间无二。他对国王的反动和凶残早有清醒的认识,他料到自己把剑铸成后,国王一定要杀害他,因而对国王不抱任何幻想。他对自己的妻子说:"你不要悲哀。这是无法逃避的。眼泪决不能洗掉命运。我可是早已有准备在这里了!"原来在他开始铸剑的时候,已经有所准备——那块"宝铁"铸了两把剑,只把雌剑献给国王,而把雄剑留下,让儿子日后为自己报仇。作品虽然着墨不多,却把这个人物坚毅沉着、深谋远虑的性格特征刻画得相当动人。联系鲁迅的全部小说来看,这个铸剑名工的形象,和《故乡》中的闰土、《祝福》中的祥林嫂、《离婚》中的爱姑已有很大不同。这是一个受压迫者同时也是一个反抗者的高大形象。他的悲惨遭遇,可以说是鲁迅对当时遭受压迫和剥削的广大劳动人民共同命运的典型概括。也可以把这一崇高的艺术形象,看作是长期被帝国主义、封建皇帝和封建军阀侵略和蹂躏的祖国的象征。眉间尺和宴之敖者为铸匠复仇所进行的斗争,就是为人民和祖国报仇雪恨的正义行动。

眉间尺是劳动人民的后代。对于这个人物,作者首先通过对他夜间捕鼠和接受母亲为父报仇重任的描写,令人信服地刻画出他从优柔到坚定、从幼稚到成熟的精神成长过程。其次,通过他对宴之敖者刎颈相托的描写,表现了他坚定的复仇意志,和对于同仇敌忾者的无比信任。最后,他的头在金鼎内上下起舞,慷慨悲歌,又和国王的头顽强地搏斗,充分表现出他对残暴者永不屈服、斗争到底的精神品质。特别是他的头所唱的歌[①],既表达了对于暴君的强烈仇恨和尖锐讽刺("幸我来也兮青其光!青其光兮永不忘。异处异处兮堂哉皇,堂哉皇哉兮嗳嗳唷"),又表达了对于祖国的挚爱和对于人民的同情("血一头颅兮爱乎呜呼。我用一头颅兮而无万夫")。透过这些歌词,我们不仅可以了解到眉间尺进行反抗斗争的崇高的精神境界和内心活动,又可以看出他为国为民复仇的思想基础。鲁迅通过对这个形象的刻画,热情地歌颂了被压迫者的韧战精神。我们也可以把这一艺术形象看作是在"三一八"惨案中与反动军阀段祺瑞进行流血斗争的爱国青年的象征。

　　宴之敖者是鲁迅着力刻画的一个古代义士的形象。在眉间尺被包围的关键时刻,他"黑须黑眼睛,瘦得如铁",像一道黑色的闪电出现在读者眼前。他路见不平,挺身而出,及时排除了眉间尺被捕拿的危险,又一言不发,扬长而去。这一义勇的行为,显示出他具有无比坚毅的舍己为人的精神。他勇敢坚定,老练沉着,又富于斗争谋略和斗争经验。他知道眉间尺被人"告密"后,单凭着一支"雄剑"为父报仇已经是不可能了,于是就主动地提出要为其父报仇,而不要任何报偿,同时却又拒绝眉间尺所给予的"义士"的称号,并痛斥某些无耻之尤把"仗义,同情"之类当成"放鬼债的资本"。他对眉间尺说:"我的心里全没有你所谓的那些。我只不过要给你报仇。"眉间尺提出:"你为什么给我去报仇的呢?你认识我的父亲么?"他回答说:"我一向认识你的父亲,也如一向认识你一样。但我要报仇,却并不为此。聪明的孩子,告诉你罢。你还不知道么,我怎么地善于报仇。你的就是我的;他也就是我。我的魂灵上是有这么多的,人我所加的伤,我已经憎恶了我自己!"这充分说明他所以要去报仇,是因为在他的身上熔铸着千万人民的痛苦和仇恨。这样,就得到了眉间尺的以死相托的信赖。当他接过眉间尺的剑,带着眉间尺的头,走向王城时,唱着庄严雄壮的战歌。到了王城以后,他又机智地骗取了国王的信任,斩下国王的首级,并勇于捐躯,和敌人同归于尽。所有这些,无不说明在宴之敖者的血管里流布着广大人民向暴君复仇的鲜红的血液。

　　值得指出的是,在宴之敖者的艺术形象上,还分明地凝聚着鲁迅自己的爱和憎,

[①] 鲁迅一九三六年三月二十八日在《致增田涉》的信中说,这是"奇怪的人和头颅唱出来的歌,我们这种普通人是难以理解的"。陈梦韶同志曾对这些歌词做过解释,请参阅《厦门大学学报》1979年第1期《吹响进军号角,奏起动地凯歌》一文。

体现着鲁迅自己誓与敌人决一死战的强烈愿望。首先,作品中这个抗暴义士的名字——宴之敖者,是鲁迅曾经用过的笔名。鲁迅用自己的笔名,命名作品中的人物,这是仅有的一次,是十分值得注意的。其次,宴之敖者的言行体现着鲁迅的战斗精神,鲁迅在北京和"正人君子"们斗争,"实为公仇,决非私怨"[①]。他之所以要迎击敌人,是因为在他的灵魂上同样"有这么多的,人我所加的伤"。鲁迅是感受着广大人民的痛苦,代表全民族的大多数向着敌人冲锋陷阵的。"三一八"惨案后,他坚决主张"血债必须用同物偿还",并渴望着以"别种方法"向敌人进行斗争。所以当他执笔为文,刻画宴之敖者的形象时,就将自己战斗的感情和愿望寄托在这一人物身上。

但是,我们能不能说小说中的宴之敖者就是鲁迅自己?显然不能。鲁迅曾在《出关的"关"》一文中说:"纵使谁整个的进了小说,如果作者手腕高妙,作品久传的话,读者所见的就只是书中人,和这曾经实有的人倒不相干了。例如《红楼梦》里贾宝玉的模特儿是作者自己曹沾,《儒林外史》里马二先生的模特儿是冯执(萃)中,现在我们所觉得的却只是贾宝玉和冯二先生,只有特种学者如胡适之先生之流,这才把曹沾和冯执(萃)中念念不忘的记在心儿里:这就是所谓人生有限,而艺术却较为永久的话罢。"我们不能像胡适之那样,只记着"曾经实有的人",把"人生有限"的曹沾,当作"较为永久"的艺术形象贾宝玉。纵使鲁迅以自己为模特儿塑造了宴之敖者这一形象,同样,我们也不能把宴之敖者就视为作者自己,他仍然是一个"较为永久"的古代义士的英雄形象。对于眉间尺和国王的形象,也应当作如是观。

眉间尺和宴之敖者都是作品的主人公。鲁迅在编定《故事新编》时,把作品的题目由原来的"眉间尺"改为"铸剑",就说明了这个问题。从故事的情节来看,第一部分主要写眉间尺,第二部分兼写他们两人,第三部分则主要写宴之敖者。就表现主题思想方面说来,宴之敖者则显得更为重要。过去有人否认宴之敖者也是作品主人公,这种看法是不符合作品实际的。

宴之敖者和眉间尺所进行的斗争,就是鲁迅所期望的"别种方法"——"火与剑"的斗争。他们的行为富有义勇和正气。他们的胸中充满报仇雪恨的烈焰。他们的精神是不可战胜的。作品描写他们的头颅"知道了王头确已断气,便四目相视,微微一笑,随即合上眼睛,仰面向天,沉到水底里去了"。这笑,是胜利的笑,是对于暴君蔑视的笑。他们以自己的头换得国王的头,这样的死,死而无憾。他们所唱的四首歌,是

[①] 鲁迅:《致杨霁云》(1934年5月22日)。

他们斗争胜利的凯歌,也是《铸剑》的"伟丽雄壮"[1]的主题歌。这四首歌贯穿着"爱"和"血"两个字。为祖国为人民而流血是值得的。"灵台无计逃神矢","我以我血荐轩辕"。鲁迅在日本写的这两句诗,可以说是这种先"爱"后"血"的理论依据。

过去有人说:"眉间尺和宴之敖者与敌人同归于尽给作品带来了悲观低沉的调子,缺乏乐观主义的明朗的色彩。这正反映了鲁迅前期思想的局限。"这样的论断,是不符合作品实际的。难道说让眉间尺和宴之敖者一起杀进王宫,或者让宴之敖者斩下国王的首级,返身逃走,杀出重围,那才算充满了"乐观主义的明朗的色彩"吗?那才叫作没有"思想的局限"了吗?殊不知那样写,既违背了历史的真实,也破坏了艺术的真实,那才真正是反历史主义的东西呢!我们认为《铸剑》应属于鲁迅思想转变期间的作品,硬把它归为鲁迅前期的作品,是不尽妥当的。

三

《铸剑》在开掘主题、塑造人物方面之所以能取得很高的成就,除从鲁迅思想发展上寻找原因外,还需要从创作方法上进行一些探讨。

鲁迅在《故事新编》的《序言》中说:"对于历史小说,则以为博考文献,言必有据者,纵使有人讥为'教授小说',其实是很难组织之作,至于只取一点因由,随意点染,铺成一篇,倒无需怎样的手腕。"这无疑是说,创作历史小说有两种方法:一是"博考文献,言必有据",二是"只取一点因由,随意点染,铺成一篇"。《铸剑》则是采用了后一种方法。历史小说既然是小说,和其他一切文艺形式一样,最重要的应是塑造出成功的艺术形象。而在塑造艺术形象的过程中,作家的虚构和想象则是不可缺少的。有"三分虚构"的《三国演义》,比"多纪实事"的《列国志》在塑造艺术形象上更为成功、更为典型、更为激动人心,不是充分说明了这个道理吗?由此可见,对于历史小说有决定意义的,在于如何充分地注意文艺的特征,创造动人的艺术形象。关于作家如何创造艺术形象问题,鲁迅曾经这样说过:"作家的取人为模特儿,有两法。一是专用一个人,言谈举动,不必说了,连微细的癖性,衣服的式样,也不加改变。这比较的易于描写……二是杂取种种人,合成一个,这和作者相关的人们里去找,是不能发现切合的了……我是一向取后一法的。"[2]创作现代小说,如果以"专门一个人"作模特儿,"这比较的易于描写",但是,就创作历史小说来说,要把历史上某"一个人"的"言谈

---

[1] 鲁迅:《致增田涉》(1936年3月28日)。
[2] 鲁迅:《且介亭杂文末编·出关的"关"》。

举动""微细的癖性""衣服的式样"都不加改变地刻画出来,做到"言必有据",则是很困难的。有时这种困难简直是无法克服的。鲁迅认为,"博考文献,言必有据"虽然不失为创作历史小说的一种方法,但它容易束缚作家的手脚,妨碍作家艺术创造能力的发挥,最后导致违背文艺创作的规律,忽视文艺创作的特征。因此,鲁迅"是一向取后一法的",正如郭沫若同志所说:"他的《故事新编》中的那些作品是取材于神话传说的,有的远到了开天辟地以前,全靠丰富的想象力编织成了绚烂的万花镜图卷。当然,他是借以讽刺现实的,但你能说那里不是饱含着浪漫主义的风格的吗?"[①]郭老的话说得多么中肯、多么正确啊!

正因为鲁迅创作《铸剑》这篇历史小说,采用了"只取一点因由,随意点染"的方法,所以他在写作过程中,除对原材料作了一些增补和改动以外,又驰骋他丰富的想象力,挥洒自如地铺排、点染出许多动人的场景。且不说眉间尺的父亲三年铸剑,一旦开炉时出现的那般神奇、壮观的景象,也不说眉间尺和宴之敖者如何推心置腹在杉树林边密谈,单说宴之敖者"变戏法"的那个场面,就确实令人惊心动魄:国王在殿上由无聊愁闷而厉声发问,王后、妃子、群臣和侏儒在一旁由胆战心惊而嗤嗤冷笑,宴之敖者在殿下从容应对而借机斩下国王的首级,眉间尺的头在沸鼎中由上下起舞而慷慨悲歌,又与王头展开殊死的搏斗⋯⋯所有这些,都表现出鲁迅非凡的想象力和艺术创造精神。作者神思飞扬,匠心独运,真可谓"寂然凝虑,思接千载;悄焉动容,视通万里;吟咏之间,吐纳珠玉之声,眉睫之前,卷舒风云之色"[②]。凡是熟悉《铸剑》的人,谁都不会否认作品感人的地方正是作者虚构的部分。有人说《铸剑》是《故事新编》中仅有的一篇博考文献、言必有据的历史作品。那么,请问上述部分"博考"了哪些"文献"?"言必有据"的"据"又在何处?鲁迅曾说:"《铸剑》的出典,现在完全忘记了,只记得原文大约二三百字。"[③]如果认为这"大约二三百字"的"原文"是指《列异传》,那么,除此以外,恐怕也不会再有其他的根据了吧。相反,《故事新编》中其他各篇所依据的"文献",比起《铸剑》来,的确要"博"得多。就是拿被某些同志认为当作历史小说最成问题的《理水》来说,所依据的历史材料,也不仅仅是《史记》中的《夏本纪》,这只要翻阅一下《鲁迅全集》的注释,就会一目了然的。因此,把《铸剑》认作《故事新编》中仅有的一篇博考文献、言必有据的历史作品,并以此否定其他各篇是历史小说,这是不能令人信服的。

[①] 《沫若文集》第 17 卷:《浪漫主义和现实主义》。
[②] 刘勰:《文心雕龙·神思》。
[③] 鲁迅:《致徐懋庸》(1936 年 2 月 17 日)。

此外,由于鲁迅曾经说过"《故事新编》是'塞责'的东西,除《铸剑》外,都不免油滑"[①]的话,也被某些同志当作论证《铸剑》是历史小说,而其他各篇不是历史小说的根据。所谓"油滑",就是在历史的画面里融进了现代生活的某些细节,或对现实中的某人某事有所影射。如《补天》里的"古衣冠的小丈夫",《理水》里的"文化山"上的"学者"和"水利局"的"大员",《采薇》里的"为艺术而艺术的艺术家"和拦路抢劫的"小穷奇",《出关》里的"签子手",《非攻》里的"募捐救国队",《起死》里的公安局的"局长"和"巡士"等等。所有这些,都是对二三十年代半殖民地半封建社会各种丑恶现象的鞭挞,因而使当时"有些文人学士,却又不免头疼"[②]。虽然鲁迅说过"油滑是创作的大敌,我对于自己很不满"[③],但是由于它确实发挥过战斗的作用,"'有一弊必有一利'也"[④],所以鲁迅在从开始写作《故事新编》到最后完成的十二年里,"仍不免时有油滑之处"[⑤]。像这样的"油滑之处",《铸剑》就丝毫没有吗?当然是有的。如描写眉间尺捕鼠时说"他近来很有点不大喜欢红鼻子的人"。假若我们知道《理水》里的"鸟头"先生是影射何人,也就不难理解这里所说的"红鼻子的人"是对谁的讽刺;那个说眉间尺压坏了他"贵重的丹田"而必须作人寿保险的"干瘪脸少年",同样是对现实生活中这类恶少的写照;宴之敖者说"仗义,同情"之类被某些人当成了"放鬼债的资本",不也是对当时的"正人君子"们的揭露和批判吗?当然,我们应该看到,《铸剑》的"油滑之处",比起其他各篇特别是《理水》来,的确要少得多。我以为鲁迅的话是比较而言的,我们不应死抠,更不应以此作为否认其是历史小说的根据。至于谈论关于"油滑"的利弊问题,已不属于本文的范围,只好留待以后再说了。

---

① 《致黎烈文》(1936年2月1日)。
② 《致黎烈文》(1936年2月1日)。
③ 鲁迅:《故事新编·序言》。
④ 《致黎烈文》(1936年2月1日)。
⑤ 鲁迅:《故事新编·序言》。

简论鲁迅杂文的艺术特质①

阎庆生

阎庆生,陕西礼泉人,1944年出生,陕西师范大学教授,博士生导师。1969年毕业于西北大学中文系,分配至西安日报社任记者、编辑。1978年考取西北大学中国现代文学专业研究生,1982年获四川大学硕士学位。同年春,分配至陕西师范大学中文系任教,曾任教研室主任、《唐代文学研究年鉴》专职编辑、《陕西师范大学学报》编辑部副主任(1984—1985)。同时,兼任中国现代文学研究会理事、中国鲁迅研究会理事。在《北京大学学报》《文艺研究》《文艺理论研究》《吉林大学学报》《陕西师范大学学报》等刊物发表学术论文60余篇,两篇孙犁研究论文被《新华文摘》全文连载。出版了《鲁迅杂文的艺术特质》(1983)、《鲁迅创作心理论》(1996)、《晚年孙犁研究》(2004)、《美学与心理学视域中的晚年孙犁》(2020)等专著和散文集《鸿影小集》(1991)。《鲁迅杂文的艺术特质》被誉为"中国研究鲁迅杂文的第一本专著";《晚年孙犁研究》出版后,《人民日报》《光明日报》《解放军报》《中华读书报》《文汇读书报》《社会科学评论》等多种报刊予以报道和评论。学术论著多次获省级社科优秀成果二、三等奖。参编的著作有"鲁迅研究书系"16种,《孙犁选集》4卷本;前者获第三届国家图书奖提名奖(含拙著《鲁迅创作心理论》)。

"杂感这种文体,将要因为鲁迅而变为文艺性的论文(阜利通——feuilleton)的代名词。"②我以为,这原因在于:鲁迅杂文实现了杂文这一边缘性文体的直接评论性与文学性的浑然融合,实现了革命的思想内容与尽可能完美的艺术形式的高度统一,多方面地、卓异地体现了艺术的本质;在中国散文发展史上,具有划时代的、典范的

---

① 原载《鲁迅研究》1983年第2期。
② 瞿秋白:《鲁迅杂感选集序言》。

意义。

长期以来,人们对鲁迅杂文的艺术性进行了有益的探索和研究,其中不乏精到之论。但也似乎存在着这样的不足之处,即未能紧紧扣合杂文形式本身的文体特点去立论,往往是较多地分析了鲁迅杂文艺术表现上的一些具体手法,而未能从整体上去阐明鲁迅杂文究竟从哪些方面体现了艺术的本质,何以是杂文创作的典范和艺术珍品。笔者不揣浅陋,试图在前人研究成果的基础上,结合杂文文体的根本特征,主要从思维方式的运用这一特定角度来窥探鲁迅杂文的艺术特质,以求教于专家和读者。

一

黑格尔在谈到艺术的分类标准时说过:"分类的真正标准只能根据艺术作品的本质得出来,各门艺术都是由艺术总概念中所含的方面和因素展现出来的。"[①]应该说,这个观点同样适合于语言艺术——文学的各种体裁的划分,适合于对杂文包括鲁迅杂文的研究。

不管"杂文"这一概念的含义,"杂文"这一形式在历史上有着怎样的演变,但它在"五四"时期经鲁迅之手的重新铸造,从文学散文中分化出来而成为一种独立的文学形式,为人们所承认和接受,是毋庸置疑的客观事实。大家也已经习惯于把文艺性的评论文章(杂文)同叙事散文、抒情散文区别开来。这是有其必然性的。社会实践需要杂文这种文体,因为它能够同时满足人们两个方面的需要:一是具有直接的评论、议论作用,二是具有艺术感染力。正是这一特点,为一般的文学散文和一般的评论文章所无法代替。也就是说,"杂文"能够独立成体,与它本身的特点及由其决定的独特功能密不可分。因此,研究鲁迅杂文的艺术,决不可以撇开杂文文体的根本特征,不能撇开鲁迅杂文是从哪些方面和环节展现了艺术的本质,以及这种展现的具体特点。

那么,杂文文体的根本特征究竟何在呢?

我们说,杂文文体的根本特征在于它的两重性,即兼有评论性和文学性。

从纯文学和杂文学的区别入手,易于揭示杂文文体的这一本质特征。

世界上的一切事物都有类可归,有其质的确定性,但却没有绝对的界限。在相邻的两类事物之间,总有中间、边缘地带,有某些过渡物存在。就文学来说,除了比较纯粹的文学与明显的非文学,还存在着介乎二者之间的杂文学。这种现象,与文学内部

---

① 黑格尔:《美学》第3卷上册,第12页。

各种形式的相互渗透(产生了散文诗、寓言诗、童话剧、诗剧等),艺术内部各种形式的相互渗透(产生了舞剧、美术片、舞台艺术片等),艺术与非艺术的相互渗透(产生了科教片、新闻纪录片、武术等)一样,都是辩证法的体现。

文学散文也有"纯""杂"之分。一般地说,叙事散文和抒情散文是纯文学,因为它们都是靠描绘艺术形象或生活画面来反映生活,表现作者的思想感情,运用的主要是形象思维。而只要是以议论为主的散文,就无法被写成纯文学,充其量只能带有一定的文学性,只能算是杂文学。先秦诸子的一些文章,将哲学、政论与文学结合在一起,应以杂文学视之。因其主导的方面是直接发议论,就不能不相当突出地运用逻辑思维,以概念、判断、推理等逻辑形式去证明某个论点。所以,它不可能主要地用形象思维的方式,用生活本身的形式去显示某个主题,而只能在某种程度上将逻辑思维与形象思维结合起来使用。这就决定了它不能属于严格意义上的文学,而只能属于杂文学。从魏晋起,文学自觉的时代开始了,但因社会实践的需要,文学作品与哲学、学术、应用文章,仍然既有分又有合。不过,杂文学散文写得好的,可以将逻辑形式与生活图画、逻辑论证与形象显示、理智与感情熔于一炉,达到高度、完美的结合,其艺术成就未必低于某些优秀的抒情、叙事散文。

鲁迅对于"杂文"的看法,就其文体的性质来说,认为是"议论""评论"。如他在谈到编辑《莽原》时,曾说:"我所要多登的是议论,而寄来的偏多小说,诗……所以尚有近于议论的文章,即易于登出。"[1]在这个意义上,鲁迅并不将杂文当作文学创作看待。但是,这仅是问题的一个方面。在强调杂文必须具备一定的艺术性,并不容易作的意义上,鲁迅又是将杂文当作文学作品看待的。所谓"生动,泼剌,有益,而且也能移人情"[2],"也能给人愉快和休息"[3],就是在说明和强调杂文作为文学作品应有的艺术美感和教育作用。上述两种看法,既矛盾,又统一。这正是杂文这种文体具有两重性的反映,说明了杂文不是纯文学,而是杂文学。人们尽管可以从不同的角度写作它、阅读它、研究它,但却不能改变它作为一种特殊文体所具有的客观性质。

刘勰论文,讲究"文之枢纽",借用他的术语,可以说"杂"是"杂文"的一个"枢纽"。在散文领域,区别开纯文学与杂文学,即区别开抒情散文、叙事散文与议论散文,必须解开"杂文"的"杂"这一"枢纽"。它的意义在于:可借以深入研究文学的本质在各种散文中表现的异同点,明确和掌握它们各自不同的创作规律。这一点,对于

---

[1]《两地书·三四》。
[2]《且介亭杂文二集·徐懋庸作〈打杂集〉序》。
[3]《南腔北调集·小品文的危机》。

杂文来说,尤为重要。

一般认为,杂文的题材广泛,样式与写法多样化,就是所谓"杂"。这种看法,有一定的道理,但并没有真正揭示出杂文的文体特质,没有抓住杂文文体的本质属性。就一个历史时期、一位作家杂文创作的整体来说,题材、形式多样,写法各异,确实是够"杂"的;但从一个特定的具体单篇杂文来看,其题材、形式、写法就不那么"杂"了。这就暴露了单从形式上着眼看待杂文文体特征的局限性。我们知道,科学的概念应该揭示事物的本质属性。某类事物真正的本质属性,应该在这类事物的每一个"个别"中都有所体现。这是"一般"与"个别"的辩证法。对于杂文文体本质属性的认识,应当深入到形式与内容的统一上,深入到它所具有的两重性上。照笔者看来,杂文之"杂",在于它是科学领域的评论与艺术领域的文学散文的交叉、融合,兼有评论性和文学性,与严格意义上的科学论文和比较纯粹的文学作品有显著区别;在其内容和对象上表现为对社会生活的评论与对人的描绘的彼此靠拢、结合;在思维方式的运用上,体现为逻辑思维与形象思维通过具体材料的有机统一;在艺术特质上,表现为形象、"画面"与逻辑形式的统一——统一于形象化、情感化的说理。简言之,在于它兼有评论性和文学性,以逻辑思维和形象思维相结合的方式掌握世界。抓住了这一点,有关杂文的许多问题,都会得到中肯的说明。

对于世界的科学掌握,要用逻辑思维;对于世界的艺术掌握,要用形象思维。这两种思维方式除了遵循人类认识的总规律,各自都还有一套特殊的规律。科学家要在科学事业上有所发明创造,主要靠逻辑思维的能力;作家、艺术家要在艺术事业上取得成功,主要靠形象思维的能力。对于从事杂文这种特殊的、边缘性的文体写作的人来说,情况就不是这么简单了。它要求能够运用自如地将两种思维融合在一起使用。换言之,杂文写作不仅要长于逻辑思维,而且要长于形象思维,不仅要长于这两种思维,而且还要具备在文章的构思、结构、语言、技巧等方面,把它们二者水乳交融地结合在一起的才能。

要写出优秀的杂文,并不容易。因为上述两种思维方式的有机结合,并不是随随便便的、无条件的。它们之间相互渗透、相互转化,而又相互制约。应该说,在杂文创作上,存在着与两种思维方式有机结合相适应的若干艺术技巧。譬如:虚拟人物的语言、动作、神态;使人物或事物进入设想中的规定情境,赋予生活的表现特征,在比喻的基础上展现设想中的生活画面;表达形式上夹叙夹议,融描写、抒情于叙述、议论;结构上以逻辑论证为经,以形象描绘为纬;等等,不一而足。在杂文创作中,有许多矛盾需要认真妥帖地处理:既要坚持如同历史、新闻的客观真实性,又要运用艺术想象;

既要刻画形象,或不断地创造"形象因素",又不能让其充分地展开,自成系统,摆脱逻辑形式的制约;既要对具体材料分析论证,由"个别"上升到"一般",又不能进入纯抽象领域,写成科学著作;既要使逻辑形式与生活画面、"个别"与"一般"之间流动转化、渗透融汇,又要不见痕迹,巧妙自然……。如果忽视杂文文体具有两重性这一整体性的特点,恐怕处理不好以上种种关系,写不出好的杂文。

俄国杰出的文艺理论家别林斯基曾指出:"艺术越接近它的某一界线,就会渐次地消失它的一些本质,而获得界线那边的东西的本质,因此,代替界线,却出现了一片融合双方面的领域。"①别林斯基的这个见解,充满了辩证法。它,可以在鲁迅杂文中得到印证。

如果弄清了鲁迅杂文究竟失去了文学的一些什么本质,而获得了"界线那边的东西"——评论——的一些什么本质;那么,我们就会明晰地认识、准确地把握鲁迅杂文的艺术特质。

二

艺术的根本特征在于,它以形象思维的方式掌握世界,以形象化的形式反映生活。艺术所展示的,不是裸露的、枯燥的逻辑形式,而是含蓄、生动的艺术形象、生活图景。杂文作为一种边缘性的文体,尽管不属于纯文学作品的范畴,具有两重性,但到了伟大的文学家鲁迅手里,却被极为熟练地驾驭着,尽可能多方面地赋予了艺术的本质,放射出了绚丽动人的艺术光彩。

试读鲁迅杂文,几乎都是这样:问题的提出,无不来自活生生的生活现象;判断、推理的展开,往往连缀着形象的美丽花结;反过来,形象描绘的地方,也无不为理智的光芒所照耀;而所运用的文学语言,十分精练,极富于形象性,能够唤起读者的想象,激发读者的感情。总之,在鲁迅杂文里,概念和形象、理性和诗意之间以多种形式自由地转化、渗透,达到了无施不可、炉火纯青的艺术境界。

但是,如果仅仅承认鲁迅杂文富于形象性,还不能真正揭示鲁迅杂文的艺术特质,不能阐明鲁迅杂文何以是艺术珍品。只一般地说鲁迅杂文富于形象性,很容易将鲁迅杂文高度的艺术性的获得仅仅归结为某些修辞格的运用,而看不见作家在写作杂文过程中创造性地进行审美和艺术思维的活动。

仔细研读鲁迅杂文,就会发现:各种社会现象、各种人和事在作者笔下之所以展

---

① 《别林斯基选集》第2卷,第441—442页。

现为动人的艺术画面,这正是出色地运用艺术想象的结果;舍艺术想象,鲁迅杂文的形象性以及由之而来的艺术魅力将无从谈起。

毫无疑问,杂文的艺术性必须通过形象思维(亦即艺术思维)的方式来实现;而想象虽然不是形象思维的全部,却是它的主要成分和实质。

黑格尔说过:"真正的创造就是艺术的想象活动。"车尔尼雪夫斯基也曾指出:"在诗的天才中,主要的东西就是所谓创造性的想象。"这里所谓"诗的天才",广义地说,就是文学艺术的天才。文艺的发展史表明:离开了创造性的想象,就谈不上艺术创作。高尔基曾多次讲过这个意思。这一点,对于任何一个作家、艺术家来说是这样;对于任何一种艺术形式来说,也是这样。因为舍创造性的想象,艺术形象将无从塑造,生活图画将无从描绘。这恰如鸟儿失却翅膀就不能飞腾一样。杂文既然是一种文学样式,它尽管有其很特殊之处,但却不能离开艺术想象而存在,恰恰在最主要之点独独例外。

或问:杂文要凭事实说话,这与运用艺术想象岂不矛盾吗?我们说,这两者固然矛盾,但在一定条件下又可以统一。他们的矛盾主要表现在:一欲实实在在,有根有据,一欲踵事增华,浮想联翩,一欲推演三段论,一欲展现生活画面,一欲出入"灰色"的理论之门,一欲环绕"常青"的生活之树……这就使两者之间不休止地相互妨碍、相互纠缠着,给杂文写作带来了不容忽视的困难。一方面,艺术想象的天地因着事实必须绝对真实以及逻辑形式的外露而变得狭窄起来;另一方面,严格的客观真实性又会因艺术想象的偶一不慎而蒙受损害。非训练有素,处理起这两者的关系来,难免顾此失彼,捉襟见肘。但话说回来,它们两者之间存在着矛盾,这仅是问题的一面,问题的另一面是,它们又是可以统一的,即在一定条件下能够"友好合作"。换言之,两者又可以相互联结、补充、强化。

那么,这两者统一的基础和条件又何在呢?

凡社会范畴的客观事实莫不与特定的人、特定的事物、特定的情境相关,具有与其本质相联系的或显或隐的表现特征。这是艺术想象得以进行的客观依据,也是上述用事实说话与运用艺术想象两个方面统一的基础。在杂文创作中,艺术想象的主要功能是赋予事物以表现特征。至于上述两个方面统一的条件,则在于作家对客观事实的如实反映,对社会生活自身发展逻辑的深刻了解,对艺术想象的具体形式和规律的熟练掌握。社会生活有其自身发展的逻辑,作家只要把握住这个逻辑(凭理解力),同时,具有较强的观察力和艺术感受力,就可以运用自己积累的生活经验、艺术经验,对人或事物的面貌、命运进行揣摩、预测,对其在具体的规定情境下的表现特征进行设想。虽然这种设想和预测比在其他文学体裁中的必要性小得多,但却来得非常严格。然而,对于它的运用毕竟是必要而又可能的。在这里,关键在于有一个合适的分寸。具体地说,就是艺术想象不能改变、淹没客观事实,不能使作者的评论对象变成虚构的,而必须是紧紧地附丽于客观事实;同时,在行文上,要使读者清楚地看出作者的笔下,哪些是对客观事物实在情状的叙述,哪些是对想象中的事物的描绘。

伟大的文学家鲁迅,正是辩证地处理了上述关系,以生活的客观真实性为前提,结合杂文文体的具体特点,娴熟巧妙地挥动了艺术想象的彩笔,在逻辑形式重复纵横、疑是无路的背景中,开拓出了形象思维"又一村"的胜境。

我们从两个方面来看鲁迅杂文中艺术想象的运用:一是人物形象的刻画,二是"形象因素"的创造。

在人物刻画上,鲁迅杂文有两种情况。一种情况是生活素材本身包含着比较显著的形象性和典型性,在这种情况下,主要是再现人物表现特征的问题;另一种情况是生活素材虽然具有典型性,但其形象性不大明显,在这种情况下,主要靠虚拟赋予人物以表现特征。即使是"再现",也并非照搬所能奏效,而是必须以敏锐的艺术感受能力和丰富的想象力作根底,对生活素材进行捕捉、选择和提炼;至于"虚拟",基本上是靠作者发挥创造性的想象,把人物引入设想的规定情境中进行活动。

艺术想象在鲁迅杂文的人物刻画上,主要表现为虚拟,其具体形式是多种多样的。

虚拟人物的语言、动作和神态,有分用的,有合用的。这里举一个合用的例子:

> 天下以我为可恶者多,所以有一个被我所骂的人要去运动一个以我为可恶的人,只要摊出我的杂感来,便可以做他们的"兰谱","相视而笑,莫逆于心"了。"咱们一伙儿。"①

作者要说明他杂感中的"骂","对于被骂者是大抵有利的"这种具体事实,鲁迅杂文多次提供过。但这里,作者出以虚拟之笔,想象了论敌在规定情境中的语言、动作、神态。"摊出我的杂感来","相视而笑,莫逆于心","咱们一伙儿",纯系想象之辞,但却惟妙惟肖,使那些庸碌厚颜之辈扭捏作态、强为镇静的神情跃然,把那般东西空虚、无耻的灵魂,无能、无聊而又可笑的面目暴露得入木三分。显然,艺术想象在此的功能是:克服具体的客观事实的局限性,在可能限度内赋予人物以显著的、典型的表现特征,使评论对象化为活生生的、有血有肉的人。这种"虚拟",具有两重性:一是

---

① 《而已集·意表之外》。

艺术的真实性,即合乎情理,符合某个人或某群人的性格逻辑;二是生活的假定性,真实的人物虽未如此,但假定他(他们)是这个样子。总之,是又"假"又"真",这与小说创作中的"虚构",完全地以假为真有很大的不同。

刻画人物的心理活动。心理活动能够显露人物灵魂深处的秘密,真切地表现"这一个"的性格特征。因为心理是内在的,所以它只能以艺术想象的形式去表现。在《怎么写》一文中,鲁迅曾对清代纪晓岚的《阅微草堂笔记》"竭力只写事状,而避去心思和密语"作了中肯的批评,这说明他对艺术的本质有着深刻的认识。在杂文中,鲁迅不肯轻易放过人物的心理活动这块更多需要以艺术想象力去开拓的"地盘"。适应着杂文以议论为主、着重记述和分析人物的言论这一特点,鲁迅在其杂文作品中主要通过虚拟人物的内心独白,有力地显示人物的灵魂。《"友邦惊诧"论》[①]针对国民党政府给参加南京请愿的抗日学生强加种种罪名,并发出"友邦人士,莫名惊诧,长此以往,国将不国"的叫嚣,举事析理,痛斥论敌。文末,作者以绘声的文字虚拟了"友邦人士"的一段内心独白:"……'友邦人士'是知道的:日兵'无法劝阻',学生们怎会'无法劝阻'?每月一千八百万的军费,四百万的政费,作什么用的呀,'军政当局'呀?"请看,"友邦人士"对"日兵"和"学生"的态度如此不同、如此蹊跷;对"军政当局"责问的口吻如此傲慢强硬……这就活画出了他们"惊诧"的"臭脸孔",彻底暴露了他们的反动立场。

在女师大风潮中,"现代评论派"陈西滢之流采取"抬高"和"压服"两手对付坚决站在进步学生一边的鲁迅先生。鲁迅独具只眼,洞察幽微,识破了他们的阴险伎俩。他在《我的"籍"和"系"》[②]一文中,面对陈西滢一面攻击他"暗中鼓动""风潮",一面又假惺惺地对他表示"很尊敬"的行径,追溯、总结着历史的经验,把锋利的战笔直插这类人灵魂的深处。他指出:"我们的乏的古人想了几千年,得到了一个制驭别人的巧法:可压服的将他压服,否则将他抬高。而抬高也就是压服的手段,常常微微示意说,你应该这样,倘不,我要将你摔下来了。"斗争方式的特殊之处就在于它已经深入到人们的心理领域来了,而内心独白则是人物形象化、典型化的表现形式。在这里,内心独白有两个显著特点:首先,表达方式上不是采取叙事性的现在进行式,而是经过改制,纳入了作者议论的逻辑轨道,这应该看作是杂文中形象思维向逻辑思维的"靠拢"。其次,不是具体的人物对于具体的人事发出的内心独白,而是几千年来历史

---

① 《二心集》。
② 《华盖集》。

上的反动派在这个问题上共同的、一般性的内心独白,这也应该看作是杂文中形象思维向逻辑思维的"靠拢"。显然,对这种内心独白,必须运用概括性很强的、如同结论一样的语言加以表现。鲁迅杂文中的内心独白,属这种形式的不少。如果说,与这种内心独白相联系的议论部分,往往表现为对某一阶级斗争规律、历史经验的总结,是文章的警策之笔;那么,这种内心独白,则是人物形象刻画上的"点睛"之笔。这种写法,适应着杂文以议论为主的性质,能够增强文章的概括性。自然,它又是具象化、情感化、情理交融的。

内心活动的刻画,在鲁迅杂文中不胜枚举。鲁迅杂文思想意义的深刻、精警,形象刻画的高度独创性,都不能不说与作者对于人物的心理描写大有关系。

象征。当人物的言行等生活素材本身不带有显著的性格特征,不包含多少形象性时,当作者观察现实的着眼点不在于具体的一人一事而在于某一社会集团、某一类社会现象,要对之作出直接的、概括的反映时,与具体的人或事物相联系的写实手法(白描)就无法运用,或虽可运用但却有着不可克服的局限性。在这种情况下,题材与表现手法之间的矛盾就"逼"着作者的思维向艺术想象的方式发展,用虚写的各种象征手法来代替或补充白描。鲁迅杂文结合具体的主题、题材,别出心裁地在人与人、人与物多种多样的广泛联系中,寻找并表现彼此形体上的相似之处和精神上相连的"纽带",恰当、出色地运用了象征手法。这种手法,固然更多地依赖于抽象的理性活动,但尤其需要进行艺术想象。鲁迅杂文中为读者所熟知的"叭儿狗""媚态的猫""蚊子""苍蝇""二丑"等形象,就是对某些文人从多种不同角度所作的象征性比拟。在这类形象里,虽然没有如同单个形象所具备的那种形象的具体性、丰富性,但是,形象所概括的广度却大大地加强了、明确化了。因为凡象征性的形象,总是同某种普泛的概念即"一般"直接联系着,它所反映的理性内容确定、集中而又明显,不待过多的思考,读者就会将其把握住。这类形象之所以具有超个别性,其原因在于作者描绘的不是现实生活中确定、具体的人或物,而是虚拟的"类型"。形象本身以及它(他)的语言、动作、神态等,都是虚拟的。唯其如此,作家必须具有深厚的艺术想象功夫。"叭儿狗""二丑"等形象之所以历久弥新、卓异动人,正是作者在自己的生活经验和艺术感受的基础上,巧妙地运用了创造性的想象的结果。"叭儿狗"不必说了,"二丑"在作者的笔下,真是活灵活现。他倚靠权门,凌蔑百姓,又装着和主子"并非一伙";忽而对被压迫者"冷笑几声,畅快一下";忽而对被陷害者"吓唬一下,吆喝几声";"不过他的态度又并不常常如此的,大抵一面又回过脸来,向台下的看客指出他公子的缺点,摇着头装起鬼脸道:你看这家伙,这回可要倒霉哩!"显然,如果作者没有对于戏剧表演的敏锐艺术感受,没有在一设想情境下通过虚拟赋予人物以表现特征的艺术想象力,"二丑"这个用以比拟、象征帮闲文人的"类型",就不会被创造出来,就不会被写得这么绘声绘色,神情毕肖。

鲁迅杂文还常常捕捉现实生活中某些人富于形态性的动作,将它加以渲染和强化,作为某一社会集团或某一类社会现象的象征。如在《推》[①]一文中,作者以一个报童上电车时,"误踹住了一个下来的客人的衣角,那人大怒,用力一推",致报童跌入车下而被碾死一事为引子,在"推"字上反复地着力描绘,画出了一组简洁的世态速写:

> ……弯上他两条臂膊,手掌向外,像蝎子的两个钳一样,一路推过去,不管被推的人是跌在泥塘或火坑……
>
> 上车,进门,买票,寄信,他推;出门,下车,避祸,逃难,他又推。推得女人孩子都踉踉跄跄,跌倒了,他就从死尸上踏过,走出外面,用舌头舐舐自己的厚嘴唇,什么也不觉得。旧历端午,在一家戏场里,因为一句失火的谣言,就又是推,把十多个力量未足的少年踏死了。死尸摆在空地上,据说去看的又有万余人,人山人海,又是推。
>
> 推了的结果,是嘻开嘴巴,说道:"阿唷,好白相来希呀!"(真好玩之意——引者注)

将"推者"写得身姿、声音宛然如在。从整个文章的立意看,作者并非为具体、实在的"推者"塑像,而是以象征、寓意的手法描绘处于统治者、压迫者地位的整个"高等华人"的形象,揭露社会的丑恶、不合理。在这里,形象是概括的、超个别的,次要的方面和部分被省略了,极度简洁;相应地,形象所包含的思想意义也就单纯、集中,具有更强的概括性。同样的手法,在《"推"的余谈》[②]《踢》[③]《爬和撞》[④]《看变戏法》[⑤]《现代史》[⑥]《"抄靶子"》[⑦]等文中,也有运用。

鲁迅杂文表明:在人物刻画上,作家具有十分杰出的艺术想象才能。他既不虚构事实,又赋予了人物以生动、典型的表现特征,有力地揭示了旧中国形形色色的"社会相"。他在杂文这种最排斥虚构、十分难以运用艺术想象的文体里,培育出了绚丽的

---

① 《准风月谈》。
② 《准风月谈》。
③ 《准风月谈》。
④ 《准风月谈》。
⑤ 《准风月谈》。
⑥ 《伪自由书》。
⑦ 《准风月谈》。

艺术花朵。这个工作,恰如在沙漠里、在石山上进行绿化,很不容易。

鲁迅杰出的艺术想象才能,正表现在他对杂文文体本身所固有的困难的克服上。然而,他的这种"克服",决非不顾或超越杂文文体的特点和创作规律,而是掌握和符合这特点和规律。就人物形象的刻画而言,鲁迅杂文对艺术想象的运用有以下特点:

(一)将艺术想象纳入逻辑论证的轨道,围绕着与论证最有关系的规定性暴露事物的内在矛盾,赋予人物以表现特征。如在《太平歌诀》①中,鲁迅指出,现实使那些主张超时代的"革命文学家""不敢正视社会现象,变成婆婆妈妈,欢迎喜鹊,憎厌枭鸣,只捡一点吉祥之兆来陶醉自己,于是就算超出了时代",并以带有讽刺意味的笔触,将这种人置于情趣盎然的画面之中:

恭喜的英雄,你前去罢,被遗弃了的现实的现代,在后面恭送你的行旌。

用想象的彩笔展示了一幅简括的"送行图":"恭喜的英雄"像古代的达官贵人一样,出门时打着杆上饰以五色羽毛的旗子;道路通向远方;拟人化了的"被遗弃了的现实的现代"在后面为之送行……情境、气氛宛然,俨然真有其事。然而,正是在这想象的画面之中,与论战最有关的规定性、事情的内在矛盾被豁然揭开了;你要"遗弃"(超)时代而去,但时代却紧紧地"在后面"为你送行——正如作者在这段文字后面接着说的:"但其实还是同在。"这就说明,围绕着客观事物的内在矛盾赋予对象以表现特征,能使逻辑论证与形象描绘融为一体,使艺术想象之花获得内在的生命力。

(二)虚写与实写的结合。虚拟人物的语言、动作、神态、心理描写和象征,都是虚写,而白描则是实写。鲁迅杂文在人物刻画上,除了运用各种虚写手法,还大量运用了白描这种手法。后一种手法,在鲁迅杂文中,主要表现在作者对现实生活中真实人物富于思想性格特征的言论的记述,实在的非虚构的动作、神态的描绘。只要生活提供了这方面的材料,鲁迅就不轻易放过,总是用事实说话,以白描之笔出之;而当缺乏这方面的材料或要进一步进行概括时,就常常用虚拟的手法。在这方面,鲁迅杂文非常善于以实带虚,以虚衬实,虚实结合。对于事实,严守客观真实性,不夸张,不虚构,总是有根有据,说得明白确凿;在此基础上,以虚拟的方式进行艺术想象,刻画人物,使之紧紧地附丽于客观事实,从而显得张弛有度、虚不离实。正是由于鲁迅非常善于掌握文体特点,创造性地综合运用了多种艺术表现手法,才使他的杂文在人物刻画上显得左右逢源、游刃有余。

(三)作为结果,体现为人物"类型"的创造。由于杂文以议论为主,艺术想象必

---

① 《三闲集》。

须紧密地结合于、服从于逻辑论证,所以在人物刻画上,只能从与论题最有关系的一两个方面着笔描绘,即突出地描绘人物最主要的社会特征,所以这种文体不可能创造出"典型",充其量只能创造出"类型"。对于小说创作,"类型"是贬义;但在杂文创作中,"类型"却是难能可贵的。鲁迅杂文的美学价值,一个重要的方面就在于它成功地创造了一系列的人物类型,描绘了半封建半殖民地的旧中国社会的讽刺画卷。这种人物"类型",其形象具有高度的概括性和直接的典型性,正如鲁迅所说,"类型"是一种"标本"。鲁迅杂文表明"类型"的成功创造,必须把"形式"与"内容"即"形"与"神"完美地融合在一起;必须用极度浓缩的笔墨,选择一瞬间对人物进行描绘;又必须渗透着作者对人物的审美感情,统一于整个文章的说理。因此,多侧面乃至完整的性格描绘,故事情节的铺展,是与杂文创作格格不入的。这就要求杂文中的艺术想象除了必须置于深刻的理性认识之上,还必须具有单向性、片段性,以及高度的概括性,受到逻辑思维的严格制约。

鲁迅杂文,除对人物有所刻画之外,还大量地使用了一般的形象化方法。如果说,前者所产生的是片段的形象(其最高范畴是类型),易于为读者所注意;那么,后者所产生的则是比"片段的形象"幅度、容量都要小的"形象因素"。它因细微而易于为人所忽略,但对于研究鲁迅杂文的艺术特质却是很重要的、不容忽视的。这原因在于:一般的形象化方法(相对于鲁迅杂文刻画人物的基本方法)的运用,"形象因素"的创造,同样离不开艺术想象。

众所周知,鲁迅杂文中的比喻又多又好,无比精妙。这"比喻",正是鲁迅杂文所运用的一般的形象化方法中最常见的一种。在比喻之外,尚有借代、拈连、用典、摹状、设色等方法。在谈到鲁迅杂文的形象性时,不少人认为这是由于作者运用了比喻等修辞手法。这种看法不能说它不对,但它并不能说明鲁迅杂文何以富于形象性,是文艺创作的珍品。显然,就修辞谈修辞,只能流于皮相和琐碎。只有把问题深入到艺术想象的运用上,才能找到中肯的答案。鲁迅杂文中的比喻所以贴切精当,层出不穷,正是作者出色地运用艺术想象之功。比如,在《难得胡涂》[①]中,作者针对"有人"发出的"汉以后的词,秦以前的字,西方文化所带来的字和词,可以拼成我们光芒的新文学"这一谬论,作喻道:"这光芒要是只在字和词,那大概象古墓里的贵妇人似的,满身都是珠光宝气了。"这里,"古墓里的贵妇人""满身都是珠光宝气",系承谬论中的"光芒"一词化虚为实,由巧妙的联想而得来,这其中如果没有在海阔天空的世界里敏

---

① 《准风月谈》。

捷地寻觅为"此物"作比的"彼物"的能力,没有对事物的情状、神韵进行捕捉、揣摩、体味的创造性想象的功夫,断然是不会成此妙喻的。

其他的形象化方法,也离不开艺术想象。如,在《热风》(五十六、五十九)中,鲁迅以触目惊心的"刀与火"、声口宛然的"来了"作为反革命暴力的借代,使抽象的事物化为绘声绘色的影像。其中的"来了",尤具韵味。"来了"原为百姓对烧杀抢掠的惊叹号呼之辞,鲁迅将其接过去,作为历代都有的暴虐杀掠手段的代名词,因其口吻毕肖,情真词切,读之自然使人眼前浮现出一幕幕历史和现实的烧掠、逃难图景,勾起无限联想。显然,作者具有这种才能:在极为有限的语言形式(如"来了"这一简短的感叹句)里,镶嵌进广阔、深邃的生活图画,渗透自己对事物的审美情感。这种才能,是以艺术家的眼睛观察生活,以艺术方法提炼素材,将事物引入想象世界加以观照,并捕捉与表现事物的形象特征的才能。总之,是创造性的想象的才能。

再看一个将比喻、拈连、摹状、设色等形象化方法结合起来使用的例子:

> 我以为如果艺术之宫里有这么麻烦的禁令,倒不如不进去;还是站在沙漠上,看看飞沙走石,乐则大笑,悲则大叫,愤则大骂,即使被沙砾打得遍身粗糙,头破血流,而时时抚摩自己的凝血,觉得若有花纹,也未必不及跟着中国的文士们去陪莎士比亚吃黄油面包之有趣。①

展现了一幅奇丽动人的"沙漠鏖战图":昏暗荒凉的背景,深含情致而有力的人物动作,亢奋酣畅的声音,浓丽斑驳的色彩,都令人生亲历之感,大大地增强了作者抒情言志的表现力。可以看出,作者非常善于在生活素材和上下文中抓取能够触发艺术想象的契机,利用多样的形象化方法将隐含着的"形象因素"联系并融会在一起,化为光彩夺目的艺术画面。在这里,"艺术之宫"是隐含着"形象因素"的象征性比喻语词,作者由它而生出与之相对照的"沙漠";进而由"沙漠"而生出"飞沙走石""沙砾""头破血流""凝血""花纹"等,巧妙地连缀成了一幅既富于形象感染力,而又服从和切合于论辩内容的画面。艺术想象的多种具体形式,如联想、夸张、虚拟等,在此都发挥了应有的作用。显然,离开了艺术想象就不能将"形象因素"隐含的形象性突显、外化出来,就不能将若干有联系的"形象因素"融为艺术画面的有机整体。

多样的形象化方法,把它们各自孤立起来看,似乎无足轻重;但正是凭借着这一个个具体的形象化方法,鲁迅在他的杂文中,为我们描绘出了一幅幅动人的艺术画面。人们往往看重叙事类文学塑造人物形象的手法,却不大注意适用于各类文学体

---

① 《华盖集·题记》。

裁的一般的形象化方法。应该说,这是一种片面的看法。将这种看法用于鲁迅杂文,势必用"艺术典型"的公式去硬套,从而歪曲鲁迅杂文的艺术特质。相当数量的鲁迅杂文并没有刻画人物形象,我们能用塑造人物形象去概括这一大批鲁迅杂文的艺术特质吗?显然不能。那么,这部分鲁迅杂文的艺术力量究竟从何而来呢?一个最重要的来源是:作者在数以百计的杂文里,通过娴熟地运用多样的形象化方法,而使作品获得处处流动着的"形象因素"。这种"形象因素"具有以下特点:(一)因其量小,易于为人所忽略;(二)它本身不能独立存在,只有将其置于特定的上下文中,换言之,只有将它融入文章的说理,才能显示其作用和价值;(三)一篇文章之中的"形象因素"之间或为逻辑线索所割裂,或相互连贯,组成艺术画面,情况有所不同。

照我们看来,鲁迅杂文中占相当数量的部分,其艺术特质是通过创造所谓"形象因素"而体现的。归根结底,"形象因素"的产生,有赖于进行创造性的艺术想象。这就是说,一般的形象化方法的运用,"形象因素"的创造,看似容易,实则艰辛。以往对于鲁迅杂文艺术的研究,往往重视那些人物形象比较突出的篇目,这固然是应该的;但却不大注意在数量上占相当部分,形象描绘不大突出,甚或根本没有刻画形象的篇目,这不能不说是一个不足之处。须知太阳或月亮悬在天际,固然引人注目、好看;但是,丝丝云彩流行长空,颗颗星斗点缀夜幕,不是另有一番景致,同样令人赏心悦目吗?

综上所述,艺术想象的运用,是鲁迅杂文体现艺术的本质的重要途径;而鲁迅杂文对于艺术想象的运用,适应着文体以议论为主的性质,具有片段性和高度概括性。

结　语

由以上分析可以看出:鲁迅杂文的艺术特质在于艺术想象的运用、作者审美情感的抒发以及它们二者同深刻的理论分析、论证过程的结合,这种艺术特质的获取,得之于作者具有高超的"思维整体水平",即逻辑思维和形象思维的能力都非常发达并且大体平衡。

1982 年 4 月改定于陕西师大

关怀公共精神的"积极自由"行动者
——鲁迅与现代知识分子角色[①]

尤西林

尤西林,祖籍陕西榆林,1947年出生于四川成都。1978年到1982年就读于陕西师范大学中文系,毕业后留校任教。1997年被评为教授,曾担任中文系副主任、校宗教研究中心主任。现为陕西师范大学文学院文艺理论与美学教授、校文科资深教授、校通识教育研究中心主任、博士生导师,兼任中华美学学会常务理事、中华美学学会外国美学学术委员会副主任、中国宗教学会理事、中国文艺理论学会顾问、中国中外文艺学学会理事。2009年受聘为教育部马克思主义重大工程项目"美学原理"首席专家。在美学、宗教学、文学、文化学、教育学等领域均有重要研究成果,主要包括:主编马工程教材《美学原理》(2015、2018)和《通识教育文献选辑》三卷本(2019—2020);出版学术专著《文学批评的类型》(1992)、《阐释并守护世界意义的人:人文知识分子的起源与使命》(1996,增订版2006,台湾版2008,修订版2017)、《人文学科及其现代意义》(1996,增订版2006)、《人文科学导论》(2002,台湾版2008)、《心体与时间》(2009,第十届陕西省优秀哲学社会科学成果一等奖)、《人文科学与现代性》(2013);发表学术论文百余篇。曾获国务院专家津贴(1997)、陕西省首届"高校教学名师"(2003)、宝钢优秀教师奖(2009)等荣誉。

一

对于现代中国而言,鲁迅最重要的意义不仅仅是一位文学家和思想家,而且是涵摄

[①] 原载《学术月刊》2000年第8期。

文学、思想与社会批判为一体的一种人格姿态,它象征着一种现代社会角色:知识分子。

"知识分子"是一个现代概念。与前现代社会的巫、士、教士、意识形态权威相比,知识分子——同样拥有文字符号,但已属于理性工具,而不再是谵妄的象征;同样超越具体实用含义(meaning)而追问根本的价值意义(significance),但不是依据神性而是依据人性;同样关怀公共性特别是公共精神,但不拥有任何身份资格或特权背景。精神观念与权力亦即政教之分离,构成知识分子现代性最重要的基础与标志。

由此而拓展为知识分子一个独特的现代特性,即它不是从属于生产力范畴的脑体分工框架下的脑力工作者,甚至也不是某种专业或职业,而是基于高度专业分工化现代社会的人文整合需要而超越专业分工的精神群体。[①] 在这一意义下,爱因斯坦并非因拥有物理科学含义知识而为"知识分子",而是当他关怀原子能科学的人道主义意义时才称为"知识分子";设若他后来又不关怀公共精神了,则不复为"知识分子"。

康德把脱离蒙昧的现代人定位于自主运用理性。但运用理性却有"私下运用"与"公开运用"之别:"必须永远有公开运用自己理性的自由,并且唯有它才能带来人类的启蒙。……而我所理解的对自己理性的公开运用,则是指任何人作为学者在全部听众面前所能做的那种运用。一个人在其所受任的一定公职岗位或者职务上所能运用的自己的理性,我就称之为私下运用。"[②]康德饶有深意地将专业职业与"私下运用"关联而与知识分子("学者")的"公开运用"区别开来。它意味着,一个政府官员虽则天然地与公共事务关联,但若仅仅作为职业例行公事(亦即国家机器必需的"消极服从"),则只是"私下运用理性"。但当他超越这一社会分工,而以"世界公民社会成员"亦即"学者"独立批判态度面对公众事务时,就成为"公开运用理性"的知识分子。这种超越事功职业而力求保持意义境界的社会定位,导致了后来韦伯关于"志业"或"天职"(Beruf)的著名表述。

在中国现代知识分子发展史上,鲁迅,无论其精神旨趣或实际生活道路,都成为上述知识分子现代含义的一个人格象征。

从甲午惨败到废科举,依托宗法—皇权的儒教上千年政教合一格局终结,包括鲁迅在内的中国第一批现代知识分子由此独立问世。但遑论康、谭、章、王,即使是严、梁,也终究未能与传统断脐。鲁迅却是从内在精神观念到现实世事,终生与以儒教为

[①] 参阅尤西林:《阐释并守护世界意义的人:人文知识分子的起源与使命》导论,河南人民出版社1996年版。
[②] 康德:《答复这个问题:"什么是启蒙运动?"》,见何兆武中译本:《历史理性批判文集》,商务印书馆1991年版,第24—25页。

主流的中国传统意识形态文化搏斗着。

辛亥革命后中国政治及种种"主义"思潮在树大根深的旧传统势力面前的脆弱表现,是鲁迅一生铭记的教训。《野草》所表达的深沉苦闷与拒斥任何形式依傍的孤独执着,实际是鲁迅整体气质的代表性特色。鲁迅从而终生对政治与意识形态持独立审视与批判态度,不仅与亲近政权的自由主义派系相区别,也与挟"主义"话语和政党组织身份的极左文化圈保持着距离。

鲁迅的这种知识分子独立立场当然不应视为知识分子与现代社会唯一正当的关系模式,但它却是知识分子与现代社会(包括国家与广义意识形态)建设多种积极良性互动关系的基点。① 因此,毛泽东称赞鲁迅"是一株独立支持的大树"。但这似乎并不能依据他所谓"大胆地指出托派匪徒的危险倾向"的"助革命"之功,而更应从现代知识社会学高度,视之为"思想性的无依托者"(别尔嘉耶夫)、"社会性非实体(non-entity)"的"自由职业者"(曼海姆)。

鲁迅的自由职业归宿,为其知识分子志愿所定位。辞中山大学教职后定居上海的人生最后十年,鲁迅虽然未间断大学讲演,却典型的是以康德所说的"摆脱公职"的自由独立身份,"面对全体公众""公开运用理性"。这十年同时成为鲁迅以"自由职业"的自由撰稿人身份,写作社会评论杂文的黄金十年。

即将进入 21 世纪的今日中国,仍仅有极少数人能幸运地将个人生计与超职业地"公开运用理性"结合为自由"天职"。鲁迅择业的知识分子自我意识至今在感召着后来人。

青年鲁迅弃医弄文的著名精神事件,应提升到鲁迅自觉选择现代知识分子道路的高度看待。这一转变奠定了鲁迅一生的事业目标:改造国民精神。鲁迅以"立人""张精神"为立国之"首"的信念,既反映了中国近代启蒙从器物、制度向文化精神逐步推移的深度,又表现了这一启蒙无力综合,反而割裂社会形态诸要素的前唯物史观局限。但着眼于精神意义,以科技工艺为主流的现代社会的盲区,恰恰是现代知识分子兴起的一大背景。与之相关,"国民精神"又关系到知识分子现代起源的另一背景,即在现代分化性社会中重建公共性,特别是公共精神的历史性要求。

在与科技工艺相区分的方向上选择人文学科的文学,则同样典型地体现着现代知识分子的人文价值特性。② 文学在知识分子现代起源史上占据着特殊位置。与知识分子互动共生的现代公共领域,其母体与原初形态,恰是 18 世纪开始,依托沙龙、

---

① 参阅尤西林:《阐释并守护世界意义的人》第四章、第五章、导论。
② 参阅尤西林:《阐释并守护世界意义的人》第四章、第五章、导论。

读书会与艺术展览馆而产生的文艺评论交往空间。[①] 法国大革命后,欧洲现代化进程将文学评论扩展为更加广泛的社会政治评论。文学评论家成为最早的现代知识分子。以左拉为首的文艺家群体在著名的"德雷福斯案件"中,向现代社会第一次显示了知识分子的公共关怀形象。

上述知识分子与文学、公共性的现代产生历史,不仅可以为理解鲁迅弃医弄文提供深层背景,而且有助于对鲁迅继而从纯文学走向社会评论性杂文这一转变以及鲁迅杂文的思想史地位作出更为深广的新解释:如鲁迅明确道白的,为改造国民精神而弃医弄文,是因为文艺"善于改变精神"。但随着中国现代社会与思想状况的演变,"改造国民精神"的知识分子公共关怀精神势必扩大与超越作为工具的文艺而转向社会评论。作为公共社会评论的杂文,成为鲁迅知识分子公共关怀的典范形态。其普遍性不仅可从前述西欧现代公共领域演进史得到印证,也可从19世纪以别、车、杜为代表的俄国第一代知识分子将文学评论扩展为社会评论获得印证[②],这一普遍性甚至在20世纪后半叶开始的欧美文学评论的文化评论化[③]以及90年代后半叶中国大陆文学刊物大规模思想评论化现象中一再显现出来。

二

然而,恰恰是在20世纪末叶中国社会空前现代转型时代,鲁迅的现代知识分子角色受到严重质疑。这一质疑发自现代思想主流的自由主义。

自由主义的质疑有其深广的现代性反思背景。

现代性的重大危机是,在神力与纯暴力已失去合法性的现代,私利扩张统治的基本方式之一,是利用伪理性的意识形态话语冒充公共领域代表,继而恢复政教合一。20世纪"意识形态加恐怖"的极权主义数起肆虐,均与此直接相关。

与之对立的自由主义捍卫以私有财产为核心的个人权利的不可侵犯性,坚持私人生活的"消极自由"对于公共参与的"积极自由"的优先性。作为现代性开端的马丁·路德信仰私人化原则表明,精神的个体性已收摄了一切普遍主义观念。韦伯的著名说明是:"我们这个时代,因为它所独有的理性化和理智化,最主要的是因为世界已被除魅,它的命运便是,那些终极的、最高贵的价值,已从公共生活中销声匿迹,它

[①] 参阅哈贝马斯《公共领域的结构转型》第二章与贡布利奇《艺术的历程》《理想与偶像》等研究结论。

[②] 参阅别尔嘉耶夫:《俄国共产主义的起源与涵义》第四章,俄文版(1990)。别林斯基在俄国现代知识分子发展史上的地位酷似鲁迅。

[③] 参阅拉尔夫·科恩主编:《文学理论的未来》,中国社会科学出版社1993年版。

们或者遁入神秘生活的超验领域,或者走进了个人之间直接的私人交往的友爱之中。"[①]从而,康德主义的形式规则性与消极性为现代公共话语确立了两大规范。实质内容性精神价值意义谈论权属于个人,而不可抹平的个人不可规约为一,因此不再存在一元论的普遍公共价值意义体,只有个体之间交往共存的多元个性差异的价值意义群丛。这样,关怀公共精神的知识分子正当的关注对象应是个体交往的纯形式化言谈规则制度及其平等宽容妥协精神。韦伯称那些在现代仍虔诚怀抱精神信仰者为消极性的"守夜人",而那些僭越这一消极界限的立论布道者则是"伪先知"。20世纪最响亮的口号"反形而上学"("反本体论"),其政治哲学含义,正是对一切可导致泯除公私畛域的"大一统"观念理性资格的褫夺(分析哲学甚至从语言哲学角度判一切逾越个体感知经验的名词为"伪词")。福柯关于话语权力性质的观点更成为喝问一切言谈公共精神者的根:"谁给你的权力?!"

这就是现代特别是后现代精神氛围。经历过斯大林集中营、纳粹毒气室与"文革"侵入私人日记或梦呓恐怖拷问之后的现代人类——不仅是西方人,也包括我们中国人,难道不应警惕那些企图以种种名义强求一律的做法吗?难道不应更宽容地看待个人差异吗?

正是在这一社会转型背景与现代精神氛围中,90年代以来的中国思想界在(韦伯)意图伦理—责任伦理、(柏林)"积极自由"—"消极自由"、激进的理想—经验的改良一系列对比中反省前者而倾向后者。"私人写作"受到尊重并推崇,王小波"我顶多能拯救自己,哪能拯救社会"(大意)的话被传颂,恪守个人自决立场而与承担社会道义的哈维尔决裂的昆德拉获得同情,从"现代评论派"到"学衡派"的自由主义现代意义被重新认识并高度评价,鲁迅曾与之论战的几乎所有派别人物,不仅"第三种人"与林语堂,甚至周作人,都不仅获得同情理解,而且成为现代自由主义资源。

正是上述消极自由主义的现代性解读,使作为改造国民精神的"积极自由"斗士的鲁迅成为前现代的。

本文充分同情地理解自由主义对于今日中国的现代意义。包括上述各种说法,也包括对鲁迅严峻的不宽容性格、对以自由主义为论敌及曾被专制意识形态权威化的史实的深层反省,本文均同情理解。

但是,本文将在一个根本基点上对消极自由主义作出批评:作为践行"积极自由"的公共精神关怀者的鲁迅以及依托此基点的知识分子,是否妨碍现代自由?

---

① M.韦伯:《学术与政治》,冯克利中译本,三联书店1998年版,第48页。

三

现代自由亦即个性自由,恰恰也是与消极自由主义歧异甚至对立的其他现代思想的宗旨。它们对消极自由及其私人基点的批评,构成现代自由思想内在的张力。

从贡斯当到柏林,对现代自由的私人性强调被人们非社会化了。哈耶克认为一个流浪汉比一个军营中温饱不愁的士兵更为自由。个体自由在这里恰恰被浪漫地抽象化为孤闭的古代自由,自由所包含的人对自然与社会的丰富关系荡然无存。现代自由相对于群体性的前现代社会诚然突出了个体性,但同时又空前地发展了个体自由的普遍交往关系性。现代自由从而在一个基点上不同于古代:在古代可以单独存在的个体自由(如一个与世隔绝的自耕农),在现代却必须同时是无数个体间息息相关的社会化自由。"每个人的自由发展是一切人的自由发展的条件"(《共产党宣言》),马克思主义这一经典名言在此意味着:当一个现代社会成员受到不公正压迫失去自由时,即表明了所有其他自由个体的自由是偶然暂时的、没有理性依据与法制保障的虚假自由。左拉为一个犹太人冤案挺身而出,他必定是当时清晰地意识到了此事与法国大革命以来现代自由的社会性的重大关系。这也就是鲁迅临终前的潜意识深处的意念:"无穷的远方,无数的人们,都和我有关。"[①]这种知识分子的公共性意识,同时也是衡判一个现代社会成员公民精神的最高尺度。

自由主义实质视私有财产为道德之基。但马克思却看到了私有制作为自由创造活动主体的异化性质。汉娜·阿伦特从新亚里士多德主义角度更多地揭示了以私产为核心的私人领域的贪婪、冷酷与占有,是如何借助现代资本主义营利观念而膨胀为公共社会通则,垄断占有不仅推动自由资本主义演化为帝国主义,并成为现代极权统治的一个根源。[②]

即使对合理的私人领域及其消极自由而言,也不是封闭自足的,而必须依赖积极自由的公共领域作保障。阿伦特以二战时代拥有巨额私产,却无积极自由公民权的犹太人的悲惨遭遇为例,强调进入公共领域的积极自由不仅是私人消极自由的前提,而且是私人升格为公民从而实现更高自由的必经之途。相反,萎缩于私生活的个体,一方面形成公共领域的意义空场,使乘虚而入的私利个体及集团得以扩张(这是自发必然的趋势)为专制统治,另一方面又被现代大众商品文化抹平为单子,成为极权主

[①] 鲁迅:《且介亭杂文末编·"这也是生活"……》。
[②] 参阅阿伦特:《人的条件》,竺乾威等中译本,上海人民出版社1999年版;《极权主义的起源》,林骧华中译本,时报出版社1995年版,台北。

义的暴民材料。消极自由主义的魏玛共和国及英法绥靖妥协,与失去公共交往、唯剩受纳粹摆布一途的德国市民,分别为上述两个方面的史实证明。而或是无自我无人称的家国成员或是自私动物的中国人,从"文革"的切身历史中当不难明白这两极向专制转化的内在同一性。

因此,现代专制既是私欲"积极自由"扩张的恶果,同时也是"消极自由"个体放弃公域"积极自由"自取之后果。公共关怀的积极自由与私人自在的消极自由具有辩证的亦即依存的矛盾关系性质,但消极自由主义却将两者当作"真正的对立"(康德)。柏林认为,一个人挺身反抗纳粹与留在父母身边尽孝,是无法统一评价的两种责任。[1] 这种消极自由主义不仅软弱,也势必在放弃个体升华同时毁灭自己与他人。

事实上,倡导私生活消极自由优先者,本身已是在积极自由地倡导一种公共原则。其"公开运用理性"的方式,证明着他们和鲁迅一样关怀着公共精神,同样属于现代知识分子。此中的悖论是,身体力行消极自由论者不会再向他人倡言宣传此原则,因为这仅是他私人生活方式。但这样他也就不再是知识分子,同时也不再会有两种自由的讨论。这一悖论深刻地显示了积极自由与消极自由的相互依存性。

四

自由主义所强调的个体独立自由(特别是"消极自由"),是中国几千年封建专制从未有过、"五四"以来近一个世纪变局亦未能建立的新人性。这也正是鲁迅一生为之斗争的目标。鲁迅矢志不移的"国民精神"改造,核心即"奴役他人或为他人所奴役"的奴隶性格改造,它指向一种现代公民精神:用权却不骗人,利导却非迎合,既不看轻自己,也不看轻别人,作为大众中一员做大众的事业。鲁迅称这种新人为"知识者"。[2] 但鲁迅一生批判的重要对象恰是包括他自己在内("抉心自食")的传统知识人。鲁迅曾断言中国不存在俄国那样的"智识阶级"。因此,一种作为公民精神先驱的新知识分子,只能是在"公开运用理性"精神建设中互动生成的产物。鲁迅迄今仍是这一行程中的人格象征。中国大陆90年代发生过两次典型"公开运用理性"与"积极自由"的公共关怀:一是就商业文化淹没社会伦理而展开的"人文精神"讨论,二是以推动《现代化的陷阱》出版为标志,对转型时期权力掠夺社会财产的道义评判。这两次公共性讨论均非政府行为,却均属高度公共性的问题;尤其是,无论就参与者的职业和学科背景或讨论的形式与目标而言,这种讨论都典型地具有康德所强调的超

---

[1] 参阅柏林:《论追求理想》,中译文载《哲学译丛》1998年第3期。
[2] 参阅鲁迅:《门外文谈》。

专业性。这显示了中国现代化所达到的一个重要阶段：一个现代公共领域在一批"积极自由"地"公开运用理性"的知识分子言行中开始出现，或者说，中国现代知识分子在这一建构中开始生长。人们应能从中听到鲁迅的声音，并从这些成长中的"新知识者"身上真切地感受到鲁迅的血脉气性。

不要以为"积极自由"的公共关怀只属于争取与建构现代民主制度阶段的事，似乎一俟现代制度建立，"积极自由"的知识分子只需维护形式化的公共交往规则即可。康德不承认自己的时代是业已"启蒙了"的时代，二百年后的后现代，福柯则断言启蒙将是一个永远进行的过程。现代专制一再轻易推开法制而得逞的史实表明，现代自由所依靠的高度理性形式与专业化的国家法制本身，恰恰需要法制之外实质内容性的公民精神维护。知识分子无权亦无力僭越国家行政职能，但却以关怀此职能赖以维系的公共精神为天职。一个支持法治国家并不息启发私人"积极自由"地参与公共领域的启蒙，由此成为恒常的功能环节。

这意味着，鲁迅所体现的现代知识分子角色不仅属于今天，也属于未来；但这同时意味着，逝去的鲁迅并非至高无上的存在，现代知识分子角色尚有待在今天与未来的公共参与中自我超越地不断生成。

文学史书写的鲁迅"形塑"及演变
——以唐弢、钱理群、严家炎编《文学史》为例[①]

赵学勇

赵学勇,陕西师范大学文科资深教授、博士生导师。长期从事中国现当代文学教学和研究工作,著作主要有《沈从文与东西方文化》《新文学与乡土中国:20世纪中国乡土文学与西部文学研究》《生命从中午消失:路遥的小说世界》《文化与人的同构:论现代中国作家的艺术精神》《革命·乡土·地域:中国当代西部小说史论》《传奇不奇:沈从文构建的湘西世界》《延安文艺与20世纪中国文学的价值体系重建》《历史传承与当代叙事》等10余部,在《中国社会科学》《文学评论》《文艺研究》《中国现代文学研究丛刊》等刊物发表学术论文百余篇,《新华文摘》《中国社会科学文摘》《高等学校文科学术文摘》等刊物多有转载。主持完成国家社科基金重大项目"延安文艺与20世纪中国文学研究"等多项。获教育部及省部级以上优秀科研成果一、二等奖多项。曾任中国现代文学研究会副会长、中国鲁迅研究会常务理事、中国当代文学研究会理事等。目前,主持国家社科基金重大项目"红色文艺与百年中国研究"、国家社科基金重点项目"红色中国的域外书写及传播研究(1934—1979)"等。

自20世纪80年代以来,"重写"文学史已经成为中国现当代文学学科最醒目的学术潮流之一。某种意义上看,文学史的不断书写,从一个侧面反映出这一学科领域多种研究成果的整合、凝聚与提炼,它不仅是该学科领域整体学术水平的充分展现,当然也体现着本学科史学意识的自觉以及目前的活跃程度及学术进展路向。

中国现代文学史书写中鲁迅形象的不断建构及其演变,是本学科备受关注的课

[①] 原载《文艺争鸣》2015年第1期。

题之一,同时也是文学史结构中最重要的章目之一,鲁迅不仅是所有史家书写的重中之重,而且也是中国现代文学史整体结构中的难点和亮点。因此,文学史重写中鲁迅形象的不断阐释和重构,一定程度上也显示着本学科学术水准的某种突破与限度。正是因为文学史结构中鲁迅形象的独特价值和意义,不能不引起我们对中国现代文学史叙事的兴趣与解读。

一

中国现代文学史在不断重写,其变化主要表现在:文学史观念的认识与深化,文学史体例出现新的变化,文学社团、思潮、流派的再认识与再评价,重要作家作品的重新定位与解读,文学史"边界"的扩展,新的研究视角的出现(如近年来有学者提出"民国文学史及其视角的研究")等。在众多重写的文学史中,笔者拟选取其中三部较有代表性的著作中的有关"鲁迅"专章进行比较分析:唐弢主编《中国现代文学史》(第一、二卷,人民文学出版社1979年版,第三卷唐弢、严家炎合编,1980年版,下称唐本),钱理群、温儒敏、吴福辉合著《中国现代文学三十年(修订本)》(北京大学出版社1998年版,下称钱本),严家炎主编《二十世纪中国文学史》(高等教育出版社2010年版,下称严本)。之所以选取这三部文学史为例,一是因为编撰者均为中国现代文学研究界较具权威的学者,尤其是三部文学史中撰写鲁迅部分的唐弢、钱理群、严家炎均为国内鲁迅研究的权威专家;再者,这三部文学史均为中国高等教育文科规划教材,又为国内绝大部分高校中文学科普遍采用的教材,使用效果得到广大师生的一致好评。还可以这样认为,这三部文学史分别代表了近30年来中国现代文学史写作(重写)过程中每个十年的新成果。如果说钱本和严本是"重写"文学史中新的文学史理念下的实践成果,是"重写"中国现代文学史的标志性著作,那么唐本则是"重写"浪潮前夕的经典之作。由此可见,这三部文学史著中的鲁迅形象不仅应该是最能代表每个时段较为经典的论述,而且还可以根据其中鲁迅形象的演变对"重写"文学史前后的代表性史著进行比较分析,着力探讨"重写"潮流中"文学史叙事"的文学观念变化,揭示鲁迅形象的不断塑造之于中国现当代文学史构建的价值和意义。

作为"拨乱反正"期的第一部中国现代文学史,唐弢主编的《中国现代文学史》具有空前的学术总结的高度和开创性的意义,从其学术价值和著史理念来看,它无疑是步入新时期以来最重要的文学史著作之一。唐弢在编写文学史时,着力引导参编者转变文学史书写观念,把当时流行的"以论带史"转变为"论从史出",特别强调文学史料的重要性,希望通过采用第一手材料来描述文学史的本来面貌。可见该著尽可能地做到了尊重历史,但我们依然可以从中看出一定的政治文化规约,如选择和评价作家作品是在新民主主义文学史观的整体框架下进行的,并以无产阶级、小资产阶级、资产阶级等划分作家作品的类别,对自由主义作家如沈从文、林语堂以及通俗文学作家张恨水、张爱玲等评价不高或者一笔带过,甚至只字不提。20世纪80年代中后期,有学者提出"重写文学史"以及"20世纪中国文学"的现当代整体文学观,得到了学界的广泛认同与回应,自此,中国现代文学史书写也有了实质性的突破。其中较为突出的是钱理群等的《中国现代文学三十年(修订本)》。这部史著是在1987年初版的基础上修订而成,吸收了自20世纪80年代以来的最新研究成果,同时融入编写者个人的研究心得,对作家作品、文学现象以及文体演变有独到的分析和归纳梳理,当之无愧地成为"重写"中国现代文学史的标志性著作。进入90年代,严家炎(曾参与唐弢主编的《中国现代文学史》第一、二卷,并联合主编了第三卷),组织"国内学界有影响的专家学者和学术带头人参与编写"三卷本的《二十世纪中国文学史》,其编史理念显然受到了唐弢先生潜移默化的影响,同时也有自己对新的思想语境下文学史编写的思考与建树。

尽管上述三部文学史诞生于不同历史时段,编著者的撰史理念也存在较大差异,但一个共同的现象是,鲁迅在文学史中所占的比重与分量相对其他作家来说还是非常明显的。随着自由主义文学和通俗文学等非左翼作家在文学史中所占比例的增加,从章节的设置来看,由唐本、钱本的两章到严本的一章,鲁迅的章节和篇幅似乎在减少,鲁迅在文学史中的分量似乎呈下降趋势,那么这种现象是否与研究界普遍存在的为"左翼文学"祛魅的趋势存在一定关联?抑或受到还原"人的鲁迅",将其"拉下神坛"的研究倾向的影响?但从作家的定位情况来看,鲁迅在文学史中的"重头"地位并没有受到太大的影响。严本中的鲁迅尽管只有一章,但其地位是无法撼动的,因为该史著中独立成章的只有鲁迅,其他被视为一流的作家如茅盾、巴金、老舍、曹禺等都并未专章介绍。由此可见,新时期以来的中国现代文学史中的作家序列虽然发生了较大的变化,如沈从文、林语堂、张恨水、张爱玲、钱钟书等过去被忽视的作家,现在被专章或者专节介绍,但尽管如此,鲁迅在文学史中的地位并没有受到90年代以来"批鲁风"的影响,在文学史书写的整体格局中,鲁迅所占的比重还是远远超过了其他作家。当然,与20世纪五六十年代文学史家按照毛泽东的新民主主义革命理论来评价鲁迅有所不同的是,当下学术界主要是从文学史的角度,着力评价鲁迅之于中国新文学的开创性的历史作用及意义,即如从各种相关文学体式的历史开拓性功绩来说,认为鲁迅是新文学的"开路人",这种评价一点儿也不为过;又如认为"中国现代小说从鲁迅手中开始,又在鲁迅手中成熟",更是从小说史的视角对鲁迅文学建树的公允评价及定位。

亲炙鲁迅教诲的唐弢在文学史中呈现出来的鲁迅形象,与丁易、刘绶松、王瑶等的政治话语模式的鲁迅形象有着很大的不同。唐弢不完全是以现成的政治结论来看待鲁迅,而是结合其生平事迹、时代背景及其文学创作本身来进行综合评价,即鲁迅是如何把自己的思考和创作自觉地与中国的新民主主义革命事业紧密结合在一起的。唐本的鲁迅研究重视资料考证,以史实为依据,然而因其主要部分在1964年完成,在当时社会形势和时代主流价值制约下,并没有完全突破既定的政治框架,留有明显"左"的痕迹。唐弢也引用了毛泽东在《新民主主义论》中对鲁迅的评价,没能全面摆脱50—70年代作为"共产主义战士"的鲁迅形象,总的来说仍然是"政治的鲁迅""革命的鲁迅"。如:"他还是从自己熟悉的生活出发,对中国革命力量作出了深入的巡视和考察。他宣判了封建势力的死刑,揭示资产阶级的软弱无力,要求知识分子摆脱'空虚'和'动摇',改造自己的思想和生活,同时对农民寄予殷切的希望。"①鲁迅"在文艺理论上的贡献"一节中,认为鲁迅的观点"已经成为我国无产阶级文艺理论的重要财富","共产主义者鲁迅的文艺思想,是以辩证唯物主义和历史唯物主义为其理论基础的"。② 这不可不说是唐弢本文学史的遗憾之处。

钱本是这样评价鲁迅的:"鲁迅是20世纪中国伟大的思想家与文学家","鲁迅堪称现代中国的民族魂","鲁迅同时又是20世纪世界文化巨人之一"。③ 严本中对鲁迅的评价与钱本几乎一致,认为"鲁迅是二十世纪中国伟大的思想家与文学家,同时,也是一位世界性的文化巨人"④。钱本和严本对鲁迅的评价虽然基本没变,但与唐本相比较还是有很大的变化。钱本和严本有意祛魅革命家的鲁迅,而主要从思想、文化尤其是文学本身来强调鲁迅的重要价值。这从严本中鲁迅一章的标题似乎就能说明问题:"鲁迅 新文学的开路人",并认为"鲁迅是中国新文学创建初期,历史所能寻找到的一位最好的开路人"⑤。如果说唐本是试着迈出了将罩着光环的"神坛"鲁迅还原回到"文坛"鲁迅的第一步,那么钱本和严本则是在"新启蒙"和人文精神大讨论的潮流中进行文学史叙事,力图建构起一个"文化选择中的鲁迅"。从对鲁迅思想评价

---

① 唐弢:《中国现代文学史》(一),北京:人民文学出版社,1979年版,第110页。
② 唐弢:《中国现代文学史》(二),北京:人民文学出版社,1979年版,第115页。
③ 钱理群等:《中国现代文学三十年》(修订本),北京:北京大学出版社,1998年版,第37页。
④ 严家炎:《二十世纪中国文学史》(上册),北京:高等教育出版社,2010年版,第175页。
⑤ 严家炎:《二十世纪中国文学史》(上册),北京:高等教育出版社,2010年版,第175页。

的这种变化趋势来看,它不仅展示了中国思想文化领域对鲁迅认识的进一步深化,而且也表明鲁迅形象的塑造,正在摆脱各种思想的干扰,走向更为开阔的学术视野的可能空间。

从"封建宗法社会的逆子,是绅士阶级的贰臣"[①]到文化战线上的"鲁总司令",鲁迅经历了从"政治的鲁迅""革命的鲁迅""无产阶级战士的鲁迅"到"思想的鲁迅",再到"文化批判的鲁迅""人间鲁迅""文学的鲁迅"的形象转变。随着附着在鲁迅思想上的神圣光环的逐渐褪去,鲁迅思想的评价也正经历着一个由"赋魅"向"祛魅"的转变,"人间鲁迅"成为研究主流,即要"把鲁迅重新还原为一个普通的人,一个丈夫、父亲、学者和文化人"[②]。不同的评论者,由于观念的差异,价值立场的不同,以及自己所掌握的资料来源不同,塑造出了各不相同甚至矛盾对立的鲁迅形象。显然,厘清这些不同时期的鲁迅形象是如何被建构,可以真切触摸到被多元描述的鲁迅形象背后,蕴含着不同的思想观念和价值立场,也折射出时代发展的风云变幻和社会思潮的跌宕起伏。

二

如上文所述,鲁迅是中国现代文学史书写的重中之重,研究者因其著史理念、研究方法和评价视角不同,加之史著的编写不能不受到时代语境和社会意识形态的影响,使鲁迅形象的书写也会出现不同。那么,上述三部文学史在鲁迅形象的书写方面又有何不同?为了清晰地勾示鲁迅形象的演变轨迹,探讨鲁迅书写隐含的公共空间,我们有必要对这三部文学史中鲁迅作品的解读评价进行深入的比较分析。

唐本的鲁迅列为上、下两章:上章主要是鲁迅的生平和思想、小说集《呐喊》和《彷徨》《阿Q正传》、杂感和散文,下章重点介绍鲁迅杂文、《故事新编》和文艺理论上的贡献;钱本的鲁迅列为(一)(二)两章:鲁迅(一)是《呐喊》与《彷徨》、阿Q的接受史、《野草》与《朝花夕拾》,鲁迅(二)主要介绍鲁迅杂文的意义、思想、艺术特质和《故事新编》;严本只设一章,五节分别是《呐喊》与《彷徨》、《阿Q正传》、《野草》与《朝花夕拾》、《故事新编》、杂文。三部文学史中都涉及了鲁迅的小说、散文、杂文等文体和重要作品集,而且章节的编排基本一致,大体有生平与思想(钱本和严本的介绍相对简要)、《呐喊》《彷徨》、《阿Q正传》、散文、杂文和《故事新编》等几个部分。相比

---

① 瞿秋白:《瞿秋白文集》(第2卷),北京:人民文学出版社,1953年版,第988页。
② 谭桂林:《评汪晖近期的鲁迅思想研究》,《中国现代文学研究丛刊》,2012年第8期。

50—70年代的文学史来说,这三部文学史都比较重视对鲁迅作品的介绍和解读。而王瑶、丁易等的文学史更加注重的是鲁迅在文学革命理论建设方面的重要领导作用,用较大篇幅介绍鲁迅与右翼资产阶级文学所做的坚决斗争及其革命"旗手"的面影。当然,这种情况也无可厚非,这是因为新中国成立初期的中国现代文学史的初衷是将"新文学史"作为"新民主主义革命史"的一个部分,重点并不在于分析解读作家作品。

尽管鲁迅在中国现代文学史格局中的位置、分量甚至章节的编排都没有明显的变化,但上述三部代表性史著对鲁迅作品的评价是否在不断发生变化呢?在此,有必要对三部文学史中的鲁迅相关内容做对照梳理。

《呐喊》《彷徨》是最能代表鲁迅文学成就的小说集,三部史著均做了详细的评述。唐本认为这两部小说集是中国社会从辛亥革命到第一次国内革命战争时期的一面镜子,农民问题主题在揭露封建主义的同时也批判了农民本身的弱点;知识分子主题肯定了其抗争精神,也揭示其"空虚"与"动摇"的缺点,但都是"从寻求力量的角度来研究与表现"。唐弢敏锐地发现了《呐喊》《彷徨》中"农民"和"知识分子"两大题材之于中国新文学的重大开拓性意义,并且对农民题材小说进行了高度的评价:"在鲁迅之前,还没有一个作家像鲁迅那样以这样平等的态度描写过农民,还没有一篇描写农民的作品像鲁迅的作品那样从根本上否定封建制度,展示了如此深广的历史图景"[①];在详细地介绍分析了其中的代表作品之后,唐弢又从现实主义角度对鲁迅小说的艺术手法进行归纳,认为"从《呐喊》到《彷徨》,每一篇作品的题材内容和艺术结构都不一样,这不仅由于鲁迅在创作过程中经过反复的酝酿,而且也是他长期生活考察和艺术探索的结果"[②]。尽管唐弢的评价仍然是在社会—历史理论框架下的研究,但其对鲁迅小说的认识的确是富有创见的,而且体现着明显的个人研究风格。如他对《伤逝》中子君冲出家庭,要求个性解放的行为是这样评价的:"个性解放却不能够离开社会解放而单独解决","没有远大的理想,爱情也失去了附丽"。[③] 语言洗练而隽永,可谓一语道破子君和涓生爱情悲剧的症结。唐弢将《阿Q正传》单列一节,显然是在充分肯定这部小说的重大价值。唐弢重点阐述了阿Q性格中表现突出的"精神胜利法",认为这是一种比较普遍的精神现象,是半殖民地半封建社会的产物。唐弢还将《阿Q正传》与鲁迅其他描写农民题材的小说进行对比,揭示出《阿Q正传》在

---

① 唐弢:《中国现代文学史》(一),北京:人民文学出版社,1979年版,第103页。
② 唐弢:《中国现代文学史》(一),北京:人民文学出版社,1979年版,第107页。
③ 唐弢:《中国现代文学史》(一),北京:人民文学出版社,1979年版,第104页。

更广阔的历史背景上,写出了当时中国农村的社会矛盾和阶级关系,并且直接联系到农民群众要求解放的问题。鲁迅通过阿Q对国民劣根性进行批判,其实也是对辛亥革命的历史评判,鲁迅笔下的阿Q作为被剥削阶级,有农民自身的许多缺点,如"精神胜利法";同时也看到了阿Q真心向往革命,身上潜藏着革命的可能性。总的来说,唐弢是把鲁迅作为"文化革命的主将和旗手"的形象来进行塑造的,唐本中鲁迅形象的塑造也体现着那个时代鲁迅研究的高度。同时,不可否认的是,唐本的社会—历史研究及评价标准,至今仍发挥着持续性的影响,而这一史学视野及其研究历史的方法,现在看来,仍不失为一种认识和解读中国现代文学历史特别是像鲁迅这样的作家的一种行之有效的理论视角及方法。在此,应该再反思的是,在当今所谓多元话语中,过去那种曾长期独树一帜的所谓的社会历史批评话语不仅受到人们的冷遇,而且广受诟病与扬弃,其实这又不失为解读历史的一种偏至或者失误,特别是对于研究鲁迅及其他中国现代作家来说,每一种"单向性"的批评方法都有其优势与不足,因此,社会历史批评应该回到它的本位,发挥它独特的以及其他方法难以企及的作用。

钱理群等《中国现代文学三十年》(修订本)是在上海文艺出版社1987年初版的基础上,吸收以后近十年的研究成果,并充分注入作者本人的研究收获修订和重写而成的,其中鲁迅部分是由钱理群执笔撰写。他认为,鲁迅的《呐喊》《彷徨》是"中国现代小说的开端与成熟标志","它以'表现的深切和格式的特别'——内容与形式上的现代化特征,成为中国现代小说的伟大开端,开辟了我国文学(小说)发展的一个新的时代"。① 钱理群揭示了鲁迅小说的现代性体现在"表现的深切",即独特的题材、眼光与小说模式。鲁迅关注"病态社会"里人(知识者与农民)的精神"病苦",体现在小说中,演化为"看/被看"与"离去—归来—离去"两大小说情节、结构模式。而"格式的特别"主要指鲁迅自觉借鉴中外文学艺术形式,并进行创造所建立的中国现代小说的新形式。相对唐本来说,钱本着力介绍《呐喊》《彷徨》在内容和形式上的现代性特征。如同样写农民和知识分子问题的题材,唐弢重视其中的思想和文化批判功能,而钱理群则从"启蒙主义"的文学观念出发,强调这两大题材之于现代文学主要题材领域的现代性开创性价值。同时,钱理群对鲁迅小说从叙事学角度的研究,提炼出鲁迅小说独特的情节、结构模式,这可以说是该史著中鲁迅章节的最精彩之处。如同上述唐本的结构一样,钱本也将《阿Q正传》单独列为一节,但不像其他文学史著那样,仅阐述《阿Q正传》的基本思想艺术特点,而是将阿Q置于整个20世纪中国历史中,以

---

① 钱理群等:《中国现代文学三十年》(修订本),北京:北京大学出版社,1998年版,第38页。

发展的眼光归纳出各个时代阿Q的接受史,认为与20—40年代"反省国民性弱点"和50—70年代"落后农民的典型"不同,改革开放以来,人们开始探讨"阿Q精神"的人类学内涵,认为阿Q是鲁迅对于人的生存困境的正视,因此具有超越时代、民族的意义和价值。显然,钱本旨在深入开掘中国文学在现代化进程中鲁迅对"人的发现",强化鲁迅文学的空前的"人学"价值,将鲁迅独特的现代思想文化贡献凸显出来。

在读者眼里,鲁迅向来与革命、与政治意识形态联系紧密,正如有研究者所说:"鲁迅形象是被中国革命领袖作为这个革命的意识形态的或文化的权威而建立起来的,从基本的方面说,那以后鲁迅研究所做的一切,仅仅是完善和丰富这一新文化权威的形象,其结果是政治权威对于相应的意识形态权威的要求成为鲁迅研究的最高结论,鲁迅研究本身,不管他的研究者自觉与否,同时也就具有了某些政治意识形态的性质。"[1]而且鲁迅的很多作品也都与社会文化思潮论争相关,这不能不说是文学史中鲁迅书写的一个难题。严本中的鲁迅部分由严家炎执笔撰写。严家炎曾这样界定文学史:"文学史顾名思义应该讲的是文学作品演变的历史。"[2]那么,他主编的《二十世纪中国文学史》是怎样贯彻这一文学史观念的呢,又是怎样将意识形态化的鲁迅真正转为"文学化"的鲁迅的呢?首先,严家炎将标题拟为"鲁迅 新文学的开路人",不再像以往的作家那样强调鲁迅政治、思想和文化方面的意义,而是从文学本身入手来给鲁迅定位,把鲁迅的作品置于中国文学现代化进程中来考量其划时代的历史贡献。在阐释鲁迅作品时,严家炎重在发掘其中与现实主义结合的象征主义、表现主义等创作方法,以及多种艺术技巧的成熟运用,从艺术特色的现代化方面来肯定鲁迅在文学史上的独特贡献。如著者认为"不但《狂人日记》中同时渗透着写实、象征两种方法,《药》《故乡》《长明灯》《在酒楼上》等作品中,更有象征主义的出色运用"[3]。此前学界对《狂人日记》的创作方法颇多争议,如果没有严家炎对鲁迅研究的前期坚实的成果,尤其是他对鲁迅创作方法多元性的揭示以及对其小说"复调"艺术的发现,也很难使严著中的鲁迅书写达到如此的高度和深度。

《故事新编》是鲁迅的第三部小说集,研究者们都注意到了其独特而鲜明的特征。王瑶就曾指出鲁迅是中国新文学的历史上,最早尝试"从传统文献中摘取小说题材"

---

[1] 汪晖:《无地彷徨——五四及其回声》,杭州:浙江文艺出版社,1994年版,第251页。
[2] 严家炎:《关于中国现代文学史研究的若干问题》,《世纪的足音》,北京:作家出版社,1996年版,第264—265页。
[3] 严家炎:《二十世纪中国文学史》(上册),北京:高等教育出版社,2010年版,第181页。

的作家。① 在此基础上,唐弢进一步发掘了《故事新编》的现实意义和艺术价值:"把现代生活细节大胆地引入历史故事,突出其针砭流俗的意义,更是鲁迅式的战士性格的体现。"②"这些作品的形式在他只是一种尝试,它们的出现说明了:正确地解决艺术与政治的关系,使文学作品发挥艺术特点更好地为政治服务,在这方面,鲁迅是'五四'以来现代作家中一个杰出的典范。"③钱理群更多地关注到《故事新编》的艺术特色及表现手法,认为它是鲁迅创作的新的突破,是一部"试验性"的作品,其有意打破时空界限,采取"古今杂糅"的手法,是为了追寻和表现"古"与"今"之间的深刻联系。严家炎总结了以往的研究成果,肯定了《故事新编》古今杂糅的风格所造成的滑稽和"离间"的效果,并深入揭示《故事新编》中的"故事"文本背后多所隐喻或寄兴,所以其创作方法属于表现主义范畴,而这在于中国现代主义文学引进和开拓史上的重要意义。可以说,严家炎对《故事新编》中表现主义创作方法的阐释,把《故事新编》的研究推向了一个新的阶段。

相对更早的现代文学史著来说,唐本最大的贡献应该是对《野草》和《朝花夕拾》的开掘。以王瑶的《中国新文学史稿》为例,其对鲁迅的小说与杂文用了大量的篇幅进行介绍,然而对《野草》和《朝花夕拾》的介绍除去引文外,仅仅用了4句共8行。当然,这是当时的社会政治语境制约下的鲁迅被片面看待的现象,因为《野草》和《朝花夕拾》的大部分篇章确实不适合塑造革命家鲁迅的形象。唐弢感受到了《野草》的复杂意蕴和鲁迅内心的苦闷,在肯定了《这样的战士》和《过客》中顽强不屈的战斗精神外,没有忽略那些流露着空虚和寂寞情绪的作品,理解和正视鲁迅的彷徨和矛盾的心境。而作为"回忆的记事"、反映了少年鲁迅的性格和志趣的《朝花夕拾》,唐弢觉得读起来亲切平易。因此,唐弢认为"《野草》和《朝花夕拾》不同于对敌人正面交锋的杂感,这些作品重在抒情和叙述,有其独特的思想价值和社会意义"④。相对于以往文学史对《野草》和《朝花夕拾》的忽略不谈或者归入散文文体大类进行一般性介绍的做法,钱本直接用它们作为章节的命名,显然是为了更加肯定这两部文集之于鲁迅创作的重要意义。对《朝花夕拾》与《野草》,钱理群首先还是从"文体家"的角度来评价鲁迅的创造力,认为鲁迅开创了现代散文"闲话风"与"独语体"两个创作潮流与传统。紧接着,钱本从人类文化发展的角度出发,认为《朝花夕拾》"展现的是一个

---

① 王瑶:《中国新文学史稿》(上),上海:上海文艺出版社,1982年版,第295页。
② 唐弢:《中国现代文学史》(二),北京:人民文学出版社,1979年版,第107页。
③ 唐弢:《中国现代文学史》(二),北京:人民文学出版社,1979年版,第113页。
④ 唐弢:《中国现代文学史》(一),北京:人民文学出版社,1979年版,第133页。

'人间至爱者'对于人类生存的基本命题'爱'与'死'的童年体验的追记与成年的思考"[①],而《野草》可以让我们领悟到鲁迅式的绝望中抗争的人生哲学,以及鲁迅作为历史的中间物所强烈感受到的种种复杂心态。严本吸收了唐弢和钱理群关于《野草》与《朝花夕拾》的研究成果,肯定其在诗文领域做出的独特价值与开拓性意义,再次强化了《野草》是"鲁迅的哲学"的观点,以及《朝花夕拾》作为闲话絮语体散文的平易亲切的特点。不同的是,严家炎从艺术手法的影响方面分析,认为《野草》主要受欧洲散文诗的影响,尤其是受象征主义文学滋润颇深,而《朝花夕拾》则承传了更多传统散文的特点,如刻画人物的方法、幽默感和嘲讽色调,从中西影响的交融与互补中对鲁迅诗文的创作风格进行深入分析,对学界一直争论不休的鲁迅创作方法的来源问题做了有说服力的文学史定评。

杂文对鲁迅而言,其现实针对性和批判色彩是塑造鲁迅战士形象的一个不可或缺的部分。历来,文学史总是高度关注鲁迅的杂文并给予高度评价,王瑶就曾在《中国新文学史稿》中将鲁迅的杂文视为"匕首与投枪",强调杂文是鲁迅进行思想文化战斗的最有力的武器。唐弢也非常重视鲁迅的杂文创作,他用了比其他文体更多的篇幅介绍鲁迅的杂文。唐本一方面揭示了鲁迅杂文的社会意义,另一方面又从文学价值角度揭示其杂文的艺术特征。而钱本则主要针对当今学界有关否定或贬抑鲁迅杂文的某些现象,在充分肯定鲁迅杂文的文学价值的同时,又从杂文与现代传播的联系方面揭示出鲁迅的杂文是极富于现代性的文体,而且他的杂文的"个人性"更是体现了"文学的现代性"特征。钱本还强调了鲁迅的杂文对正在进行的中国思想、文化建设同样发生着作用。如果说钱理群仍然强调鲁迅杂文在思想启蒙和文化批判方面的价值,那么严家炎则淡化了杂文的战斗特性,更多地从文学价值方面发掘鲁迅杂文的艺术特质,认为这才是其杂文具有永久生命的重要标志。

上述三部史著对鲁迅形象的塑造及演变的过程,绝不仅仅是意味着对某个作家个人的塑形与评价,而是新时期以来开放的文学批评观念及史学意识的演变在鲁迅身上的投射。唐弢对鲁迅的阐释所运用的社会历史批评理论实质是在"拨乱反正"的时代语境中,对20世纪50—70年代文学批评的阶级政治观念的努力修正,在唐弢的文学史中,鲁迅成为"五四"启蒙文学的代表,这种定位,开启了新时期重新评价和阐释中国现代文学的序幕。而钱理群的思想文化批评则是建立在以启蒙为主导的现代化文化语境的基础之上,其《中国现代文学三十年》中有关鲁迅形象的精彩解读,是新

---

① 钱理群等:《中国现代文学三十年》(修订本),北京:北京大学出版社,1998年版,第51页。

时期以来"思想解放"大潮的突出成果。由于鲁迅对封建主义文化的深广批判本身就是推进中国文化现代化的一个重要因素,因此,鲁迅的反封建启蒙精神又再次警醒进入新时期中国知识分子的公共精神空间,唤醒他们被压抑多年的文化拯救意识,正是这种产生于不同历史时期然而碰撞出强烈共振的文化建构意识促使史家在新的时代潮流中把思想启蒙与文化批判作为评价鲁迅的最重要尺度,正是在这一点上,钱本体现得尤为突出。20世纪90年代以来,中国社会转型进入新的历史时期,启蒙已不再成为时代主潮,在多种文化的交流碰撞中民族文化认同的焦虑成为后发现代化国家必须面对的问题。文学研究的社会文化的视角要求对20世纪80年代以来建构的文学史观念进行更新,进入消费时代的文学经典遭遇空前的挑战,那些被视为经典的作家不断受到质疑或贬抑(鲁迅也不例外,如世纪之交的"批鲁风"),大众文化浪潮汹涌,这种现象直接促成了钱本的修订以及严本对鲁迅的文化观念与文学贡献的再认识、再评价。值得注意的是,从唐本的社会历史批评到钱本的思想文化批评再到严本的文化与文学审美批评互补的撰史观念的演变过程,不仅清晰地呈示出近30年来各时段文学史"撰史"观念的演变,同时也构成了鲁迅形象不断被认识、重构的过程,当然也体现着中国现代文学史研究不断深化、丰富的过程。

长期以来,在学术界颇为流行的一种观点,即鲁迅被视为"新文化旗手"依然是由于他的思想的深刻和文化批判精神的高度,而作为文学家的鲁迅并不被十分看好,这使得对鲁迅的文学成就方面的质疑也时断时续。这三部文学史从重视鲁迅的思想到思想与艺术并重,既是对鲁迅文学史地位的充分肯定,也是当下鲁迅研究的必然趋势,亦即文学史回到鲁迅自身,回到文学本身的自觉意识。当然鲁迅是作为中国现代史上最重要的思想家和文学家而存在的,其思想的重要价值同样毋庸置疑。因此,对鲁迅的思想文化批判精神与艺术审美创造进行更为深入的综合研究与评价,无疑是鲁迅研究的正确发展途径,而这也是近30年文学史叙事中鲁迅形象演变呈示出来的一种趋势。

三

近30年文学史中鲁迅形象的演变,不仅是学界对鲁迅研究进一步深化的成果的体现,更为重要的是鲁迅形象的塑造直接参与并促进了中国现代文学史叙事的不断丰富和深化。这是一个互动与互补、互渗与互进的过程。中国大陆的文学史编撰一般是作为高等学校中文专业的教材,这就需要史家在编撰文学史的过程中广泛吸收并甄别学界已有的研究成果,让文学研究真正成为有价值的研究。唐本是教育部统一组织编写的高等学校中文系教材,早在1961年文科教材会议之后就开始编写;钱本是"普通高等教育'九五'教育部重点教材",因被国家教委指定为重点教材,于是在个人文学史的基础上进行了修订;严本也被定为"普通高等教育'十五'国家级规划教材"。教材文学史与个人文学史有着很大的不同,就拿鲁迅研究来说,每年都会有大量的鲁迅研究的著述出现,但并非所有的研究成果都适合教学。作为教材的文学史在内容和体例方面要遵循某种规约性,正如钱理群所说:"作为教科书,则需相对稳重,既要吸收最新研究成果,力图显示本学科已经达到的水平,又要充分注意教材所应有的相对稳定性与可接受性。"[1]目前中国现当代文学史教科书的编写的相对稳定性具体表现为:编写体例结构通常是文学思潮、作家论、文体论三个版块的结合;遵循一定的意识形态规范,要求适合于中国大陆高等院校中文学科师生的教学专用;文学史内容要充分吸收前人最新研究成果,尤其是被广泛接受的成果。

中国现代文学史的"史线"按年代编例通常分为三个十年,即使严家炎将中国现代文学的发端向前推至19世纪80年代末、90年代初,但也主要介绍的是"五四"文学革命至1949年近30年的作家作品。多数文学史的写作方式通常是先用一章介绍这一时段的文学概况,呈现文学思潮和流派的发生与变化,然后按照文体分类介绍作家作品。作家介绍中,往往是作家生平的介绍、代表作品的分析、艺术特色的概括等。这种看似简单的编排体例实际上暗含着文体、思潮、流派以及作家等排名的遴选标准和价值尺度。以文学史书写中的鲁迅为例,鲁迅作为新文学的"开路人",其重要性不言而喻,所以各种文学史都将其用专章单列着重介绍;而鲁迅的小说创作又最能代表现代文学的最高成就,其自然就成为文学史叙事中最重要的文体。

遵循意识形态的规范也是文学史编写原则之一,这是因为作为教材的文学史在一定程度上承担着规范思想、进行意识形态宣传及教育的功能。如唐弢在编写《中国现代文学史》时,就经历了一次"突转",而这"突转"其实就是对规范的遵循。由于政治形势的变化,本由何其芳兼任组长的"中国文学史组"因周扬的介入而"完全打乱了文学所原有的编写现代文学史的计划","是编写方针上的一百八十度的急转弯"。[2] 这是因为时任中宣部副部长的周扬强调文学的意识形态性质和教材的教育普及作用,所以唐本的编写就不得不遵循这一规范对结构和内容进行调整。其实,即便是在思想空前开放的新时期,文学史的编写也不可能没有规范。像钱本和严本这

---

[1] 钱理群等:《中国现代文学三十年·后记》(修订本),北京:北京大学出版社,1998年版,第665页。
[2] 樊骏:《编撰〈中国现代文学史〉的若干背景材料》,《新文学史料》,2003年第2期。

类有意淡化政治意识形态影响而以现代性视域统摄文学史的撰史理念,基本以作家的创作成就和作品的文学价值作为评价其文学史地位的依据,表面上看似乎在挣脱意识形态的规范,其实不然,"现代化"和"现代性"就是20世纪以降以至当下中国社会发展的主旋律。

　　承载高校教学任务的文学史教材与个人研究因接受者的不同而存在差异。专业研究没有严格的界限,任何个性化的见解只要言之成理均可发表,只要是学术问题也都可以提出来讨论争鸣。但教材面对的主要是学生,当然也包括部分社会受众。文学史教材仅要求让读者初步了解文学发展的历史脉络和一般规律,内容应更具通识性和严谨性。如果文学史中出现太多个人化的论断,那么接受者可能会出现理解的偏差。这就要求文学史家要有历史眼光和整体性的判断,并能吸收学界所达成的共识。虽然学科的发展需要对不符合时代语境的结论进行甄别与扬弃,但学科新的建制更需要有前人的研究成果作为基础,尤其是编写文学史更要主动吸收前人研究成果,而不是去否定和颠覆。以上三部文学史都能做到依据历史事实来吸收有基本共识的,或者判断合理的研究成果。唐弢在《中国现代文学史》中,采用冯雪峰的说法,认为《野草》展示出了鲁迅"内心的矛盾",并揭示出苦闷、彷徨、寂寞正是那个时期鲁迅真实心理的写照。这与20世纪50年代的文学史中战斗的鲁迅形象截然不同。钱理群在修订《中国现代文学三十年》时也"比较多地吸收了作家、作品与文体研究的成果,对总体性研究成果的吸收,则持相对慎重的态度"[①]。显然,这是作为个人学术专著修订为教材的必要环节。而严家炎的《二十世纪中国文学史》不仅广泛地吸收了其他文学史的精华部分,更值得一提的是还不拘一格地采纳了青年学者的观点,如鲁迅《故事新编》的《出关》就援引了郑家建的有关论述。对前人研究成果的广泛吸收并不妨碍这几部文学史成为学界公认的优秀教材,反而能衬托出文学史家们博采众长的大家风范。

　　在文学史的撰写中,史家的著史观念及文学史建构意识无疑起着至关重要的作用。与教科书文学史不同的是,个性化的文学史的结构、内容和观点会因为文学史家不同的建构理念而给读者耳目一新之感,而这往往是这部文学史具有新面貌的主要因素。如唐弢在编写《中国现代文学史》的时候,就已经有了自己的构想:"关于现代文学史上的思潮、社团、流派、风格的问题,我考虑得很久。""按我的设想,最好是以文

---

① 钱理群等:《中国现代文学三十年·后记》(修订本),北京:北京大学出版社,1998年版,第666页。

学社团为主来写，写流派风格。"①钱理群本就是由个人文学史专著修订为文学史教材；严家炎也认为《二十世纪中国文学史》既是教科书，也是一部研究性的专著。可见，文学史家们并不想撰写一部仅供教学的参考教材，而是力求使其达到研究性专著的水平。这就需要文学史不仅能够展示本学科的有代表性的研究成果，还要有比较丰富的学术眼光及原创性，使文学史能够体现出个人的研究实力和独特风格。

唐弢在开始组织编写《中国现代文学史》时就反复强调，"文学史应以作家作品为基础"，"以作家作品为基础"并不是把文学史变成作家论的汇编，而是密切结合时代发展，把作家作品嵌入历史之中。②唐弢对鲁迅作品的解读是以社会—历史批评理论来统摄的，极力探寻鲁迅作品与社会与时代的关系，但也并非仅从文学反映论的维度，而是在作品阐释中渗入著者对社会历史的深入思考和体察。如唐弢认为《孔乙己》中的咸亨酒店是一个带有地方色彩的社会缩影，把穿长衫的孔乙己放在短衣帮之中，其实也就交代了他是一个没落的读书人。小说对孔乙己言行的描写不仅是对其性格的鞭挞，也是对封建制度的抨击。而唐弢认为这只是《孔乙己》的主题之一，小说更为主要的目的是"揭示孔乙己的悲剧的性格"，"点出封建制度怎样扭曲一个人的性格"。③根据唐弢对《孔乙己》的阐释，我们可以明显看出以往的革命话语已经逐渐向思想启蒙倾斜，个体生命悲剧的揭示正在取代为阶级和社会代言。因此，可以说唐本文学史已逐渐在摆脱新民主主义革命话语的绝对限制，开始显现出由单一的社会历史研究向有个人见解的、以"文学"为中心的个性化文学史转变。唐弢对此非常重视，而且还不无遗憾地表示："关于现代文学史的编写，我们过去有两个传统，一是偏重社会影响，二是偏重发掘作家作品。一九六一年我主编现代文学史的时候，考虑过把他们结合起来，现在看起来没有很好地结合。"④

钱本叙述历史的核心概念是"文学的现代化"，而"文学的现代化"又必然与中国社会的全面现代化的历史进程相适应，而且在促进"思想的现代化"与"人的现代化"方面，文学更是发挥了特殊的作用。也就是说，钱本的"文学的现代化"并非只是文学语言、内容和形式的变革，还包括了中国现代化所发生的历史性变动。钱本在"重写

---

① 唐弢：《艺术风格与文学流派》，《唐弢文集》(第9卷)，北京：中国社会科学文献出版社，1995年版，第411—427页。
② 万平近：《务实求真，光华长存——忆唐弢同志主编中国现代文学史》，《新文学史料》，1993年第1期。
③ 唐弢：《中国现代文学史》(一)，北京：人民文学出版社，1979年版，第99页。
④ 唐弢：《中国现代文学史的编写问题》，《唐弢文集》(第9卷)，北京：中国社会科学文献出版社，1995年版，第371—398页。

文学史"的大潮中将文学思想史转变成为真正的文学史,在对初版进行修订时也表达了这种意愿:"在具体的文学史叙述中,也偏于对具体作家、作品的分析,以及对文体发展中的各种文学现象的梳理,这都是文学史研究中的基础工作。这也是一种文学史的重写——从基础重新开始。"[1]如修订版对鲁迅的处理,侧重于向形式研究的倾斜,探讨鲁迅小说的叙事结构等关乎文学现代性的文本内部关系的研究。修订本虽然在全书总体结构上只做了个别调整,但对各章节的内容却做了较大的变动,其中的用意除了广泛吸收最新研究成果,也是为了适应其作为教材的"相对稳定性"和"可接受性",也就是为了使这部文学史适应当时的社会政治文化语境。同样,严家炎也是以"现代性"为编史的关键词,他认为"现代性"不仅构成20世纪中国文学的重要脉络,而且也是现代文学区别古代文学的根本标志,并借助马泰·卡林内斯库的现代意识进行说明。严家炎对现代性的阐释与钱理群有着很大的不同,他所说的现代性主要从思想和审美两方面进行理解,在启蒙现代性和审美现代性之外,而且所谓"后现代"也是从属于现代性范围之内的。在这种现代性的视域下,严家炎既从思想革命的角度深入揭示农民和知识分子精神上的"病苦",让读者体会到鲁迅思想的独特与深刻之处,又从艺术审美的角度肯定了鲁迅在创作方法、艺术手法等方面的独创性。因此,纵观严本文学史,印象颇深的是对作家作品的研究和解读,尤其是对文学作品的艺术特性的重视。由此看来,对现代文学史著的看取,既要看到其对于外部语境的"还原",更要注意审视其对于相对独立的艺术审美等文学自身特征的研究,以免顾此失彼。

总体上来说,在20世纪80年代以来的"思想解放"和"新启蒙"的历史语境中,钱理群侧重的是现代化进程中鲁迅的思想与文化启蒙,而严家炎更重视鲁迅在中国文学整体格局中的文学现代性精神与审美追求,力图使文学史回到自身。当文学性的标准被重新确定,在某种同样的意义上来说,中国现代文学的学科性质也将真正回归本位。文学史对文学本身的重视,正是本学科对自身长期以来偏离"文学性"研究的反思与正视,也是对文学史为避免成为思想史、文化史现象的省思与拨正。过去,史家在治现代文学史时因为受政治意识形态的影响,往往使得文学的艺术审美标准被压抑,进化论、阶级论和启蒙论等思想文化标准成为主导,结果文学史成为思想史。正如韦勒克、沃伦所说:"大多数的文学史著作,要么是社会史,要么是文学作品中所

---

[1] 钱理群:《矛盾与困惑中的写作》,《现代文学的观念与叙述——〈中国现代文学三十年〉笔谈》,《文学评论》,1999年第1期。

阐述的思想史,要么只是写下对那些多少按编年顺序加以排列的具体文学作品的印象和评价。"①当然,任何文学史都有与其时代共同存在的合理性。以被人们经常诟病的阶级论阐释鲁迅作品为例,不可否认的是,阶级论确实能够揭示出《呐喊》《彷徨》中农民和知识分子的阶级身份及受压迫的程度,对认识鲁迅的创作之于中国新民主主义革命的性质有明显的价值;更何况在鲁迅的整体创作道路中,其思想的转变及作品的内涵更不乏阶级意识的观照,这是无法否定的。因此,从阶级意识分析解读鲁迅的创作有其他理论所不及的优势,社会历史的批评视角之于鲁迅研究并没有过时。显然,任何一种"视角"都不是万能的,都是有局限性的,它只是众多视角中的一个切入口。对于文学史中的鲁迅形象的建构来说,就像鲁迅本身是一个复杂、丰满、综合性的"个体"一样,中国现代文学史中鲁迅形象的塑造,同样需要"综合"性的学术眼光及建构意识,这或许是文学史家所期望的。

---

① 勒内·韦勒克、奥斯汀·沃伦:《文学理论》,刘象愚等译,南京:江苏教育出版社,2005年版,第302页。

论鲁迅的文化磨合与创新
——纪念鲁迅诞辰140周年[①]

李继凯

李继凯,文学博士,陕西师范大学文学院教授,博士生导师,人文科学高等研究院首届院长。中国现代文学研究会副会长、原中国鲁迅研究会副会长、加拿大《文化中国学刊》中方主编。主要从事中国现当代文学与文化研究,著有《民族魂与中国人》《全人视境中的观照:鲁迅与茅盾比较论》《20世纪中国文学的文化创造》等10余部,主编及编著有《解析吴宓》《言说不尽的鲁迅与五四》等20余部。在《中国社会科学》《文学评论》《鲁迅研究月刊》等期刊上发表论文200余篇。主持国家社科基金重大项目、国家重点出版项目等多项。曾获全国首届青年社会科学优秀论文奖以及教育部和陕西省科研奖多项。

鲁迅是一位文化名人,是古今中外文化交汇化育亦即"文化磨合"而成的"文化鲁迅",由此成就了作为现代中国文人代表人物之一的鲁迅。他的出现也体现了现代中国"新文化"的建构格局与发展方向:他的双向乃至多维的"拿来主义"并不是单一的民族主义或西方主义,他的那些看上去激进激烈的文化批判话语大多都带上了"文化策略""文化修辞"的意味,体现了文化磨合的进程及规律,且依然会与时俱进地给人们带来各种启示。而那些持续研究鲁迅所创化的"鲁学"及各种社会化的言说,也包括对鲁迅的各种误读误解以及江湖上、网络上的各种传奇传说,都属于因"文化鲁迅"而生发、衍生的"鲁迅文化"[②],同样是动态的、磨合的,也具有开放性和复杂性。

---

① 此文俄文版收入罗季奥诺夫主编:《第十届远东文学研究研讨会的论文集》,俄罗斯圣彼得堡大学出版社2023年版。

② 参见葛涛:《鲁迅文化史》,东方出版社2007年版。

显然,无论是"文化鲁迅"还是"鲁迅文化",其实都是现代中国文化中的一个丰富而又复杂的文化存在,都具有复合性及多面性的特征。从这种"宽容"的文化磨合视域来观照鲁迅,也就能够发现一个看上去常常"文化偏至"实际却"文化兼容"的"文化鲁迅",进而领略其通过文化磨合而来的"大现代"文化观。

一、拿来与磨合:鲁迅"大现代"文化观的生成

中国文化源远流长,博大精深,影响广远。这种影响也体现在鲁迅身上。如众所知,中国有古代与现代之别,既有一个辉煌灿烂、丰富复杂的"大古代",也有一个艰难求索、奋斗不息的"大现代"。这个"大现代"也就是"后古代"的所有时段的整合及命名。通常所言说的近代、现代、当代在"大现代"视域中得以整合、磨合,体现了中华民族对现代化中国及其文化的持续追求。所谓中国"大现代"文化,就是"古今中外化成现代"的集成文化、多样文化,其中有对古代文化的继承和弘扬,有对世界文化的接受和消纳,也有逐渐增强的国际化传播。

学术界之所以有"说不尽的鲁迅"之说,恰是因为在中国建构"大现代"的艰难进程中有一个经常能够唤起人们回忆和思考的文化巨人"鲁迅"。他是真实的文人,他有许多自己命名的名字(包括笔名)和他人口中的名号(包括 N 家,如文学家、思想家、革命家、教育家、美术家等),其生活体验和笔墨书写可以说都非常丰富乃至相当复杂。人们经常言说他的丰富,其实他的复杂显示着更加真实的自己,也"外化"为他笔耕一生所造就的复杂万端的"书写文化"(所有文本及手稿)。更奇妙的是,他的丰富乃至复杂的真实自我和书写文化能够经常出人意料地"复活",并在各种各样的关注和言说中复活,生发出各种各样的意义。由此衍生或次生的"鲁迅文化"(包括各种各样的研究、改编及媒体传播等)也非常丰富和复杂。这种基于丰富乃至复杂而能复活的文化巨人在中国"大现代"时空中并不多见,值得从很多层面或维度进行深入细致的探究。

这样一位丰富乃至复杂且能不断复活的文化巨人是如何生成的?作为个体的文化人,是在古今中外文化磨合中逐渐形成的;作为伟大的文学家和思想家,其人文世界也是在古今中外文化磨合中逐渐"化成"的;作为日常生活与社会活动中的求索者、践行者,也离不开文化磨合带来的睿智、坚韧及遗憾。其间不仅有文化磨合而来的独具匠心的文化创造,也有因文化磨合障碍带来的各种矛盾与不足甚至误判。鲁迅的知识谱系是在古今中外文化知识积累中建构而成的,其思想文化/文学的构成就得益于古今中外文化观念或学说的磨合及启迪,既有传统文化儒道释墨精神文化包括立

人立国、魏晋风骨、家国情怀、非攻理水等影响的影迹,也有外国思想文化/文学艺术包括达尔文、尼采、托尔斯泰及外国小说、木刻、电影等影响的印记,更有极为复杂而又严酷的日常生活与现实文化带给他的丰富体验、强烈刺激及无穷暗示……鲁迅试图将这一切磨合而成一种文化力量,切实推动立人立国、启蒙救亡的现代进程。他的"文化偏至论""摩罗诗力说""启蒙文艺论""立人立国说""吃人文化说""拿来主义论""反抗绝望说""救救孩子说"和"民族脊梁说"等,都是在古今中外文化磨合语境中生成的话语体系,也带有与具体语境相契合的文化修辞特征。比如他的"拿来主义"实际就是典型的主张"文化磨合"的学说。他在其名文《拿来主义》中,强调不能采取被动的"闭关主义",在彼时也不宜采取主动却卑微的"送去主义",而应坚定地采取双向的"拿来主义":"我们要运用脑髓,放出眼光,自己来拿!""我们要拿来。我们要或使用,或存放,或毁灭。那么,主人是新主人,宅子也就会成为新宅子。然而首先要这人沉着,勇猛,有辨别,不自私。没有拿来的,人不能自成为新人,没有拿来的,文艺不能自成为新文艺。"①很显然,鲁迅视野中的可资"拿来"的文化资源是中外皆有、古今已存的,那就像有形无形的宅子,主人更换,文化重构,即会有"新宅子":新文化、新文艺。其实,鲁迅主张拿来主义的文化磨合观念,早在其"弃医从文"后写出的多篇文言论文(《人之历史》《摩罗诗力说》《科学史教篇》《文化偏至论》《破恶声论》)中就表达得相当鲜明了。如他在《文化偏至论》中说:"此所为明哲之士,必洞达世界之大势,权衡较量,去其偏颇,得其神明,施之国中,翕合无间。外之既不后于世界之思潮,内之乃弗失固有之血脉,取今复古,别立新宗,人生意义,致之深邃,则国人之自觉至,个性张,沙聚之邦,由是转为人国。人国既建,乃始雄厉无前,屹然独见于天下,更何有于肤浅凡庸之事物哉?"②鲁迅在这里强调的明哲之士所应持守的文化思想,就是古今中外化成磨合而来的"大现代"的文化思想,以世界思潮、拿来主义为先导和基础,经过权衡较量、反复磨合,力求适宜适配,翕合无间,从而取今复古、通变入世,创造现代内涵丰富且不失内外文化泉源的新文化,这也就是经过磨合、重构的"别立新宗",体现出了磨合古今中外文化的博大胸怀和创立新文化流派的非凡气魄。彼时年轻的鲁迅就有这样的文化视野和抱负,实属难能可贵。笔者曾撰文③指出:

　　一方面要求"拿来"者具有比较文化的眼光、优良的主体素质,同时,另一方

---

① 鲁迅:《鲁迅全集》第6卷,人民文学出版社1981年版,第40页。
② 鲁迅:《鲁迅全集》第1卷,人民文学出版社1981年版,第56页。
③ 李继凯:《文化的巨人,方法的典范——论鲁迅的文化研究方法论思想》,《鲁迅研究月刊》1992年第6期。

面,没有"拿来"及创造性的转化,又不能形成宽广的文化视野、优秀的文化主体。这是一种文化悖论。解决这一文化悖论靠的是不断的勇敢的"拿来"、辩证的比较、文化的实践。在鲁迅看来,"拿来"者的主体素质既可以从本民族文化潜能中获得,发扬"将彼俘来"的汉唐文化精神,又可以从外国先进文化的启悟中获得——学习普罗米修斯式的献身精神以及"摩罗"的创造精神。鲁迅本人作为一个出色的"拿来"者,就主要是通过这样深刻的继承与借鉴的途径,获得了"拿来"能力及丰硕的文化成果的。鲁迅早在《文化偏至论》中,就曾表达了他关于文化比较方法的思想:"首在审己,亦必知人,比较既周,爰生自觉",既需反对"近不知中国之情",又需反对"远复不察欧美之实",这样,才能确立新文化的范型:"外之既不后于世界之思潮,内之仍弗失固有之血脉"。这种思想,具有重要的文化方法论意义,并不仅仅是适用于一国一时的。

值得注意的是,及至鲁迅后期创作了《故事新编》并撰写《中国人失掉自信力了吗?》等文章,我们更有理由认为,鲁迅本人就是诸多文化思潮和文化元素积极磨合的一个杰出代表,单纯用一个"主义"(如个人主义或集体主义)或"理论"(如进化论或阶级论)来看待鲁迅往往难以自圆其说。因为在他的笔下,无论其论辩文章还是创作文本,都彰显了"文化磨合"的文化主张,鲁迅一生的文化思想是一个思想世界或丛林,与"后古代"涌起的"文化磨合思潮"[①]翕合无间。进而我们也有理由强调,以鲁迅为代表的五四新文化运动的先锋们,实际并不是对本国传统文化的全盘否定,更非是对外来文化的无情拒斥。他们实际是在探求文化磨合之道,寻求重建具有现代性、世界性的富有活力的文化生态体系。

二、思想与方法:鲁迅"大现代"文化观的构成

鲁迅在"后古代"的时空中逐渐建构了自己的"大现代"文化观,这个"大",除了其文化思想有通古今之变、通中外之广和通人类之情而来的"大"(即通变化而大、通世界而大和通大爱而大,这也是鲁迅"大现代"文化观的三大特征),还由于其文化思想内容在动态建构中能够逐步扩大与阔大:由近及远,中外皆备。他由近及远,由中及外,反复磨合,遂能化成文魂,由此才能"文心雕龙",铁肩担道义,妙手著文章。青少年时期的鲁迅,主要接受和吸收的是家乡绍兴越地文化(江南文化),随后由近及远,走异路、逃异地,在南京接近进化论和科技文化教育,在日本留学期间,接受了多

[①] 李继凯:《"文化磨合思潮"与大现代中国文学》,《中国高校社会科学》2019年第4期。

元多样现代文化包括日本文化、俄罗斯文化的影响,由此建构了较为完整的以进化论为主导的思想文化观。在此也表明,"留学"即是"文化习语","留学生群体即是促进中国文化与社会转型的重要力量,发挥了巨大作用。[①] 作为留学生的鲁迅形成了持续关注和接受外国先进文化的习惯,使他在留学之后仍处在"学无止境"状态之中。及至定居上海,其丰富而又复杂的思想体系,亦即"更大"的"大现代"文化观业已形成,对此学界论述甚多,笔者不再赘述,在此仅就鲁迅丰富而又复杂的文化观念体系所体现的三个主要文化思想取向及与之适配的思维方式/方法,加以简要的论述,从思想与方法的角度,揭示鲁迅"大现代"文化观构成的突出特色。

其一是基于"大现代"文化观对于封建文化的批判。通常人们认为鲁迅是"西化派"的代表人物,擅长简单地套用西方文化概念批判历史悠久的中国文化,所以其批判愈是尖锐则问题愈大。其实,鲁迅用来批判封建文化的思想武器是其建构、磨合而成的"大现代"文化观,有其综合创新而来的威力和爆发力。我们知道,鲁迅在五四文化界崛起的时候,年龄已经相当大,尤其是与五四一代"新青年"比较的时候,他已经是接近40岁且经历许多坎坷的人了。他的"大现代"文化观积累和建构也达到了相当成熟的层面。基于此,他对积弊甚多、误国害民的封建文化已经有了极为深刻的观察和思考,所以才有了一批批判性的小说和文章喷薄而出,成为对封建文化进行彻底批判的代表性作者或新文化旗手。毛泽东曾在《新民主主义论》这部经典著作中高度评价鲁迅,认定他是五四文化新军的"最伟大和最英勇的旗手",还肯定"鲁迅是中国文化革命的主将,他不但是伟大的文学家,而且是伟大的思想家和伟大的革命家。鲁迅的骨头是最硬的,他没有丝毫的奴颜和媚骨,这是殖民地半殖民地人民最可宝贵的性格。鲁迅是在文化战线上,代表全民族的大多数,向着敌人冲锋陷阵的最正确、最勇敢、最坚决、最忠实、最热忱的空前的民族英雄。鲁迅的方向,就是中华民族新文化的方向"[②]。从文化视野来看待鲁迅,毛泽东也堪称鲁迅的一个旷世知音。他赞肯鲁迅,并非妄言鲁迅。正是鉴于鲁迅有"三大家"的综合实力,毛泽东才会认定他是五四文化新军的旗手,并代表中华民族的新文化的发展方向。中国新文化即大现代中国文化,大现代中国文化亦即后古代中国文化,是古今中外文化资源交汇、磨合而来的中国现代文化。从19世纪到20世纪,人类社会的现代化浪潮已经从欧洲局部向全世界扩展,对于20世纪的中国来说,其现代化过程最为显著地表现为现代文化思潮

---

① 参见周棉:《留学生群体与民国的社会发展》,中国社会科学出版社2017年版。
② 毛泽东:《毛泽东选集》第2卷,人民出版社1991年版,第698页。

的兴起和政治革命的此伏彼起。在当时,文化中国与政治中国都处于探路修路阶段。鲁迅力求通过思想启蒙尤其是国民劣根性的批判来彰显对长期奴役民众的封建文化的批判。他将积淀甚久、弊端严重的封建文化视为一种奴役民众、销蚀灵魂的"吃人文化",并用文学修辞将其形象化并凸显其"吃人的记录":"大小无数的人肉筵宴,自从有文明以来,一直排列到现在。"[①]众多民众处在一间"绝无窗户而万难毁灭"的"铁屋子"里而不自觉自己的悲剧命运。"中国的百姓,却就默默地生长,萎黄,枯死了,像压在大石底下的草样。"[②]鲁迅在《热风·随感录三十八》中还说:"我们一举一动,虽以自主,其实多受死鬼的牵制。"[③]在这种情况下,宗族、宗法、宗祖式的文化思维惯性导致国人思想的落伍和僵化,封建封闭封锁导致封国封口封心,导致广大民众在行为、习惯、价值、观念等方面都不能与时俱进,进入不了"后古代"的现代文化时空。个体自我意识的麻木、愚昧,国家集体意识的弱化、模糊,造成了日常习焉不察的吃人悲剧和连篇累牍的屈辱条约。鲁迅笔下的众多小说,如《狂人日记》《孔乙己》《药》《明天》《头发的故事》《故乡》《阿Q正传》《白光》等,都深刻揭示了封建文化对国人灵魂的奴役及控制,其笔下生动的人物形象如阿Q、华老栓、爱姑、祥林嫂、闰土等也都通过各自的人生悲剧,昭示了封建文化何以"残酷而又优雅地吃人"的现实。显然,鲁迅最擅长于文化批判,倡导文化剖析包括剖析自我,由此才能有现代文化自觉并摆脱封建礼教专制文化及"精神胜利法"的困扰,从而获得基于"大现代文化"而来的文化理性。鲁迅的文化理性、文化自信实质是积极的反思和重建,并不是一味的断裂和毁灭。

其二是基于"大现代"文化观对于多元文化的承传。鲁迅固然最用力于反思和剖析封建性质的思想文化及社会文化,在这个意义上他是典型的"文化剖析派"的杰出代表,但他对中国传统文化尤其是优秀的传统文化实际上也有承传甚至是弘扬。比如,鲁迅对传统文化中的入世精神、家国情怀、励志精神、实干精神等皆有积极的承传和弘扬,对地域文化包括江南文化及越地文化的传承、对影响深远的儒家文化及墨家文化等的承传都可谓卓有成效。如鲁迅对古代优秀文化的承传确实非常值得发掘。众所周知,中国古代文化虽然非常悠久,但"后古代"文化却并不悠久,在鲁迅有生之年,这种"后古代"文化亦即新文化或现代文化甚至还在初创阶段。为了创造新文化,鲁迅那代人比较多地借鉴了外国文化尤其是外国现代文化资源。这种情况亦如前

[①] 鲁迅:《鲁迅全集》第1卷,人民文学出版社1981年版,第217页。
[②] 鲁迅:《鲁迅全集》第7卷,人民文学出版社1981年版,第82页。
[③] 鲁迅:《鲁迅全集》第1卷,人民文学出版社1981年版,第313页。

述,是非常关键和必要的。然而,要有效地解决中国问题,也确实需要通过文化磨合进行适度适配的"中国化"。其实,鲁迅与中国古代优秀传统文化渊源很深。中国有强大的文人文化传统,文化人一直抱有家国情怀,心忧天下苍生。鲁迅对魏晋文人文艺自觉的体味细致入微,就表明在他身上有对他影响深刻的历史传承和积淀。传统中的儒道释墨等思想文化都影响了鲁迅,即使是孔孟开创的儒家文化传统也如盐入水,从少年时期就浸润了鲁迅的灵魂。儒家经典《大学》为读书人确立的人生目标修身齐家治国平天下,古往今来此说的影响都至为深远。这是民族文化律令,也是民族文化自觉。无论历史有多么曲折,依稀都有承传之声绵延不断。如"居庙堂之高则忧其民,处江湖之远则忧其君"(范仲淹),"为天下立心,为生民立命,为往圣继绝学,为万世开太平"(张载),"铁肩担道义,妙手著文章"(李大钊),等等,铿锵有声,不绝如缕,这种绵延的志士仁人精神传统也会形成文化氛围,鼓舞像鲁迅这样的现代文人"不惮于前驱","我以我血荐轩辕",坚毅地承担起自己的历史使命。笔者还注意到,近年来在中国学术界很重视现当代文学与传统文化及地域文化的关系,也将鲁迅视为一个研究重心。即使在新冠疫情持续期间,相关研究也在进行中。比如就在疫情于中国大陆基本缓解的时候,"鲁迅与江南文化"学术研讨会如期于2020年10月24日—25日在上海师范大学人文学院举行。该会议集中彰显了"鲁迅与江南文化"的关系。事实上,作为浙江绍兴人的鲁迅,他早在赴日本留学前都是生活在江南并深受江南文化濡染的,他的生活体验和文化认知都深深打上了江南的烙印。不过,江南文化本身也是发展变化的,也有从古代向现代转型的历史轨迹,鲁迅从国外返回后也曾在浙江、上海等地生活与工作,他也通过自己的言行尤其是文艺工作,包括他的文学创作、美术倡导、电影观赏以及文化批评等,切实为江南文化的现代化做出了贡献。在这个过程中,鲁迅自己的江南文化资源积累和相关思想认知,也伴随着一个文化积淀和文化磨合的过程。比如,积淀深厚的江南文化可以化为其作品中的日常生活场景、人物精神特征,在《孔乙己》《药》《祝福》《故乡》《阿Q正传》《社戏》等作品中,读者都可以领略到江南人的日常生活及其文化面貌。值得特别强调的是,鲁迅并不是以全盘赞肯的态度来书写江南文化的,尤其是对江南人精神文化品格中存在的落后、愚昧等给予了深刻的描写,其中渗透了他的文化剖析和批判。即使他晚年对大上海流行的"海派文化",也有深刻的反思和批判,彰显了他的现代文化观,并对江南文化现代化健康发展起到了促进作用。如前所述,文化接纳和磨合恰恰需要跨越时空和国别所限,仅仅在传统的"江南文化"圈里是不能创建中国大现代文化的,仅仅固守于传统儒家文化也不行,所以在现代时空中非常需要译介、评说乃至争论。

而在文化传播与再造方面,鲁迅堪称是一位具有国际性和前驱性的"文化大使"。他确实有意识地译介了不少外国文学著作,更自觉地借鉴过不少外国作家,但他并没有走外国作家走过的现成之路,他总会多方借鉴、化用且又独出心裁。即使书写乡村和城市这些常见题材,他关注的焦点也总有他独到的发现,由此与外国作家及他同代的作家文人就有了明显的区别。从文化多元影响的意义上讲,鲁迅恰是在"古今中外化成现代"方面创造了自己的文化世界、文学天地。他的文化观和文学观中,既有来自欧美、日本的影响,也有来自俄罗斯文化、文学的影响,当然还有来自中国文化/文学的影响(这本身就可以有东南西北中多方面的复杂影响)。鲁迅的文化世界和文学天地是广阔的,这明显得益于他在《文化偏至论》等文本中展示的磨合古今中外文化的"大现代文化"建构的理性思路。比如,学术界很多学者都热衷于讨论鲁迅《狂人日记》与果戈理《狂人日记》的关系,将影响研究和平行研究都发挥到很高水平。但在笔者看来,鲁迅与果戈理的比较研究足可以揭示:这是一个中俄文化/文学交流、磨合的典型范例。而对俄罗斯文学与鲁迅的整体研究和个案分析,也都可以构成严肃而有价值的学术课题。正如于文秀指出的那样:"据统计,鲁迅或翻译或评述、译述过的俄苏作家达37人之多,俄苏作家在他译述过的外国作家中居于首位。在对中外文化遗产的接受与吸收中,鲁迅始终保持清醒的头脑和独立的分析,以'拿来主义'为立场出发,不仅显示了与中国古典文学艺术的一脉相承,同时充分汲取俄罗斯批判现实主义作家的创作经验,显示出鲁迅文学思想的开放性与超前性,表现出一位伟大作家可贵的精神追求与探索,为后世作家昭示了成功的奥秘,也提供了可资仿效的经典范例。"[①]

其三是基于"大现代"文化观对于新文化的创造。通过文化批判、文化承传亦即有效的文化磨合,实现双向的拿来主义,尤其是通过对传统文化的创造性转化,确立了文化创新的新文化方向。在五四时代,新文化运动的发生和发展,也伴随着外来文化和传统文化的"运动",没有外来文化的持续的引进和创化,没有传统文化的持续的坚守和激活,其实也就没有新文化运动的动态生长和成熟。从鲁迅身上,我们就可以看出鲁迅是中国文化的反思者、批判者,也是中国文化的守夜人、传承人,他是"古今中外文化"磨合而成的丰富而又复杂的"文化巨人"。即使就其承载的"三家说"(文学家、思想家和革命家)中多有争议的"革命家"而言,笔者认为称鲁迅是特殊意义上

[①] 于文秀:《鲁迅与俄罗斯文学》,《光明日报》2019年9月5日。鲁迅曾潜心翻译了《死魂灵》《毁灭》等优秀作品,积极进行中俄文化交流,毛泽东、习近平等国家领导人曾予以关注和称扬。

的"革命家"是成立的,其主要意涵是指鲁迅不仅有不少鲁迅式的革命行为,而且有鲁迅独特的革命文化观。在他看来,革命是利于国家和民众的事业,是让人活的,也是有具体针对性和实效性的,不能总是一味的"革命"。他有段著名的关于革命、反革命、不革命的绕口令式随感,对简单的暴力循环式的革命提出了警示,这种警示就隐含在这段随感的结束句子里:"革命,革革命,革革革命,革革……。"①鲁迅还曾说"唯新兴的无产者才有将来",这被有些人确认鲁迅是"阶级论"者的实证。实际上在鲁迅逐渐形成的"大现代文化"观念中,有启蒙也有革命,有无产者也有创业者,充盈着具体问题具体分析的睿智之见。窃以为鲁迅所理解的"无产者"不是真的一无所有者和依恋暴力者,而是创造物质文化、精神文化和制度文化的主力军,并与"共产者"相通,认同和践行本质为"共享主义"的"共产主义"学说。因为真正具有高远理想的"无产者"并不是"阿Q"式的"我要什么就是什么,我喜欢谁就是谁"的投机者或窃取者。当今世界,对"无产者""共产者""革命者"以及"共产主义"的误解可是太多了。笔者在此要进一步确认的是,被毛泽东称为"中国文化革命的伟人"②的鲁迅,讲究的是对于革命文化的积极倡导和适度把握,其间充分体现了鲁迅对于文化磨合"适配适度适合"原则的考量。这在复杂的"民国"历史演进过程中,能够有这样的"清醒现实主义"的考量也是非常难能可贵的,至今看来尤其如此。这也就是说,鲁迅作为革命家主要不是"政治革命家"而是"文化革命家",他在文化战线上可以身先士卒,冲锋陷阵,韧性战斗,冲破种种文化围剿,从而彰显出"匕首"与"投枪"的威力。在这个过程中,鲁迅实际也对中国现代的"革命文化"做出了重要的贡献。在学术界和社会上,也有些人承认、肯定鲁迅对于旧文化旧中国的批判乃至"破坏"之功,但就是看不到鲁迅"立"起来的业绩。关于鲁迅的现代文化/文学业绩,笔者曾在《全人视境中的观照》和《20世纪中国文学的文化创造》等著作中论述过,而关于鲁迅是当之无愧的"现代中华民族魂"、鲁迅建构了影响深远的"新三立"现代人生范式、鲁迅是现代文人书写劳动的模范等,笔者也进行过一系列阐述,于此不再赘述。③

---

① 鲁迅:《而已集·小杂感》,《鲁迅全集》第3卷,人民文学出版社2005年版,第556页。
② 毛泽东:《毛泽东选集》第2卷,人民出版社1991年版,第702页。
③ 参见李继凯:《全人视境中的观照》,中国社会科学出版社2006年版;《20世纪中国文学的文化创造》,中国社会科学出版社2009年版;《鲁迅:现代中华民族魂》,《鲁迅研究月刊》2018年第3期;《略论鲁迅的"新三立"和"不朽"》,《鲁迅研究月刊》2013年第9期;《论鲁迅与中国书法文化》,《华中师范大学学报》2010年第3期;等等。

三、策略与修辞：鲁迅"大现代"文化观的表达

认真思考鲁迅的文化策略与文化修辞，是相当紧要的课题。每个人活着都会身处特定的时代环境和具体语境，如何应对时代急迫的现实需要并发出自己的声音，是"现实主义者"鲁迅最关切且最需要明智面对的问题。如何才能"我以我血荐轩辕"？持久的"弃医从文"则是其非常关键的文化选择。那么，如何"从文"？从什么样的"文"？这就要特别关注鲁迅的文化策略与文化修辞。显然，要改变国家积弊已久的落后面貌，要启蒙深陷文化蒙昧状态的民众，要在很多方面做很多工作。鲁迅当年能够做的工作可以有多种，但他认定"从文"更为重要，因此他连续"弃医从文""弃政从文""弃教从文"，期待着主要通过"从文"来达成自己改进社会与人生的目的。他曾谈及自己的创作动机，说："我便觉得医学并非一件紧要事，凡是愚弱的国民，即使体格如何健全，如何茁壮，也只能做毫无意义的示众的材料和看客，病死多少是不必以为不幸的。所以我们的第一要著，是在改变他们的精神，而善于改变精神的是，我那时以为当然要推文艺，于是想提倡文艺运动了。"[①]鲁迅由此将主要精力投入文艺运动及创作，尤其在五四时期、左联时期，鲁迅从崛起于文坛到引导左翼文艺，推出了一系列沉甸甸的小说和犀利无比的杂文，为中国现代文学树起了极有标志性的文学丰碑。

文化修辞实际上就是寓意深厚的文化话语，其修辞效果或实际影响比较大，其中的文化意蕴比较复杂甚至会引起争议，但文化修辞是再生性的，可以不断衍生，有说不尽的意味在里边。文化修辞也会产生纯语言的文学表达效果，形象生动，令人难以忘怀。它实际上可以是一个人物，也可以是一个意象，更是一个符号世界，是一个让人可以再生想象的文化话语。身处"大现代"进程中的鲁迅是现代中国文学大师，作品内容深广，思想博大精深，艺术风格多样，尤其长于寄意遥深的文化修辞。他是修辞巨匠，平凡的话语出自他的笔下，往往也会别有意趣，另有洞天，隽永含蓄，诙谐峭拔，为读者展现了丰富多彩的文化修辞。鲁迅作为现代时空中的一个杰出作家，自然很擅长进行现代汉语修辞，这种语言修辞恰是其"文化修辞"的基础。笔者这里所说的"文化修辞"特指运用独特的概念或形象来表达"文化策略"和"文化批判"，在强化语言表达效果的同时提高文化传播效果。这也就是说，所谓文学中的"文化修辞"，不是指作品中通常运用的比喻、夸张、排比、对偶、设问、反问、衬托、顶真、对比、反复、反

[①] 鲁迅：《呐喊·自序》，《鲁迅全集》，人民文学出版社1981年版，第417页。

语等,而是指与"文化主题"紧密相关的特定意象,意涵丰富且意味深长,其修辞效果很大,比如鲁迅笔下的"吃人""人血馒头""铁屋子""过客""阿Q""精神胜利法""假洋鬼子""落水狗""长明灯""拿来""脊梁"等等,鲁迅精心构思的这些"概念"或"符号",都是与文化主题密切相关的修辞表达,是"故意为之"的,其间渗透了文化策略方面的运思,包括他的偏激也是如此。无论是当年还是现在,都会有人经常说起鲁迅的"偏激",包括当时他本人有时也会说到自己的尖刻。他是在文化自觉中有意为之地选择"激进"或"偏激"吗?具体分析中,确实有人经常脱离历史时空和特定语境,指摘鲁迅当年语言表达上的种种问题;甚至也有人在新的时代和语境中刻意学习鲁迅的话语方式,却不恰当地"攻击"一些其所看不惯的现象,仿佛"他"成了鲁迅的"化身"或"传人"。而这类拙劣的"模仿者"不仅不能提升"鲁迅文化"的传播水平,维护鲁迅作为现代中华民族魂的形象,而且其言行偏激的"不合时宜"恰恰有损鲁迅形象,且会在社会层面产生一些误导作用。其实,鲁迅的犀利甚至所谓"偏激",恰恰体现了他贴近当时的时代需要、为达成其文化目的而采取的适配的文化策略和文化修辞,充分体现了其激进、激烈却智慧应对的文化策略。这也就是说,要理解当年的历史情境和鲁迅的策略选择,也要尽量设身处地、回归历史语境,甚至也要有个"度"的把握问题。比如,鲁迅的诸多"过激""决绝""尖刻"的表达都是在特定时代、具体语境中的符号化,原本是文化策略运思的产物,体现为策略性很强的话语及巧妙的修辞。最为著名和典型的例子是其对"吃人文化"的批判和"在铁屋子中的呐喊"。对此学术界和社会上聚讼纷纭,争论甚多。事实上鲁迅无论在杂文中还是在小说中都是在揭露封建文化的某些负面的文化功能,指认其为"封杀"人性、个性及女性的文化。尤其在《狂人日记》《祝福》《孔乙己》《药》《伤逝》《离婚》等小说中,通过文学的象征、比喻、讽刺等修辞方式,将封建文化讲求、实践层面恪守的"存天理、灭人欲"等专制性、暴力性的文化律令概括为"吃人文化",这在五四时代无疑非常需要,即使"骇人听闻",也与时代发展进步的需求极相适应。而欲"摧毁这铁屋子"的呐喊以及"救救孩子""救救女子""救救士子(知识分子)"的诉求,显然也都是时代赋予的"文化使命"。鲁迅便是承担这类时代命题和文化使命的"文化战士"之一。他的许多言论都是彼时"文化战士"角色性的表达。由此,我们可以特别关注被称扬和诋毁的激进时代与鲁迅的话语修辞,也要体察在文化磨合过程中的鲁迅式话语生成及修辞效果,也要深入探析和把握时代语境变迁与鲁迅话语的多重意涵。比如,笔者和学术同人曾提出"言说不尽的鲁迅与五四"这个命题,还召开全国学术会议加以深入讨论并出版了会议论文集。① 其中便论及鲁迅与五四及其文化关联的众多方面。通常人们所说的"五四精神"的核心内容是爱国、进步、民主、科学等,这些在鲁迅身上都有鲜明的体现,且都有标志性的"话语"体现及其"修辞"表达,其表达效果与当年语境息息相关。如果离开时代的语境和话语特质,往往以情绪化或对立思维支配的批判话语来对待五四和鲁迅,则必然会导致不绝如缕的误读误判,无论如何激烈和决绝也经不住认真的推敲。

我们应该回到五四前后的历史语境来悉心体味五四人的话语及其表达方式。笔者曾从文化策略视角观照"大现代中国文学",特别强调了文化策略的重要性和必要性,指出:"就是每当历史大变局,'文化策略'思想的正确或谬误就会显现出来,对民族命运和文化发展都会产生极其重大的影响。"②鉴于鲁迅的文化地位及影响力,他的文化策略尤其是文化批判策略就有了非同寻常的意义。鲁迅的文化批判对象主要是封建文化、半殖民文化及其现实中的各类代表人物,往往是专制者、权威者及拥有话语权的人,批判这些当道的现实文化及人物不仅需要见识和策略,还需要有足够的勇气和韧性。所幸的是,鲁迅的策略性选择使他发明了种种"战法",其中的"壕堑战"就尤为著名。他说:"在青年,须是有不平而不悲观,常抗战亦自卫,倘荆棘非践不可,固然不得不践,但若无须必践,即不必随便去践,这就是我之所以主张'壕堑战'的原因,其实也无非想多留下几个战士,以得更多的战绩。"③这也正是鲁迅自己作为战士积累的经验,转而用来引导年轻人去进行壕堑战,如何在有效保护自己的同时谋求人生社会的生存与发展策略。这也很容易使人想起他"一要生存,二要温饱,三要发展"的著名论断,其中显然也有类似的人生设计与现实对策的考量。鲁迅当年大发感慨,主要针对的是当时兴起的一股"保古"思潮,业已危及国家命运、百姓生存,所以鲁迅更看重的是国人生存权及国家安全的维护,他强调的是"当务之急"和"权宜之计",他说:"我们目下的当务之急,是一要生存,二要温饱,三要发展。苟有阻碍这前途者,无论是古是今,是人是鬼,是《三坟》、《五典》,百宋千元,天球河图,金人玉佛,祖传丸散,秘制膏丹,全都踏倒他。"④如果根据这段话就笼统说鲁迅是彻底反传统文化甚至是毁灭传统文化的人,似乎也言之凿凿,却脱离了当年特定的时代环境和"保

---

① 李继凯、赵京华等主编:《言说不尽的鲁迅与五四(鲁迅与五四新文化运动学术研讨会论文集)》,中国社会科学出版社2011年版。
② 李继凯:《从文化策略视角看"大现代中国文学"》,《文艺争鸣》2019年第4期。
③ 鲁迅:《两地书》,《鲁迅全集》第11卷,人民文学出版社2005年版,第21页。
④ 鲁迅:《华盖集》,《鲁迅全集》第3卷,人民文学出版社1981年版,第45页。

古"不"保人"的语境,也就很容易把鲁迅的这段精彩的言论亦即文化修辞误解为简单鲁莽的偏激之论,更难体会到鲁迅爱国爱民、热爱生命的拳拳之心及其文化策略、文化修辞方面的考量。客观而言,鲁迅所处时代是中国近代史以来最困难最迷茫最纷乱的时期,即使在五四时期很多原来的觉醒者也如涓生子君们一样陷入"醒后无路可走"的境地。在这种情况下,尤其需要鲁迅式的坚韧和"反抗绝望"的精神,也非常需要鲁迅那种冷峻、清醒、激烈、痛快、决绝、坚韧的现实主义的文化姿态及话语表达。事实上,鲁迅以清醒的现实主义精神、积极进取的人生态度为特点的反抗绝望的人生哲学,是鲁迅哲学的核心,同时也是 20 世纪的中国所留下来的非常重要的精神遗产。[①] 由此才能见证鲁迅是真正的文坛"硬汉"以及"鲁迅骨头是最硬的"等说法的合理性。

就鲁迅作为文学家而言,他对作品的发表是非常重视的,对其传播包括读者接受情况其实也很重视。这里就有个如何充分利用和发挥媒体力量的策略考量。鲁迅一生都与现代纸媒文化关系至为密切。他的文学与纸媒同在。事实上,纸媒可以说就是鲁迅那一代文人不能摆脱的家园。即使在他并没亲临的地方,纸媒可以使他"在场"并发挥重要的作用。比如我们就可以从符号化与媒介化的角度看待"鲁迅在延安""鲁迅在俄罗斯"等文化传播现象。鲁迅生前的很多时间都被用来编辑期刊或与出版机构打交道。他还使用了很多笔名来从事写作,这是当时文人最常运用的一种"寄托"和"自卫"策略,目的主要是可以通过期刊审查并力争顺利发表。为了更好地发挥启蒙文化作用,鲁迅还巧妙地运用了民间民俗事象作为文化修辞。比如在《祝福》中,鲁迅运用"捐门槛"和"除夕祭祖"这两个民间文化修辞,极为深刻地揭示了封建文化"润物细无声",确是"野径云俱黑",愚民文化就在民间日常生活中,销蚀农村女性生命活力于民间民俗信仰中,这里真正透露了鲁迅的"忧愤深广"。

潜心研究鲁迅的人们从他创造的文化结晶中,发现了非常宏富的文化思想与精神,情不自禁地誉之为"百科全书",并将相应的研究视为"鲁学"。[②]"鲁学"的兴盛与中国人民对"大现代文化"的追求息息相关。对于鲁迅这样一个思想文化个体而言,他接受和创化了他接触的古今中外文化思想资源,并经过创造性的磨合、整合形成了自己的文化思想。单一文化资源不能成就鲁迅,以线性思维或对立思维理解鲁迅必然会产生偏差。恰是多元多样文化的相遇与磨合成全了鲁迅,从而也为"中国鲁迅"

[①] 参见钱理群:《我们为什么需要鲁迅?》,《时代人物》2016 年第 10 期。
[②] 参见李文兵:《〈鲁迅大辞典〉——一部学研鲁迅的"百科全书"》,《瞭望周刊》1985 年第 5 期。

走向世界提供了可能。很明显,鲁迅的文化视域非常广阔,在其笔下尤其是杂文论域,中与外、大与小、古与今、男与女、美与丑、好与坏、老与少等都有所涉论,他思维灵活,分析犀利,论及万象,思接千载。将鲁迅视为"后古代"即"大现代"文化/文学(不限于"五四式"新文化/文学)的先驱者、创造者无疑是实事求是的看法。鲁迅作为"大现代"文化人,我们可以称他为"大鲁迅""大先生"。本文认为,从"大现代"文化视域中看待鲁迅,应当允许表达各种观点,那些丰富复杂的文化名人,争议恰恰很多,由此也才会形成文化热点及重点。鲁迅研究及"鲁迅文化"就是这样的热点及重点。近期在中国又新成立了若干鲁迅研究机构,如绍兴文理学院的"鲁迅研究院"、北京语言大学的"鲁迅与世界文化研究院"、北京师范大学的"鲁迅研究中心"等,就表明了这点。鲁迅曾在《故乡》中说:"其实地上本没有路,走的人多了,也便成了路。"在笔者看来,鲁迅就是大现代文化建设的最勤勉的探路、铺路者,他不仅探路、铺路,他还沿路而行,努力种树,不仅树人立人,而且树文立象,在传统文人"三立"的基础上,建构了"新三立"的现代文人的人生世界①,也在并非长寿的生命过程中,达到了很高的人生境界。近期有参与国家2016—2020年《中文学科发展报告》撰稿的学者谈及,内心最想见到的作家应该是鲁迅。她发现学术界很多人都不约而同地说起鲁迅,学术研究的热点之一就是鲁迅研究:"总有人在以不同的方式言说鲁迅,鲁迅给了我们这个时代特殊的视角,提供了最为丰富的阐释人生的资源,确实应该感谢他、关注他。我觉得我们越来越渴望接近鲁迅,鲁迅日益以一个'烟火漫卷'的姿态介入我们的人生,成为一种话语方式。这样的鲁迅才能构成一种真实的力量。如何理解鲁迅,可能依然是一个时代性的命题。"②而如何在世界范围传播鲁迅,显然更是一个时代性的命题。这个命题是与国家宏大课题相一致的:"如何让世界更好认识中国、了解中国,需要深入理解中华文明,从历史和现实、理论和实践相结合的角度深入阐释如何更好坚持中国道路、弘扬中国精神、凝聚中国力量。"③鲁迅作为大现代或"后古代"文人的杰出代表,他的拿来与磨合、思想与方法、策略与修辞以及鲁迅研究界的持续努力,对积极推动中华优秀传统文化创造性转化、创新性发展,无疑也会起到重要的促进作用。

---

① 参见李继凯:《略论鲁迅的"新三立"和"不朽"》,《鲁迅研究月刊》2013年第9期。
② 杜桂萍:《杜桂萍谈枕边书》,《中华读书报》2021年5月11日。
③ 习近平:《习近平给〈文史哲〉编辑部全体编辑人员的回信》,《西北工业大学学报》2021年第3期。

鲁迅与延安文艺思潮[①]

田 刚

田刚,1962年生于河南省偃师县。1981年入山东大学中文系,1985年毕业,获文学学士学位。1990年入上海华东师范大学中文系进修硕士研究生课程,2000年入山东大学文学院攻读博士学位,2003年毕业并获文学博士学位。现任陕西师范大学文学院教授、博士研究生导师,兼任中国鲁迅研究会理事、陕西师范大学延安文艺研究中心常务副主任。主要研究方向为20世纪中国文学史,长于鲁迅研究、延安文艺研究及20世纪中国文学思潮的研究。著有《鲁迅与中国士人传统》(中国社会科学出版社2005年版)、《阅读鲁迅》(南京大学出版社2011年版)、《鲁迅与延安文艺思潮》(陕西师范大学出版总社2023年版)等著作3部,发表论文40余篇。

20世纪40年代,是中国新文学由"五四"启蒙文学向延安"工农兵文艺"开始实现根本性"转型"的重要时期。作为"五四"启蒙文学的先驱者和最杰出的代表,鲁迅虽然已于此前的1936年离开了人世,但其作为一个巨大的精神性的存在,仍然在这一重大的文学转型中扮演着十分突出的历史角色。尤其是毛泽东在1940年的《新民主主义论》中开始把"鲁迅"树为"新文化的旗手",确认"鲁迅的方向,就是中华民族新文化的方向"之后,"鲁迅"在延安更是成了先进的新文化的象征。而随着鲁迅及其作品的广泛传播和弘扬,在以延安为中心的抗日根据地,一批高举"鲁迅"的旗帜并以鲁迅启蒙现实主义文学价值观为圭臬的文艺作品遂应运而生并在延安产生了广泛的社会影响。但这一由"鲁迅"而启动的批判现实主义的文学思潮却遭到了同样尊奉"鲁迅"的政治权威的强力阻遏,并最终逆转为一种以"工农兵"为核心的新的文艺运

[①] 原载《文史哲》2011年第2期。

动。问题在于同样尊奉"鲁迅"的政治权威为什么要通过"整风"对延安发生的这一以"鲁迅"为旗帜的文艺思潮进行整肃？鲁迅与革命政治之间到底发生了什么？其对20世纪中国文学的影响何在？

一、新文化"旗手"形象的确立

1936年10月19日，鲁迅在上海去世，举国震惊。鲁迅逝世的消息，立即由当时中共上海办事处主任冯雪峰通过秘密电台报告给了远在陕北保安的中共中央。三天之后即10月22日，中共中央和中华苏维埃中央政府发布了三个"表示最深沉痛切哀悼"的文件，即《为追悼鲁迅先生告全国同胞和全世界人士书》《致许广平女士的唁电》《为追悼与纪念鲁迅先生致中国国民党中央委员会与南京政府电》，赞颂鲁迅"做了一个为民族解放、社会解放、为世界和平而奋斗的文人的模范。他的笔是对于帝国主义、汉奸卖国贼、军阀官僚土豪劣绅、法西斯蒂以及一切无耻之徒的大炮和照妖镜，他没有一个时候不和被压迫的大众站在一起，与那些敌人作战。他的犀利的笔锋，完美的人格，正直的言论，战斗的精神，使那些害虫毒物，无处躲避"，称鲁迅为"中国文学革命的导师、思想界的权威、文坛上最伟大的巨星"，"他在中国革命运动中立下了超人一等的功绩"。为了永远纪念鲁迅先生，中国共产党中央委员会、苏维埃人民共和国中央政府还决定在全苏区内：（一）下半旗志哀，并在各地方和红军部队中举行追悼大会；（二）设立鲁迅文学奖金基金十万元；（三）改苏维埃中央图书馆为鲁迅图书馆；（四）在中央政府所在地设立鲁迅纪念碑；（五）收集鲁迅遗著，翻印鲁迅著作；（六）募集鲁迅号飞机基金。同时，中共中央及苏维埃政府还向主政的国民党和国民政府提出如下要求：（一）鲁迅先生遗体举行国葬，并付国史馆立传；（二）改浙江省绍兴县为鲁迅县；（三）改北平大学为鲁迅大学；（四）设立鲁迅文学奖金，奖励革命文学；（五）设立鲁迅研究院，收集鲁迅遗著，出版鲁迅全集；（六）在上海、北平、南京、广州、杭州建立鲁迅铜像；（七）鲁迅家属与先烈家属同样待遇；（八）废止鲁迅先生生前贵党贵政府所颁布的一切禁止言论出版自由之法令，表扬鲁迅先生正所以表扬中华民族的伟大精神。

这是中国共产党第一次对于鲁迅的正式评价。据当时的中央宣传部部长吴亮平回忆，这三个文件是时任党中央总书记的张闻天的手笔。它们先通过秘密电台传到上海，接着在保安通过"红色中华新闻社"（CSR），用口语进行广播。张闻天为此还向主持北方局工作的胡服（刘少奇）通报了内容要点，并指示在白区"必须立即进行公开追悼鲁迅的动员"。另外，张闻天还给在上海的冯雪峰发去专电，责成他代表中央全权主持鲁迅治丧工作。① 冯雪峰与宋庆龄、蔡元培、沈钧儒以及许广平、周建人等商量,很快就组成了治丧委员会,发表了讣告。治丧委员会由蔡元培、马相伯、宋庆龄、毛泽东、内山完造、史沫特莱、沈钧儒、茅盾、萧三共九人组成。但毛泽东的名字,当时除了一家日本人办的《上海日日新闻》的日文、中文版曾经披露过以外,其他的报刊都不敢披露。《上海日日新闻》10月20日所载为"葬仪委员已决定由宋庆龄……八氏"(按:少了一个"马相伯",其他人名均同),且特别指出:"其中列有中国共产党巨人毛泽东氏之名,极堪注意。""毛泽东"的名字被列入鲁迅治丧委员会名单,确实是一件具有历史意义的事情。

1936年10月30日,中央苏区鲁迅追悼大会在保安举行。据《红色中华》10月28日报道:"自鲁迅先生逝世消息传来后,党中央、苏维埃中央政府、少共中央局三机关发起盛大之追悼鲁迅筹备会,该会负责人选已决定,正在筹备收集鲁迅先生的译著及其他作品,并将在志丹市于本月卅日召开各机关部队群众团体之盛大的追悼会。"据当时曾参加了这次追悼大会的朱正明回忆:"那天,红军和各部工作人员以及红军大学学员都出席参加,人数总在一二千之间,毛泽东并亲自出席发表了演说,对于这位革命的青年导师,苏维埃政府给予了沉痛的追悼及崇高的哀思。那时天气很冷,全体参加者已经在寒风中坐立了二三小时。"②但是,由于国民党的封锁,这次保安追悼鲁迅的大会在当时和后来都鲜有人知,以至于各种有关悼念鲁迅的文献资料不仅没有记载下大会的具体情形,而且毛泽东在鲁迅追悼大会上的讲演内容也没有保留下来。

"西安事变"后,国共第二次合作,抗日民族统一战线形成。1937年1月13日,中共中央由保安迁驻延安,从此开始了中共历史上最为辉煌的"延安时代"。随着中共"延安时代"的来临,鲁迅作为中国现代文化及文学的"旗手"形象也逐渐被确立起来。而鲁迅"旗手"形象的确立,则主要得力于当时正在中国共产党内冉冉升起的新的政治领袖——毛泽东。

1937年1月,毛泽东进驻延安后,他在陕西第四中学图书室发现有鲁迅的书,如获至宝。他借了几本,读后再借,先后三次借阅。最后,他读了这里所有的鲁迅选本

---

① 吴亮平:《为真理而斗争的一生》,《回忆张闻天》,长沙:湖南人民出版社,1985年,第58页;程中原:《张闻天与新文学运动》,南京:江苏文艺出版社,1987年,第266页。
② L. Insun:《西北特区特写·陕北的戏剧运动》,见朱正明译:《今日中国》(英文版),上海:每日译报社,1939年3月第8版;朱正明:《有关鲁迅两件事的回忆》,西北大学鲁迅研究室编:《鲁迅研究年刊》,西安:陕西人民出版社,1980年。

和单行本。① 后来,毛泽东回忆起这一时期的阅读体验时,曾这样讲过:"我就是爱读鲁迅的书,鲁迅的心和我们是息息相通的。我在延安,夜晚读鲁迅的书,常常忘记了睡觉。"② 1938 年 1 月 12 日,他曾回信时任抗日军政大学主任教员的哲学家艾思奇,说:"我没有《鲁迅全集》,有几本零的,《朝华夕拾》也在内,遍寻都不见了。"③ 其实,这时所谓的《鲁迅全集》还没有出版,但由此可以看出他渴望系统阅读鲁迅著作的心情。1938 年 6 月,由上海复社出版的 20 卷本的普通版《鲁迅全集》开始发行。当时周恩来正在武汉,他通过武汉八路军办事处为延安预订了精装本和平装本各 10 套(后来送到延安时实际上各为 8 套)。这些《鲁迅全集》送到延安,即给鲁迅图书馆和鲁迅艺术学院图书馆各分了 2 套。这年 8 月,《鲁迅全集》又特印了 200 套编号发行的布面精装"纪念本",在每册的版权页上注明"非卖品"。其中的 58 号就是送给毛泽东的,从此,毛泽东才真正拥有了《鲁迅全集》。后来新华社发表过一张毛泽东在延安枣园窑洞里工作的照片,办公桌上放着 3 卷厚厚的《鲁迅全集》,书脊上的书名字迹依稀可辨。

毛泽东之关注鲁迅,是与他关于中国革命的宏大战略息息相关的。早在 1936 年 11 月 22 日,他就在陕北保安举行的中国文艺协会成立大会上发表讲话,提出了进行中国革命的"文武之道":"现在我们不但要武的,我们也要文的了,我们要文武双全。"④ 毛泽东这一"文武兼备"的革命战略,后来又在《新民主主义论》和《在延安文艺座谈会上的讲话》中进一步演化为"两次围剿"和"两支大军"的说法。如果我们考诸渊源,毛泽东这一"文武之道",得之于他早年的宋明理学的训练。早年毛泽东曾师从杨昌济等接受了系统的宋明理学的传统教育,传统儒学"内圣外王"的思想,曾经是青年毛泽东仰止景从的道德理想。这从他 1913 年 10 月至 12 月在湖南第四师范学校学习时的读书笔记《讲堂录》中随处可以见出:

十一月十五日,修身:王船山:有豪杰而不圣贤者,未有圣贤而不豪杰者也。圣贤,德业俱全者;豪杰,歉于道德,而有大功大名者。拿翁,豪杰也,而非圣贤。

十一月二十三日,修身:有办事之人,有传教之人。前者如诸葛武侯范希文,后者如孔孟朱陆王阳明等是也。宋韩范并称,清曾左并称。然韩左办事之人也,

---

① 陈晋主编:《毛泽东读书笔记解析》,广州:广东人民出版社,1996 年,第 1514 页。
② 龚育之、逄先知、石仲泉:《毛泽东的读书生活》,北京:三联书店,1986 年,第 184 页。
③ 《毛泽东书信集》,北京:人民出版社,1983 年,第 118 页。
④ 《毛泽东文艺论集》,北京:中央文献出版社,2002 年,第 3 页。

范曾办事兼传教之人也。帝王一代帝王,圣贤百代帝王。①

在青年毛泽东心目中,"内圣外王"的理想人格代表是曾国藩:"愚于近人,独服曾文正,观其收拾洪杨一役,完满无缺。"何以哉? 这是因为曾国藩能集豪杰和圣贤于一身,内圣外王,君师合一。在毛泽东看来,欲救天下之难,"徒欲学古代奸雄意气之为,以手腕智计为牢笼一世之具,此如秋潦无源,浮萍无根,如何能久"?"欲动天下者,当动天下之心,而不徒在显见之迹。动其心者,当具大本大源。"这也就是说获取人心,当为大本,只有内圣,方能外王:"圣人,既得大本者也。"②可见,"得其大本"的关键是"动天下之心",而"动天下之心",文艺是其根本。中国革命,仅仅靠武力夺取江山是不够的,要夺取革命的胜利,必须是文武兼备,相得益彰。而鲁迅在"五四"之后的现代中国的"文豪"地位,尤其是他作为左翼文坛盟主在中国乃至世界上的巨大影响,正是这一时期的毛泽东所要寻找并借重的最为合适的对象。

现存的毛泽东第一次正式谈论鲁迅的有关记载,是1937年3月1日他与前往延安访问的美国女作家史沫特莱的谈话。在谈话中,认为"国内有一部分带着阿Q精神的人,却洋洋得意地把我们的这种让步(按:即'西安事变'后与国民党的谈判)叫做'屈服、投降和悔过'"③。但毛泽东在这里只是拿阿Q作比喻,以增加谈话的丰富性和形象性而已,对鲁迅及其作品并无实质性的涉及。1937年10月19日,毛泽东在延安陕北公学纪念鲁迅逝世周年大会上发表讲话,对鲁迅及其作品进行了全面的评价。在讲话中,毛泽东指出:"鲁迅在中国的价值,据我看要算是中国的第一等的圣人。孔夫子是封建社会的圣人,鲁迅则是现代中国的圣人。"这可以说是给予鲁迅最高的"谥号"! 还有能比"圣人"更高的溢美之词吗? 紧接着,毛泽东概括出了鲁迅的"三大特点":"政治的远见""斗争精神"和"牺牲精神"。最后他总结说:"综合上述这几个特点,形成了一种伟大的'鲁迅精神'。……我们纪念鲁迅,就要学习鲁迅的精神,把它带到全国各地的抗战队伍中去,为中华民族的解放而奋斗!"④值得注意的是,毛泽东这里只是从政治革命的视角,来论述"他在中国革命史中所占的地位"的。但鲁迅毕竟首先是一个文学家,他对于现代中国的价值主要还是表现在文化领域。那么,鲁迅在现代中国文化中的地位如何呢? 以鲁迅为盟主的现代左翼文化对于中国革命的价值和意义是什么呢? 为此,作为一个深谋远虑的政治家,毛泽东是有自己

---

① 《毛泽东早期文稿》,长沙:湖南出版社,1995年,第589—591页。
② 以上引文均见毛泽东:《致黎锦熙》(1917年8月23日),《毛泽东早期文稿》,第84—90页。
③ 毛泽东:《中日问题与西安事变》,《毛泽东文集》第1卷,北京:人民出版社,2001年,第479页。
④ 《毛泽东文艺论集》,第8页。

的系统的思考的。这一思考的结晶,就是1940年的《新民主主义论》。

1940年1月4日,陕甘宁边区文化协会第一次代表大会在延安大礼堂开幕。1月9日,毛泽东在会上作了题为《新民主主义的政治与新民主主义的文化》的讲演。1940年2月15日,延安出版的《中国文化》创刊号刊登了该演讲稿。同年2月20日在延安出版的《解放》第98、99期合刊登载时,题目改为《新民主主义论》。在《新民主主义论》中,毛泽东开始从文化的视角来认识鲁迅的价值和地位,从而把鲁迅推到了新民主主义文化的"旗手"的地位:

> 鲁迅是中国文化革命的主将,他不但是伟大的文学家,而且是伟大的思想家和伟大的革命家。鲁迅的骨头是最硬的,他没有丝毫的奴颜和媚骨,这是殖民地半殖民地人民最可宝贵的性格。鲁迅是在文化战线上,代表全民族的大多数,向着敌人冲锋陷阵的最正确、最勇敢、最坚决、最忠实、最热忱的空前的民族英雄。鲁迅的方向,就是中华民族新文化的方向。

这里,毛泽东对于鲁迅的尊崇,简直到了无以复加的地步!作为中国共产党在新民主主义革命期间民主建国的政治文化方略,毛泽东的《新民主主义论》对于鲁迅的上述评价和定位,对于此后的延安文艺思潮无疑具有"法典"的价值和意义。从此,鲁迅的"旗手"地位得以确立,"鲁迅的方向",开始成为"中华民族新文化的方向"。

二、以"启蒙"为旨归的文艺思潮的出现

鲁迅作为中国现代新文化的"旗手",在毛泽东的《新民主主义论》中被确立之后,其作品遂在以延安为中心的共产党控制区内迅速传播开来。

首先是出现了一批以"鲁迅"命名的学校和机构。为纪念鲁迅先生,陕北苏区成立了"鲁迅青年学校""鲁迅剧社"等机构。党中央迁驻延安后,又相继成立了鲁迅图书馆、鲁迅师范学校、鲁迅小学、鲁迅艺术学院、鲁迅研究会、鲁迅研究基金等以"鲁迅"命名的机关和学校。其中,"鲁迅研究会"在传播和宣传鲁迅方面发挥了核心的组织作用。"鲁迅研究会"是由党中央领导人洛甫(张闻天)在1940年1月5日召开的陕甘宁边区文化协会第一次代表大会上提议,经过一年多的精心筹备,于1941年1月15日在延安成立的。"鲁迅研究会"选出艾思奇、萧军、周文三人组成干事会,同时又成立了由艾思奇、萧军、周文、周扬、陈伯达、范文澜、丁玲、萧三、胡蛮、张仲实等十人组成的编委会。鲁迅研究会成立后,展开了一系列宣传和弘扬鲁迅的文化活动:编辑了《鲁迅小说选集》和《鲁迅论文选集》,由延安新华书店在全国发行;编辑出版了研究鲁迅的最新成果——《鲁迅研究丛刊》和《鲁迅研究特刊》(《阿Q论集》);设立

了鲁迅文化基金,以资助在延安工作同时生活上有困难的文艺工作者;举办了纪念鲁迅的展览,如"世界油画展"等;同时还协助举办了历年的鲁迅逝世纪念活动。每年的10月19日,是鲁迅逝世纪念日。从1937年到1942年,每到这一天,延安都举办大型的有中共领导人参加的鲁迅纪念活动,同时其他的文化活动也随之展开。可以说,"鲁迅"已经成了延安文化生活的重要的组成部分,同时也是延安新文化的象征。对此,当时在重庆出版的《新华日报》曾发表惊秋的《陕甘宁X区新文化运动的现状》一文,其中以"鲁迅在延安"进行专题报道。该文称:"最尊重鲁迅的,是最澈底为中华民族、中国人民解放斗争、为创造中华民族新文化斗争的延安。……在延安,鲁迅的品格,被称为每一个革命青年尤其是文化工作者的修养的模范,鲁迅的语言,被引作政治报告中最确切的补充例证,鲁迅对新文化运动的见解,被作为研究中国新文化运动的基本道循,金字红色书面的《鲁迅全集》,成为青年们最羡慕的读物。"①一时间,在延安形成了一阵"鲁迅热"。

随着鲁迅作品的传播及其精神的弘扬,到了1941年前后,一场在"鲁迅"影响下的批判现实主义文艺思潮在延安风行开来。

首先必须说明的是,延安文坛的风云变化乃是抗战时期特殊政治经济情势下的产物。1941年1月发生的"皖南事变",不但是抗战期间国共两党关系开始出现全面破裂的转折点,也是延安社会、政治、文化生活发生重大变化的开始。在此之前,在抗日民族统一战线的大局之下,国共两党纵有摩擦冲突,但仍属局部问题;在此之后,双方剑拔弩张之程度,离全面破裂以至发生大规模内战,实仅一步之遥。事变最后虽然不了了之,但双方的关系已经难以修复。国民政府从此不再为陕甘宁边区政府和八路军、新四军提供经费,并且还对陕甘宁边区实施封锁和进攻。国民党的行动,促使共产党在政治上全然脱离了国民政府的统辖。他们另立银行、发行边币、自行收税,再不与重庆政府发生请示、汇报关系。② 国共关系的这一重大变化,直接影响了延安的社会文化生活。本来延安就处于中国经济最不发达的地区,生产能力有限,加之抗战爆发后,在中共坚决抗日的政治主张感召下一下子又涌来这么多的进步青年,而国民党的封锁和进攻,则更使得陕甘宁边区的经济生活雪上加霜,陷入空前的困难之中。经济的困难也使延安社会政治生活中的固有矛盾更加凸显,直接影响到人们的日常生活。社会生活的矛盾和日常生活的困顿自然激发了艺术家们对于现实的反思

---

① 《新华日报》(重庆),1941年1月7—8日连载。
② 杨奎松:《国民党的"联共"与"反共"》,北京:中国社会科学文献出版社,2009年,第424页。

和批判,一股以"批判现实""暴露黑暗"为旨归的批判现实主义文艺思潮,遂在延安文坛应运而生。

而这一文艺思潮却是因"鲁迅"而启动的。1940年10月19日,为纪念鲁迅先生逝世四周年,由丁玲、舒群、萧军三人发起的"文艺月会"正式成立。在当天举行的有近三十人参加的第一次座谈会上,讨论了文艺月会的组织、性质和任务,《文艺月报》的编辑方针及纪念鲁迅逝世四周年等事宜。在讨论《文艺月报》编辑方针时,(周)立波、萧军、雪苇、周文等发言,提倡办成一个短小精悍、有斗争性的刊物,要有小说、诗歌,还要有批评、杂文。同年11月17日,在"文艺月会"的第二次座谈会上,丁玲发言:"听人家意见要有大度,几句恭维话有什么用呢?原来就是要让别人指出自己的缺点来。而批评人要直爽,要贡献意见给别人,是爱护人的。作家见面不谈作品的现象一定要打破。"萧军很赞成这个意见,他也说明他对于批评的态度,不管别人说话的方式怎样,只要动机好,就要容纳,就要选择接受。后来丁玲又把这次的发言整理成《大度、宽容与〈文艺月报〉》,进一步发挥了在第二次座谈会上发言的精神。她呼吁:"《文艺月报》要以一个崭新的面目出现,把握着斗争的原则性,展开泼辣的自我批评,毫不宽容地指斥应该克服、而还没有克服,或者借辞延迟克服的现象。"[①]1941年5月15日,中共中央机关报《解放日报》创刊,丁玲任文艺副刊主编。10月23日,《解放日报》上刊出丁玲的《我们需要杂文》,认为:"现在这一时代仍不脱离鲁迅先生的时代,贪污腐化,黑暗,压迫屠杀进步分子,人民连保卫自己的抗战的自由都没有……即使在进步的地方,有了初步的民主,然而,这里更需要督促,监视,中国所有的几千年来的根深蒂固的封建恶习,是不容易铲除的,而所谓进步的地方,又非从天而降,它与中国的旧社会是相连结着的。"所以,她主张:"我们这时代还须要杂文,我们不要放弃这一武器。举起它,杂文是不会死的。"同年9月16日,文艺副刊出版第1期,到1942年3月11日出版至100期。丁玲在副刊101期的《编者的话》中总结时有这样的话:"在去年10月中就号召大家写杂文,征求对社会、对文艺本身加以批判的短作。"

在以丁玲为首的"文抗"作家的鼓动和引领下,这一批判现实主义的文艺思潮开始在延安逐渐蔓延开来。到了1942年初,随着毛泽东所发动的"整顿三风"运动的开展,这股文艺思潮更是进一步泛滥,进而弥漫于以延安为中心的解放区文坛。这最突出的表现在以下四个方面:

[①] 以上引文均见《文艺月报》(延安)第1期,1941年1月。

（一）"抨击时弊"的杂文。在当时的延安文坛，出现了一股杂文创作的热潮。其中最著名的有：丁玲的《干部衣服》《三八节有感》，萧军的《论"终身大事"》《论同志的"爱"与"耐"》，王实味的《野百合花》《政治家·艺术家》，罗烽的《还是杂文的时代》，艾青的《了解作家，尊重作家》，陈企霞的《鸡啼》等，这些杂文大多发表于延安出版的《大众文艺》《解放日报·文艺》《文艺月报》《谷雨》等报刊。除此之外，当时轰动延安的还有中央青委在文化沟口的《轻骑队》、鲁迅艺术学院的《讽刺画展》、中央研究院的《矢与的》这三种墙报，上面的文章也多是短小精悍的杂文。这些作品，以抨击时弊为主，大都触及了当时延安社会的诸多阴影，如男女不平等、人情冷漠、分配不公、干部特权等等问题。

（二）"暴露黑暗"的小说。除了"抨击时弊"的杂文，在延安文坛还一度出现了一批触及社会矛盾、揭露生活"阴暗面"的小说。这类小说中，有的是讽刺官僚主义、事务主义的，如《一个钉子》（严文井）、《厂长追猪去了》（鸿迅）、《科长病了》（叶克）、《躺在睡椅里的人》（雷加）等；有的是反映农民出身的干部与知识分子之间的隔阂与矛盾的，如《在医院中时》（丁玲）、《间隔》（马加）、《结合》（晋驼）、《丽萍的烦恼》（莫耶）、《陆康的歌声》（刘白羽）等；也有的写生活中尤其是革命队伍中的人情冷漠和是是非非的，如《我在霞村的时候》（丁玲）、《老马夫》（黄既）、《废物》（柳青）等。

（三）轰动延安的"讽刺画展"。讽刺性的漫画活动，最早是以"墙报"的方式出现在"鲁艺"，但在延安真正引起轰动性效应的还是张谔、蔡若虹、华君武三人的"讽刺画展"。"讽刺画展"于1942年2月15日至17日在延安军人俱乐部举办，共展出60多幅漫画作品。这些作品"主要是针对延安主观主义、教条主义、党八股、恋爱、开会、不遵守时间、乱讲自由、自高自大、小鬼、干部生活、学习、工作等不良现象而发，可谓对症下药，切中要害，妙笔横生，针砭备至，参观同志，无不同声称快，流连欣赏"。许多中共领导人和知名人士如毛泽东、王稼祥、叶剑英、林彪、艾思奇、萧军等均前往观看。"讽刺画展"先是举办了三天，参观者络绎不绝，而且"因观众过于拥挤，甚至将门挤倒，并有向壁而返者"。因此，美协决定画展又于2月19日至20日、21日至22日在"文抗"作家俱乐部、新市场商会俱乐部继续举办，真可谓盛况空前，成为当时延安的一大盛事。①

（四）文艺批评中关于"太阳中的黑点"的论争。对于延安文坛涌起的这股批判现实主义的文学思潮，时任"鲁艺"副院长的周扬颇不以为然。他于1942年7月17日至

---

① 见《解放日报》（延安）1942年2月17日、18日、19日的有关报道。

19日在《解放日报》上以连载的形式发表《文学与生活漫谈》一文,主要意思是强调作家深入生活的重要性。他在文中针对延安一些作家主张"暴露黑暗"的观点,提出了"太阳中也有黑点"的命题。认为"新的生活不是没有缺陷,有时甚至很多,但它到底是在前进,飞快地前进",实际上他更强调生活中的光明面,主张"歌颂光明"。周扬的文章发表后,立即引起丁玲、萧军、白朗、艾青、舒群、罗烽等"文抗"作家的不满,他们协商后决定由萧军执笔写出《〈文学与生活漫谈〉读后漫谈集录并商榷于周扬同志》[①],对周扬的观点逐一加以批驳。针对周扬提出的"太阳中也有黑点"的命题,萧军他们驳斥道:"但若说一定得承认黑点'合理化',不加憎恶,不加指责,甚至容忍和歌颂,这是没有道理的事。这除非他本身是一个在光明里面特别爱好黑点和追求黑点的人,绝不是一个真正的光明底追求和创造者。"文章写好后,曾送《解放日报》,遭到退稿。萧军认为这是宗派主义行帮作风,再加上其他不愉快的事,就想离开延安,但最终被毛泽东所挽留,参加了后来的文艺座谈会。

而值得注意的是,这场蔓延于延安文坛,以暴露黑暗、抨击时弊为主要内容的文艺思潮,其源头却来自被毛泽东誉为中国新文化的"旗手"的鲁迅。

首先,这一文艺思潮中的活跃人物,或是鲁迅的弟子,或是鲁迅的崇拜者,尤其是丁玲、萧军等,在鲁迅生前曾亲炙于先生,都曾发愿以秉承先生的事业为志向。鲁迅与他们之间,有着或明或暗的精神性的传承谱系。其次,是他们公开地打出了"鲁迅"的旗号,提出"还是杂文时代,还是鲁迅笔法",鲁迅匕首投枪式的杂文,自然就成了他们景慕和模仿的对象。比如王实味的《野百合花》的形式,就受到了鲁迅的《无花的蔷薇》的启发;他在《零感两则》等文中一再标榜的"硬骨头",也是以鲁迅自许的。至于说这一文艺思潮的代表性的理论表述,如丁玲的《我们需要杂文》、萧军的《纪念鲁迅:要用真正的业绩!》《杂文还废不得说》、罗烽的《还是杂文的时代》、张仃的《漫画与杂文》等,则更是直接以"鲁迅"的名目出现的。

当然更为重要的还是这一文艺思潮的精神旨归及文学价值观与鲁迅的内在契合。鲁迅的启蒙现实主义文学不是要"大众化"而是一种"化大众"的文学,它是以知识分子为主体的,是掌握了现代文明的知识分子对于蒙昧的大众的"启蒙"。在《我怎么做起小说来》中他谈到自己写小说的初衷时说:"说到'为什么'做小说罢,我仍抱着十多年前的'启蒙主义',以为必须是'为人生',而且要改良这人生。"[②]他认为:

[①]《文艺月报》(延安)第8期,1941年8月。按:丁玲曾参与此文的讨论,但发表时因有些不同意见,最终没有署名。

[②]《鲁迅全集》第4卷,北京:人民文学出版社,1981年,第512页。

"文艺是国民精神所发的火光,同时也是引导国民精神的前途的灯火",所以,我们的作家应该"取下假面,真诚地,深入地,大胆地看取人生并且写出他的血和肉来"。基于此,他的小说"多采自病态社会的不幸的人们中,意思是在揭出病苦,引起疗救的注意"①;他的杂文是一种"社会批评"或"文明批评",其特征"是在对于有害的事物,立刻给以反响或抗争,是感应的神经,是攻守的手足"②。鲁迅这一以"启蒙"为旨归的现实主义文学观,特别是在毛泽东提出"鲁迅的方向,就是中华民族新文化的方向"之后,自然就成了以延安为中心的解放区作家所尊奉的典范。在这方面,丁玲的《在医院中时》最具典型性。小说中的主人公陆萍是一个受过现代科学知识教育而又初步接受了革命洗礼,有着高度革命责任感的知识分子。但是她的现代观念却遭到了医院中以工农干部为主的习惯势力的不解和漠视:她的科学的救护管理方法得不到采纳,反而备受从院长到护士的责难和诽谤。其实,陆萍与院长和其他同事的冲突,并不是她"不能与工农群众相结合"的具体表现,而是一种先进与落后、文明与野蛮的冲突。丁玲的《在医院中时》试图诉求的,是一种典型的启蒙现实主义的文学价值观念。上述这些文艺作品,实际上就是"五四"时代鲁迅启蒙现实主义文学观在新的时代的回响。

三、毛泽东"讲话"对鲁迅的成功"改造"

但是上述这股批判现实主义的文艺思潮,却是与延安当时所处的战时环境不相协调的。因为战时环境下的社会组织要求的是高度的统一,这就决定了当时延安社会的战时共产主义的组织形式,即生活的供给制和组织的军事化,使每个人都以个体的形式编织到集体中。③ 战时共产主义诉求的是集体主义的意识形态,而文学却是个体化的事业,其根本的生命在于自由。这样,随着以个性、自由为内在诉求的批判现实主义文学思潮在延安社会的滋长和蔓延,其实际上动摇和瓦解的乃是延安社会的基础——集体主义的意识形态。尤其是在日军的进攻和国民党的重重封锁和包围下,任何动摇军心的行为和思想都是延安社会的领导者难以容忍的。发生在延安的这场以"鲁迅"为名目的文艺思潮,立即引起了中共领导人的高度警觉。

1942年3月31日,毛泽东在杨家岭中共中央办公厅召集延安各部门负责人和作家共70多人开座谈会,讨论《解放日报》改版问题。对于当时延安文坛出现的一些杂

---

① 鲁迅:《坟·论睁了眼看》,《鲁迅全集》第1卷,北京:人民文学出版社,1981年,第240—241页。
② 鲁迅:《且介亭杂文·序言》,《鲁迅全集》第6卷,北京:人民文学出版社,1981年,第3页。
③ 参见朱鸿昭:《延安文人》,广州:广东人民出版社,2001年,第52页。

文的思想倾向,他提出尖锐的批评:"近来颇有些人要求绝对平均,但这是一种幻想,不能实现的。""小资产阶级的空想社会主义思想,我们应该拒绝。"他还说:"批评应该是严正的、尖锐的,但又应该是诚恳的、坦白的、与人为善的。只有这种态度,才对团结有利。冷嘲暗箭,则是一种销蚀剂,是对团结不利的。"①4月2日,中央召开政治局会议。在这个会议上,康生提出,《轻骑队》以及王实味、丁玲两人的文章风气不正,并且有极端民主化倾向,主张对青年要注意引导,提倡积极的批评,不符合党的政策的文章最好不登。对康生的意见,领导人之间看法不一,一些人认为暴露有好处,只有乱起来,才有利于有目标地开展斗争和教育新干部;另一些人则认为放得太过,搞不好会出现莫斯科当年清党斗争的情况,为托派所利用,闹成分裂,难于收场。毛泽东的态度明显趋中。他一面强调不能放任自流,肯定新干部发生毛病是必然的;一面仍主张要"放",强调对工作人员的不平之气,要让他们发泄,肯定各单位墙报的积极作用,相信除个别坏分子外,大多数都是好的,不是反领导的,只要领导得好,先纵后放,揭露问题,不会闹出大乱子的。会议决定:在《解放日报》上设批评与建议栏,用严正态度开展正确的批评,纠正无的放矢与无原则攻击毁谤的态度。会后,中宣部发布了《关于在延安讨论中央决定及毛泽东整顿三风报告的决定》,即著名的"四三决定",反映了毛泽东的意见。②4月初的一天晚上,毛泽东到中央研究院用马灯和火把照明,看了《矢与的》墙报。从3月23日起,《矢与的》的最初三期连续发表了王实味的三篇文章。毛泽东看后说:思想斗争有了目标了,这也是有的放矢嘛!③

由此看来,中共领导人更为关注的还是文艺所发挥的政治功能。在他们心目中,这类"处士横议"式的文艺作品,已经触及了政治的敏感区域,甚至妨害了党的核心利益,这对于战时状态下的凝聚人心,无疑具有某种败坏的作用。因为战争所依靠的主要对象无疑是以工农兵为主体的人民大众,或者说就是农民。而上述文艺作品中,农民出身的干部或战士却成了批评或讽刺的对象,这无论如何都是他们无法接受的。难怪在看了"讽刺画展"后,一个农民出身的干部竟愤愤然地说:"扯蛋!简直是夸大的讽刺,……乱弹琴,不过和我们开开心罢了,再说,政治影响……。"④而贺龙、王震等八路军将领对《三八节有感》和《野百合花》的批评更尖锐。就在《解放日报》的改

---

① 中共中央文献研究室编:《毛泽东年谱(1893—1949)》中卷,北京:人民出版社,1993年,第372页。
② 杨奎松:《毛泽东与莫斯科的恩恩怨怨》,南昌:江西人民出版社,1999年,第139页。
③ 中共中央文献研究室编:《毛泽东年谱(1893—1949)》中卷,第373—374页。
④ 海燕:《镜子——记讽刺画展》,《解放日报》(延安),1942年2月21日。

版会上,贺龙、王震把矛头都对准了《三八节有感》。贺龙说:"丁玲,你是我的老乡呵,你怎么写出这样的文章?跳舞有什么妨碍?值得这样挖苦?"王震说:"我们在前方打仗,后方却有人在骂我们的总司令……。"据胡乔木回忆,当时他听了感到问题提得太重了,便跟毛主席说:"关于文艺上的问题,是不是另外找机会讨论?"第二天,毛主席批评他:"你昨天讲的话很不对,贺龙、王震他们是政治家,他们一眼就看出问题,你就看不出来!"①文艺和政治在这里发生了正面的交锋,到了非解决不可的地步。著名的延安文艺座谈会就是在这样的背景下召开的。

关于延安文艺座谈会召开的背景及目的,中央档案馆保存的一份延安时期的电报抄件——《关于延安对文化人的工作的经验介绍》(1943年4月22日),对此有详细的介绍,可以参看。② 但本文主要关注的,还是其中所牵涉的"鲁迅"问题。我们知道,自从1940年毛泽东在《新民主主义论》中确定"鲁迅的方向,就是中华民族新文化的方向"之后,鲁迅在延安无疑具有了"革命导师"和"新文化旗手"的地位和价值,其人其言的真理性也是不言自明的。但问题在于,上述的批判现实主义的文艺思潮也是在"鲁迅"的旗帜下,或者说是在鲁迅的启蒙主义的文学价值观影响下生发的。但这股由"鲁迅"而生发的文艺思潮,在《关于延安对文化人的工作的经验介绍》中却被认定为"暴露出许多严重问题",是"非无产阶级的思想"的。这样问题就来了,既然是在"鲁迅"的旗帜下发动的文艺思潮,为什么却成了"错误"的呢?那么,"鲁迅的方向"的正确性何在?摆在延安文艺座谈会面前的一个"拦路虎",或者说,延安文艺座谈会上要面临的一个关键的敏感的问题,就是"鲁迅"问题。

果不其然,在1942年5月23日召开的文艺座谈会上,在鲁迅的弟子萧军和毛泽东的秘书胡乔木之间,就发生了一场关于鲁迅思想"发展"与"转变"的激烈争论。据胡乔木回忆:

> 座谈会召开时,萧军第一个讲话,意思是说作家要有"自由",作家是"独立"的,鲁迅在广州就不受哪一个党哪一个组织的"指挥"。对这样的意见,我忍不住了,起来反驳他,说文艺界需要有组织,鲁迅当年没受到组织的领导是不足,不是他的光荣。归根到底,是党要不要文艺,能不能领导文艺的问题。萧军就坐在我旁边,争论很激烈。他发言内容很多,引起我反驳的,就是这个问题。③

---

① 《胡乔木回忆毛泽东》,北京:人民出版社,2003年,第55—56页。
② 该文件没有标明为中央文件,但从其行文和语气看当是中共中央所发的一份非正式的文件。见《陕甘宁边区抗日民主根据地·文献卷·下》,北京:中共党史资料出版社,1990年,第449页。
③ 《胡乔木回忆毛泽东》,第54页。

这里胡乔木的记忆可能有误。据近年披露的"萧军日记"记载,在延安文艺座谈会上,5月2日毛泽东作"引言"后,萧军是第一个发言,但发言的内容是后来他发表在《解放日报》上的《对于当前文艺运动诸问题底我见》,其中没有牵涉鲁迅。倒是5月23日毛泽东作"结论"前的文艺座谈会上,萧军和胡乔木就鲁迅所走的道路是"发展"还是"转变"的问题,发生了上述的激烈的冲突。① 萧军认为:鲁迅的道路是"发展",不能说是"转变"。"转"者方向不同也,原来向北走,又转向南了或者转向东、向西了,越走越远了。"变"者是质的不同,由反革命的变成革命的,或由革命的变成反革命的,是质的变化,鲁迅先生并不反动,所以只能说是"发展"而不能说是"转变"。对此,胡乔木进行了批驳,认为是"转变"。② 这里,两人的争论牵涉的是对于后期鲁迅的评价问题。后期鲁迅参与了共产党领导下的"左联"的工作,他受党的领导和指挥,还是保持自己的创作"自由",这是鲁迅是否"转变"和"发展"的关键所在:鲁迅晚年虽然参加了党领导下的"左联"的工作,但还保持着身份和创作的"自由",这是与鲁迅前期的思想一致的,所以说是"发展";但如果说鲁迅晚年受到党的领导和指挥,就意味着他的思想发生了重大的"转变"。萧军和胡乔木争论的焦点说到底还是文学创作的"自由"问题,或者如胡乔木上面所说的:"归根到底,是党要不要文艺,能不能领导文艺的问题。"

这里应最值得注意的是毛泽东对于萧胡二人争论的倾向和态度。据"萧军日记"记载,在延安文艺座谈会闭幕的第二天,即1942年5月24日晚上,萧军即拜访了毛泽东:"吃晚饭后想去毛泽东处谈一谈,关于我去绥德的事。他们正准备下去跳舞,我说了以一个作家身份来慰问他,并说明同意他那结论的意见。也告诉关于乔木说鲁迅是'转变',我已经给了他信,请他说明一番。毛的脸色起始是很难看,他说'转变'与'发展'没有区别的,经我解说,他也承认应有区别。"③从毛泽东对萧军的不耐烦和敷衍态度可以看出,他对萧的"发展"论,显然是反感的。而与对萧军的态度形成鲜明对照的是,毛泽东对胡乔木却是关爱有加:"对于我的发言,毛主席非常高兴,开完会,让我到他那里吃饭,说是祝贺开展了斗争。"④而且,"会后,乔木还特别给萧军写了一封信,经过思考又另外阐述了自己的见解,信上还有两处毛主席用铅笔修改的字迹,

---

① 《萧军全集》第18卷第2册,北京:华夏出版社,2008年,第614、631、632页。
② 王德芬:《萧军与胡乔木的交往》,《读书周报》,1993年12月25日;《萧军全集》第18卷第2册,第631、632页。
③ 《萧军全集》第18卷第2册,第633页。
④ 《胡乔木回忆毛泽东》,第54页。

说明乔木这封信是和毛主席共同研究过的"[1]。可见，胡乔木代表的实际上就是毛泽东的观点。

但毛泽东鼓励胡乔木只是赞赏他的立场，而对于胡乔木在与萧军的争论中表现出的对鲁迅的批评，即"鲁迅当年没受到组织的领导是不足，不是他的光荣"的论点，毛泽东是不以为然的。因为在毛泽东看来，鲁迅既然成了"旗手"，就不应该有"不足"，否则，怎么能代表"中国新文化的方向"呢？毛泽东显然比胡乔木更有深谋远虑。他既要高举"鲁迅"的旗帜，同时还要让"鲁迅"适合自己的思想节奏；既要让"鲁迅"继续代表"中华民族新文化的方向"，同时还要适时地"转变"。而他于1942年5月23日晚上在延安文艺座谈会上的"讲话"，则在理论上成功地调合了这一思想上的矛盾。我们且看他是如何评价"还是杂文时代，还要鲁迅笔法"这一争议的论题的：

> "还是杂文时代，还要鲁迅笔法。"鲁迅处在黑暗势力统治下面，没有言论自由，所以用冷嘲热讽的杂文形式作战，鲁迅是完全正确的。我们也需要尖锐地嘲笑法西斯主义、中国的反动派和一切危害人民的事物，但在给革命文艺家以充分民主自由、仅仅不给反革命分子以民主自由的陕甘宁边区和敌后的各抗日根据地，杂文形式就不应该简单地和鲁迅的一样。我们可以大声疾呼，而不要隐晦曲折，使人民大众不易看懂。如果不是对于人民的敌人，而是对于人民自己，那末，"杂文时代"的鲁迅，也不曾嘲笑和攻击革命人民和革命政党，杂文的写法也和对于敌人的完全两样。对于人民的缺点是需要批评的，我们在前面已经说过了，但必须是真正站在人民的立场上，用保护人民、教育人民的满腔热情来说话。如果把同志当作敌人来对待，就是使自己站在敌人的立场上去了。[2]

这里，毛泽东运用辩证的分析方法，巧妙地解决了鲁迅杂文在新时代遭遇的理论尴尬：鲁迅杂文在他那个时代是正确的运用，鲁迅是永远正确的；但执着于鲁迅的战法，在新的社会继续写鲁迅式的杂文则是不合时宜的。这实际上就是否定了鲁迅式杂文在新时代存在的合法性。"讽刺"本来是无所谓阶级性的，但在毛泽东这里，却被赋予了阶级性的内涵。如何运用"讽刺"，关键还是"立场问题"，屁股决定脑袋。要写革命文，得先做革命人。做革命人就得融入革命集体中，与工农大众"相结合"。那么如何"结合"呢？这时候"鲁迅"又进入到毛泽东的话语中来了：

---

[1] 据萧军夫人王德芬回忆，萧军把这封信和朱德、林伯渠、王明、董必武……给他的信一同粘贴在一个信夹里，一直珍藏了二十多年，可惜在"文革"初期被抄家的红卫兵抄走了。参见王德芬：《萧军与胡乔木的交往》，《读书周报》，1993年12月25日。

[2]《毛泽东文艺论集》，第76—77页。

  既然必须和新的群众的时代相结合,就必须彻底解决个人和群众的关系问题。鲁迅的两句诗,"横眉冷对千夫指,俯首甘为孺子牛",应该成为我们的座右铭。"千夫"在这里就是说敌人,对于无论什么凶恶的敌人我们决不屈服。"孺子"在这里就是说无产阶级和人民大众。一切共产党员,一切革命家,一切革命的文艺工作者,都应该学鲁迅的榜样,做无产阶级和人民大众的"牛",鞠躬尽瘁,死而后已。①

  这里引用的鲁迅诗句,来自他的旧体诗《自嘲》。查鲁迅原诗,其原意并不是毛泽东上面解释的意思。"千夫"并不一定就是"敌人","孺子"更不是什么"无产阶级和人民大众"。"无论是所谓'千夫所指',还是所谓'为孺子牛',都无非是作者徒唤奈何的自我嘲讽。"②毛泽东在这里对鲁迅《自嘲》一诗进行了创造性的"误读"。问题并不在于《自嘲》一诗真正的意思到底是什么,值得注意的是毛泽东在这里按照自己的思想逻辑,来阐释和编排鲁迅,成功地实现了对鲁迅的"改造"!到这时,我们看到的,已经不是那个孤独愤世的启蒙主义者鲁迅了,而是在党的领导下"俯首甘为孺子牛"的鲁迅了。启蒙主义者的鲁迅是"铁屋子"中的先觉者,是以"化大众"作为自己的使命的;而经过毛泽东的"改造",这个孤独的"先觉者"却已经通过"大众化"的洗礼,成为"党外的布尔什维克"了。

  毛泽东在"讲话"中对鲁迅所进行的创造性的阐释和"改造",在理论上成功地遏制并逆转了这股以鲁迅为根底而生发的批判现实主义文学思潮,并使得延安文艺的风气为之一变。文艺界的整风虽然在座谈会之前就已开始,但真正以全新的面貌开展自我反省、相互批评是从座谈会以后才开始的。延安文艺座谈会后,鲁艺、文抗、青年剧院、中央研究院等文艺家集中的部门,都结合各自的实际,对以往不符合"讲话"精神的文艺思想和实践进行了全面深刻的总结和检讨。1942年6月15日至18日,延安文艺界在"文抗"作家俱乐部举行座谈会,批判王实味的错误思想。会上作家们纷纷表示了严格的自我反省,表示决心彻底扫除小资产阶级的思想意识,密切和群众结合。其中,数丁玲的自我批评和忏悔最引人注目。早在6月11日,丁玲即在中央研究院批判王实味的大会上,从立场和思想感情的高度,对自己主编的《解放日报》文艺专栏允许《野百合花》发表,和她自己的《三八节有感》一文作了检讨,并以生动的语言讲述了自己在整顿三风中的收获。她说:"回溯着过去的所有的烦闷,所有的努

---

① 《毛泽东文艺论集》,第82页。
② 刘东:《什么才是"孺子牛"?——鲁迅的〈自嘲〉诗与毛泽东的解读》,《开放时代》,2005年第3期。

力,所有的顾忌和过错,就像唐三藏站在达天界的河边看自己的躯壳顺水流去的感觉,一种翻然而悟,憬然而新的感觉。"然而,"这最多也不过是一个正确认识的开端",还要"牢牢拿住这钥匙一步一步脚踏实地的走快"。① 胡乔木对丁玲的评价很高,说这段话表明了一位有成就、身上又有着小资产阶级弱点的作家,在毛泽东的启迪下所发生的思想认识上的超越。②

作为延安文艺思潮中最为活跃也最为著名的作家,丁玲的检讨颇具引领和示范作用。接着,一场更大规模的悔过自新运动逐渐在延安知识群体中展开。而随着延安知识分子的纷纷"转向","鲁迅"的形象也随之改变。1942年10月19日,是鲁迅逝世六周年纪念日。为此,《解放日报》专门发表了《纪念鲁迅先生》的"社论",称"鲁迅先生是中国新文学运动底先进战士和指挥员,是我们民族解放斗争在文化思想战线上最优秀的代表",并特别强调:"只有与先进的阶级一起,只有自愿的遵守它的'命令',只有与一切小资产阶级的恶劣残余及反革命的托派活动作坚决的斗争,才配得上作为'鲁门弟子',才配得上作一个先进的文学家,作家。"同时又以一整版的篇幅发表著名诗人萧三的长文《整风学习中读鲁迅》,按照毛泽东"讲话"的精神对鲁迅进行全面的话语整合和改造。影响至今的文学界的鲁迅阐释话语系统由此启动。

1943年10月19日,是鲁迅逝世七周年纪念日。这一天的《解放日报》以近三个版面的篇幅,全文发表毛泽东的《在延安文艺座谈会上的讲话》,同时在题后文前加"按语"。该"按语"称:"今天是鲁迅先生逝世七周年纪念,我们特发表毛泽东同志一九四二年五月在延安文艺座谈会上的讲话,以纪念这位中国文化革命的最伟大的最英勇的旗手。""讲话"以如此的方式隆重出台,其中颇具有一种象征的意味:从此开始,延安大型的鲁迅纪念活动不再举行,代之而起的乃是以"讲话"为精神核心而兴起的延安工农兵文艺思潮。一个新的文学时代由此拉开序幕。

---

① 《解放日报》(延安),1942年6月16日。
② 《胡乔木回忆毛泽东》,第262页。

鲁迅与梅兰芳[1]

徐改平

徐改平，女，甘肃会宁人，1990—1997 年就读于西北师范大学中文系，获文学学士、硕士学位；1997—2000 年就读于北京师范大学中文系，获博士学位；2000—2002 年在复旦大学中文系博士后流动站学习；2011—2012 年在马萨诸塞州大学波士顿分校访学。现任教于陕西师范大学文学院，职称教授，主要研究中国现代文学思潮。

鲁迅与梅兰芳，是 20 世纪 80 年代以来一个曾经比较热闹的话题，在如何看待鲁迅对梅兰芳的批评问题上，鲁迅研究界和戏曲界的研究者都或多或少提供了一些值得思考的意见和看法。[2] 不过，鲁迅到底是在怎样的情境下开始对梅兰芳进行批评的，十年后的鲁迅又是在怎样的情境下撰文专论梅兰芳的，却不为诸多研究者所重点关注。笔者不揣简陋，试图对此做一初步探索，以期抛砖引玉之效。

一

众所周知，鲁迅引起广泛的社会关注始于他加盟《新青年》。该杂志作为有志于对中国传统文化做一番清理整顿工作的最重要的现代期刊，也曾对中国传统戏曲做过一些探讨。当时，《新青年》同人中对文学问题比较关注者从陈独秀、胡适到钱玄同、刘半农、周作人都对改良旧戏发表过意见，内容多集中在对旧戏程式化表演体系和因果报应等封建思想及大团圆结局的攻击上。[3] 鲁迅并没有积极参与到这次《新

---

[1] 原载《文学评论》2011 年第 3 期。
[2] 胡淳艳：《鲁迅论梅兰芳问题研究述评》，《上海戏剧学院学报》2007 年第 4 期。
[3] 姚民治：《略论鲁迅戏剧观的局限与偏颇》，《内蒙古民族大学学报（社会科学版）》2005 年第 8 期。

青年》对旧戏的讨伐战中。耐人寻味的是,在《新青年》同人业已分道扬镳,中国旧戏改良问题早就淡出他们多数人视野的时候,鲁迅却关注起当时旧戏的代表人物梅兰芳来。

1924年11月11日,鲁迅在《论照相之类》中对京剧迷们心醉神迷的梅兰芳"黛玉葬花"像这样调侃道:"我在先只读过《红楼梦》,没有看见'黛玉葬花'的照片的时候,是万料不到黛玉的眼睛如此之凸,嘴唇如此之厚的。我以为也该是一副瘦削的痨病脸,现在才知道她有些福相,也像一个麻姑。然而只要一看那些继起者们模仿的拟天女照相,都像小孩子穿了新衣服,拘束得怪可怜的苦相,也就会立刻悟出梅兰芳君之所以永久之故了,其眼睛和嘴唇,盖出于不得已,即此也就足以证明中国人实有审美的眼睛。"这段话中,鲁迅刻意强调梅兰芳黛玉造型的男性化特征,意在突出中国戏曲中不合理地用男人扮演女人的现状。接着,鲁迅貌似宕开一笔,先介绍了他所看见的若干外国艺术家思想家的照片,又说没看见当时中国文艺名家的照片。这样的对比难免让读者感到,自诩文艺灿烂辉煌的中国对艺术家的漠视。当年的鲁迅要的正是这效果。因为,接下来,他用"我们中国的最伟大最永久的艺术是男人扮女人"这句话作为一个段落单独呈现。为了让读者更清楚这句话的潜在含义,鲁迅阐释道:"异性大抵相爱。太监只能使别人放心,决没有人爱他,因为他是无性了,——假使我用了这'无'字还不算什么语病。然而也就可见虽然最难放心,但是最可贵的是男人扮女人了,因为从两性看来,都近于异性,男人看见'扮女人',女人看见'男人扮',所以这就永远挂在照相馆的玻璃窗里,挂在国民的心中。"①那些认为鲁迅并没有批评梅兰芳的研究者对于此段的解释是,鲁迅作为深刻的思想家,此处批判的只是愚昧的国民心理,并不针对梅兰芳个人。这或许说出了鲁迅的重点所在。不过,即便其重点在于抨击看客心理,那责任似乎也不应由表演者来承担。作为出生于晚清末年梨园世家的梅兰芳,祖父、父亲皆为旦行的家庭氛围,直接影响了他的职业取向。更重要的是,之所以有这三代皆为旦行的家庭传统,是因为清代禁止女戏,理由自然是最老套的事关风化。然而,既是演戏,而戏又如人生,怎么可能纯由男人们在舞台上驰骋呢?如此一来,清代男旦行的队伍较之前代当然就更为壮观了。当然,生活在清代的女人多数时间也没进入公众场所观赏戏曲的自由。只有到清末及民国以后,那"女人看"的队伍才不仅成为可能而且还在日益扩大中。即便如此,那些男女看客们的心理期

---

① 《鲁迅全集》(一)第185—187页,人民文学出版社1981年版。

待,究竟是否健康,也是一个值得两说的话题。事实上,在不禁止女戏的明代,男旦也有着生存的空间,以异性/易性相吸来解释显然并不十分切题。

应当说,五四时期《新青年》同人对于旧戏的批评还是相对笼统的,是基本上不涉及该领域具体从业者的泛论,而鲁迅的《论照相之类》却是新型知识分子对于旧戏从业者指名道姓的批评,即便这批评的重点并不是梅兰芳个人。不过,作为思想家的鲁迅在进行社会批评时从来都是重典型意义的,他指名道姓的背后,肯定是看到了让他深为杞忧的东西。

二

1924年的梅兰芳是个什么情形,以至于引起鲁迅的关注呢?简言之,1924年对于梅兰芳来说,在国际化方向上迈出了重要的步骤,在更广大的范围内确认了自己作为京剧男旦头把交椅的地位。自1904年11岁的梅兰芳初次登台以来,经过多年努力,到1917年前后,他已开始接替前辈名旦陈德林、王瑶卿,取得与年长他两辈的伶界泰斗谭鑫培唱"对儿戏"的资格,成为旦行的中坚;1921年1月8日,梅兰芳在名伶合作会演的义务戏中成为压轴的主角,这是梅兰芳的艺术水准得到同行认可的标志;1923年8月,梅兰芳被紫禁城内的皇廷传唤演戏,收到的赏金与早已成名的升平署教习、内廷供奉杨小楼相同,成为新传演员中的佼佼者。[①] 这意味着梅兰芳作为戏曲行当的翘楚得到了这个行业当年能够得到的来自中国世俗社会的最高荣誉与肯定。可以说,梅兰芳在1923年时已然成为中国京剧的代表人物。但是,也应当看到,自辛亥革命后,中国早就不复是清朝贵族占据主流地位的中国了,民国大老中固然也有京剧爱好者,身处社会转型过程中的梅兰芳,或许并不十分了然以《新青年》杂志为代表的新兴知识阶层对于京剧的严苛批评态度,但得风气之先的上海出现的各种戏剧改良活动也早就引起了他的注意。如何在新时代里让包括新的知识阶层在内的观众认可京剧,已经成为梅兰芳这样的京剧领军人物必然要面对的课题,梅兰芳本人也自1913年起就尝试进行各种探索了。[②] 1924年5月8日,正是来华访问的印度诗人泰戈尔的64岁大寿,新月社特意在协和学校大礼堂举行庆祝典礼,且由林徽因、徐志摩等演出泰戈尔的英文诗剧《齐德拉》以志庆贺。梅兰芳受邀出席此次庆祝活动,并坐在泰戈

[①] 么书仪:《程长庚·谭鑫培·梅兰芳——清代至民初京师戏曲的辉煌》第301页,北京大学出版社2009年版。

[②] 梅兰芳:《舞台生活四十年:梅兰芳回忆录》第235页,团结出版社2006年版。

尔的身边陪同观看《齐德拉》。《齐德拉》以印度史诗《摩诃婆罗多》中的故事为原型，情节大致如下：

曼尼普尔王的女儿齐德拉从小被当作男孩子抚养长大，她会武艺，但缺乏女性魅力，却爱上了发誓十二年不娶的英雄阿顺那。齐德拉恳请爱神赋予她一天的美貌，以便让阿顺那爱上自己。她的苦行感动了爱神和春神，两位女神赐给了她完美的容貌——不是一天，而是整整一年的时间。果然，阿顺那见到貌美的齐德拉后，忘却了自己独身的誓言，向她求爱。接下来的数月时光中，两人忘情地享受爱情带来的欢乐。然而齐德拉并没有感到完美的幸福，她觉得以借来的美来征服所爱恋的人是虚伪和令人羞惭的；作为英雄的阿顺那也有空虚之感，他再次渴望战斗的生活，也渴望见到森林居民们讲述的兼有男人勇敢与女人柔情的公主齐德拉，盼望得到天长地久的精神之爱。在得知眼前貌美的爱人就是美化了的公主齐德拉后，他请求齐德拉让他看到她的真实容貌。齐德拉乞求神收回了她伪装的美貌后，对情人说："我就是齐德拉，曼尼普尔的公主——我既不是情人所顶礼膜拜的女神，又不是为了取悦于男子而任人摆布的那种女子。如果你在危险的道路上，愿把我作为你的妻室，留在你身边；如果你让我分担你生活中的重担，那时你才会真正了解我。"当阿顺那发觉面前朴素的女子就是齐德拉时，他欢呼着："爱人，我的生命圆满了。"两人最终获得了圆满的爱情。①

在当晚的演出中，林徽因饰公主齐德拉，张歆海饰阿顺那，徐志摩饰爱神玛达那，林长民饰春神法森塔，担任群众演员的也是名流如蒋百里、丁燮林、袁昌英等，林徽因的表姐王孟瑜也参加了演出，梁思成担任布景设计，导演是张彭春。我们已知，当晚并没有把这个唯美的充满哲理意味的戏剧完整呈现，只演了其中的两幕。5月10日的《晨报》在《竺震旦诞生与爱情名剧〈契玦腊〉——前晚协和大礼堂空前盛会》的标题下这样报道演出盛况："林宗孟君须发半百，还有登台演剧的兴趣与勇气，真算难得。父女合演，空前美谈，第五幕爱神与春神谐谈，林徐的滑稽神态，有独到处。林女士态度音吐，并极佳妙。张歆海君做作，恰与相称，可谓双绝。"我们不能够确切知道，梅兰芳对这场汇集了新时代政治文化界两代精英的业余演出到底有什么评价。因为，三十多年后，他的回忆文章中根本就没有谈及这方面的内容。只提到演出结束后，泰戈尔对他说："在中国能看到自己的戏很高兴，可我希望

---

① 刘卫伟：《泰戈尔》之第11章《诗剧〈齐德拉〉》，远方出版社2006年版。

在离开北京前还能看你的戏。"①于是,梅兰芳安排5月19日请泰戈尔看《洛神》。此戏以曹植与甄后为原型的洛神之间凄美的爱情为内容,与此前演出的泰戈尔的《齐德拉》差可比拟,这选目显然体现了梅兰芳的良苦用心。5月17日的《社会日报》上刊登了这样一条消息:《梅兰芳欢迎泰戈尔》,内容如下:"本月十九号晚间,梅兰芳准于开明戏院排演《洛神》新剧,闻系梁任公林长民诸名流,应来华印度诗人泰戈尔之要求,特为转烦梅郎演唱,泰戈尔一行座位包厢均由梅郎赠送云。"5月19日的《晨报》还登出开明戏院的"特别启事":"本院今晚,因梁任公林长民诸先生,为欢迎印度诗哲泰戈尔,特烦梅艺员兰芳,在此演唱新作《洛神》名剧,演出时间必须特别提前,故将白天电影暂停一场,明日起日夜开演。"两则消息除了交代梅兰芳要为印度诗人泰戈尔特意演出《洛神》外,更刻意强调的是,梁启超、林长民这些当年中华民国北洋政府时期的政界文化界都颇具影响力的大老对梅兰芳的推重,这样的强调无形中流露出想要为京剧在中外人士心目中争得一席之地的梅兰芳及其志同道合者的苦心。细读两份报纸,不难发现,《社会日报》以"梅郎"称呼梅兰芳,而在开明戏院的启事中则称之为"艺员"。前者沿袭的是世俗社会对堂子出身的男旦的称谓,后者显示的则是以梅兰芳为核心的戏曲从业者对自身的重新定位。② 开明戏院的启事旁边除了预告梅兰芳主演的《洛神》之演出阵容外,还有附告说:"此次《洛神》布景系请留美粤东画家冯疆君重新制造,辉煌典则与前不同,哀艳之佳剧配以绚丽之布景尤为出色。"有意思的是,在观看了梅兰芳的演出后,恰恰是这个特意布置的布景,在泰戈尔看来还有些不足。第二天中午,梅兰芳拜会泰翁时,他特意对《洛神》的布景提了意见。梅兰芳自是虚心接受,以后又请人重新设计了布景。③ 当晚,梅兰芳也出现在泰戈尔的送行行列。这是梅兰芳首次受民国政治文化界的重要人物之邀作为中国艺术家在公众场所参与接待外国文化界重要来宾。1961年是泰戈尔一百周年诞辰,梅兰芳写了题为《忆泰戈尔》的散文以志纪念,由于写此文时重新将当年泰戈尔赠给他的孟加拉语诗译成了汉语白话诗歌,还引发了梅兰芳的诗兴,他以《追忆印度诗人泰戈尔》为题写了一首五律,用诗歌的方式再

---

① 梅兰芳:《梅兰芳文集·忆泰戈尔》第373页,中国戏剧出版社1961年版,1982年第2次印刷。
② 鲁迅显然明白这称谓的潜在含义,他在1926年给许广平的信中就这样提到梅兰芳:"忽然听到梅兰芳'艺员'的歌声",他特意为艺员两字加上引号,以示对梅兰芳"雅化"的一种嘲讽。《鲁迅全集》(三)第370页,人民文学出版社1981年版。
③ 梅兰芳:《梅兰芳文集·忆泰戈尔》第374页,中国戏剧出版社1961年版,1982年第2次印刷。

度追忆了他与泰戈尔的交往。此诗也是梅兰芳告别尘世的最后遗墨。① 在梅兰芳临去世前的两度深情追忆中,我们看到,岁月的流逝非但没有让他对于首次受邀出席招待外国嘉宾所带来的自我认同消失,反而将一些颇具象征意义的细节更加鲜活地定格在脑海深处。事发当年,他的兴奋就更可推想了。

只是,当年的梅兰芳怎么也不会预料到,正是这件让自己及同道颇感欣慰之事却触动了鲁迅,成为对他进行批评的最初诱因。在《论照相之类》中,鲁迅这样写道:"印度的诗圣泰戈尔先生光临中国之际,像一大瓶好香水似地很熏上了几位先生们以文气和玄气,然而够到陪坐祝寿的程度的却只有一位梅兰芳君:两国的艺术家的握手。待到这位老诗人改换姓名,化为'竺震旦'离开了近于他的理想境的这震旦之后,震旦诗贤头上的印度帽也不大看见了,报章上也很少记他的消息,而装饰这近于理想境的震旦者,也仍旧只有那巍然地挂在照相馆玻璃窗里的一张'天女散花图'或'黛玉葬花'。"当年,泰戈尔的来华除了受到梁启超等人为首的共进社、新月社乃至于佛教界的热烈欢迎外,中国舆论界中以陈独秀为代表的共产党人及其他激进青年都对宣扬保持东方文明排斥西方物质文明的泰戈尔进行了激烈的批评,以至于其原定演讲被中断或部分取消。鲁迅当时固然没有加入批评行列,但考之以鲁迅的思想发展轨迹,泰戈尔的这些言论不为他欣赏也是意料中事。

有研究者以为,鲁迅与梅兰芳有记载的交往只有1933年共同接待萧伯纳这一次。② 如果把这类活动仅限于被报章公开记录的话,这考证自然不错。事实上,鲁迅与梅兰芳在此前还共同出席过为另一位来中国的外国名人举办的集会,这正是上文提到的泰戈尔寿辰会。梅兰芳躬逢其盛的《齐德拉》演出现场,鲁迅也到场了。不过,他没有如梅兰芳那样坐在泰戈尔近旁就是了。1924年5月8日的鲁迅日记是这样记录他这天行程的:"午后往集成国际语言学校讲。下午往吊夏穗卿先生丧。晚孙伏园来部,既同至中央公园饮茗,逮夕八时往协和学校礼堂观新月社祝泰戈尔氏64岁生日演《契忒罗》剧本二幕,归已夜半。"这《契忒罗》即今日通译的《齐德拉》。《顺天时报》1924年5月10日的《泰戈尔寿辰》中关于此剧上演的时间如此报道:"该剧由十点三十分演起,一点闭幕。"与鲁迅日记相印证,可知当晚活动结束时的确相当晚了。这次活动给当年的鲁迅有没有留下深刻印象呢?当月27日

---

① 梅绍武:《我的父亲梅兰芳》(上)第59—60页,中华书局2006年版。
② 王志蔚:《批判与接受:鲁迅与胡适对梅兰芳的文化选择》,《学术探索》2007年第6期。

在给胡适的信中，鲁迅的第一句话就是"自从在协和大礼堂恭聆大论之后，遂未得见，颇疑已上秘魔崖"云云。而所谓的"恭聆大论"指的正是胡适在当晚戏剧演出前的演讲。事实上，当晚的活动之所以结束得晚，正是因为活动项目繁多。我们还是以前引《顺天时报》的报道来说明吧："首由胡适之致开会辞，略谓中国现在降生一儿，其人为谁，即泰戈尔是也，应请梁任公命名。次由梁任公解释泰戈尔之姓名，遂命名为竺震旦，泰戈尔致谢，并将所演之《契玦腊》加以解释"，之后才是正式演出。而当晚活动的主要内容基本上都出现在《论照相之类》中，给鲁迅本人留下了深刻印象自不待言。只是，鲁迅之于梅兰芳陪坐在泰戈尔身边的象征意义，和梅本人的理解显然不一样。鲁迅并不认为，男旦梅兰芳作为中国艺术家代表接待泰戈尔，是一桩相得益彰的佳话，而是似乎看到了呼吁保持东方精神文明的泰戈尔与以表演着传统中国旧戏的梅兰芳身上可能共同具有的、对于古老东方传统不加批判地继承的倾向，这是作为启蒙思想家的他断难认可的。也许，在鲁迅的内心深处，他根本就没有把梅兰芳所从事的事业看作严肃的艺术。在《论照相之类》中，鲁迅提及的中国文艺界的代表人物是吴昌硕、林琴南、李宝嘉以及创造社诸位。而这对极力撇清刚出道时的歌郎历史，致力于以艺术而非色相吸引观众以提高伶人及京剧地位的梅兰芳来说，不啻是当头棒喝。

当年梅兰芳面对鲁迅的如此苛责到底有何反应，现在已经无可考证。不过，有知情者从王瑶先生那里得知的一个信息，让我们对此略有头绪。据王先生说，1949年以后，梅兰芳作为全国文联副主席，在纪念鲁迅生辰、忌辰会上多采取或缺席或提前退席态度。[①] 在鲁迅被推崇为中国文坛唯一高峰的年代里，从小就谨小慎微谦和地对待一切人的梅兰芳，在鲁迅逝世多年以后，用缺席或提前退席的方式对待当年举国文艺界的盛事，不正传达出他对鲁迅尚别有个人意见的信息吗？梅兰芳的举动只能说明，鲁迅的批评至少也是对他个人的批评，这是秉持鲁迅并不针对梅兰芳个人观点者所不得不正视的历史。有鲁迅研究者直到21世纪还在否认这一点，也实在是匪夷所思。[②]

不过，1924年的鲁迅还是相对低调的，他对梅兰芳的批评并没有选择在其高调接待泰戈尔的当下，而是泰戈尔离开中国大半年后。其时，梅兰芳正如火如荼地进

[①] 袁良骏：《再谈鲁迅与梅兰芳》，《鲁迅研究月刊》1995年第4期。
[②] 《鲁迅未骂梅兰芳——读鲁随感》，《鲁迅研究月刊》2005年第9期。

行着他的第二次赴日演出,当时的《顺天时报》除了在常规的《都门菊讯》栏目报道梅兰芳赴日的行踪外,还特辟《东瀛梅讯》专栏报道。在梅兰芳又一次海外声名大振之际,鲁迅写下了《论照相之类》,时间是1924年11月11日。梅兰芳看到这篇文章至少要到次年了,因为此文公开发表在1925年1月12日的《语丝》周刊第9期上。

三

自此之后,梅兰芳的名字不时仍被鲁迅提及,但都不是他的重点论述对象。[①] 不过,1934年11月1日,鲁迅却罕见地写了《略论梅兰芳及其他》(上)和(下),这是鲁迅杂文中最集中体现鲁迅对梅氏艺术进行评价的文章。在这两篇文章中,鲁迅最重要的观点是,梅兰芳"未经士大夫帮忙时候所做的戏,自然是俗的,甚至于猥下,肮脏,但是泼剌,有生气"。而那些士大夫专门为梅兰芳所编排的戏,虽然是雅了,"但多数人看不懂,不要看,还觉得自己不配看了"。其根据是"士大夫是常要夺取民间的东西的,将竹枝词改成文言,将'小家碧玉'变成姨太太,但一沾他们的手,这东西也就跟着他们消亡"。1934年的鲁迅是业已左转后的鲁迅,虽然在日常生活中他也仅仅以中国共产党的"同路人"作家自居,但共产党人的某些观念也确实为鲁迅所接受/认可,

---

[①] 总的说来,鲁迅对梅兰芳的艺术成就是不认可的,1927年12月21日在写给许广平的信中就直白地说,"到北京后,看看梅兰芳姜妙香扮的贾宝玉,林黛玉,觉得并不怎样高明"[《鲁迅全集》(7),第113页,人民文学出版社1981年版]。他和梅兰芳都参与接待萧伯纳后,对梅兰芳和萧伯纳之间的对话有如此评价:"他与梅兰芳问答时,我是看见的,问尖而答愚,似乎不足称艳,不过中国多梅毒,其称之也无足怪。"[《鲁迅全集》(12),第154页]这是对中国戏曲艺术隔膜者对萧伯纳与梅兰芳对话的评价,鲁迅自己也很明白这一点,他知道梅兰芳的粉丝们决不如此看待,所以在末尾的时候要刻薄地称呼他们为"梅毒"。有时候依然发挥着他在《论照相之类》中的看法,鲁迅在1926年写给许广平的信似乎透露了一点他对梅兰芳艺术本身的看法,他说,从留声机中传出的梅兰芳的歌声,"像粗糙而钝的针尖一般,刺得我耳膜很不舒服"[《鲁迅全集》(3),第370页]。笔者之所以用似乎的意思是说,鲁迅此处表面上好像是说艺术,其实和他谈梅兰芳的戏装造型一样,重点依然在说男人扮演女人在歌唱本身上的不自然。1934年8月8日,鲁迅在《看书琐记》中又提到了梅兰芳的黛玉造型照,当然还是作为负面的不被认可的黛玉形象而出现。但这样的提到仅仅是一笔带过。[《鲁迅全集》(5),第531页]看来鲁迅对于梅兰芳所代表的男旦的关注重点几乎都在男扮女的负面效应上,而男旦中气更足唱腔悠远的优点似乎没有被鲁迅所注意。有时候鲁迅关注的重点依然在对看客心理的批判上,比如,1930年为《现代电影与有产阶级》写的《译者附记》中说到电影观众由看电影而佩服洋戏子的现象时,就捎上了梅兰芳:"正如捧梅兰芳者,和他所扮的天女,黛玉等辈,决不能说无关一样,原是不足怪的。"[《鲁迅全集》(4),第410页]同样的例子还有"他们面目倒漂亮的,而语言无味,夜间还要玩留声机,什么梅兰芳之类"。有时候也并没有任何批评梅兰芳的意思,比如《宣传与做戏》,只是作为简单的举例而已。[《鲁迅全集》(4),第337页]《法会和歌剧》中提到梅兰芳时也是如此。[《鲁迅全集》(5),第451页]

比如说阶级论。于是,在本文中,我们看到,在鲁迅的笔下,士大夫喜欢民间文艺形式用民间文艺形式进行创作就成为"夺取民间的东西",而其性质可与"将'小家碧玉'变成姨太太"同。从"夺取"这个词的使用上,我们不难看出士大夫与民间的尖锐对立,而所谓姨太太的定性则由于笔者乃女性之故实在不通其精妙所在。或许,在鲁迅写作此文时,为了达到更强烈的效果,在用词上略显夸张了。今天当我们用鲁迅此处所言规律去衡量梅兰芳的艺术道路时,不难发现两者并不契合。按鲁迅的说法,梅兰芳周围的士大夫为他量身打造的戏剧,由于太高雅而观众很少,戏很不叫座才对。事实上,鲁迅所提到的《天女散花》《黛玉葬花》受欢迎的程度决不亚于梅氏表演的传统剧目。据梅兰芳回忆,当初《黛玉葬花》的"叫座能力是相当理想的",1916年他第三次到上海演出时,连演7天老戏后,就把自己最近编排的古装、时装戏以及昆曲都陆续贴演,颇受观众欢迎,尤其是新编的《嫦娥奔月》和《黛玉葬花》,这两出戏的叫座能力最大。[①] 1917年12月梅兰芳在北京首演新编剧《天女散花》后,上海就有人模仿着演出了。于是,1920年梅兰芳去上海时专门演了这出戏的梅氏正版。据说,盖叫天看后,对梅兰芳颇有夸奖。[②] 正因如此,1922年梅兰芳又去上海时,《天女散花》就成为保留剧目。当时日本东京帝国剧场的主持人大仓喜八郎也正是观看此戏后,动了邀梅兰芳去日本演出的念头。[③] 在梅兰芳保留下来的演出单上,1929年起才很少见到这两出戏了,只是偶尔表演一下[④],可见,在演出了十几年后,梅兰芳才不把它们作为基本剧目,这期间它们在各地一再上演的事实至少说明,当年的观众是爱看这些戏的,相信这些观众中的绝大多数应该不是士大夫、官僚、遗老遗少以及新式知识分子,而只能是普通民众。可见,下层民众对于逐步雅化过程中的艺术,并不抱有想当然的敌意态度,至少梅氏京剧就是如此。在谈及这个话题时,不少人还喜欢举西安易俗社的例子。殊不知,易俗社恰恰也是一个经了士大夫之手的"雅化了"的秦腔社团。易俗社演出的剧目基本来自社中编辑,这些编辑在易俗社的微薄所得不足以养家,他们在社会上还有其他谋生手段和社会身份。创办人李桐轩系清朝贡生,是清末民初省谘议局副议长,他在担任陕西省修史局总纂时与修纂孙仁玉在闲聊中萌发了创办一个秦腔社团以"寓教育于戏曲"的念头。而孙仁玉系举人,后又毕业于高等学堂,也和

---

① 梅兰芳:《舞台生活四十年:梅兰芳回忆录》第273页,团结出版社2006年版。
② 同上书,第494页。
③ 同上书,第504页。
④ 谢思进、孙利华编著的《梅兰芳艺术年谱》中1929年、1931年、1932年、1934年、1935年都全年无这两出戏的演出记载,而1933年、1936年、1937年和1938年则偶有演出。

李桐轩一样由于加入同盟会的关系而在省政府的政治研究所兼过职。长期担任社长的高培支则是陕西省模范演讲所所长、陕西省图书馆馆长。另一主要剧作家范紫东高等学堂毕业,辛亥时弃教从戎,革命后被选为陕西省第一届议会议员,担任过省民政厅秘书等职。范紫东和孙仁玉、高培支更为长久的谋生职业都是中学教师。李桐轩先后写有大型剧目 20 多出。孙仁玉创作的剧目,现存世的共 102 出,其中本戏 26 出,组剧 1 个,中型戏 2 出,折子戏 73 出,为易俗社成员创作量之冠。高培支创作剧目 54 出。范紫东创作剧本 68 出,其中大戏 34 出。长期以来易俗社在实现"移风易俗,补助社会教育"的宗旨方面的成绩,使人们似乎淡忘了其主要创办人的多元身份,其实,他们与梅兰芳身边的智囊团非常相似。只不过,他们创作的剧本并没有自始至终地专为某一演员而写(这是易俗社与梅兰芳身边的编剧们的不同之处,也恰恰是此时秦腔发展势头不及京剧的具体体现)。易俗社所创作的新编秦腔,自然也是经过了文人之手的雅化了的秦腔,可它们照样在三秦大地唱响,照样深受当地以及部分外省观众欢迎,这是下层民众并不天然敌视雅化过程中的艺术的又一例证。鲁迅和其他去西安讲学者向易俗社赠送的"古调独弹"的题匾,换成"新弹"才更切合其实际情形。

鲁迅所说的"多数人看不懂,不要看,还觉得自己不配看了",自然不可能建立在问卷调查的基础上,他所根据的理由是士大夫新编的戏太"雅"了。鲁迅还用民间的艺术原本是好的活泼的,一经过士大夫之手变雅之后就坏了来表达同样的意思。这意见似乎也道出了艺术发展史上的某些规律。当初,杂剧在元代后再难续写辉煌的一个重要原因,正是元杂剧在音乐上采用曲牌联套的方式,对艺术形式的要求比较高,很难为民间艺人完整掌握。因而,当明代知识分子有机会再次踏上科举征途时,有元一代那种大量文人参与杂剧创作的场面不见了,杂剧也随之衰落。这似乎应验了鲁迅的断言。然而,细究起来,却又不尽然如此。在注意到文人化程度高导致杂剧衰落之前,更应该注意到的事实是,正是由于大量文人的参与,中国戏曲到了元代才真正成熟。倘若当初没有大批文人由于种种原因投身到杂剧的创作中,杂剧艺术就根本不可能取得大发展,又何谈其衰落是经了文人之手呢?纯粹民间自发的艺术形式由于有着鲜活的生活气息而为民众所欢迎,如果没有有效的文化手段加以保留的话,随着时间的推移、社会生活的变迁,很可能就在无形中消失。正因如此,当今社会的人们才热衷于保护各种非物质文化遗产。而要实行有效的保护,正离不开"文人"。因此,部分文人对于民间艺术形式由好奇到模仿到最终按照自己的审美理想进行创作的过程,就不可能是毁了该艺术形式,而必然是在继承与保存基础上的加工与提高。再次,把某一艺术形式的最终消亡归结为其发展环节中的文人的参与,本身是经不起推敲的似是而非之论。艺术史上既有你方唱罢我登场的例证,也不乏是好戏同台相互竞争从而促使彼此艺术水准都有所提高的事例。民间艺人也绝非后人向壁虚构的那样天然地与文人势不两立,他们也绝不会因为有了文人的参与,就丧失了自己对于艺术的热爱和追求。他们也和士大夫阶层的文人一样,多方寻找着更适合表达自己情感的艺术形式来抒发他们对生的执着和对美的渴望。于是,我们才会看到,昆曲在经过士大夫多年精心打磨真正成为士大夫阶层所创造并为他们中的多数人所欣赏,确实变得"多数人看不懂,不要看,还觉得自己不配看了"时,各地兴起了以本地流行的民间小调为音乐基调的大量"花部",梅兰芳本人所从事的京剧正是其中之一。更何况,高雅的艺术形式只要还有一丝残存的空间,它还可以为继起者提供各种可资借鉴的养分。晚清时基本衰落却依然绵延至今的昆曲,努力延续着自身发展的同时正起着这样的作用,与其"百戏之母"的美誉正相匹配。事实上,昆曲的悠久历史也告诉我们,一门艺术从较为朴素能为多数人欣赏到其高雅到多数人难以欣赏的过程,也决非一朝一夕之间就可达到,这期间,任何文人、艺术家对于该艺术门类的艺术化高雅化的贡献都是值得慎重对待与思考的。笔者浅陋,没有发现任何一种艺术体裁或艺术形式能够自始至终原汁原味地与人类同呼吸共命运。倘使真有,亦恐非福,因为它的存在恰恰是人类没有创造力的必然体现。因此,把梅兰芳新编剧目的高雅化作为梅氏艺术的缺点来看显然未必恰当。鲁迅如是观的背后,既有他从小对民间艺术感兴趣因而对民间质朴形式有所偏爱的原因,更有有意无意地对文人的贬抑之意。出身于没落士大夫之家的鲁迅,对于自身所属阶层不能够直接参与轰轰烈烈的社会变革早有明确的认知。著名的"一首诗赶不走孙传芳,一炮就把孙传芳轰走了"说的正是此意。不过,鲁迅对文人贬抑的背后,多数时候是包括了自身在内的,强烈地折射出自青年时期就立志"我以我血荐轩辕"的鲁迅对于自己作为一介书生而无力改变祖国愚昧落后现实的焦虑感。而那些以鲁迅之是为是者,从鲁迅这里接受的则只有表面可见的对于文人的贬抑。自然,这样的认同出现在一度以改造知识分子思想为职志的当代中国,也是顺理成章之事。

四

那么,一件无奈的事情出现了:以鲁迅对于艺术史的了解,何以会出现对梅兰芳判断失准的情况呢?线索其实在鲁迅1934年写的其他杂文中就可以找到。这年的5月30日,鲁迅在《谁在没落?》中批评了5月28日的《大晚报》上《梅兰芳赴苏联》中关于苏联盛行象征主义的说法,认为该报所说中国戏剧采取象征主义的说法并不准确。在鲁迅看来,传统旧戏中的脸谱和手势,"是代数,何尝是象征。它除了白鼻梁表丑脚,花脸表强人,执鞭表骑马,推手表开门之外,那里还有什么说不出,做不出的深意义?"应当说,在所有鲁迅谈及梅兰芳及中国传统戏剧的意见中,对于用象征主义来定性中国传统戏剧的质疑,是他对中国戏曲最具洞察力的见解。西学东渐以来,多数国人有以西洋名词简单比附中国事物的习惯,戏曲界最显著的例子即是这以"象征主义"为中国传统戏剧定性,包括梅兰芳本人在内的戏曲从业者,也接受了当时流行的这种比附。这在比较清楚西方文学源流的鲁迅看来自然是奇谈。他在1934年10月31日写的《脸谱臆测》中对此问题有更为系统的发挥。可惜的是,在相关的研究中,却很少看到引用。三个多月后,在《"莎士比亚"》中,鲁迅又提到施蛰存对于梅兰芳去苏联的意见。自从1932年底梅兰芳定居上海以来,上海报刊上关于他的新闻就更多了。1934年初,苏联对外文化协会有意邀请梅兰芳访问苏联的消息自然也成了他们报道的热点,这就再度引起鲁迅对梅兰芳及其代表的京剧艺术的严肃关注。于是,我们看到,在《略论梅兰芳及其他》上篇中,鲁迅重点论述的是梅兰芳的艺术是经了士大夫之手的高雅艺术,在以提倡文艺大众化为主旨的上海左翼文化界,对批评对象做出非大众化的判断其实是一个相对严厉的划界。鲁迅针对的其实是《大晚报》说梅兰芳去国外演出乃是"发扬国光"的论调。与十年前仅仅就其职业进行调侃相比,对于已经载誉中外的梅兰芳来说,鲁迅这次几乎否定了他自成名以来在京剧方面的种种努力,那句著名的"不是光的发扬,而是光在中国的收敛"的断言,更给积极准备赴苏的梅兰芳当头泼了一瓢凉水。后来,被树为新中国戏剧界一面旗帜的梅兰芳,在新中国如火如荼的戏剧改革浪潮裹挟下,消极地参与鲁迅纪念活动,实在是其很少外露的内方一面的体现,只是人们已习惯了梅兰芳的外圆而误以为他没有了内方。这举动在当年的情境下更是罕见,它引发的非议也委实证明,做某些中国人心目中的完人是相当困难的。

而对梅兰芳及其京剧艺术做出更加负面判断的鲁迅,其实和十年前一样,还是别有深意存焉。30年代中国内忧外患的程度,比之于20年代来只有更深重。鲁迅所生活的上海,1932年就经历过"一·二八"淞沪会战,常怀忧患意识的鲁迅,在各界对梅兰芳的推崇中依然看到了老大帝国的国民们在外患迫在眼前的当口,还因梅氏艺术在海外广受欢迎之故而增加着合群的自大感,于是,他要对人人称羡的梅兰芳在国外演出泼冷水,对梅兰芳即将去苏联,也决不做无聊的预言。前后相隔十年,鲁迅两度谈及梅兰芳,着眼的都是梅兰芳身后的中国社会大舞台,作为深自警觉着中国人的名

299

目要从世界民族之林消亡了的启蒙思想家,鲁迅在当年中国最大的两个城市满城争说梅兰芳的时候,提醒着他的同胞,不要因为国外推崇梅兰芳京剧就依然沉溺在老大帝国的辉煌幻影中。因此,他的具体意见尽管多数既不符合梅兰芳的实际情况,也不一定符合艺术发展规律,但那放言高论的背后寄予着一个启蒙思想家的沉痛思考。当然,出现如此明显的偏差,与鲁迅本人的确不喜欢京剧,也不爱看,以及由此导致的对梅兰芳及京剧的状况并不清楚有极大的关系。套用鲁迅自己的话来说,也是"隔膜"所致。也许与当年《新青年》同人中其他两位坚决批评过旧戏者做一比较,这一点就更清楚了。其一是胡适,有论者推测他在1917年回国后不久即与梅兰芳相识,但无直接出自胡适的文字佐证,此文作者根据《胡适日记》推测他们至少在1925年之前见过面。[①] 那么,1924年胡梅共同参与接待泰戈尔应该就是其中之一。原本在少年时代就喜欢看戏的胡适在结识梅兰芳后,对于他改良京剧提高艺术修养的种种努力很表认同。在梅兰芳赴美演出前,胡适给予了多方帮助,并用英文撰写了介绍梅兰芳及其艺术的文章。多年以后,梅绍武发现了它并译成汉语,在他看来,相对于《新青年》时期,写作《梅兰芳和中国戏剧》时的胡适,对待京剧/旧剧的观点已经缓和许多。[②] 其二则是周作人,他在《东方杂志》第21卷纪念号上发表的《中国戏剧的三条路》中承认,自己先前禁旧戏的提法不可能实行,因此才想到新的改良办法。周作人在文章中提到,他与辻听花交流过该问题。而辻听花正是《顺天时报》上专门负责戏评的日本记者,此人对于中国戏剧颇有研究,早在1920年就出版过相关著作。[③] 与胡适、周作人相比,鲁迅既没有兴趣结交梅兰芳本人,也无交往京剧爱好者的习惯,他的好朋友齐寿山的兄弟就是梅兰芳智囊团中人,可鲁迅也没有来往的意思。因此,他根本不知道,他所批评的梅兰芳其实对改良中国京剧有着长久而切实的努力。齐如山1936年给梅兰芳的一封信中这样回顾当年他们的心志:"在二十年前我曾说过两件事情,说谭鑫培是中国的名脚、梅兰芳是世界的名脚;第二件说我们总要把中国戏发扬到世界上去。这话您还记的吧。……我们埋头苦干,整整的工作了七八年的工夫。"这两件事,"总算是有了些意思。这是我们较量可以自慰的地方。哪是我们应该抱愧的地方呢?是还有几件事情没有做到。第一件,二十年前我曾说过我们应该编

[①] 苏育生:《胡适与梅兰芳》,收入《德艺馨芳 纪念梅兰芳周信芳诞辰110周年》,中国戏剧出版社2006年版。

[②] 梅绍武:《胡适的一篇佚文:〈梅兰芳和中国戏剧〉》,收入《我的父亲梅兰芳》(上),中华书局2006年版。

[③] 么书仪:《晚清戏曲的变革》(修订版)第441—452页,人民文学出版社2008年版。

排几出深刻有意义,于社会有益处,可以流传永久的戏方算成功。第二件,十年前我曾说过,您于自己成功之外,还要创一处戏剧图书馆博物院,立一所歌舞学校,建一座好的舞台。第三件是希望各国人士到中国专门学习戏剧,方算成功。这几句话当然您也记的,但是现在都还没有做到。……这三件事情我们总算有志未成,一晃又快老了,眼看就要过时了,实在是应该惭愧的"①。齐如山所追述的梅兰芳及他身边文人们的这些追求,鲁迅一概不知,正是这种严重隔膜,最终让鲁迅在持续十年的时间里没有改变他对中国传统戏剧的看法,他对京剧的不屑与胡适将律诗与裹脚等量齐观庶几可以相提并论。作为开风气之先的五四先驱,鲁迅与胡适都生怕国人对于传统怀有"骸骨之迷恋",因而下笔时往往相当严苛。梅兰芳和他从事的行业,不幸成为鲁迅担心国人沉溺于幻想的自大的象征而成为他两度批评的对象。鲁迅提笔写《略论梅兰芳及其他》等文时,当然知道自己不是写《中国小说史略》一类的著作,缺乏精确考证在所难免。何况,鲁迅也有立异为高的文人积习。所以,许多论断难免并不契合梅氏艺术。鲁迅本人大概也没有料到,自己身后若干年后,当真被戴上纸糊的高冠成了众人顶礼膜拜的对象,更没有预测到,自己当初只是别有深意寄寓的关于梅兰芳的评价会被有些人当作艺术的金科玉律而辩护不已。当鲁迅身上笼罩的政治光环逐渐褪去时,新时代的梅兰芳迷们就有胆量对鲁迅也做些苛评。在笔者看来,横亘在鲁迷和梅迷们之间的不只是岁月的迷雾,他们根本就属于两个不想建立对话机制的星球。许多年以前,郁达夫针对鲁迅的困窘生存状态发出的那句一个民族有了天才人物而不知道崇拜是悲剧的感慨,因有着强烈的现实针对性而让人感佩不已。幸或不幸,比郁达夫晚生了几十年的笔者,耳闻目睹了对于各类天才人物的崇拜达到了凡是程度的历史与现实时,不时感到依然深陷悲凉之雾的无奈。

---

① 齐如山:《与梅君兰芳书之三》,《万象》2007年第9卷第6期。

"鲁迅国文":《读书与出版》对《呐喊·自序》语言问题的讨论
——兼及许杰先生的一封佚信[1]

李跃力

李跃力,文学博士,陕西师范大学文学院教授,副院长,博士生导师。国家社科基金重大项目首席专家,国家一流本科课程负责人,陕西省高校青年创新团队带头人。兼任中国茅盾研究会副会长,中国现代文学研究会理事,中国郭沫若研究会理事,陕西省高校中文教指委委员、秘书长。出版《革命与文学的深层互动——中国现代文学中的"革命话语"研究》等著作3部,发表论文30余篇,成果获陕西省哲学社会科学优秀成果奖。

鲁迅作品的语言问题久为学界关注,"从语言细节入手把握鲁迅,本来就是鲁迅研究一个需要加以认真清理和总结的学术传统"[2]。在这一学术传统中,1947年至1948年《读书与出版》上关于鲁迅《呐喊》的讨论似乎未受关注。这场由孙起孟发起并主导的讨论,因受众的需要而限定在"鲁迅国文研究"层面,这使得鲁迅作品的语言问题成为焦点,不仅吸引了众多青年学生参与,连许杰也主动厕身其中。他们对《呐喊》艺术形式和语言修辞的讨论,尤其是关于语言问题的深入辨析,即使时过境迁,也依然可以为当今的鲁迅研究提供有益的参考和启迪,因此有使之"重见天日"的必要。

一、从"学习合作"到"鲁迅国文"

1946年4月5日,生活书店发行的《读书与出版》月刊复刊。这份刊物1935年5

---

[1] 原载《现代中文学刊》2021年第6期。
[2] 郜元宝:《鲁迅与当代中国的语言问题》,《南方文坛》2012年第6期。

"鲁迅国文":《读书与出版》对《呐喊·自序》语言问题的讨论

月在上海创刊,编辑人为平心、寒松,发行人为徐伯昕,1936年因邹韬奋被捕而一度停刊。1937年3月10日出版的第24期为复刊号,编辑人更为张仲实、林默涵,但在抗战爆发后再度停刊。抗战胜利后复刊的《读书与出版》先由史枚、胡绳主编,后改由陈原、杜国庠、周建人、戈宝权、陈翰伯"五人团"编辑①,刊物的开本增大,内容不断扩充,页码也随之增加。

至于办刊的宗旨,据编者说:"如果说我们出版这刊物有什么宗旨,那只有两点值得宣布一下的:头一是要替读者和出版界做一个老实的媒婆,一面叫出版界好的货色不至搁在灰尘满布的深闺中做老处女,一面叫读者不必花冤枉钱讨进一只白鸽或杨梅毒;还有一点,我们很愿尽力告诉读者一点读书的'门槛',报告一些新书或出版消息。"②史枚后来则直言说主要是"用来联系读者,以利于书店业务的开展"③。1946年再度复刊的《读书与出版》自然有一以贯之的商业用心,但又因时代之需要多了份文化承担:"……由于战争的破坏,更由于政治和经济上的压力,的确给了文化活动很大打击。青年叹着精神食粮的贫乏,文化教育工作者抵挡着各方面的压力而不能充分发挥其效能。……八个多月来的变动不安的局势,对于一心希望在安定情况下从事文化工作的人们,简直是个严重的打击。……大学教授、中小学教员饭都吃不饱,不能够安心教书,安心研究。……也似乎没有余裕来久远地考虑到今后文化工作的前途。"在此时局之下,刊物呼吁"打破那种以为文化工作一定要等到局面安定时才能按部就班地做下去的想法",指出"当前文化教育工作有无限广大的园地",应当在"激荡不安的局势"中推进,"继续开辟其道路",要"下决心在最不安定的环境下作长期的艰难斗争的计划"。④

这一侧重于文化教育的倾向在刊物设立的"研习大纲""世界文学名著题解""信箱"等栏目中显露无遗。到了第6期,刊物页码由20页增至32页,开设了"学习之话"栏目,其引导青年自学的功能进一步强化。1947年1月15日,《读书与出版》复刊第2年第1期出版,页码增至60页,首篇便是"学习之话"栏目孙起孟的《学问与问学》。在随后的第2期、第3期"学习之话"栏目,孙起孟又接连发表了《学与用》和《学习不等于作知识分子》。这三篇文章指导读者思考何为真学问,如何做学问,怎样

---

① 陈原:《不是杂志的杂志》,见陈原:《隧道的尽头是光明抑或光明的尽头是隧道》,北京:商务印书馆,2002年,第69页。
② 编者:《创刊漫话——从文盲谈到所谓读书界》,《读书与出版》1935年创刊号。
③ 史枚:《记〈读书与出版〉和〈读书月报〉》,《读书》2003年第5期。
④ 凡士:《前途还是艰难》,《读书与出版》1946年复刊第2期。

"学而致用",学习的目的何在等重要问题,无不显示出《读书与出版》办刊方向的战略调整。

大动作出现在1947年复刊第2年第4期,孙起孟旗帜鲜明地提出了"学习合作"计划。孙起孟解释说:"学习合作的主要涵义是用合作的精神,合作的方式来学习,同时也就是学习了怎样合作。"他为"学习合作"运动规划了五个步骤,实际上就是以《读书与出版》为媒介,搭建读者之间共同学习的平台,帮助读者成立学习组织,制定学习计划,发起学习竞赛,"用出版物来帮助人合作学习,再用学习合作的材料充实这一份刊物",这样,《读书与出版》"不仅宣达一些有关读书与出版的材料与意见,而且成为推进学习合作的利器"[1]。对孙起孟的"献议",刊物马上回应,出台了《本刊关于帮助学习合作的办法》,声称"用出版物帮助学习,再用学习的材料充实这一份刊物,原是本刊的宗旨",决定"用不少于二面的篇幅",发表读者的自我介绍(包含学习情况、通讯方式等),帮助读者相互联系,"进行有计划的学习",且尽力满足读者"指定请某人在本刊解答其学习上的疑难问题"的要求[2],态度十分积极。

紧接着的第2年第5期,页码增至66页,专辟"学习合作"专栏,刊发读者的自我介绍、问题和建议。编者对"学习合作"的目的和意义进一步强调说:"传统的学校教育不能满足青年的要求,而且在现状之下,大批的青年被排挤于学校门外,其数量是有增无减。但人人都能自学,对于学校不满意或进不成学校的青年,尽可用别的办法进行学习,效果也能比传统的学校教育好。我们所知道的办法,便是学习合作。"同时也明晰地阐明刊物在推动"学习合作"运动中的作用:"是以本刊为媒介,使本不相识的读者互相知道,互相通讯,帮助他们进行有计划的自学和解决某些困难;如可能时,才分别成立共同学习的组织。"[3]随后的第2年第6期,页码继增至72页,孙起孟发表《下一步如何?》,建议刊物配合学习合作小组的活动,"辟出一些篇幅"刊登"研习计划提示,参考图书提要一类文字,启发学习者努力的门径,加强他们学习的兴趣",同时他提议刊物"聘请专家针对了学者的需要,写几篇连载的文字,作为他们研究的主要参考材料"[4]。

到了第2年第9期,孙起孟亲自上阵,落实他关于"写几篇连载的文字"的提议,开设"国文班"专栏。孙起孟说:"编者计划设置几种基本知识的讲座,要我唱开锣

---

[1] 孙起孟:《献议一个学习合作的计划》,《读书与出版》1947年第2年第4期。
[2] 《本刊关于帮助学习合作的办法》,《读书与出版》1947年第2年第4期。
[3] 见《读书与出版》1947年第2年第5期。
[4] 孙起孟:《下一步如何?》,《读书与出版》1947年第2年第6期。

戏,和大家研究国文。"①"几篇连载的文字"和"几种基本知识的讲座"之所以具体化为"国文班",是基于对读者广泛调查的结果。据刊物第一批学习合作调查统计结果和读者自我介绍中的描述,学习兴趣集中在"文学"和"语文"的分别有79人和27人,合计106人,高居榜首。② 因此,刊物满足读者学习文学和语文的需求自在情理之中。在考虑要研究的国文是选择文言形式还是白话形式的时候,孙起孟的决定也源于统计数字:"统计数字告诉吾们,参加'学合'的朋友中,以年龄十九、二十,能读能写普通白话文的为最多。针对了这一批朋友的程度和需要,我们想暂时不谈文言文,专以白话文为我们的研究内容。"在考虑"是重在研讨方法呢,还是重在提供材料"时,孙起孟坚持二者并重,采取"根据极经济的材料学会把握概括的规律,使我们就像用显微镜一样,极精细的观察一个切片,却从这一个切面了解了一件事物的全部组织"的以小见大的办法。在确定选择什么文章研究时,孙起孟首先推荐鲁迅的《呐喊》,自是因为《呐喊》很适用上述方法,也与读者熟悉、容易获得有关。

孙起孟打算就《呐喊》写16篇文章,逐一讨论自序和正文,最后加一篇综合的研究结论。在研究方法上,他明确提出"侧重技术的研究",这与他对"国文"性质的理解有关:"国文只是一种工具的学科,意思即是我们应该从这一科的学习中获得一种使用工具的认识和能力,这种工具便是语言和文字。工具和内容诚然是不可分的,但就国文一科的范围来说,它所管的不是'什么'而是'怎样',自然也要谈到'什么',但只是注重'怎样'表现'什么','怎样'组织'什么'。"孙起孟提醒读者,对《呐喊》的研究,"请多注意《呐喊》的文字技术",因为"我们作的不是什么'鲁迅研究',而是'鲁迅国文'的研究"。③

孙起孟提出的"鲁迅国文",无疑具有普遍的方法论意义。即使只是从对"国文"的本体认识出发,服务于"国文"研究的特定目的,"鲁迅国文"也可以打开鲁迅研究的另一条路径:从重思想到重技术(形式)。由此,《呐喊》尤其是《呐喊·自序》中的语言问题成了孙起孟和读者们关注并深入讨论的话题。

二、《呐喊·自序》中的五个语言问题

国文班第二回,孙起孟开始和读者讨论《呐喊·自序》。开篇他仍然强调一以贯

---

① 孙起孟:《先谈一篇习作》,《读书与出版》1947年第2年第9期。
② 其他学科门类靠前的是哲学40人,社会科学38人,经济33人。见《编者的话》,《读书与出版》1947年第2年第7期。
③ 以上所引皆见孙起孟:《先谈一篇习作》,《读书与出版》1947年第2年第9期。

之的"鲁迅国文"研究思路:"学习国文的重点不在内容而在技术,不在'什么'而在'怎样'……我们学习国文,只是想法知道这篇文字中的意思,材料,鲁迅是怎样表达的。'怎样'的问题有两项:一是文章里的材料是'怎样'组织起来的;二是表情达意,字句之间,我们觉得对的好的是'怎样'的,觉得不对不好的是'怎样'的。"在随后展开的分析中,孙起孟先谈《呐喊·自序》如何组织材料,并得出结论:"第十一段以前的主要材料,是作者自叙生活与思想的变迁,以史为骨干,衔接的'榫头'是用'时序'作成的。从少年坎坷说到接触新学,再由新的见闻说到思想改变,再由'新生'解体说到痛感寂寞。循序发展,一任自然。"继而关注"修辞造句",他深刻地指出鲁迅语言成就的源头:"鲁迅是一个特出的讲究用词的作家。他的词汇特别丰富,一部分从过去的社会中接受了遗产,残简破片,到了他笔下,由于内容充溢着新血液的关系,都发出新的光采;另一部分则采自现实的生活和大众的口语。"孙起孟并不将《呐喊·自序》视作语言上的完美之作,他最后指出了《呐喊·自序》的一处语言问题:"全文只有一个地方是一个小毛病,那就出在'在我自己,本以为现在是已经并非一个切迫而不能已于言的人了'的'是'字上。(我根据的是鲁迅全集出版社本)这个'是'字和下文的'非'字是重复的,尽可以删掉。"他借此鼓励读者:"我们研读前贤的文字,要虚心学习他们的好处,但同时也得留心可能有的毛病。一说到名家范作,便觉得无往而不是,这并不算很好的学习态度。"[①]

在孙起孟的引导和鼓励下,读者聚焦《呐喊·自序》的语言修辞,审视其可能存在的语言问题,果然有所发现。国文班第四回,孙起孟讲完《故乡》之后,就在附记中列出了无锡读者李慰祖提出的五个问题:

(一)"我竟在画片上忽然看见我许多久违的中国人了。"为什么久违?日本没有中国人吗?

(二)"而善于改变精神的是,我那时以为当然要推文艺",这一个"是"字有什么用?

(三)"再没有青年时候的慷慨激昂的意思了。""慷慨激昂"是一种情绪,并不是"意思",为什么鲁迅先生用"意思"呢?

(四)"相传是往昔曾在院子里的槐树上缢死过一个女人的",这一句,我以为太累赘了,可以写成"相传,院子里的槐树上曾经缢死过一个女人的"读起来不是顺口了些吗?况且"曾"字也包括"往昔"的意思,何必再加"往昔"呢?

[①] 孙起孟:《呐喊自序——怎样组织材料及其他》,《读书与出版》1947年第2年第10期。

"鲁迅国文":《读书与出版》对《呐喊·自序》语言问题的讨论

(五)"而我的生命却居然暗暗的消去了。"人一天一天过下去,生命当然要"消去"的,我以为用不到"居然"两字。假使一件事本来我不会做的,现在做成了,那么可以说"居然给我做成功了"才对。①

不难看出,即使李慰祖初中刚毕业②,但他提出的这五个问题却并非无关紧要,其中有的指向鲁迅语言表达的现实指涉,有的涉及鲁迅语言特有的张力,当然有好好探讨的必要。

到第3年第3期,国文班第七回,应是收到不少读者关于这五个问题的来信,孙起孟重新发起《呐喊·自序》的讨论,回应读者对五个问题的分析。他首先列出了浙江读者任诚对这五个问题的回答:

(一)"就那'……久违的许多中国人……'的一段文字看来,鲁迅先生'久违的'三字的意思该是因着'许多的''而这些中国人有的是……''是赏鉴这示众的盛举的'原故而写出来的。"

(二)"'……的是……',这个'是'字放在'的'字下面,我认为是用以'加重'下面一句'以为'的语气的,使文句充满力量。"

(三)"'情绪'应该解为'已发生的心意'(已经从动作中表露出来),至于'意思',它该是'情绪'未发生前内心的一种思想的活动。"

(四)"在那一句中,'往昔'该是句中的主词,所以似不可省却,不知道这样改写如何:'相传是往昔在院子里的槐树上曾缢死过一个女人'。"

(五)"这'居然'二字倘是笔者在突然间发觉生命的消去,我以为是可以用的。"

对以上五个答案,孙起孟逐一分析回应:

第一个问题,孙起孟认为:"李君问得有道理,任君的解答却有些牵强。……让我们设身处地作鲁迅,会料得到在这样的画片上看见中国人么?不会的。然而'有一回',竟然看见了,中国人自然是见过的,这才加上'久违的'形容词。"

第二个问题,孙起孟分析道:"'是'是可以删掉的,理由在哪里呢?第一,'是'和'以为'的意义和作用都是重复的,'是'是就客观说,'以为'是就'主观'说。普通说话中也有用'以为是',其实有些叠床架屋,原句接着又用'要推',这就变成有三个动词了。第二,'是'在文法上叫做连系动词,连系动词句子的特点就是下文总有名词或

---

① 孙起孟:《〈故乡〉文后附记》,《读书与出版》1947年第2年第12期。
② 《读书与出版》第2年第6期的"自我介绍"栏目,刊登有李慰祖的自我介绍,他自称"酷爱文艺,对于一切文艺的作品竭力希望多读多看多想,今年暑假我初中毕业后,大概想进高中师范科"。

307

代名词作补足语。好比:'鲁迅是文艺作家','是'是连系动词,'文艺作家'便是补足语。如其说'而善于改变精神的是文艺'或者'而善于改变精神的要推文艺'都是很妥帖的,假使说'而善于改变精神的是当然要推文艺',严格地讲起来,这个'是'字是可以删掉的。任君说是为了加重语气,理由不见充分。'而善于改变精神的,要推文艺',主语述语间加上逗号,也就是读的时候多停顿一下,这正是表示加重语气,加不加'是',倒是没有关系。真要在句子形式上表示加重,那可以改写成:而善于改变精神的是什么? 我那时以为当然要推文艺。"

第三个问题,孙起孟认为李慰祖把"情绪"和"意思"区分得太严格了,"在我们的实际生活经验中,情绪和意思是分不开的,有慷慨激昂的情绪,也就一定有慷慨激昂的意思。根据这样的道理,'意思'如其改为'心情'二字,或者表现得更为周到些"。

第四个问题,孙起孟主张维持原句,其原因在于,"往昔"是个副词,是个说出"缢死"时间的副词。从"相传"到"女人",其中包含了一个子句,主词是倒置在下面的"女人"。"往昔"确然不能省,理由不在它的词性而在"曾"字并不能包括"往昔"的意思。前一秒发生过的行动或事情都可以叫作"曾","往昔"却是一个特定的时间,至少不是前一秒钟。把"往昔"省却,"曾"字就有些模模糊糊。

第五个问题,孙起孟指出:"生活异常无聊,时间难得打发,动也不是,静更难过,一个人埋在寓所里钞古碑,精神好似麻醉了一下;在这样的情境下用'居然'便恰恰合适。"[①]

可以说,孙起孟对五个问题的解答,除第五个外,其余皆有对话讨论的空间。接下来的第4期国文班第八回,孙起孟又拿出几位读者有价值的意见来探讨。读者陈旧提出从方言的角度理解第三个问题,他指出,在绍兴、上虞一带,"一般地把'意思',并不是作为普通的'意思'讲的,……似乎可作为'形式'解释"。孙起孟对此进一步阐发,称"意思"有时也说作"气味",鲁迅的这一用法是民间修辞的优秀成果。"对于一件事物来讲,造作这件事物的意思是初步的东西,抽象的东西。……气味是事物的'最初级'的属性。……'再没有青年时候的慷慨激昂的意思了'的'意思'如以这样去理解,也等如说,'青年时候千分之一,万分之一的慷慨激昂都已经不存在了。'"孙起孟用"气味"来解释"意思",虽未必准确,但却从语气轻重深浅上区分清楚了"意思"和"情绪"。

[①] 以上所引皆见孙起孟:《有关〈呐喊·自序〉的几点讨论》,《读书与出版》1948年第3年第3期。

"鲁迅国文":《读书与出版》对《呐喊·自序》语言问题的讨论

读者周节刚对第一个问题的解答无疑比此前的都准确,他指出了"久违的"指涉的现实情境:"1904年,鲁迅先生到仙台进仙台医学专门学校,'当时仙台还没有中国学生,那边的学校当局也因为他是唯一的中国学生,所以颇优待他,不但不收学费,几个职员还替他食宿操心'。(见《鲁迅的书》,欧阳凡海先生著,页五十四)因为那时仙台只有鲁迅先生一人,没有其他同胞,朝夕相见。同时最重要的是,鲁迅先生于1902年(?)到了日本留学,两年来(1902—1904)从未返回过祖国。"[①]这一解答当然得到了孙起孟的认可。

至此,李慰祖提出的五个问题似乎都有了确定的答案。

三、许杰先生的来信

出乎意料的是,紧接着的第5期国文班第九回,孙起孟发表了《"是"?不"是"?——〈呐喊·自序〉的继续研究》,聚焦上述"而善于改变精神的是,我那时以为当然要推文艺"一句中"是"能否删除的问题展开讨论。其原因在于许杰先生就此问题写了一封长信,与孙起孟商榷。孙起孟将信"略去上下衔"登出,称"他的分析的犀利,读书思辨的精细,实在值得我们学习",并对此进行了评析和回应,使对这一问题的讨论深入肌理,别开生面。因此信从未有人注意,也未收入各种文集,但却显现出许杰先生鲁迅研究的方法与深度,可供我们学习与参考,故全文抄录如下:

> 你主持的国文班,我觉得非常的好。这一期,有关《呐喊·自序》的几点讨论,其间关于"是"的问题,我似乎有点意见,心愿(原文如此——引者)写出来求教。
>
> 我觉得"而善于改变精神的是,我那时以为要推文艺"一句中的"是"字,删掉固然不好,加重也不能完全接近原作者的意思。你说:"如其说'而善于改变精神的是文艺',或者'而善于改变精神的要推文艺',都是很妥帖的,假使说'而善于改变精神的是当然要推文艺',严格地讲起来,这个'是'字是可以删掉的。任君说是为了加重语气,理由不见充分。'而善于改变精神的,要推文艺',主语述语间加上逗号,也就是读的时候多停顿一下,这正是表示加重语气,加不加'是',倒是没有关系。真要在句子形式上表示加重,那可以改写成:'而善于改变精神的是什么?我那时以为当然要推文艺'。"——好像已经把这问题解决了似的,但

[①] 以上所引皆见孙起孟:《〈孔乙己〉及其他》,《读书与出版》1948年第3年第4期。

我的看法,却觉得和你有些出入。

首先,我以为,你把"是"字认为连系动词,这是对的;其次,你认"是"字是就客观说,"以为"是就主观说,这分析也非常中肯。可是,你的结论,却要把这"是"字删掉,或者在"是"字下面,加上一个"什么",使得这句句子,成为设问句,这却有些不对了。

你说:"要了解一个词的用法,光从一个词的本义或一句句子的内部构造去看是不够的,要把一整片的意思联系起来看。"这句话我很赞同,而事实上,也确应如此。但是,对于这个"是"字,你却忽略了把一整片意思联系起来看的看法了。

这一句文章的原文,上面一句是"所以我们的第一要著,是在改变他们的精神",接着就用"而"字一转,紧承上文,方指出善于改变精神的是文艺,说出这一个意思来。但是,当作者说到这个"是"字的时候,忽然另有一个意见从心里生出,觉得这话不能如此直说,因而就在"是"字这里一顿,用个逗号分开,补说"我那时以为当然要推文艺"了。这样一说,我们就觉得作者说得更妥婉,更主观,同时也就更谦虚了。所以,这里的这个"文艺",一面是"是"字的补足语,同时又是"推"字的宾语。如果把"是"字删了去,这意思就没有那么妥婉,说话时态度也没那么安详了。我以为,如果这文章只是单独这样一句意思,那是应该说做"我那时以为,善于改变精神的,当然要推文艺"的。但是,上面的文章,正好说到"改变他们的精神",因而接下说"而善于改变精神的",文意方才紧凑。而如果就这样说出"善于改变精神的是文艺",似乎又太直率,也显不出自己主观的见解,所以作者便不得不在这中间有一个停顿,另外插入一句,把话头转到"我那时以为——"上面去,终于又落到了文艺。而同时,又把这文艺两字补足了上文"是"字的落空,因而意思也就满足了。

再从文法上看,"我那时以为当然要推文艺",不能当作"是"字的补足语的。只因为有人把这一短句当作"是"字的补足语,又看看他的作用,好像只是说明"善于改变精神的"这一短语,所以我觉得这"是"字是重叠的。至于在"是"字下面,加上"什么",另成一个设问句,如果这是一句单句,那是可以的;如果连上上文一看,那末,这个"而"字,又非得改为"至于"二字不可,而上文一句,也得用句点圈住,让语气完全停顿住了,然后用上"至于"二字引起下句,文气才能满足。但如这样,这文章又似乎不是原文了。

说到这里,我的结论是,原文是对的,我们不能改动他,也不应该改动他。至于有人看不懂这个"是"字的用法,那是因为既然把捉不到鲁迅写文章时的心理,也不理解这文艺两字是同时用作是字补足语,又是推的宾语的缘故。不知你的意见以为对否?

三月廿一日

许杰先生之所以关注到《读书与出版》上孙起孟和读者们展开的对鲁迅《呐喊》的讨论,一方面是因为他一直抱有对鲁迅的研究热情,1947年底他刚完成长篇论文《〈狂人日记〉研究》;另一方面他也是《读书与出版》的作者,在第2年第6期发表《皮鞋匠论——女人与和平人物的研究》,在第2年第11期发表《论牛全德》。许杰对"是"字之存废的认识,基于其所表征的具体语境中的鲁迅心理,以及由此形成的语言风格,且从语法上寻求合理解释。

孙起孟对许杰的分析深以为然,称"比我原来所主张的精辟得多了",是"极合乎鲁迅先生思想发展规律的推理"。孙起孟由此将"是"字和鲁迅思想的发展变化相连接,并"更进一解":"鲁迅先生作《呐喊·自序》是在1922年12月,那时候他的思想已经发展到超越了'善于改变精神的要推文艺'那样的见解,他已经明锐地看到历史所加于中国'国民性'的种种枷锁,这些枷锁必须完全粉碎,《呐喊》中所结集的文字征示了他的思想发展的这样的总方向。思想的进展使鲁迅对于他自己过去以文艺改变精神的看法存了批判的眼光。他在写自序时候的心情怎样呢?据他自己说:'我感到未尝经验的无聊,是自此以后的事……我于是以我所感到者为寂寞……在我自己,本以为现在是已经并非一个切迫而不能已于言的人了,但或者也还未能忘怀于当日自己的寂寞的悲哀罢,所以有时候仍不免呐喊几声,聊以慰藉那在寂寞里奔驰的猛士,使他们不惮于前驱。'这样的心情自然也不是全盘吻合于以文艺改变精神的看法的。此所以他在'而善于改变精神的是'以下要加上'我那时以为'这一句插句。"更为重要的是,鲁迅加上"我那时以为","还不仅仅是态度问题,要说得'更委婉更主观更谦虚',主要倒是为了要补充告诉读者那只是他在留学日本一个时期中间的见解"。

这句话为何使人觉得如此扭结?受许杰的启发,孙起孟揣想鲁迅写作时的心态:"我们可以假定鲁迅先生大概原来是要写成'而善于改变精神的是文艺',但这样的说法成了一个全称肯定命题,似乎鲁迅先生到作自序的时候还是那么看法,这一点,鲁迅先生觉得不合事实,于是补充了一句插句,'我那时以为',这样一转,便从客观的判断转到主观的自白来了,而且,在这插句之后,如果不加动词,光留'文艺'一词,语气也太迫促一点,这样,'要推'这个说明主观的动词便加进来了。简言之,'是'不能不属于'善于改变精神的'客观事物,'要推'则属诸'我'的主观界,全句中其实还包孕了这样的矛盾,这一矛盾反映在语文形式上便是我们现在所有的混乱的感觉。"这一解释充分展现出鲁迅作文用语的谨慎、精准。

孙起孟最后得出如下结论:"'是'字是应该保留的,不是为了什么加重语气一类的修辞的理由,而是为了原句的意思是作者在一特定时期内所认识的客观真理,在那个时期的他,是笃信这样真理的,所以用一个全称肯定命题的形式写起。但到写自序这篇文章的时候,作者的见解和心情都变了,思想的变化发展使他不能不表白出来,全称肯定命题是有时间性的,主观性的,所以他马上加进一句插句去唯恐语气不足,兼以照顾到插句以后接说'文艺',语气太促,于是顺着'我以为'的思路用了'要推'这个动词。在表现客观真理全称肯定命题的时候用'是',在加强说明主观和时间的界限时,便用'那时以为',用'要推',这些都没有用错,也没有多余的字眼。为了使读者更易于明了,可以考虑索性在形式上把上述的认识上的矛盾表示出来,在'而善于改变精神的是'下面加一个破折号,整个句子是:'而善于改变精神的是——我那时以为,当然要推文艺'。"[①]至此,关于"是"字的讨论终告完结。

在鲁迅研究史上,许杰、孙起孟和《读书与出版》读者关于《呐喊·自序》的讨论可能微不足道,但"鲁迅国文"视域的引入所打开的新的研究空间,以及由此揭示出的鲁迅文本的语言问题却不容小觑。"是"字微言大义,显现出鲁迅如何浓缩语言,拓展语言的表现力和潜能,为鲁迅语言风格的奇崛精密提供了一个精彩的范例。而孙起孟、许杰围绕"是"字展开的讨论所显现出的他们严谨求实的学风,体察入微的眼光,鞭辟入里的剖析,都值得后世鲁迅研究者学习。

[①] 以上所引皆见孙起孟:《"是"? 不"是"? ——〈呐喊·自序〉的继续研究》,《读书与出版》1948年第3年第5期。

鲁迅杂文的"晚期风格"[①]

牟利锋

牟利锋,陕西师范大学文学院副教授,硕士生导师。2013年毕业于北京大学中文系中国现当代文学专业,获文学博士学位。2015—2016年美国俄亥俄州立大学东亚系访问学者。研究兴趣主要集中于周氏兄弟的思想与文学、晚清民初的文化与文学转型。在《文艺研究》《中国现代文学研究丛刊》《鲁迅研究月刊》等杂志发表文章多篇,主持国家级、省部级社科项目多项。

不论读过没读过,谈论鲁迅的杂文,人们很容易想到的是各类指摘时事、针砭痼弊的"骂人文章",也即鲁迅自己极力提倡的"文明批评"和"社会批评"。可以说,"批评"几乎成为鲁迅杂文最重要的标签,也是阅读鲁迅杂文的第一印象。但一个显见的事实是,鲁迅的杂文并非始终一个面孔。就鲁迅的杂文写作而言,各个阶段所表现出的风格有明显差异,本文着重讨论的是鲁迅晚期杂文的整体风格问题。所谓鲁迅的晚期杂文,即指1934年11月大病之后不到两年时间的杂文写作。鲁迅晚期的杂文写作不但受交游、疾病、死亡等因素的制约,而且在直面晚年各种心理和生理困境的基础上,形成自己特有的风格,这一点尚少有人专门论及。萨义德晚年由于疾病的困扰特别钟情于"晚期风格"这一概念,按他自己的话说:"我要转向最后的那个巨大的疑难问题,由于显而易见的个人原因,它在这里成了我的主题——生命中最后的时期或晚期,身体的衰退,不健康的状况或其他因素的肇始,甚至在年轻人那里它们也会有导致过早夭折的可能性。我将把焦点集中在一些伟大的艺术家身上,集中在他们的生命临近终结之时,他们的作品和思想怎样获得了一种新的风格,即我将要称为的

[①] 原载《鲁迅研究月刊》2013年第3期。

一种晚期风格。"萨义德在"晚期风格"之下所论述的理查·施特劳斯、让·热内、格伦·古尔德等艺术家的晚期作品虽各具面目,但在总体上都"包含了一种不和谐的、不安宁的张力,最重要的是,它包含了一种蓄意的、非创造性的、反对性的创造性"①,这也许才是萨义德最看重的特质。鲁迅晚期的杂文写作在此意义上也表现出某种"晚期风格",当然鲁迅杂文的"晚期风格",其具体意涵与指向又要根据彼时彼地的情境来具体分析。

一

考察鲁迅对其杂文的命名,如短评、杂感、杂文等,其间的差异是大有讲究的,值得仔细分梳。就鲁迅个人而言,对于自己从"随感录"时期开始的"批评"写作更倾向于称之为"短评",并且特意将早期的所谓"论文"与"短评"分开,一编入《坟》,一编入《热风》。"短评"写作从最初的"随感录"到《自由谈》时期的"时评"虽然不同时期风貌各异,但从整体上看数量最多、影响也最大,可以说是鲁迅杂文写作的主流体式。即便到了晚年(1934年11月大病后),发表在《太白》上的《掊斤簸两》和《中流》上的《立此存照》也均可归入"短评"系列。然而鲁迅晚期杂文的主要体式显然并非"短评"所可涵盖,反而在主观上表现出某种走出"短评"写作的冲动,这一点与之前《自由谈》时期热衷于"时评"写作相比较就更为清楚。

鲁迅介入《申报·自由谈》后一方面积极为其投稿,另一方面似乎逐渐对此类短评写作有了某种警惕。这当然与鲁迅当时的生活状态有关。他先是抱怨自己"因'打杂'之故,将许多光阴,都虚掷于莫名其妙之中"②,以致难有什么成绩;后又奉劝徐懋庸这样的青年杂文家要眼光放远一些,不要忙于"作防御战":"我以为应该对于那些批评,完全放开,而自己看书,自己作论,不必和那些批评针锋相对。否则,终日为此事烦劳,能使自己没有进步。批评者的眼界是小的,所以他不能在大处落墨,如果受其影响,那就是自己的眼界也给他们收小了"③。这既是经验之谈,也是对自身状态

---

① (美)爱德华·W.萨义德:《论晚期风格——反本质的音乐和文学》,三联书店,2009年,第5页。"晚期风格"作为一个特定概念最早由阿多诺在《贝多芬的晚期风格》一文中提出,用来讨论贝多芬在晚期,即1814年,特别是1817年之后创作的最后五部钢琴奏鸣曲、《第九交响曲》、《庄严弥撒》等作品中所表现出的重要特质。萨义德在自己生命的晚年遭遇"晚期风格",并对其展开了持续而深入的思考和阐释。在某种意义上正是通过萨义德的发挥,"晚期风格"才几乎成为一种美学类型,引发人们对艺术名家的晚期作品重新审视。
② 鲁迅:《340209致郑振铎》,《鲁迅全集》第13卷,人民文学出版社,2005年,第21页。
③ 鲁迅:《340621致徐懋庸》,《鲁迅全集》第13卷,第155页。

的反省。而在 1934 年 11 月大病之后,鲁迅在致刘炜明的信中更是明确提出自己从 1935 年起"不再在期刊上投稿了":"上半年(1934 年,著者注)曾在《自由谈》(《申报》)上作文,后来编辑换掉了,便不再投稿;改寄《动向》(《中华日报》),而这副刊明年一月一日起就停刊。大约凡是主张改革的文章,现在几乎不能发表,甚至于还带累刊物。所以在日报上,我已经没有发表的地方。至于期刊,我给写稿的是《文学》,《太白》,《读书生活》,《漫画生活》等,有时用真名,有时用公汗,但这些刊物,就是常受压迫的刊物,能出到几期,很说不定的。"①"不再投稿"的原因这里说明是刊物"常受压迫",没有可以发表的机关,可从我们前面的梳理中不难发现其实作者自己也早有此意。不然就不好解释何以后来《立报》前来约稿,而鲁迅则一再拒绝。《立报》被曹聚仁称为"中国新闻史上最合理想的一种小型报"②,其副刊尤为出色。萨空了主编的《小茶馆》为通俗性副刊,张恨水主编的《花果山》为娱乐性副刊,谢六逸主编的《言林》为知识青年读物,三个副刊珠联璧合"成为黎编《自由谈》以后的新文艺园地"。特别是谢六逸主编的《言林》,曹聚仁认为虽然"比黎编《自由谈》缺少一些战斗性,却更清莹可爱"③。对于《立报》的约稿,鲁迅极为冷淡:"因为先前在日报上投稿,弄出许多无聊事,所以从去年起,就不再弄笔了。"④所谓的不在"日报上投稿"或者"弄笔"就是不再写作类似《自由谈》时期的"短评"。事实上,鲁迅晚年虽然仍然没有停止"短评"的写作,但明显收缩战线,投稿的报刊仅限于自己所说"不能不给以支持的"几种刊物,如《太白》《文学》《芒种》《中流》等。

而 1934 年 11 月的大病之后提出不再为各种刊物写作"短评"更为深层的原因则在于鲁迅对此类写作体式的反省。在致唐弢的信中他谈道:"写《自由谈》上那样的短文,有限制,有束缚,对于作者,其实也并无好处,最好□还是写长文章。"⑤面对青年作者的求教和期待,鲁迅最终还是说出了自己对于写作《自由谈》式"短评"的担心。这里最值得注意的是将"短文"与"长文章"对举来理解,两相比较认为"短文"对于作者"并无好处",最好还是写"长文章"。所谓的《自由谈》式的"短文""有限制,有束缚",对于作者"并无好处",点到了"短评"写作的一个主要局限,即往往倾向于

---

① 鲁迅:《341231 致刘炜明》,《鲁迅全集》第 13 卷,第 324 页。
② 曹聚仁:《〈立报〉三杰》,《上海春秋》,三联书店,2007 年,第 169 页。
③ 曹聚仁:《三个胖子的剪影》,《我和我的世界》,人民文学出版社,1983 年,第 424 页。在同书《立报》一文中曹聚仁又称《言林》的步调"和《文学》、《太白》、《芒种》、《自由谈》相一致,却更富有战斗性",似与前说矛盾。但不论《言林》"战斗性"比之《自由谈》如何,其在当时舆论界的影响则不容否认。
④ 鲁迅:《351004 致谢六逸》,《鲁迅全集》第 13 卷,第 561 页。
⑤ 鲁迅:《360317 致唐弢》,《鲁迅全集》第 14 卷,第 47 页。

因事设论、就事论事、点到即止,而不能充分展开,特别不利于作者抒发自己的独立意见。这对于鲁迅这样的作家来说难成障碍,甚至可能反过来成就写作的某种高度,但对于初入文坛如唐弢这样的青年作家来说就未必是好事,很容易养成人云亦云、为论而论的毛病,长此以往极易走向眼高手低、空疏无学。写"长文章"毕竟需要学理、知识的支撑,最起码可以避免以上的陷阱。鲁迅自己对此也是十分清楚的,所以他才打算不再给期刊投稿,而"用点功,索性来做整本的书"。

从写作实际看,由"短评"而"长文"这一转变还是比较明显的。鲁迅晚期的杂文除过发表在《太白》《芒种》等上的"短评"外,更多是系列"长文",如《病后杂谈》、"文人相轻"、"题未定草"等。以上文章在写法上与之前的"短评"有明显不同。之前的"短评"短小精悍、字字见血、攻其一点、不及其余,有很强的"战斗性",但也往往主题先在,分析和论述贵在自圆其说,而不求面面俱到。这是一种有立场、有锋芒的写作,重在给出最终的结论,至于论证的过程则大多付之阙如。正如鲁迅自己所说在"风沙扑面,虎狼成群的时候","即使要悦目,所要的也是耸立于风沙中的大建筑,要坚固而伟大,不必怎么精;即使要满意,所要的也是匕首和投枪,要锋利而切实,用不着什么雅"。① 这当然不是说鲁迅晚期的杂文在风格上开始追求"精"与"雅",只是说"短评"写作更倾向于突出或者扩大"战斗性"这一面,这既是作者主观上的意图,同时也出于此种写作体式的需要。到了晚年鲁迅似乎对此种直奔主题、重在结论的写法表现出更多的保留甚至质疑。在为内山完造《活中国的姿态》所作的序中鲁迅赞同日本人似乎是"喜欢'结论'的民族"这一看法,"就是无论是听议论,是读书,如果得不到结论,心里总不舒服"。但可惜的是这所谓的"结论"后来往往证明站不住脚。所以他认为不同地方的人们要相互了解,最好是"长久的生活于一地方,接触着这地方的人民,尤其是接触,感得了那精神",而内山完造之于中国就是最适合的人选。即便如此鲁迅对内山完造的"漫文"还是有些不满意:"就是读起那漫文来,往往颇有令人觉得'原来如此'的处所,而这令人觉得'原来如此'的处所,归根结蒂,也还是结论。幸而卷末没有明记着'第几章:结论',所以仍不失为漫谈,总算还好的。"② 这里鲁迅用到一个概念"漫文",可能由当时在内山书店举行的"漫谈会"衍生而来。"漫谈"也罢,"漫文"也好,其实最根本的一点就是重过程而轻结论。写作成为一个逐步展开的过程,呈现为一个不断开放的状态,在这一过程中话题的各个方面、论述的各个层次

---

① 鲁迅:《小品文的危机》,《鲁迅全集》第4卷,第591页。
② 鲁迅:《内山完造作〈活中国的姿态〉序》,《鲁迅全集》第6卷,第276页。

等都有可能被触及。作者事先也并非有一个整体性的设定或者诉求,甚至在认识上也并不统一,但在文章推进过程中所表现出的丰富性和复杂性则是前所未有的。这也正是鲁迅晚期杂文的特色之一。正如萨义德所总结的贝多芬晚期作品的"不一致性":"它们不适合任何系统规划,不可能被协调或被分解,因为它们的不可分解性和非综合性的碎片性,是根本的,既不是某种装饰性的东西,也不是某种象征性的东西。贝多芬的晚期作品实际上与'失落的总体性'有关,因而是灾难性的。"[1]而阿多诺则认为贝多芬的晚期风格是一种"新的美学":"这美学是破碎、不周全、难以捉摸的,而且出奇充满老掉牙的传统习套(颤音、装饰音,'匠心独具的简单伴奏'),'没有掩饰、未经转化,光裸直露'。"[2]

这种可称为"非总体性"的特征在鲁迅的晚期杂文,特别是前面提到的几组"系列长文"中表现得比较突出。不论是《病后杂谈》、"文人相轻"还是"题未定草"等"系列长文"其实都可以看作一种"题未定"的写作,也就是说作者在写作之前,甚至之中,并非有非常明确的写作方向,往往随写作进程的展开而调整。《病后杂谈》从自己的生病谈到消闲性的读书,一跳到明清的野史,大谈剥皮之法,再跳到自己买禁书的遭遇,似断似连,不能说文章整体没有指向,但文章的魅力还在细节上的功力。单从写法上说就有叙述、描写、抒情、考证等不一而足。"文人相轻"系列是为《文学》杂志的"论坛"而作,最初是有明确指向的,也可以说是因林语堂、沈从文、魏金枝等人的论点有感而发。但到《五论"文人相轻"——明术》,作者已经抛开了具体的人和事,而转向文化层面的技术和心理分析。"文人相轻"系列论题似乎很集中,但却很难用一个主题来贯穿。"题未定草"系列就更丰富多彩,前后的文风也差异甚大。这些文章作者所追求的并不是整体上的有机统一,而是在具体的论述中随处推敲,极为考究。文章在细节上体贴入微,往往能够在不经意间照亮之前久被遮蔽的论述缝隙,具有一种震撼人心的力量。拆解成片段来读,都是叙述、描写、抒情、考证文章中的上品,合在一起虽没有"短评"那样明快简洁,但却饱满耐读,值得再三回味。

二

1934年4月在胃病复发后鲁迅便有收缩战线之意,到11月"西班牙感冒"发作后更有不再向期刊投稿的打算。之前针对时弊、反应迅速的"短评"逐渐隐退,代之而

---

[1] (美)爱德华·W.萨义德:《论晚期风格——反本质的音乐和文学》,第11页。
[2] 转引自萨义德:《音乐的极境:萨义德音乐随笔》,江苏文艺出版社,2012年,第335页。

起的是条分缕析、娓娓道来的"漫文"。疾病、死亡的阴影诚然是鲁迅从"短评"转向"漫文"写作的一个重要因素甚至契机,但若要讨论鲁迅杂文前后风格的差异,我们就不能不进一步讨论疾病、死亡这些因素背后更深层的问题。正如萨义德所说"死亡也被表现为对于一种宿命和晚期之感受的一种诱因——那就是说,对于人处于生命中的晚期以及结局将至的那种感受"①,但"诱因"也仅仅只是"诱因","晚期感受"不能简单与疾病、死亡等等同。鲁迅晚期的杂文写作绝大多数与中国的历史文化有关,特别是与自己撇不开关系的古今"文坛"相关。在《病后杂谈》中鲁迅写到,因为所谓的"养病"想看点"不劳精神的书",便"寻到了久不见面的《世说新语》之类一大堆,躺着来看,轻飘飘的毫不费力了,魏晋人的豪放潇洒的风姿,也仿佛在眼前浮动",但"千不该万不该的竟从'养病'想到'养病费'上去了,于是一骨碌爬起来,写信讨版税,催稿费。写完之后,觉得和魏晋人有点隔膜,自己想,假使此刻有阮嗣宗或陶渊明在面前出现,我们也一定谈不来的。于是另换了几本书,大抵是明末清初的野史,时代较近,看起来也许较有趣味"。② 由此转到谈野史。因为刚好拿到手的是一本《蜀碧》,所以又自然谈到张献忠的"剥皮法"。由"剥皮法"又转入明清的"禁书"。不论是野史笔记,具体到"剥皮法",还是禁书,可以说都是历来书写历史的"边缘材料",往往为官修的正史所不取,但鲁迅对此却似乎趣味浓厚。早在《这个与那个》一文中鲁迅就已将"读史"作为"读经"的对立面提出,回应20年代中期以章士钊为代表的复古"读经"思潮。在鲁迅看来,主张"读经"的也可以分为"笨牛"和"阔人"两类,前者是"真会诚心诚意来主张读经",但却"决不会发生什么效力的";后者则"别有用意","'读经'不过是这一回要把戏偶尔用到的工具"。③ 鲁迅奉劝那些"伏案还未功深的朋友","倒不如去读史,尤其是宋朝明朝史,而且尤须是野史;或者看杂说","野史和杂说自然也免不了有讹传,挟恩怨,但看往事却可以较分明,因为它究竟不像正史那样地装腔作势"。④ "野史"作为"圣经贤传",乃至"正史"的对照,它的穿透力恰恰源于不"装腔作势",即所谓不必摆"史官架子",保留了更多第一手资料。所以要看往事较为分明,"野史"当然值得读。但鲁迅此文的落脚点仍然是希望读者通过"读史",特别是"读野史""觉悟中国改革之不可缓",也就是说归结到了五四的"启蒙"主题。

到了晚年,特别是1934年大病之后,鲁迅又有了一次比较集中地谈论野史笔记

---

① (美)爱德华·W.萨义德:《论晚期风格——反本质的音乐和文学》,第68页。
② 鲁迅:《病后杂谈》,《鲁迅全集》第6卷,第170页。
③ 鲁迅:《十四年的"读经"》,《鲁迅全集》第3卷,第138页。
④ 鲁迅:《这个与那个》,《鲁迅全集》第3卷,第148页。

的过程,这一现象本身就值得注意。这一次的讨论不但涉及的面较广,从宋明野史、清代的文字狱、《四库全书》的编纂到明清"禁书"等,大多是各种与明清史实有关的"边缘材料";而且针对以上"边缘材料"中的具体话题,旁征博引,层层推进,不惜将笔墨放在论证的过程上。如谈"剥皮法",先从历史上各种"虐刑"谈起,再说到中国的种种"剥皮法",而到有明一朝"以剥皮始,以剥皮终",可以说穷尽了自己可以看到的各种"剥皮法"资料。在谈清朝编纂《四库全书》对古人文章的修改时,更是不厌其烦,在影旧抄本宋晁说之《嵩山文集》与四库本之间进行条与条的对照。鲁迅在晚年之所以突然再提野史笔记,一个重要原因就在于当时文坛的某种导向。换句话说,鲁迅之提倡读野史、对勘《四库全书》等都是有具体针对性的。提倡明清野史针对的是20世纪30年代"晚明小品"的走俏,而对勘《四库全书》则是因为"今人标点古书而古书亡",直接指向林语堂、刘大杰等虽为文言张目,但在标点上却屡屡出错。与前一次的倡导"读史"相比较,我们会发现,鲁迅晚年更多是在亲身实践自己读野史、禁书等的主张。这一实践虽则也在力图发现历史之"真",甚至连带批评中国文化当中"彼此说谎,自欺欺人"的传统,但最为关键的是鲁迅在此所表现出来的姿态,即以"边缘化"的立场抵抗各种形式的对历史与现实的主流书写。这一姿态的出现既源于鲁迅对中国历史文化的独特领悟,也源于对20世纪30年代文坛导向的全面反省。但这种边缘化的姿态最终却并不仅仅是对当时文坛的一种被动回应,而在本质上超越了时代甚或历史的具体场域,直指制度、规范、心理等深层的文化症结,在某种意义上可以看作对主流"话语"的解剖和反省。

萨义德在评述阿多诺、施特劳斯、兰佩杜萨和维斯康蒂四位艺术家时称他们"像格伦·古尔德和让·热内一样——使20世纪的西方文化与文化传播的极其总体化的代码出了丑:音乐行业,出版业,电影,新闻行业",即使到了晚年也"不想要任何假想的平静或成熟,也不想要任何和蔼可亲或官方的讨好"。因为"在全部四个人的身上,人们所获得的感受不仅是某种肆意挥霍、一种彻底走向奢侈的欲望、一种对于可以接受的或轻而易举的东西的傲慢的否定,而且也是一种非常冒险的,然而却是对抗性的与独裁制度的协定,它绝不是那种傲慢的作者的权威性,他最内在的特征看来是要完全躲避制度。我在这里所讨论的每个人物都构成了晚期或不合时宜,构成了一种容易受到责难的成熟,构成了一个可以选择的和不受约束的主观性方式的平台"①。可以说"不合时宜"是以上艺术家晚年创作的一个重要表征。从他们所选取

---

① (美)爱德华·W. 萨义德:《论晚期风格——反本质的音乐和文学》,第114页。

的题材、凭借的媒介、采用的技巧等以至作品在整体上的风格,都可以看作对权威或主流话语的一种反驳、对抗。从根本上讲,这是一种自居边缘、自觉回避各种"制度""话语"陷阱的努力,反对各种形式的归化,表现出反遮蔽、反叙述、反吸纳等否定性的力量。纵观鲁迅晚年的杂文写作,这种"边缘化姿态"与"抵抗性立场"表现得异常突出,特别是在几篇系列长文和回忆性文章中。从"边缘化姿态"出发,鲁迅不但对当时文坛上的京派海派等予以不留情面的抨击,而且对自己处身其间的左翼文学也不能满意,甚至表现出某种疏离。京派、海派包括左翼当时各树旗帜、自立山头,都有一种将自己所坚持的文学理念极端化、主流化的趋势,这才是鲁迅最担忧的。所以在晚期杂文中鲁迅似乎四面树敌,也就不难理解了。

前面提到在《病后杂谈》和《病后杂谈之余》中,鲁迅选择以明清野史对抗晚明小品,以旧抄本对抗四库本。《文人相轻》一文本因林语堂的说法而起,但当发展成一个系列时,张若谷、沈从文、施蛰存、魏金枝、杨邨人、刘大杰、邵洵美,包括较早的创造社、太阳社、新月社等都被拉入讨论,批评的面之广可谓空前。所讨论的各家其实主张各异,但在鲁迅看来他们作为文坛既有格局的推动者、维护者则是一致的。这种"不合时宜"的边缘化姿态与眼光在"题未定草"系列体现得更为充分。《"题未定"草》(一至四)的写作因翻译问题而起。林语堂在《今文八弊》中对"硬译""弱小民族作品"的翻译等都表示了不满,认为这是"西崽"脾气在作怪,而矛头所向正是鲁迅。因为不论是在翻译的文体上选择"硬译"还是翻译的对象上选择"弱小民族",鲁迅都是最早的倡导者。对于林语堂的"批评",鲁迅反戈一击,认为"西崽之可厌不在他的职业,而在他的'西崽相'",即所谓"倚徙华洋之间,往来主奴之界"。而在历史上"西崽相"也有自己的传统:"'事大',历史上有过的,'自大',事实上也常有的;'事大'和'自大',虽然不相容,但因'事大'而'自大',却又为实际上所常见——他足以傲视一切连'事大'也不配的人们。"[1]鲁迅在这里极力批判的是那种以"事大"为荣的"西崽相",而反过来自己不论是选择"硬译"的文体还是翻译"弱小民族"的文学其实都是坚持一种"不合时宜"的"边缘化"的姿态。《"题未定"草》(六至九)则触及我们习焉不察的一些文化制度、规范等方面的深层问题。文章从"选本"谈起,认为"选本所显示的,往往并非作者的特色,倒是选者的眼光。眼光愈锐利,见识愈深广,选本固然愈准确,但可惜的是大抵眼光如豆,抹杀了作者真相的居多,这才是一个'文人浩劫'"。次谈"摘句","以为倘要论文,最好是顾及全篇,并且顾及作者的全人,以及他

---

[1] 鲁迅:《"题未定"草(一至三)》,《鲁迅全集》第6卷,第367页。

所处的社会状态,这才较为确凿"。接着谈文集的编纂,主张不论是当时辩难还是"同咏"的别人的文字都应该编入,和社会有关系的文字就更应该集印,"其中当然夹杂着许多废料,所谓'榛楛弗剪',然而这才是深山大泽"①。鲁迅以上的观点,不论是关于"选本""摘句"还是文集的编纂,从表面上看是主张在所谓"文学遗产"的继承与研究中要"知人论世",求真求实。但鲁迅的关怀显然并不限于此,甚至主要不在此。以上话题均涉及一个核心人物陶渊明。鲁迅谈陶渊明涉及的虽是朱光潜,背后指向的却是周作人。正如钱理群所说鲁迅与朱光潜、周作人之间的重大分歧,"不仅是陶渊明观的分歧,更是文学观念,以及现实中的人生选择的分歧"②。朱周二人自然也知道陶渊明有"金刚怒目"的一面,但却更愿意突出他的"浑身静穆",并将这提升为一种极致的美学理想。而且这种美学理想在历史上以及20世纪30年代文坛极具吸引力,甚至处于主导地位,特别是对知识分子群体。鲁迅正是针对这一美学理想提出自己的质疑,因为"凡论文艺,虚悬了一个'极境',是要陷入'绝境'的"。鲁迅在这里所要反对的是将某种美学理想或人生方式当作一种极端的"标准"来宣扬,而对陶渊明"金刚怒目"一面的反复强调则显然是作为与"浑身静穆"的对抗提出来,为其极易被忽视甚至鲜为人知的一面张目。可以说谈"选本"、"摘句"、文集的编纂都是从对抗性的角度提出问题,反对主流话语对历史文化的主导与书写。

三

谈论小说引入"人称"问题是题中应有之义,但从"人称"角度来谈杂文似乎就显得不伦不类。其实,任何形式的创作都涉及一个"人称"问题,杂文作为一种写作体式不但可以有自己的"人称",而且好的杂文家往往在"人称"运用上颇为讲究。鲁迅在杂文写作中对人称的运用就极为大胆和灵活,从中我们不但可以领悟到其思想形成、变迁过程中的某些特质,而且可以一窥鲁迅杂文不同时期的风貌。这里我想讨论的是鲁迅杂文,特别是晚期杂文中的"第一人称"问题。

鲁迅杂文一开始就具有强烈的"人称"意识,从《我之节烈观》《我们现在怎样做父亲》到《新青年》上的"随感录",文章中的"第一人称"运用总是显得抢眼。正如李欧梵所说:"在他笔下,外部的现实极少是'客观地'描写或评论出来的。相反,总是由一种植根于苦恼心理的高度'主观的'感受折射出来。鲁迅的杂文和他的散文诗相

---

① 鲁迅:《"题未定"草(六至九)》,《鲁迅全集》第6卷,第436、444、445页。
② 钱理群:《二十世纪三十年代有关传统文化的几次思想交锋——以鲁迅为中心(一)》,《鲁迅研究月刊》2006年第1期。

比,当然是较外向性的,但内在的主题却仍然时时出现。不管有多少外部的因素或公众的要求影响着鲁迅杂文的创作,它们基本上仍是主观的,是'个人随笔'的独特的一类。"①大体上看鲁迅杂文"第一人称"的运用可以分为以下几种情况:其一,作者以"我"的面目出现,主要在于发表自己的意见,或者回应他人的说法,这个时候,作者往往与文章中"我"的距离最近,甚至可以看作就是作者个人的意见。其二,"我"的出场重在引出话题,在之后的论述中"我"也可以发表自己的意见。作者与"我"之间拉开了一定的距离。其三,"我"在文章中更多是以自己的经历、故事等来证明某个观点,一般不直接表态,作者与"我"的距离无疑更远。当然还有一类极少见的情况,即使在杂文中,"我"仍然是一个虚构的角色,如《智识即罪恶》。以上几种情况在鲁迅杂文写作的前后期有所分别,比如第一种在早期较常见,第二种则在晚期较常见。但不论如何,鲁迅杂文中的"第一人称"运用比较突出,特别是在早、晚,即大致在《语丝》南迁上海之前和1934年重病之后这两个时期。

鲁迅早期杂文中的第一人称,即"我",最主要的特征是在自我意识上的统一和完整。也就是说这里的"我"背后其实是有意识或无意识的"我们"。即便在那些"我"的经历、故事,甚至身体极深地卷入其中的文章背后,"我们"的声音与姿态仍然异常清晰。如《说胡须》一文从自己的胡须谈起,讲到自己陕西讲学以及留日回乡时的见闻,又联系到历史上胡须的变迁,似乎都是细枝末叶的小事,但最终的落脚点则在批判国人万事不求甚解、只求苟安的属性。《从胡须说到牙齿》谈牙齿、谈头发可以说是地道的"身体写作",而文章的目的则在于去伪存真,揭示"流言家"的轻信与卑劣、国人的无知与虚伪。《春末闲谈》《灯下漫笔》《杂忆》等早期的杂文名篇,其中处处有"我",但文章也都是对传统文化、国民性最有力、最系统的剖析和批判。早期杂文中的"我"不论是发表自己的意见,还是引出话题可以说都是站在"新文化同人",也即"我们"的立场发言。"新文化同人"在新文化运动中压抑个体的声音,共同参与这场前所未有的思想启蒙运动,自然在无形当中形成了一种可以辨识的、共享的文化资源和象征符号。也就是说"新文化同人"在新文化运动过程中策略性地回避相互间的不同,而以"我们"的面目出现。正如鲁迅所说"既然是呐喊,当然须听将令的了"。这也可能是现代文化在产生、移植过程中的必经阶段,特别是对后发社会和群体而言。本尼迪克特·安德森在讨论小说、报纸作为现代"民族共同体"形成过程中两种最主要的形式时,就以菲律宾的黎萨、印尼的卡多迪克罗摩等为例特别提到了"我们"在塑

---

① 李欧梵:《铁屋中的呐喊》,河北教育出版社,2000年,第111页。

造共同体过程中所产生的潜移默化的作用,"虚构静静而持续地渗透到现实之中,创造出人们对一个匿名的共同体不寻常的信心,而这就是现代民族的正字商标"①。不论是主观还是客观上,鲁迅在此都不可能充分表达个人的观点:"我自然不想太欺骗人,但也未尝将心里的话照样说尽,大约只要看得可以交卷就算完。"②总之,早期杂文中的"我"背后是一套完整的心理、知识规约,不论"我"在文章中以何种形式出现,作者的态度、立场总是确定不移,甚至先在的。

到了晚年,"我"更深刻地介入鲁迅的杂文写作。前面提到在晚期杂文中"我"的出现以第二种形式较多,即"我"的出场重在引出话题,而在之后的论述中"我"也可以发表自己的意见。但与早期杂文比较,此时的"我"则表现出某些新的特质。《病后杂谈》的写作缘起于"我"的生病。文章第一小节就从生病谈起,说到几种对生病的态度,特别是所谓的生病之"雅趣"。联系到自己这回的病,虽然较为严重,但也"没有死症"。所以也想借此"看点不劳精神的书",最先拿起来的就是"久不见面的《世说新语》之类"。从谈"养病"到读《世说新语》,其中有调侃,但并不能完全看作反讽,应该说是作者个人"养病"经验的如实记录。不幸的是,"看过'嫩隅跃清池'的时候,千不该万不该的竟从'养病'想到'养病费'上去了,于是一骨碌爬起来,写信讨版税,催稿费。写完之后,觉得和魏晋人有点隔膜"③。随着个人经验的突变,文章当中所表现出的态度也发生了陡转,批判的立场又跃居前台。如果说前面作者的个人经验与文章中的立场是一致的,那么后面就出现了分裂。文章中"我"的经验与立场前后之间的分裂异常引人注目,这在早期的杂文中是不能想象的。换句话说,早期杂文中"我"的完整性与统一性在此时已经不能维持,这背后则是作者自身思想的某种不统一、不稳定甚至分裂。"我"在文章中呈现出来的经验与判断往往并不是预先就有,而是随着文章的一步步推进逐渐展开,写作成为某种形式的思维探索和形式体验,不到最后一刻无法知道文章的走向与态度。文章之所以在整体上显得比较"支离","我"的不稳定在其中起了很大作用。这在之后的《病后杂谈之余》《"京派"和"海派"》《"题未定"草(六至九)》《死》等中均有体现。

"我"的"分裂"在鲁迅晚期杂文中并没有就此停步,而是继续扩大,最终导致某种形式的交锋与对抗。作者也似乎无意调和不同声音之间的对抗,而是尽可能地保

---

① (美)本尼迪克特·安德森:《想象的共同体——民族主义的起源与散布》,上海人民出版社,2005年,第32页。
② 鲁迅:《写在〈坟〉后面》,《鲁迅全集》第1卷,第300页。
③ 鲁迅:《病后杂谈》,《鲁迅全集》第6卷,第170页。

存这种"众声喧哗"的历史痕迹。《阿金》是鲁迅晚期杂文中的名篇。阿金不过是上海的一个娘姨,相貌也极其平凡,"所谓平凡,就是很普通,很难记住,不到一个月,我就说不出她究竟是怎么一副模样来了",但我还是讨厌她,原因何在呢?就在于不消几日,"她就动摇了我三十年来的信念和主张"。所谓自己"三十年来的信念和主张"其实就是从晚清开始对女性的发现和尊重,具体来说就是"我以为在男权社会里,女人是决不会有这种大力量的,兴亡的责任,都应该男的负"。而阿金的出现却无疑给"我"以新的教训,虽然"我不想将我的文章的退步,归罪于阿金的嚷嚷,而且以上的一通议论,也很近于迁怒,但是,近几时我最讨厌阿金,仿佛她塞住了我的一条路,却是的确的"[①]。也就是说在阿金面前,"我"之前的"信念和主张"是完全失效的,"我"的写作也面临困境。这是对"我"三十年来的思考与写作的一种否定。文章虽然在"愿阿金也不能算是中国女性的标本"中收尾,但并未解决已经提出来的问题。同样在《我要骗人》一文中也是如此。文章中不论是白天赞助小女孩募集水灾的捐款,还是寒夜在街头照顾穷苦小贩的生意,在本质上都是违背自己从前的主张,也就是躬行自己一直在批判的"瞒和骗"的哲学。作者在此文中所表现出来的犹疑与矛盾与《阿金》如出一辙:"可悲的是我们不能互相忘却。而我,却愈加恣意的骗起人来了。如果这骗人的学问不毕业,或者不中止,恐怕是写不出圆满的文章来的。"[②]作者似乎要极力摆脱这种骗人的哲学和书写,回到自己之前的立场和态度,但是不能。这不能更多并非客观上的制约,而是来自主观上的反省。换句话说,"我"在后期杂文中的不完整、不统一从根本上讲源自作者对自己所坚持的"启蒙"立场和态度的重新思考,甚至带有"反启蒙"的倾向。在具体写作中"我"的分裂乃至对抗也不求调和,而是在对话、交锋中并存,呈现出某种"复调"特色。

[①] 鲁迅:《阿金》,《鲁迅全集》第6卷,第208、209页。
[②] 鲁迅:《我要骗人》,《鲁迅全集》第6卷,第506页。

附　录

附录一　鲁迅：从东亚走向世界
——韩国汉学家朴宰雨教授访谈录[①]

朴宰雨　胡辉杰

朴宰雨，韩国汉学家、翻译家、散文家。2020年起受聘为陕西师范大学人文科学高等研究院特聘研究员、中国教育部国家级人才讲座教授（长江学者），兼任中国社科院季刊《当代韩国》韩方主编、国际鲁迅研究会会长、韩国世界华文文学协会会长。曾任韩国中国现代文学学会会长、韩国中语中文学会会长、韩国文学翻译院理事、韩国外国语大学研究生院院长等职。著作有《〈史记〉〈汉书〉比较研究》《韩国鲁迅研究精选集》《韩国的中国现代文学研究通论》等，译有《中国现代小说流派史》《鲁迅与现代中国》《中国当代十二诗人代表诗选》等，曾担任"中国鲁迅研究名家精选集"丛书（十卷本）韩文版主编。

胡辉杰（以下简称"胡"）：朴老师好，非常感谢您接受我的采访。2019年9月，您曾应邀出席中国鲁迅研究会、湖南大学和湖南省文艺界联合会主办的"鲁迅与五四新

[①] 原载《南方文学评论》2023年第4辑。

文化——纪念五四运动一百周年"国际学术研讨会暨中国鲁迅研究会2019年会。您在大会上的讲话至今还令人印象深刻:"鲁迅不只是属于中国的,也是属于东亚的,但总归是属于世界的。他虽然用中文来表达,但是他说的许多道理是普世性的。"正如您所言,在中国、韩国和许多其他国家里,被鲁迅先生及其作品吸引,进行阅读和研究的学者不计其数。您曾经将"朴树人"作为笔名使用,书斋的名字也取为"树人斋",对鲁迅的热爱由此可见一斑。您在《鲁迅和我的初衷》一文中谈到自己在首尔大学读书时与鲁迅结缘的经历,也许当时并不曾想到这后来会成为改变您一生命运的"种子"。您在台湾大学攻读硕博士学位,乃至从事《史记》研究,都与鲁迅有关。能否首先请您谈一谈在学生时代是如何与鲁迅"相遇"的?

朴宰雨(以下简称"朴"):我和中国文学很早就结缘了,读小学四年级的时候开始学习汉字,读初中的时候喜欢读韩文版的卧龙生等所作中国武侠小说,读高中的时候喜欢汉文课,学习了孔子、屈原、韩愈等名家的文言文。1972年下半年,选择大学本科专业的时候,因为不但有汉文基础,也喜欢中国炸酱面,而且当时中美关系也有破冰迹象,所以经过考试,1973年3月进入了首尔国立大学中文系。

当时朴正熙军部独裁政权为了长期执权,改变宪法,推动所谓"维新体制",弹压民主人士,因此抵抗性的学生民主化运动爆发,我也积极参加了。本科二年级的时候,文理学院的学生学报《形成》的女记者同学,请我写有关鲁迅的评论文章,那时我第一次听到了鲁迅这个名字。当时有关鲁迅的资料在韩国很有限,因此访问了发表过《鲁迅文学的背景》的成均馆大学河正玉教授,教授说了很多鼓励的话,让我受到了不少启发,最后得以写成《鲁迅的文学与思想》一文,算是一种习作,但是也成了后来改变我命运的种子。在以中国古典文学为中心的学科氛围里,鲁迅这样的现代精神界的战士,能让人感觉到很深的精神共鸣,也能让人得到很多灵感和启示。

到了写本科毕业论文的时候,在恩师李炳汉教授研究室里发现丸山昇先生的日文版《鲁迅——其文学与革命》一书,让我非常高兴,于是马上把它借来并认真拜读。我在金时俊教授的指导下终于写完了近四万字的本科毕业论文《鲁迅的时代体验和文学意识》,后来压缩为一万多字,登载于1980年3月出版的《文学东亚》创刊号里,这对我的鼓舞是相当大的。毕业一年多后,我就选择了学问研究这一条路,其心理上的依据就是鲁迅。

当时韩中之间没有建交,1979年9月我前往台湾留学,不过,当时台湾的大学中文系一般不允许研究鲁迅与中国大陆文学,只能研究古典文学或者语言学,所以令我在相当长的一段时间里都很苦恼,因为鲁迅在中国古典文学中对司马迁《史记》的评价很高,曾说"史家之绝唱,无韵之离骚",所以在指导教授叶庆炳先生的鼓励之下,我决定开始研究司马迁的《史记》文学,我总共下了十年功夫,中文水平也提高了不少。之前,在韩国策划并初译的丸山昇先生的书,后来得到一位教授的审校,于1982年年底在韩国"日月书阁"出版社出版,这算是韩国出版的第一部鲁迅传记。当时我想,即使在台湾留学,有朝一日也一定要研究鲁迅和中国现代文学。因此1990年6月我的博士论文《〈史记〉〈汉书〉比较研究》的答辩通过之后,我顺其自然地回归到鲁迅与中国现当代文学的研究了。

胡: 1994年,北京师范大学韩兆琦老师曾称赞您的《〈史记〉〈汉书〉比较研究》"其材料之丰富,其数据之翔实,都是少有其比的"。是怎样的机缘促使您从中国古典文学转向中国现当代文学的研究和传播,特别是与鲁迅的传播、研究结下了四十年的不解之缘的?

朴: 韩兆琦先生是中国大陆《史记》的研究大家,对我的《〈史记〉〈汉书〉比较研究》多有溢美之词,我从中得到了很大鼓励。张新科、曾小霞、徐中原、周婷婷等中国学者也都对我的著作做了评论,这些评论有很多中肯之处,让我有了《史记》《汉书》比较研究的海外知音,对此我感受颇深,也受到了不少启发。

我在上面已经讲述了我做学问的心路历程。不能说有机缘促使我"从中国古典文学转向中国现当代文学的研究和传播",而应该说,我"从中国现代文学转向中国古典文学研究"是在我留学台湾的语境下不得已选择的,不过,也由此打下了文言文研究的坚实基础,得到了古典文学的研究方法,受到了严谨的训练,这对后来我研究现当代文学起到了很大帮助,而我从中国古典文学回归中国现当代文学是心怀已久的,是"顺其自然"的事情。

其实,我在台湾大学的博士课程修了一年之后,韩国外大1983年9月聘请我当中文系的老师,因此我一面在韩国教书,一面来往台湾撰写博士论文。从1985年开始,韩国出版界以巴金成为诺贝尔文学奖候选人为名打破了禁忌,把中国现当代文学作家中巴金等的一些作品翻译成韩文出版。我也从1986年到1988年用几个笔名将巴金的"爱情三部曲"(笔名为朴树人)、茅盾的《腐蚀》(笔名为姜英)以及陈独秀的《文学革命论》、毛泽东的《在延安文艺座谈会上的讲话》《文学的理论与实践》(笔名为赵星)、中国艺术概论编写组的《艺术概论》(笔名为朴树人)等不少作品与学术著作翻译成韩文版。

由此,我回归到了韩国的中国现当代文学研究队伍里,韩国的中国现代文学创会会长许世旭先生和第二任会长金时俊先生很欢迎我。我马上担任了那个学会的总干事,1992年负责组织了"台湾现代文学"国际学术研讨会,1993年负责组织了"鲁迅的文学与思想"国际学术研讨会等,后来也担任了两任会长共四年。

东亚各国各地区的中国现代文学专家们从1999年12月开始每隔一两年举办一次"东亚现代中文文学国际研讨会"并延续了十多年,我担任了韩国联络人。2004年和韩国关注台港海外华文文学的年轻学者一起创立了"韩国世界华文文学协会",以韩国外大为基地做了"韩国世界华文文学国际论坛"等几十次大大小小的国内、国际学术活动。后来又和世界各地研究鲁迅的学者们创立了"国际鲁迅研究会",在中国与韩国、美国、欧洲、印度、东南亚等地轮流举办了"国际鲁迅研究会学术论坛"共九次,由此我和鲁迅与中国现当代文学、世界华文文学结下了四十多年的不解之缘。

胡:您的文章《韩国七八十年代的变革运动与鲁迅》论及了"现代韩国变革运动的传统与鲁迅"的关系,并着重讨论了李泳禧、任轩永两位先生受到鲁迅的影响。其中,李泳禧先生作为20世纪七八十年代著名的进步知识分子和思想导师更被认为是"韩国的鲁迅"。但是,您又认为韩国知识分子和变革运动家主要是从社会变革这一角度来接受鲁迅的,应该如何理解?

朴:从综合的角度来看,鲁迅兼有作家、时事评论家、思想家、教育家、木版画开拓者、现实改革实践家等多重身份。李泳禧也兼有教授、国际问题专家、时事评论家、思想家、统一运动家等多重身份。不过,韩国进步学界对他的主要评价是韩国20世纪七八十年代民主变革运动的思想导师。他常称呼鲁迅为"我的老师",而他介绍给韩国社会的鲁迅,主要是在20世纪前三十年暗郁混乱的中国社会里作为作家、思想家、评论家、实践的知识分子的鲁迅。他曾经说过:"读着鲁迅的许多著作,我为'实践的知识分子'的生活所感动了。否定安居于买卖'知识商品'的教授、工程师或者文艺人的生活,而对受苦难的民众同受苦难的'知识分子的社会义务'开眼了。"也说过:"在过去近四十年的岁月中,我以抵制韩国现实的态度写了相当分量的文章,这些文章在思想上与鲁迅相通,当然也在文笔上与鲁迅相通。因此,如果说,我对这个社会的知识分子和学生产生了某种影响的话,那只不过是间接地传达了鲁迅的精神与文章而已。"他对受苦难的民众同受苦难的"知识分子的社会义务"开眼,可以说,其方向就是和民众在一起对这样的不公正的社会条件进行变革。总而言之,李泳禧主要从民主社会变革这一角度来接受鲁迅是符合事实的,而把李泳禧称为"韩国的鲁迅"也是很恰当的。

胡:李泳禧先生也曾给孙郁老师留下了不灭的印象。他在《韩国的鲁迅风》中指出,韩国20世纪七八十年代的鲁迅热,是一种社会思潮中的狂飙,人们通过鲁迅感应到人的解放的意义,产生心灵间的互动,思想者们在这里找到了变革的意义。20世纪90年代后,鲁迅研究的学术分量在增加,呈现出东亚知识分子的一种情怀,一种理性之光,关于现代性,关于反霸权主义,关于主奴意识,关于民族主义等等,都有着沉甸甸的分量。您作为历史的见证人和参与者,对此有何看法?

朴:我看,孙郁先生是韩国鲁迅学的海外知音。我知道他对李泳禧先生的印象很深刻,如果他20世纪80年代能来韩国对民主变革运动做深度采访,那他对李泳禧先生的印象估计会有不灭性的深度。他又曾经说过:"韩国人的读解鲁迅和别的国家不同……他们在这位中国文人的身上找到了一种自己需要的东西。那就是对旧传统的超越和对人的解放的探索。鲁迅在没有路的地方走路的勇气,在他们那里不只是象征性的灯火,而且应当说是成为新人的一种可能。"(孙郁《韩国的鲁迅热》)我看,这是对韩国鲁迅学的孙郁式的感悟表现,很中肯,概括性也很强。我曾经对20世纪90年代和21世纪初(1990—2004)的韩国鲁迅研究的主题进行说明:在80年代研究的基础上,"包括创作意识、思想、前期文学、杂文、现代性"等,更加具体化并深刻化,也扩大为"东亚视角下的鲁迅、和韩国作家的比较"等本土化主题。([韩]朴宰雨《韩国鲁迅研究的历史与现状》,见《韩国鲁迅研究论文集》,河南文艺出版社,2005)孙郁先生提到的韩国90年代"鲁迅研究的学术分量的增加"等几句话,就是对这些情况的一种感悟式的陈述吧。

胡:鲁迅在韩国的传播和影响已有百年。在《鲁迅在韩文世界》中,您将鲁迅对韩国社会的影响分为六个阶段,其中21世纪是"平淡的扩大深入期"。和前几个时期相比,随着民主化程度的提高,韩国社会似乎已经不再需要鲁迅了,鲁迅在这一时期的影响领域主要集中在知识界的学术研究方面。这是否意味着进入21世纪以来,鲁迅在韩国,甚至东亚的影响有所变化?您认为鲁迅在21世纪的东亚是否已经"过时"了呢?

朴:在中国的主流眼光里,鲁迅是不是已经过时?王富仁曾经出版过《中国需要鲁迅》一书,强调当下中国社会真的需要鲁迅,但反而通过这本书,又可以知道认为中国不需要鲁迅的人已经成为主流。甚至,最近在高唱爱国主义的潮流下,有人认为鲁迅是"逆向民族主义"的。总之,社会的主流不提鲁迅所具有的作为"批判现实""醒悟民众"的价值,而只是强调是中华文化的软实力之一。我在中国大学的几次网上讲座里有时候逗学生们:"如果你们中国真的不需要鲁迅,那么,我们海外的要'拿走',可以吧?"幸好,不少学生们很生气,认为鲁迅还是很伟大的,首先是属于中国的,不肯同意。

九畹贞风慰独醒

日本的一位鲁迅专家曾经在韩国提过"21世纪里鲁迅是否还值得继续读"的问题,引起争议。与竹内好、丸山昇时代不同,鲁迅在日本的影响力逐渐降低,这与大的社会环境有关吧。对此,日本的老朋友长堀祐造教授指出了三点原因:鲁迅时代越来越远,左派政治势力受挫并因此降低了政治影响力,文学终焉时代里失去原有的文学影响。

至于韩国,基本情况可以说是类似。韩国社会对鲁迅的敏感度大大地削减,20世纪所见到的那种以引进鲁迅来应对时代命题的热情大大降低,所以我说明韩国21世纪鲁迅学的特点时,取名为"平淡的扩大深化期",意思是一般的社会关注"平淡"起来,不过,学术界的研究还是在"扩大深入"。

不过,2010年以后,韩国人文生活里又有了些鲁迅热。不但《鲁迅全集》二十部的韩文版出齐(2018),而且《中国鲁迅研究名家精选集》十部韩文版出版(2017)。在这样的情况下,一些非学院派的人文知识分子在读书会里共同阅读鲁迅的过程当中,感悟很深,自然而然发起鲁迅传记撰写的六人组,完成了《鲁迅——没有路的大地》。这是一本别开生面的鲁迅传记,追踪了鲁迅一生走过的路。六位作者分好工,每人探访一两个地方,有的去中国绍兴—南京,有的去东京—仙台,有的去北京,有的去厦门,有的去广州—上海,配合读过的鲁迅作品,敏锐地捕捉实地感受,现场感十足。每位的文体都有个性,但在总体上能有机统一。著者代表高美淑在序言中说:"本来我们注目鲁迅,是因为'东亚现代性'这个关键词。韩中日走'现代性'路程,一定要通过的三个文本就是韩国的李光洙、日本的夏目漱石和中国的鲁迅。……我们为什么那么长期阅读鲁迅?……与革命、抵抗、时代精神等宏观话语无关,是瓦解我们的认识基础的那些锐利和执拗!这些特点就是我们无法离开鲁迅的原因吧。"她又说:"我们只是想,到他逗留过的地方,任意把他的文本加以变换,而凭借它在路上和陌生人接触,那样,享受他和我们之间生成的新的心性、新的关系的过程而已。除了这样的方法之外,哪里有更了不得的'鲁迅使用法'呢?让我们六个人心连心,一起站出来,这已经足够让我们对鲁迅抱有崇拜、热爱之情呢!"

还有,一些人文知识分子受到鲁迅启发,喜欢将鲁迅作品中有吸引力的部分和生活场面引入自己人生的某些环节里,当作反观、反思的资源,并且产生实践性感悟。他们进而思考:进入文化消费主义时代的21世纪,怎样才能继承、发挥鲁迅的实践性。从这个问题出发,韩国学界取得了一些成果,如李旭渊的《阅读鲁迅的夜晚——阅读我的时间》(2020)、成渊(音译)的《与鲁迅在一起》(2020),以及李希卿(音译)的《鲁迅与家族,围绕家族的奋斗》(2020)三部著作。李旭渊著述的一些章节的题目是"记忆与忘却使用法""在背叛'努力'的社会上怎样生活"等。

因此,我们并不认为鲁迅在韩国已经过时。李泳禧也曾经对《南方周末》记者的提问回应说:"在二十一世纪重温和活用鲁迅的精神和思想,将此比喻为重温死火的努力,是一种错觉。鲁迅的思想,即使现在也是毫无变化而继续燃烧的火。"这里所提的"重温死火"是汪晖提出来的。我也曾经说过:"我们相信鲁迅的思想锋芒可以针对市场经济的负面效果,可以针对东亚各国膨胀的民族主义的逆时代性,可以针对新自由主义或者全面市场主义霸权的非人性、人的疏离、两极分化、制度暴力性、无反思。"

在东亚,韩中日三国都拥有自己语言版的《鲁迅全集》,还有一百多年的鲁迅学研究传统。"韩国鲁迅"李泳禧曾经说过,鲁迅可以当作东亚智慧的桥梁,日本竹内好也曾经引进鲁迅来当作反思日本近现代历史文化而追求现代性的资源,中国孙郁也来到韩国和日本跟韩日鲁迅专家、爱好者进行交流,给中国朋友们介绍日本的鲁迅学特点与韩国的鲁迅热详情。在我看来,在对鲁迅的众多定义中,最好的解释是"东亚智慧的新桥梁"。

胡:您在《怀念东亚鲁迅学巨人丸山昇先生》等文章中多次提到丸山昇先生的《鲁迅——其文学与革命》一书给您带来的影响,同时您认为丸山先生关于鲁迅的论著对当时的韩国来说是"恰如其分的思想书"。您能否谈一谈"丸山鲁迅""竹内鲁迅"等日本学者关于鲁迅的研究对韩国鲁迅传播与研究的影响?

朴:我初次接触到丸山昇的《鲁迅——其文学与革命》一书,是1977年。当时有关鲁迅的韩文资料很有限,中国大陆的资料也不能进来。当时韩国处于朴正熙严厉的独裁统治之下,处罚很严格。所以能遇到丸山昇先生的书,在韩国已经是难能可贵的了。

鲁迅的中文作品与韩文翻译,大概在1937年到1945年被日帝禁止阅读,1945年战争结束后解禁,可以看,可以韩译出版,但是1950年以后又销声匿迹,到了1963年才能翻译出版其小说十篇。([韩]李家源翻译,《鲁迅小说:阿Q正传》,精研社,1963)所以,日帝下韩国的留日学生、战争后的知识分子只能通过日文版鲁迅选集才能阅读鲁迅,李泳禧也说过50年代末通过竹内好的日文翻译本阅读鲁迅。大陆版鲁迅全集和选刊本,大概到了80年代初中期才有限制地进来。

尤其是鲁迅杂文,到了1987年才通过竹内好《鲁迅文集》六卷本中的第三到第六本,翻译出版上百篇,与韩国读者见面。韩国社会在1982年年底通过由我策划并初译而韩武熙教授审校的丸山昇的《鲁迅——其文学与革命》的韩文版才能比较全面、深入地了解鲁迅。后来竹内好的《鲁迅》与藤井省三的《鲁迅》翻译进来,日本鲁迅研究成果成为韩国读者的阅读对象,成为韩国鲁迅学的参照系。韩国也开始有学者专门研究东亚鲁迅,其中主要包括徐光德博士的"竹内鲁迅"研究。

胡:随着2018年韩文版《鲁迅全集》的出版,鲁迅作品在韩国的翻译、研究、接受等都取得了突出的成就。十卷本《中国鲁迅研究名家精选集》韩文版出版,更被认为是一项意义深远的工程,有效地促进了鲁迅研究的世界化进程。您不但担任了主编,还参与翻译了王富仁的《中国需要鲁迅》、孙郁的《鲁迅与现代中国》两部书。除鲁迅外,您还组织翻译了巴金、茅盾、铁凝、莫言等许多作家的小说,并且翻译了一批关于中国新文学和新文化的学术著作。您在翻译时选取作家作品的标准主要是什么?您能否分享一下您在翻译鲁迅作品和鲁迅研究论著时的独特体验?

朴:我翻译中国文学已经有四十年。回顾这四十年,感怀很深。在军事独裁严酷统治下,读首尔大学中文系的时候,为了在韩国民主变革运动方面增添重要的海外思想与文学资源,早就怀有把和鲁迅等有关的中日进步性著作翻译成韩文出版的心愿。1985年韩国开始出现中国现当代文学的翻译出版潮流,我在撰写博士论文的过程当中,千方百计挤出时间翻译出版了巴金与茅盾等的代表作品、陈独秀和毛泽东等的文艺理论著作。当时的选择标准首先是是否在中国现当代文学艺术史上有一定的意义,是否对韩国的进步文艺运动的推动有帮助。当然,在那些原著不易求得的情况下,拿得到原著,也是重要的条件。从1995年开始组织翻译出版陈思和、严家炎的学术著作。这时首先考虑它们的学术价值与作为研究生教材的价值,不过,也考虑了我和著者的个人缘分。

从2008年开始,我重新开启了对中国当代文学与学术著作的翻译活动,组织翻译了包括铁凝、莫言等作品的《吉祥如意——中国现当代中短篇小说集》和包括香港梁秉钧、潘耀明等作品的《香港文学选集》,也参与翻译了《2016东亚诗人大会作品集》、《2017年韩中日诗人庆典诗选集》、《2017年韩中日诗人庆典纪念文集》、《中国当代十二诗人代表诗选》、潇潇诗选集《忧伤的速度》、林江合诗选集《我必须宽恕》等诗集,又负责《中国鲁迅研究名家精选集》十部(中方主编:葛涛)在韩国的翻译出版工作,个人也参与翻译了王富仁的《中国需要鲁迅》、孙郁的《鲁迅与现代中国》等两部书。这样的翻译出版活动也得到中国有关机构的资助,这对做翻译活动的海外汉学家来说,确实帮助很大。

我从2005年开始和北岛、舒婷、吕进、翟永明、于坚、潇潇、远岸、王家新、唐晓渡、王寅、池凌云、北塔、舒羽等不少当代诗人结交,请他们来参加韩国的各种国际诗歌活动,也翻译出版了他们的几部诗选集,这让我重新发现了当代诗歌的魅力,发现其中对某些真诚性和艺术性的刻苦追求。中国当代诗歌的翻译,比起现当代小说的翻译来,有很多微妙的地方,难度也绝对不低,但是我终于喜欢上了这些诗歌。

总而言之,对翻译书的标准问题,我曾经说过:首先考虑韩国的文学、学术、教学现实上有没有引进翻译介绍的需要;其次考虑翻译对象在那个领域里是否具有一定的代表性,作品与著作是否具有相当的质量与水平以及好的评判;最后考虑与该作家、诗人或者该研究专家有没有个人缘分。

胡:您的《韩国学界对中国近、现、当代作品中韩国人形象的发掘与研究》《东亚文化经验:韩中文化文学互动百年》等文章和《20 世纪中国韩人题材小说的通时性考察》等著作都特别关注甲午战争以来的"东亚"文化经验。但是,中韩日三国的现代化进程存在着较大的差异,您认为应该如何克服百年来不同现代化路径带来的现代化经验的差异和历史文化的冲突?

朴:您说得非常对。本来古代的韩中日三国在大国的朝贡秩序下,构成了涣散的以农耕文化、汉字文化、儒家文化为中心的东亚文化共同体。但是 1894 年中日甲午战争以来的一百二十多年里,东亚各国向现代化方向各走各路,有时具有同步性,有时出现逆向性,有时候走向交叉性路途,有时候出现合流性。最近几年里就呈现出了合流性里面的交叉性与某些冲突性。

韩中日三国之间往往发生政治、经济问题上的矛盾和冲突,也往往出现历史文化上的纠葛。在我看来,我们这些从事东亚人文研究几十年的学者,已经互相了解很深,可以说已经达到了"你中有我,我中有你"的境界。虽然对政治和经济方面的影响很有限,但是在文化方面的纠葛问题上也能发挥一定的对网民的清醒的引导作用,可以帮忙解决不少历史文化冲突问题。回顾历史经验,我们三国的历史学者们于 2005 年共同编撰了《东亚三国的近现代史》,以三种语言出版,其启蒙作用与影响不小,这是一个很好的范例,可以扩大到各种具体的历史文化领域里去实践。

我曾经建议过半官半民性质的小规模的"韩中历史文化共同研究委员会"的组织与运用。从"三一运动"、"五四运动"、中国抗日战争、韩国独立运动等两国比较认同的问题入手,引导两国学术界在历史文化领域,以异地思之和求同存异的态度开展共同研究,而相关研究达成某种程度共识后,再以智库建言的形式提交两国政府采纳,并通过媒体加以宣传,可以对纠葛中的两国国民发挥引导作用。

胡:您主持召开的"中华名作家邀请国际文学论坛"为中韩文学、文化的交流和对话提供了重要平台。您如何评价目前中韩两国文学交流发展状况?一些在中国国内评价很高的作家和作品,到了韩国可能会遭到"冷遇",而有的作家会格外受到欢迎,比如根据数据,金庸的武侠小说在韩国就十分畅销。您认为中国现当代文学作家作品在韩国的"遭遇"主要受到什么因素的影响?韩国的读者更关注和期待中国文学作品的哪些特质呢?

朴:您提到"中华名作家邀请国际文学论坛"的活动,让我受到鼓舞。我 2010 年 11 月邀请刘震云来我指导的本科学生社团"中国现代文学班"举办讲座,并组织国际文学论坛。因为刘震云的《一地鸡毛》和《手机》在当时韩国读书界有相当的反响,学生们的反应也很热烈,他们第一次近距离接触这样的名作家,都很兴奋,受益也匪浅。由此,我想今后可以用这样的方式继续举办中华名作家邀请国际文学论坛,一定会对学生们的学习很有帮助。邀请刘震云的这一次算作第一届吧。由此,到 2019 年 4 月召开第十一届——"潘耀明文学事业国际文学论坛"为止,已经邀请了韩少功、高行健、阎连科、王家新、迟子建、翟永明、严歌苓、舒婷、余华等十几位中华名作家举办论坛了。虽然规模与规格有限,但早就成为韩中文学与文化交流、对话的国际平台了。我负责组织每次的活动,虽然很伤脑筋很辛苦,但觉得乐在其中,很值得。

2008 年开始在韩国举办的"韩中日东亚文学论坛"是在韩国的大山文化财团和中国作家协会以及日本大江健三郎先生支持下,韩中日作家沟通并交流的重要平台,已经举办四次了。2018 年在首尔举办的第四次论坛改变方式,事先把三国作家的代表作品或者新作品翻译成另外两方的语言,提供给三国作家,以期三国作家之间深入交流,事实证明效果很好。三国之间在政治上发生矛盾冲突时,我也期待以文学为桥梁消除某些误解和矛盾。

至于中国当代作家在韩国的"人气"问题,比如余华在韩国最受欢迎,其次是莫言,至于一些在中国评价很高的作家和作品,到了韩国也有遭到"冷遇"的现象,实在不好做全面解释。最重要的是中国作家的作品和韩国读者的审美眼光以及接受情怀是否能很好符合。韩国人气最大的中国小说是余华的《许三观卖血记》,在"大跃进"和"文化大革命"背景下为结婚和家族生存而卖血、重新寻回父性的情节,还有活生生的人性描写实在让韩国人感觉很有滋味,有时笑泪交织,但容易接受。后来在韩国经过话剧表演、电影改编,更有名气、更受欢迎了。中国相当一些作品虽然获得茅盾文学奖或者鲁迅文学奖,但是如果主题与故事情节、艺术处理等只是停留于韩国社会里已经过去的某些平凡环节里,估计不好满足韩国读者的期待视野。还有翻译的问题,翻译质量实在是很重要的,比如莫言的一些重要的作品翻译进来的时候,其质量并不理想,因此虽然莫言名气那么大,但莫言作品的受欢迎程度却并不那么理想。这种情况,到出版《蛙》与《生死疲劳》等的韩文版之后,得到了相当大的改善。

胡: 您曾称赞李洱的小说是"先锋性的探索",认为他是一个"超俗不凡的智略型作家",而德国顾彬教授把中国当代文学一味贬低为廉价的"二锅头"的说法对李洱这样认真写小说的专业作家的一些作品是不够客观公正的。那么,您如何评价中国当代文学目前的发展状况呢?您曾谈到外国汉学者对中国文学的评论文字其实很难摆脱本国历史文化与语境的影响,您在文学批评过程中是否尽力克服这种倾向呢?

朴: 我曾经邀请顾彬来韩国外大讲学,后来也在北京见面交流过几次。他对中国某些诗人的评价相当高,翻译不少诗人的诗歌作品在德国出版。这些诗人里包括北岛、梁秉钧、杨炼、张枣、翟永明、王家新、欧阳江河、潇潇等。这十来年我也翻译过北岛、梁秉钧、王家新、翟永明、欧阳江河、潇潇等的诗歌,在这点上可以说不谋而合。我很喜欢核心精神里拥有敢面对现实的苦恼的、真诚的、有深刻情怀的诗歌。将之和成熟的艺术水平相结合,摸索现代、后现代的某种新的艺术尝试,也让人感觉不错。我也很欣赏他们的某些具有突破性的、刺入人心的或者扣人心弦的诗歌。

至于顾彬教授把中国当代文学一味贬低为廉价的"二锅头"的说法,我不敢苟同。当然相当一些作家的小说作品,没有达到足够的成熟与艺术水平,被批评为"二锅头"也无不可。不过,二锅头也有它的优点,很多平民喜欢喝它呢。无论如何,我感觉这样的评论对阎连科和李洱这样认真写小说的专业作家的某些作品是不够客观公正的。跟上面所说的一样,外国汉学家对中国文学的评论文字其实很难摆脱本国历史文化与语境的影响也属于事实吧。我也不可避免地带有韩国人的某种共同的社会意识和审美趋向吧。站在自己本土的岗位上思考异国的文学问题,当然是可以的。不过,应该提高到普遍性的层次来思考,而最后再适用于该国的历史文化语境与具体文学情况,重新思虑并且去看透作品,才能呈现出评论的真正意义吧。

胡: 今年是《故乡》发表一百周年。中日韩三国都曾将《故乡》选入中学教材。"希望是本无所谓有,无所谓无的。这正如地上的路;其实地上本没有路,走的人多了,也便成了路。"《故乡》结尾的这段话广为流传,影响深远。您也曾说最喜欢的鲁迅小说是《故乡》。这是否体现了中日韩三国对"精神故乡"追求的共鸣?

朴: 我读大学三年级的时候,初读了鲁迅《故乡》原文。后来咀嚼了几次,有很深的共鸣。第一,我在农村读小学,闰土和我的小学同学们的某种形象有很多重复的地方,所以很有亲切感。第二,看鲁迅在乡下的母亲,好像看到我的母亲的相貌和表情,也很体贴:"我的母亲很高兴,但也藏着许多凄凉的神情。"第三,冬天捕鸟:"我们沙地上,下了雪,我扫出一块空地来,用短棒支起一个大竹匾,撒下秕谷,看鸟雀来吃时,我远远地将缚在棒上的绳子只一拉,那鸟雀就罩在竹匾下了。"和我小时候做过的一模一样。第四,"走路的人口渴了摘一个瓜吃,我们这里是不算偷的"。鲁迅故乡的乡下人情跟我们故乡的差不多。因此,在鲁迅众多作品中,从情怀的角度看,我最喜欢这篇作品了。韩中日三国对"精神故乡",估计各有各的想法和情怀,不过阅读过鲁迅《故乡》的东亚三国的读者估计在这一点上会感到很深的共鸣。

目前在韩国,《故乡》里的有关希望的几句话最广为人知,不但职场剧《未生》的末尾引用它,而且文在寅总统在北京大学演讲中也引用了,甚至于韩国全国民主化教授协议会的口号,就是"大家一起走,就成为路"。

胡:今年是鲁迅先生一百四十周年诞辰。您曾在《韩国的鲁迅研究:进入 21 世纪,更上一层楼》特别提出推动建立"东亚鲁迅学"甚至"世界鲁迅学"的愿景。您召集周令飞、藤井省三、寇志明、张钊贻等海内外鲁迅亲属、鲁迅研究专家发起成立"国际鲁迅研究会"并担任首任会长,致力于将鲁迅和鲁迅研究放置于一个更为广阔的全球视野。"国际鲁迅研究会"曾在中国、韩国、美国、德国、奥地利等国举办了多次"国际鲁迅研究会学术论坛"。您印象最深的是哪一次国际鲁迅研究会学术会议?行百里者半九十,您认为构建世界鲁迅学还有哪些方面需要进一步努力?

朴:2011 年 9 月在世界各地鲁迅专家的支持之下,在绍兴创立国际鲁迅研究会,从民间的学术运动的角度看,意义非凡。因为这个学术机构没有任何官方的支援,纯粹是国际鲁迅学者们自觉设立的。我们没有固定的经济基础,但由于鲁迅的号召力,很多国内外的鲁迅学者愿意跟我们合作举办国际学术会议。没想到,会议很顺利地举办,也很顺利地轮流在各国各地推动了鲁迅的研究和普及活动。

刚设立的时候,我们真不知道从何处启动才好。幸好得到李林荣、张鸿声、刘春勇等几位中国学者的帮忙,尤其得到中国鲁迅研究会孙郁先生的全力配合,在中国传媒大学成功举办了第一届论坛,算是在鲁迅祖国宣布国际鲁迅研究会正式开启活动。后来还出版了论文集《世界鲁迅与鲁迅世界》。2013 年 4 月召开的第三届论坛,在哈佛大学王德威教授的支持下,美国各地和来自东亚、欧洲的很多鲁迅学者参加,也很成功地举办了。据我所知,本来在美国举办的有规模、有规格的鲁迅研讨会,只有 20 世纪 80 年代初在洛杉矶举办的一次。因此,我常常开玩笑说,我们国际鲁迅研究会为了喜爱鲁迅的朋友们,首次在哈佛大学插下了鲁迅旗帜。由此,后来的杜塞尔多夫论坛、尼赫鲁大学论坛、维也纳论坛比较顺利地举办。在印度总共举办了两次学术论坛,这和海孟德教授的热情支持有关。参加人最多的是吉隆坡论坛,估计有三百人左右参加,两天会期中他们一直没有离开会场,让人感动,华文主流媒体的报道也最多,估计这和马来西亚华人社会的热诚关注有关,也和王润华先生的个人影响力有关吧。

在这个过程当中,我们深深感觉到鲁迅在国际上的号召力,在世界范畴里推动鲁迅研究与鲁迅精神的普及活动是很有现实意义的。不过,欧洲各地华人社会的关注度还不错,但是纯粹西方人的参与率还是很低,因此,如何在西方社会推动鲁迅研究和普及,在我看是构建世界鲁迅学方面的一个关键性的问题,是一个难题。听说,在德国杜塞尔多夫大学里以培高德先生为中心组织了一个欧洲鲁迅研究会,这是很让人受鼓舞的消息,我们应该要考虑如何支持他们。建立名实相副的世界鲁迅学,需要很多有关机构和国际鲁迅专家的热情关注和支持,国际鲁迅研究本身也需要倾注更多的智慧和努力。

胡:郜元宝2021年9月30日在《文学报》上撰文《学习鲁迅,切实树立文化自信》,旗帜鲜明地强调:"今天讲文化自信,不仅要讲伟大的古典文化,也要(或更要)讲鲁迅所代表的这一百年来中国的新文化。"在中国传统文化全面复活的今天,儒学传统、古典文化如何实现创造性转化,这依然是我们今天面临的现实难题。同一天,《南方周末》发表了《多面向的鲁迅:大数据、民间及东亚的视野》一文。您在接受采访时指出,鲁迅担任了"否定、批判、解毒"的角色,是中华文明的一帖解毒剂,鲁迅的伟大本身也正是中华文明具有文化反省意识、能够自我更新、具有强大生命力的证明。中日韩都是儒家文化圈的代表性国家,能否请您更具体地谈一谈鲁迅对于儒家文化转型所起的重大作用?

朴:审视中国现当代追求现代性的一百余年的历程,可以知道有时候对传统文化加以全面批判、否定,全面追求西方现代性;有时候却宣布全面复活"伟大的"中华传统文化;有时候强调对传统文化的"批判继承",我们海外汉学家对此难以适应。当然对传统文化的代表孔子的评价也跟着时代命题而变化,从"打倒孔家店",到新中国成立后批判儒学和"文化大革命"时期的批林批孔运动,再到改革开放时期以新儒学的形态渐渐复活孔子,21世纪初彻底以孔子代表中国文化,输出"孔子学院"给全世界了。

上面郜元宝先生的提醒,依我看,很重要。在传统文化全面复活的年代里,头脑清醒的人应该考虑一下负面效果,才算是从历史中学到智慧吧。我跟《南方周末》采访时的回应一样,在这样的年代里,鲁迅的角色是很重要的,只有鲁迅才能担任"否定、批判、解毒"的历史角色,可以说鲁迅就是中华文明的一帖解毒剂。不过,解毒只是解毒而已,不能保证解毒以后的健康发展。中国传统文化通过西方现代性的历程,如何再转化为有中国特色的现代性,如何推动基于普遍性的更完善的中国现代性,这在特定历史过程中是需要继续摸索的课题吧。

韩国的北旅东谷早在1922年介绍胡适的《文学改良刍议》对中国旧文坛的改革意义时就说,这对纯然被汉文学所征服的朝鲜文学的改良来说,也同样是可以采取的策略。([韩]北旅东谷《新中国的旧思想》,《开辟》第三十号,1922)不过,至于对儒学传统、古典文化如何实行创造性转化,东亚三国采取的路途应该是不尽相同的。

韩国在经过长期的抗日独立斗争与解放后走向资本主义产业化、民主化、世界化、人工智能化等过程当中,首先接受了日本与西方现代性文化,又接受鲁迅等的批判东方传统文化并形成反对法西斯统治的潮流,然后自然而然向韩国特色的较复杂的现代性的方向前进。虽然没有经过积极的反对儒教、批判孔子的运动,也还没有完全摆脱传统文化,但是已经把传统文化融入现代性文化里,创造了散发出浓厚的现代气息的韩流文化。在这一点上,日本经过的路途虽然有所不同,但是总体上看,也是走了这一条路。

中国采取了和韩日不同的追求现代性的路途,在现代性发展方面早就树立了"中国特色社会主义"中心趋向与议题。不过,在我看来,为了跟世界更好沟通,为了和东亚邻国更紧密相通,中国需要发挥更大的包容性。

胡:从韩中鲁迅研究到东亚鲁迅学,从国际鲁迅研究会到中日韩文化学术交流,您的视野越来越宽广。韩国成均馆大学中国研究所的《成均中国观察》今年7月份刊发了对您的采访,题目是《鲁迅的召唤与韩中人文交流的未来》。您谈到了鲁迅作为东亚知识分子共同语言的意义。明年是中韩建交三十周年,你觉得未来应该如何深化中韩乃至东亚的人文交流?鲁迅在其中有何特殊的意义?

朴:我曾经在韩国与中国外交部共同设立的"韩中专家共同研究委员会"担任过韩方社会文化组组长,也为韩中战略伙伴关系的巩固发展参加过具体化工作。那个时候,我们建议作为韩中人文交流主要渠道的韩中人文论坛建立与发展,到目前为止,已经成功举办了好几次韩中人文论坛,我对韩中人文交流的未来充满信心。

而我个人继续对鲁迅做了研究和普及活动,过程当中能发掘作为东亚知识分子共同语言的鲁迅,也能发现作为东亚智慧的新桥梁的鲁迅,因此也和东亚鲁迅专家们一起推进"东亚鲁迅学"的建立,以至于中日韩都拥有《鲁迅全集》本国语版,还和国际鲁迅专家们一起建立"国际鲁迅研究会",为推动世界鲁迅学的建立和发展努力。

东亚人文交流可以在许多方面个别进行,不过也需要在各民族核心人文精神上交流,鲁迅是现代中国人文学的核心,也是高峰。韩国与日本也拥有民族人文核心精神的人物,我们可以召唤鲁迅,可以召唤申采浩与韩龙云、李陆史、李泳禧,也可以召唤夏目漱石、竹内好、大江健三郎进行东亚人文交流,相信这也是个有效的办法。

我们东亚的进步知识分子一提起鲁迅,马上能唤起某种认同感,鲁迅成为一种共同语言,这是东亚不可缺少的人文资源。明年是韩中建交三十周年,预计新冠疫情也会慢慢退却,我们应该通过各种渠道恢复以前的人文交流,更加充实发展"你中有我,我中有你"的内涵,进一步发掘鲁迅作为东亚的人文精神新桥梁的意义。

附录二　20世纪西安地区鲁迅纪念活动述略

王文慧[①]

1924年7月14日到8月4日,鲁迅应陕西省教育厅及西北大学之邀,在西安为西北大学暑期班授课。鲁迅因而在西安短暂停留三周,其中一周的时间为暑期班学员讲授"中国小说史的变迁"。2024年适逢鲁迅赴陕一百周年,鲁迅与西安之关系,因鲁迅与西安短暂的结缘而使"鲁迅在西安"的话题被重点言说。相比而言,鲁迅逝世后与西安产生的联结,长久以来未得到学界的重视。究其主要原因,其一是北京、上海等城市的大型纪念活动为更多人所关注;其二是我们将当时中共中央所在地延安举办的鲁迅纪念活动视为主要研究对象。虽然近几年已有学者关注到西安地区的鲁迅纪念,但仍未能展现全貌,且有一二讹误之处。如果说西安因并非当时的文化中心城市而未能得到广泛关注,那么根据笔者所查阅的大量的原始报刊观之,西安地区在鲁迅逝世后也展开了多次悼念及纪念活动。作为中国革命史的重要组成部分,上述的鲁迅纪念活动,也是西安作为中国鲁迅研究的重镇的重要组成部分。

本文将聚焦于鲁迅生前所至的西北唯一一个城市——西安,通过历时性的史料整合,进而还原整个20世纪西安所举办的鲁迅纪念活动的历史现场。

一、"悲痛的告别":
鲁迅逝世后西安的悼念活动

1936年10月19日,鲁迅在上海病逝,上海的各大报刊刊登了鲁迅逝世的消息。次日,《西北文化日报》《西京日报》《西京民报》对中央社的消息进行转载。这几家在

[①] 作者系陕西师范大学文学院中国现当代文学专业博士生。

附录二 20世纪西安地区鲁迅纪念活动述略

当时的西安业已成为主流报社,在其影响下,西安市其他报社也紧随其后,或报道鲁迅逝世的消息,或刊登纪念文章。当时,国民政府曾禁止在上海之外的地方进行鲁迅悼念活动,但由于中国共产党地下党员的推动,纪念活动仍在各地展开,西安也不例外。单演义在《鲁迅在西安讲学的影响》一文中,记录了鲁迅逝世后西安举办的三次追悼会:第一次悼念活动是1936年10月23日由西安学生联合会在革命公园自发举办的;第二次是几日后西安市教育界在邵力子的授意下,为镇压学生运动、证明当局举办鲁迅纪念的合法性而在易俗社举办的,但因几乎无人参加仅对外宣称是开筹备会;第三次是11月1日西安文化界在民教馆举办的悼念会。而前两次的追悼会,是单演义在此前同名文章《鲁迅先生西来讲学的影响》(收于1957年版《鲁迅讲学在西安》)的基础上增补的部分。① 但笔者在翻阅单演义1978年所编撰的《鲁迅在西安》(资料汇编)时,发现单文中对鲁迅逝世后的三次追悼会的叙述,与收入资料汇编的耘荒的《一场嬉笑怒骂的斗争》、曹冷泉的《一九三六年西安追悼鲁迅先生大会的前前后后》两篇回忆文章基本一致,显然1981年增补的部分是基于这两篇文章展开的。② 耘荒、曹冷泉二位历史亲历者的回忆诚然提供了很多细节,但笔者从翻阅原始报刊所掌握的史料来看,西安地区鲁迅悼念活动仅有由西京文化界、西安学生联合会举办的两次。

西安的第一次鲁迅追悼会是1936年11月1日由西京文化界在民教馆举办的,并且在举办前召开了两次筹备会。

10月20日,鲁迅逝世的消息见诸报端后,西京文化界迅速作出回应,于1936年10月26日、10月29日召开了两次有组织有计划的追悼鲁迅大会筹备会。鲁迅追悼大会相关的消息最早见于10月26日:

> 文坛巨星鲁迅先生逝世后,举国同哀。近日西安各报社各文化团体为扩大追悼起见,将于周内举办鲁迅追悼大会。闻该会由西京民报、西北文化日报、大路周刊、东望半月刊、民意报、西北向导等发起,并定于今日下午二时开第一次筹备会云。③

---

① 单演义:《鲁迅在西安》,西安:陕西人民出版社,1981年,第141—145页。另见单演义:《鲁迅讲学在西安》,武汉:长江文艺出版社,1957年,第80页。
② 耘荒与曹冷泉的回忆文章参见单演义编《鲁迅在西安》(资料汇编,西北大学鲁迅研究室资料组1978年6月印)第155、166页。
③ 《本市文化界筹备鲁迅先生追悼大会定今日下午开筹备会议》,《西北文化日报》,1936年10月26日。

追悼鲁迅大会筹备会的决议于次日发布：

> 经讨论决定开大会日期于十一月一日(本星期日)下午二时,地点容觅妥后另志。对于会场布置、筹备亦甚周详,并征求各团体惠送花圈挽联,届时特请名人演讲。现行发函,通知各界人士,希望踊跃参加。兹将该会拟定之大会程序觅志于后：一、开会,唱挽歌。二、全体肃立。三、献花圈。四、读祭文。五、主席致开会辞。六、报告鲁迅事略。七、名人演讲。八、演说。九、临时动议。十、唱挽歌。十一、摄影。十二、礼成。①

10月29日,西京文化界召开第二次筹备会议,进一步确定追悼会在"马坊门民众教育馆大礼堂举行",并邀请景梅九、党修甫等名流讲演,还"函请各报于该日刊发纪念鲁迅专号,以便会场散发"②。

至此,西京文化界追悼鲁迅大会的两次筹备会召开完毕,追悼会的相关事宜亦被确定。但这并非单文中所指涉的第二次悼念活动开展失败后的产物。单文论及参加第二次鲁迅悼念活动的是"教育界的一小撮党棍",但如果我们对悼念鲁迅筹备会议的参会者稍作注意就会发现,鲁迅筹备会的开会场所选在西京民报社,其他参与筹备会的都是在中国共产党地下党领导下的报纸杂志团体或救国会代表。如《西北文化日报》是中共地下党员宋绮云负责的杨虎城西安绥靖公署机关报；《东望》由东北军六十七军军长王以哲创办,主要宣传抗日主张；《西北向导》是丛德滋在西安主办的东北军进步刊物。

随着西京文化界鲁迅追悼大会筹备会的召开,西安地区的主流报刊对相关事宜进行了大量的报道。10月28日至10月31日的《西京日报》头版头条,也发表了西北文化日报社、西京民报社、民意报社三家联名的西京文化界鲁迅追悼大会筹备会启事,即"谨订于十一月一日开鲁迅追悼大会,恳惠花圈挽联祭文"。鲁迅追悼大会召开的当天(11月1日)上午,《西北文化日报》《新秦日报》均转发华西社的消息,预告下午的追悼会："西京文化界鲁迅追悼大会现已筹备就绪,定于今日下午二时,在马坊门民教馆举行,各界参加大会者甚为踊跃,计前后收到花圈挽联共计有数百件,几使会场无法悬挂,闻领导主祭者,为本市名宿缪石逸先生,讲演者为景梅九、党修甫等先

---

① 《追悼鲁迅大会筹备会昨成立》,《西北文化日报》,1936年10月27日。《西京民报》也刊登了此消息,参与筹备追悼鲁迅大会筹备会的组织有：西京民报社、西北文化日报社、民意报社、长城报社、大路周刊社、东望半月刊社、西北向导社、东北大学救国会代表。
② 《追悼鲁迅大会定后日举行 地址在民教馆》,《西北文化日报》,1936年10月30日。

生,想盛况必将异乎寻常。"①

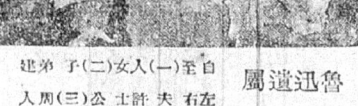

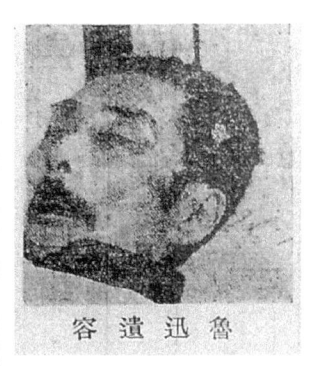

三幅照片为 1936 年 11 月 1 日《西北文化日报》副刊"西京文化界鲁迅追悼大会特刊"所刊

11 月 1 日下午 2 时,西安地区第一次悼念鲁迅大会在西京文化界的筹备下,于民教馆如仪进行。《西北文化日报》《西京民报》《新秦日报》副刊均刊载有纪念鲁迅专号:《西北文化日报》副刊的"西京文化界鲁迅追悼大会特刊"、《新秦日报》副刊的"追悼鲁迅先生特辑"、《西京民报》副刊的"西京文化界鲁迅追悼会刊纪念鲁迅专号"②。

鲁迅追悼大会的会场签到处,摆放有各报的鲁迅纪念专版,到场人员都可以任意领取。③ 出席此次追悼大会的有张学良、邵力子、晏道刚、谢葆真及本市各文化团体、各学校,北平学联代表民族先锋队代表,西北救国联合会等团体以及本地名流等千余人,"均有挽文悼词致送前来,并各派代表出席参加。会场四周,挽文悬挂,密无空隙,花圈围绕礼台,甚呈盛况。除各机关各团体、代表而外,青年学生尤多,礼堂内因座位有限,后到者,均伫立窗外"。

会议由缪石逸主祭,张兆麟致开会辞,李木庵报告开会意义,即"我们是要时时的纪念着他那倔强不妥协的性格,而继续着他那为中华民族、为全人类努力解放的工作"。党修甫、景梅九、周伯勋等人相继讲演,"党等均曾与鲁迅相处于早年,故对鲁迅之人格生性,均有其真实叙述"。党修甫借用鲁迅遗嘱"我决不受别人的怜悯或宽恕,

---

① 《追悼鲁迅大会定今下午举行 主祭及特约讲演均推定 各界踊跃献送花圈挽联》,《西北文化日报》,1936 年 11 月 1 日;《追悼鲁迅会今日举行——由缪石逸领导主祭会》,《新秦日报》,1936 年 11 月 1 日。

② 其他参与筹备会的报纸、杂志社无馆藏,待考。而作为国民政府在西安的机关报,《西京日报》该日利用多个版面发布庆贺 10 月 31 日蒋介石五十岁寿辰,未刊载任何关于鲁迅的消息,直至 11 月 2 日才将纪念鲁迅专栏刊出。

③ 反强:《鲁迅追悼大会素描》,《西京民报》,1936 年 11 月 3 日。

✳✳ 九畹贞风慰独醒

但我也不宽恕不放松别人",启发与会者"应该照着他的精神向前干去"。"文化报社长宋绮云亦有恳切演辞,每致辞情激昂时,群众辄狂烈鼓掌,情绪极现热烈。最后由大会临时动议,除电慰鲁迅家属外①,并决定电告各方文化界,扩大鲁迅先生之追悼,及筹铸铜像与其他文化上之应努力促进各事项","又投立西京中山图书馆鲁迅文学奖金,组织西京文化联合会等","以期于鲁迅先生之事,而同时使文化界更加努力工作。直至四时许,始摄影散会云"。②

至于"临时动议"部分,《西京民报》报道更为详尽:(一)电全国文化界商定一鲁迅纪念月以资扩大追悼。(二)成立西京文化界协会。(三)以鲁迅逝世之日定为永远鲁迅纪念日。(四)通电鲁迅治丧处建造铜像。(五)改绍兴县为鲁迅县。③ 这显然遵照了中国共产党的《为追悼鲁迅先生告全国同胞和全世界人士书》,但上述提议只有"成立西京文化界协会"一项得到落实。《西京民报》是东北军在西安的机关报。1936年7月底,张学良因与该刊原主编在抗日观点上有分歧,决定裁撤其主编职位,后由共产党员张兆麟担任。此后的《西京民报》建有中国共产党地下党支部,更偏重宣传东北军所偏向的抗日民族统一战线的政策,为动员东北军和西北青年抗战作出努力。西安事变爆发后,该报社更成为宣传中国共产党关于抗日民族统一战线政策的平台,不再刊登国民政府的相关消息。鲁迅逝世后,国民政府命令禁止刊载"左翼分子之无谓捧场""利用死者大肆煽惑"④的文章。1936年的西安作为国民政府的陪都,西安的诸多报纸刊物不仅能刊载诸多带有革命性、政治性的悼念鲁迅的文章,还能如此有计划地开展大规模的鲁迅逝世悼念活动,这显然与张学良在西安以副司令身份主政的开明政府关系密切。这一次鲁迅追悼会,张学良、杨虎城亦送来挽联表示支持,当时西安各报刊之所以能够在追悼会上散发刊载有极具民族主义色彩的悼念鲁迅专栏的报刊,当然离不开张学良等人与中国共产党所共同持有的抗日之目标。

西安的第二次鲁迅追悼会是1936年11月7日由西安学联在革命公园举办的。

---

① 11月9日,西京文化界鲁迅追悼大会筹备会去函鲁迅治丧处:"鲁迅先生逝世至为哀痛,除于本月一号在西京举行追悼大会外,祈转先生家族顺变节哀。"
② 《本市文化界昨开追悼大会 各界名流相继讲演 参加群众情绪热烈》,《新秦日报》,1936年11月2日。其他报纸也刊载了该消息:《西安各界昨开追悼鲁迅大会 各界名流相继讲演 参加群众情绪热烈》,《西北文化日报》,1936年11月2日;《本市文化界昨开鲁迅追悼大会》,《长城日报》,1936年11月2日;《西安文化界昨举行鲁迅追悼大会 各界名流参加踊跃 会场设备极为严肃》,《西京晚报》,1936年11月2日;《西安文化界昨追悼鲁迅》,《西京工商日报》,1936年11月2日。
③ 《西安文化界昨开鲁迅追悼会 各界名流相继讲演 参加群众情绪激昂》,《西京日报》,1936年11月2日。
④ 王荆:《国民党"密令"和鲁迅研究》,《鲁迅研究月刊》,1993年第1期。

《新秦日报》当日消息称:"本市中等学校学生,因人类的导师鲁迅先生的逝世,故定于今(七日)上午八时,假革命公园,开追悼鲁迅先生大会。届时并拟请杜重远先生前去演讲,想当有一番热烈盛况云。"①同日,《西北文化日报》声明:"本市各校学生为追悼文坛巨星鲁迅氏,特于明②(七日)上午八时,假革命公园地址,开追悼鲁迅大会,并欢迎各界自由参加云。"③作为西师(构成学联的十三校之一)的教师和鲁迅逝世前后这段历史的亲历者,曹冷泉的回忆诚然提供了很多细节性描述,但是与报纸刊登的新闻却存在误差。

报刊上对这一次学联组织的鲁迅追悼会未再作出详细记录。但时任学联党团书记的刘南生的回忆进一步提供佐证,他说鲁迅追悼大会"是在筹备学联的过程中于一九三六年十一月七日召开的","各校学生约万名聚集到革命公园开大会,国民党不让我们开会,马志超亲自出马干涉阻止,我们把他轰了下去。周学昌来讲话,学生用石头砖块把他打了下去。以后我们请杜重远讲话,他鼓励学生,讲了鲁迅先生的功绩。学联号召全市学生继承鲁迅遗志,高举抗日旗帜,坚持抗日救亡斗争。这次活动很成功,大长了学生志气,树立了学联的威信"。④

然而单文认为第一次鲁迅悼念活动是 1936 年 10 月 23 日由西安学联在革命公园举办的。如果将刊载于报端的消息、刘南生的回忆相结合,与单文记录的西安学联举办的鲁迅悼念活动对照来看,悼念会的几个具体事件均相符:(一)举办地点为西安革命公园;(二)举办者为西安学联(于 1936 年 11 月 15 日正式成立);(三)追悼会受到了国民党方面的制止;(四)马志超出面对召开的追悼会进行阻拦,但被学生们赶出会场;(五)邀请杜重远演讲。

若按照单文及曹冷泉回忆的时间来看,西安学联举办的鲁迅追悼会先于西京文化界。这也就倾向于这样一种观点:当局为了证明自己举办鲁迅纪念的合法身份,在学生举行活动时进行镇压,后又以文化界的名义举办悼念会。这一观点也影响到了后来的研究者。张爱荣、张学义在合作的《西安悼念鲁迅逝世活动史料辨析》一文中认为:"正因为第一次悼念活动被国民党 CC 特务马志超等破坏了,再加之第二次悼念活动又冷场了,这才催生出第三次悼念活动的举行。"该文主要基于单文所提供的

---

① 《本市中等学校学生举行追悼鲁迅大会 纪念鲁迅要巩固救亡阵线》,《新秦日报》,1936 年 11 月 7 日。
② 该消息刊载于 1936 年 11 月 7 日的《西北文化日报》,此处应为今日。
③ 《各校学生明开会追悼鲁迅》,《西北文化日报》,1936 年 11 月 7 日。
④ 中共陕西省委党史资料征集研究委员会,共青团陕西省委青运史研究室:《西安事变前后和抗战初期陕西国统区青年运动》,西安:陕西人民出版社,1989 年,第 228 页。

三次鲁迅追悼会的信息,对贾秋玲的《西安事变前的"西北特支"》所提供的1936年11月7日革命公园举办鲁迅追悼会的时间进行反驳。针对单文中的第二次追悼会,进行了一些推测性的佐证,但是并未能提供直接史料进行证明。

因此根据现存史料,单文所记录的第一次及第三次鲁迅悼念活动的时间记忆存在偏差。且本文认为西安地区1936年仅开展了两次鲁迅悼念活动:第一次是11月1日由西京文化界在民教馆举办;第二次是11月7日由西安学生联合会在革命公园举办。不久,西安学联于11月15日正式成立。随后西安事变爆发、"一二·九"运动周年纪念,都构成西安地区的学生爱国热情空前高涨的因素。

至于单文中论及的第二次鲁迅悼念活动,也使用了"听说""据说"一类推测的字眼。但囿于没有确凿史料证明,因此存在两种可能:(一)应是西京文化界追悼鲁迅大会筹备会和1937年易俗社举办的鲁迅逝世一周年纪念活动的记忆被杂糅在了一起;(二)1936年10月23日(单文认为的第一次鲁迅悼念活动)至10月26日(西京文化界追悼鲁迅大会筹备会召开),确曾举办过一次并不那么成功的鲁迅悼念活动。但如前文所述,决不可能是因"一小撮党棍"举办悼念活动失败后所宣称的鲁迅追悼会筹备会。对此,当时的报刊针对1936年11月1日西京文化界举办的鲁迅追悼大会而召开的两次筹备会具有明确记录。更不可能如文章所言,发生在西安学联举办的鲁迅悼念活动之后。

二、从"民族魂"到"孺子牛":
新中国成立前后西安地区的鲁迅纪念活动

1937年10月19日鲁迅逝世一周年,是日上午7点,西安各文化机关、各救亡团体、各学校在易俗社露天剧场召开鲁迅逝世周年纪念大会,对此,《西北文化日报》有着详尽的记载:

> 到会七十余单位,约共二千人。就剧台略加位置作为开会礼台,上悬总理遗像及鲁迅先生遗像,场内满陈各单位所赠纪念品,有花圈,有对联,有诗歌,有纪念词,会场气象,极为隆重。届时由史敬业司仪宣布开会,群众高唱党歌及追悼鲁迅先生歌,如仪行礼。首由主席团丁伯骝致开会词,略谓现值全面抗战开始,鲁迅先生若活着,我们定可得到导师领导我们做救亡工作。不幸他竟于一年前逝世,这实是我们悲痛的一点,但他的伟大精神仍遗留在人间。韬奋曾说中华民族是不战而屈的,鲁迅先生主张战而不屈,我们要把这句话扩展起来,抗战到底,争取民族解放云云。次由徐彬如讲演,纪念鲁迅,不能有宗教式的虚伪仪式,要

以行动来纪念,争取民族胜利。鲁迅逝世一年,全国团结起来,已与敌人拼起来了,是遵他的遗教与敌人搏斗了,这一点可使他安慰,取消生前遗憾。不过与敌火拼,要以全群力量与军队配合起来,一致起来,粘成一条坚固长城,才能驱逐日本帝国主义出中国,才能得到最后胜利。要发动全面战争,抗战才更觉有力云云。次由第八路军代表邓颖超女士讲演,先领导群众向伟大的鲁迅遗像致敬礼,再向抗战牺牲诸将士表示敬意;次发表讲词,略谓要把纪念鲁迅的纪念发展到抗战的行动上去,鲁迅对敌不妥协。中央及蒋委员长发动群众实行抗战,我们拥护中央,拥护领袖蒋委员长,充实抗日团体。因为只有民众全体参加,抗战才能得到胜利,民族才能解放。从政治、军事、外交、教育各方面配合,发展到全民族抗战,才能打退日本帝国主义。八路军在晋北,本蒋委员长之意旨,发动民众,连合民众,打了不少胜仗。孙总理说,必须唤起民众共同奋斗,我们纪念鲁迅,便要把孙总理遗教扩展起来。北方战事,日兵东边已到山东,西边已到山西,威胁着西北。祇要能积极起来,唤起民众,全体参加抗战,总可把敌人打败的。东北同胞,盼望援助,平津同胞,受敌摧残,都热战争扩展。我们要从今天开会后,全国人一个心,把事实带到实际行动上去,驱逐日帝国主义。最后高呼中华民族解放万岁等口号数条,极得群众之热烈鼓掌赞扬。嗣由中学校江隆基、平津同学会代表严振荣、上海留日学会陈志鹄、妇女慰劳会代表廖警之等讲演,并由大会通过组织文化界抗敌后援会支会云。[①]

此外,各校还分别开展了纪念活动。比如郑伯奇以上海纪念鲁迅的情形为依据展开演讲,指出抗战为今日纪念鲁迅之唯一中心思想,曹靖华讲演了《鲁迅先生在苏联》。再如话剧公演,包括实验剧团的《九一八》、高中学生的《咆哮来的河北》、救亡剧团的《本地货》和《尽忠报国》。此外还有西师女师歌咏队合唱救亡曲《大刀进行曲》《义勇军进行曲》等[②],进行至晚11点结束。

此时的鲁迅逝世纪念,已经超出了纪念鲁迅本人的范畴。一方面,西安经过了西安事变。另一方面,卢沟桥事变已然爆发、平津被日本侵略军占领、平津地区的学校

---

① 《西安各文化团体昨纪念鲁迅周年大会通过组织文化界抗敌支会》,《西北文化日报》,1937年10月20日。

② 武莞碧:《鲁迅纪念会昨晚公演话剧 名作家郑伯奇参加讲演》,《民意报》,1937年10月20日。

失去了办学的外部条件,这也导致了平津地区的高校西迁西安。[1] 与鲁迅有过亲密往来的许寿裳、曹靖华等人亦在此列,成为鲁迅纪念活动的一分子。加之纪念"九一八"六周年大会刚刚召开,这些在国共合作背景下开展的抗日动员活动,成为促使西安的群众爱国热情高涨的原因。青年被呼吁着继承鲁迅"痛打落水狗"的精神,向日本帝国主义者猛击,争取全民族自由独立。

抗日战争全面爆发后,鲁迅一跃成为战士和中国民族英雄,其民族解放价值日益得到强化,"民族主义"的鲁迅形象在这一时期进一步确立。这不仅体现在纪念活动中,报纸刊载的鲁迅纪念专栏里的文章也凸显了鲁迅的这一形象,如《民意报》刊登的"纪念鲁迅专号",包括《纪念鲁迅——我们应继着他革命奋斗精神》(大卫)、《鲁迅作品的认识》(武莞碧)、《陨落了一颗巨星》(梵冈)、《鲁迅精神不死》(周鲁)、《哀悼鲁迅先生》(歌词、曲谱,2/4 F 调)。[2] 次日,《西北文化日报》刊载"鲁迅先生逝世周年纪念专辑(二)"[3],包括:《伟大的鲁迅先生》(泊生)、《继续鲁迅的精神》(涂荫光)、《发展鲁迅先生的事业》(烽火)。

就在国统区的西安隆重纪念鲁迅之际,同处于陕西省内的中国共产党所领导的陕甘宁边区的首府——延安,"鲁迅"已经开始作为现代中国新文化的"旗手"的形象被树立和推举出来。"最尊重鲁迅的,是最澈底为中华民族、中国人民解放斗争、为创造中华民族新文化斗争的延安。'鲁迅的方向,是中华民族新文化的方向'(毛泽东),'鲁迅的旗帜,即是中华民族新文化的旗帜'(洛甫)。因此,研究鲁迅,学习鲁迅,继承鲁迅的事业前进,成为努力于中华民族新文化工作者底一个基本的任务。在延安,鲁迅的品格,被称为每一个革命青年尤其是文化工作者的修养的模范,鲁迅的语言,被引作政治报告中最确切的补充例证,鲁迅对新文化运动的见解,被作为研究中国新文化运动的基本道循,金字红色书面的《鲁迅全集》,成为青年们最羡慕的读物。"[4] 每到鲁迅逝世纪念日——10 月 19 日,延安都要举行盛大的鲁迅纪念活动。尤其是通过中国共产党领导人毛泽东等对鲁迅及其作品的重新阐释和塑造,"鲁迅"已经从"中国革命的同路人""民族解放的急先锋"的形象开始转变为现代中国新文化

---

[1] 西安临时大学,是由抗战初期迁到西安的北平大学、北平师范大学、北洋工学院三院校组成的。1937 年 10 月 18 日正式成立,1938 年 3 月迁往汉中,4 月 10 日(西安临大第 24 次校常务委员会议决定)正式更名为国立西北联合大学。
[2] "纪念鲁迅专号",《民意报》,1937 年 10 月 19 日。
[3] "鲁迅先生逝世周年纪念专辑(一)"应刊登在 10 月 19 日,但已无馆藏,待考。
[4] 惊秋:《陕甘宁 X 区新文化运动的现状》,《新华日报》,1941 年 1 月 7—8 日连载。

的"旗手"和"俯首甘为孺子牛",由此,鲁迅及其作品的阐释话语发生了根本性的改变。

1949年,江山鼎革,中华人民共和国成立。新中国成立前夕,中华全国文学艺术工作者代表大会也就是"第一次文代会"于1949年7月2日至19日在北平召开。第一次文代会开启了"人民文学"时代,即以毛泽东文艺思想为主导的延安工农兵文艺将是未来新中国文艺发展的方向。随之,"人民鲁迅"的形象和精神内涵也由此确立。[①] 随后的鲁迅纪念一直到"文革"结束后的新时期,"人民鲁迅"的形象遂成为新中国成立后鲁迅纪念活动的主旋律。

1949年10月19日,西安地区举办了新中国成立后的首次鲁迅逝世纪念大会。是日上午10时,中共中央西北局宣传部部长张稼夫及本市文化相关团体千余人在平安电影院参加。"礼堂贴着毛主席写革命文豪——鲁迅的赞语和鲁迅先生的语录'俯首甘为孺子牛'的诗句","对于愿意改造自己为人民服务的知识分子,有特别现实的意义"。继由刘尚达报告纪念意义,文协主任和单演义分别讲述鲁迅生平事迹,易俗社演员发表感言,出席第一次全国文代大会代表钟纪明介绍了文代大会的情形。"所有的讲演者都表示并号召大家学习鲁迅为人民服务的精神,团结起来,在中国共产党和毛主席的领导下投入人民文化事业。"[②]最后放映《毛主席阅兵》及苏联赠予我国的新片《万世师表》[③],纪念会即宣布结束。在新中国成立后的第一个鲁迅逝世纪念会上,会场布置及文艺工作者对工作的展望,均离不开对"孺子牛"精神的继承以及对第一次文代会后的"人民鲁迅"的回应。而《毛主席阅兵》这种新中国成立的喜悦氛围的传递及《万世师表》的播放,不仅凸显中苏友好关系,更是引导文艺工作者投身于毛泽东所概括的第二阶段的革命,即社会主义的建设新中国的人民文化事业。

50年代,西安展开三次鲁迅纪念,规模都较小。第一次是1951年纪念鲁迅七十诞辰与逝世十五周年。柯仲平在会上作了《学习鲁迅先生战斗精神》的报告,号召文

---

① 参见田刚《鲁迅与延安文艺思潮》的有关章节,西安:陕西师范大学出版总社,2023年,第110—137、543—577页。

② 《纪念鲁迅逝世十三周年 市文化界集会纪念 学习鲁迅精神 迎接文建高潮》,《西安群众日报》,1949年10月20日。当日报纸还刊登了一组纪念鲁迅的文章:《学习鲁迅的国际主义思想》(莫耶)、《以行动来纪念鲁迅》(田景福)、《纪念伟大的导师》(刘旷)、《忘不了鲁迅先生》(梅丝)、《你在笑呵》(戈壁舟),尤其是《你在笑呵》,很容易令人联想到郭沫若的《鲁迅先生笑了》。

③ 《万世师表》讲述一个一心一意埋头服务人民教育事业的女教师的故事。她一个人由城市走向乡村,在爱人(共产党员)的鼓舞下投身革命,经历了十月革命、社会主义的建设、卫国战争,忘我地献身于人民社会,从而成为一个新的女性的典范。

艺界学习鲁迅的战斗精神,克服自由主义思想。① 柯仲平以"孺子牛"总结鲁迅的革命形象,并主张文教干部学习鲁迅"痛打落水狗"的彻底革命的人生观。

第二次是1954年10月19日,适逢鲁迅来陕三十周年,陕西省图书馆举办为期一周的"纪念鲁迅先生逝世十八周年展览会"。展出"鲁迅先生生平传记,鲁迅全集及其前、后期著作,鲁迅先生手迹,鲁迅先生木刻,鲁迅校勘编译及其他,对鲁迅思想著作的研究,纪念鲁迅与学习鲁迅和鲁迅先生与西安八个部分。总计展出的图书159册,照片60多幅"②。

第三次是鲁迅逝世二十周年纪念。1956年10月19日上午9时,西安的"鲁迅先生逝世二十周年纪念大会"在人民剧院举行。由中国作家协会西安分会、中国美术家协会西安分会、中国音乐家协会西安分会、西安市文学艺术界联合会、青年团西安市委员会和中国科学院西北分院西安办事处等六个单位联合举办。参加大会的有西安各界人士千余人。会议由柳青主持,胡采作了《纪念鲁迅,研究鲁迅,学习和发扬鲁迅的战斗精神》的报告。报告结束后,西安人民话剧团演员张痴、崔书凤、王桂兰、曹景阳等,分别朗诵了鲁迅的作品《狂人日记》《记念刘和珍君》《孔乙己》和《友邦惊诧论》。西安人民歌舞剧团的演员们,在会上合唱了新编的《鲁迅先生纪念歌》。③ 此外,西安首次上演了由鲁迅原著改编的越剧《祥林嫂》、秦腔现代剧《祥林嫂》;《西安日报》发表王淡如的《一段回忆——纪念鲁迅先生逝世20周年》、孙福熙的《鲁迅在西安》、单演义的《鲁迅先生来西安讲学前后》;西北大学还派专人去鲁迅家乡和上海等地收集材料;西安高中在1924年鲁迅来西安讲学住过的房间里举行鲁迅生平及作品的展览会。这些都通过一种历史的回望再次建立了鲁迅与西安之间的联系。这一时期的鲁迅纪念研究主要是:(一)大量地搜集鲁迅的生平资料,展示鲁迅生活轨迹;(二)追忆鲁迅来西安讲学经历;(三)对鲁迅作品进行文艺改编,以不同文艺形式向大众普及;(四)学习鲁迅尊重和继承民族文化遗产,积极吸收世界进步文化的伟大精神。万隆会议对中国与国际文学交流的促进、"双百方针"对文艺的推动,均使鲁迅暂时得到了文化层面的宣传。

从20世纪60年代至新时期,西安地区大型的鲁迅纪念活动不再出现,但也时有零星的鲁迅纪念文章发表。这一时期,《西安日报》《西安晚报》《陕西日报》报头刊有

---

① 《首都各界人士千余人举行大会 纪念鲁迅逝世十五周年 华北局等机关及上海等地亦集会纪念》,《人民日报》,1951年10月20日。
② 谢林:《陕图记忆》,西安:三秦出版社,2009年,第9页。
③ 《西安举行鲁迅逝世二十周年纪念大会》,《西安日报》,1956年10月20日。

毛泽东对鲁迅"三家五最"的总结以及"孺子牛"形象的概括,内页中有少量有关鲁迅的文章。1961年,鲁迅的《孔乙己》《阿Q正传》《故乡》《祝福》《故事新编》及杂文集再次进入大众视野,鲁迅的旧体诗、翻译、木刻、美术等方面的造诣也得到关注,鲁迅上海、北京、厦门、绍兴等地的日常生活也次第被报道,单演义的《鲁迅来西安讲学前后》[1]及黄渭的《鲁迅先生在西安》[2],凸显鲁迅研究的"西安特色"。此外,鲁迅与语文教学工作产生了联动,报刊上发表的与鲁迅相关的文章,均为配合这一时期"加强学生的语文基本训练""写好字""教育学生奋发读书"活动。[3] 1966年后,西安的报刊内容基本是对"两报一刊"的转载,鲁迅以"共产主义战士"[4]的形象出现。1971年鲁迅诞生九十周年之际,《西安晚报》《陕西日报》仅转发了《学习鲁迅批判孔家店的彻底革命精神》《学习鲁迅反对假马克思主义的斗争精神》。1974年,西安《鲁迅研究年刊》创刊。1976年9月9日,《西安日报》开辟"读点鲁迅"专栏,金树人、段国超、张紫来三人的文章,尽管是《伪自由书·后记》《"有名无实"的反驳》《两地书》的读后感,但均以鲁迅"孺子牛"的精神批判"修正主义"。1976年10月19日鲁迅逝世四十周年,转载了《人民日报》社论《学习鲁迅 永远进击》,但因1976年9月毛泽东猝然长逝,这期间报刊上发布的更多是纪念毛泽东的文章。

三、"人间鲁迅":
新时期西安的鲁迅纪念活动

"文革"结束后,历史也进入了所谓的"新时期"。1981年,适值鲁迅诞生一百周年。为了纪念鲁迅诞生一百周年,西安地区不仅召开学术会议,还举办大量的纪念鲁迅的文化活动。

首先,是四次会议的召开。1981年6月15日,西北大学、陕西师范大学、陕西人民出版社、陕西省中国现代文学学会,联合发起了为期一周的"西安地区纪念鲁迅一百周年诞辰学术讨论会",在西北大学开幕。鲁迅之子周海婴及曹靖华、李何林、李霁野、许杰、戈宝权、孙席珍、蒋锡金、饶鸿竞、蔡健、阮铭等七十余名鲁迅研究专家参加

---

[1]《鲁迅来西安讲学前后》,《陕西日报》,1961年9月28日。
[2]《鲁迅先生在西安》,《西安晚报》,1961年9月25日。
[3] 见《陕西日报》1961年9月19日及《西安晚报》1961年9月18日至24日。
[4] 社论,《人民日报》,1966年10月19日。

了这次会议。① 会议由林理明主持,郭琦致辞,与会代表热情交流研究成果,广泛讨论当时鲁迅研究中的一些问题。与会的著名专家和学者还在会外举行了十场大型报告会,分别对西安各大专院校文科师生、中学语文教师、新闻出版工作者、省政协委员、中学生和青年工人作了专题报告。其间还组织外地同志参观了鲁迅1924年来西安讲学时的原西北大学旧址,并访问了易俗社。6月22日,会议闭幕式在陕师大举行,由李绵主持,李何林、孙席珍作了精彩的报告。本次会议比较集中地探讨了如下问题:(一)关于学习和研究鲁迅精神、鲁迅人格的问题。(二)关于对作为思想家的鲁迅的认识和研究的问题。(三)关于鲁迅的现实主义问题。(四)关于鲁迅接受外国思潮和文学的影响的问题。此外,会议还对当前鲁迅研究存在的问题予以总结:第一,关于"神化"鲁迅的问题。第二,关于鲁迅研究中的"百家争鸣"问题。第三,关于广泛宣传鲁迅精神、普及鲁迅作品的问题。②

1981年9月22日,陕西省政协文化工作组召开了"鲁迅一百周年诞辰纪念座谈会"。强调"学习鲁迅,研究鲁迅,宣传鲁迅"的重要性,"要把这项工作持久地、深入地开展下去,组织广大群众特别是青少年来学习鲁迅的革命思想和战斗精神"③。

1981年9月24日上午,陕西省纪念鲁迅诞生一百周年大会在西安人民大厦礼堂隆重举行。"主席台上褚红色的天幕上高挂着鲁迅头像图,旁边嵌镶着1881—1981,对面楼檐悬挂着横幅标语'继承发扬鲁迅的战斗精神,为建设社会主义现代化强国而奋斗!'",指明当时学习鲁迅的时代任务。参会者有省、市机关以及各机关单位、工农兵和学校青少年代表,共一千八百余人。④ 上午9时,会议由白文华主持并致开会辞,陈元方作了题为《向鲁迅学习》的报告,主要介绍鲁迅在西安讲学的情况,讲述鲁迅精神和学习鲁迅的现实意义。

---

① 本次会议的论文集《西安地区纪念鲁迅诞生一百周年文集》,于1984年由陕西人民出版社出版,从本书可以看出,鲁迅研究界在这一次的百年大会中,集结了老中青三代学者的智慧,鲁迅研究开始学术化。
② 建元、富仁:《西安地区纪念鲁迅一百周年学术研讨会概述》,《鲁迅研究年刊》,西安:陕西人民出版社,1981年,第40—43页。
③ 《学习鲁迅精神 建设精神文明 省政协文化工作组举行鲁迅诞生一百周年座谈会》,《陕西日报》,1981年9月24日。
④ 《发扬伟大的鲁迅精神 建设高度的社会主义文化 我省纪念鲁迅诞生一百周年大会上午隆重举行》,《西安晚报》,1981年9月24日;《发扬鲁迅战斗精神 为建设社会主义现代化强国而奋斗 陕西省纪念鲁迅诞生一百周年大会隆重举行》,《陕西日报》,1981年9月25日。

附录二　20世纪西安地区鲁迅纪念活动述略

陕西省纪念鲁迅诞生一百周年大会主席台(王天育拍摄)

1981年9月,西安《电影之窗》编辑部曾召开电影座谈会,座谈根据鲁迅小说改编的电影《伤逝》和《药》。与会者认为"为了加强影片的教育感染作用,使群众特别是青年人能看懂看好这两部电影,影院要加强宣传、解说,用各种形式在映前将作品的时代背景和主题思想向大家作通俗、简约的介绍"①。

其次,是文艺界举办的各种文化活动。文化鲁迅的身份在西安市的很多文娱活动上得到体现。1981年9月17日至24日,陕西省戏曲研究院秦腔团每晚在实验剧场演出秦腔《祝福》。② 在纪念鲁迅诞生一百周年前夕,上映了新的彩色故事片《伤逝》《药》。③《伤逝》《药》以及文献传记《鲁迅传》在西安各大影院映出。④ 西安易俗社于9月23日至9月25日连演三晚鲁迅1924年来西安讲学时看过的易俗社传统剧《双锦衣》⑤,但在鲁迅曾经看过的版本上作了修改,更加突出全剧的爱国主义情怀。陈元方、吕剑人、白文华、李连璧、冯元硕、雷行、土金璋、鱼讯等省市党政领导都观看了演出。⑥ 9月底,西安地区在电视上投放话剧《阿Q正传》、故事片《祝福》、纪录片

---

① 《鲁迅作品电影改编工作大有可为〈电影之窗〉编辑部召开会议座谈新片〈伤逝〉和〈药〉》,《陕西日报》,1981年9月7日。
② 《纪念鲁迅诞辰一百周年 陕西省戏曲研究院秦腔团演出秦腔〈祝福〉》,《陕西日报》,1981年9月15日。
③ 《九月份在我省上映的新影片》,《陕西日报》,1981年9月8日。
④ 《纪念鲁迅诞辰一百周年映出影片》,《陕西日报》,1981年9月24日。
⑤ 参见《陕西日报》,1981年9月16日。在鲁迅先生诞生一百周年前夕,西安易俗社邀请西北大学中文系单演义讲述鲁迅生前对易俗社的关心和爱护的动人事迹。1924年,鲁迅先生来西安讲学的二十多天时间里,接连五次观看了易俗社的演出。易俗社的演员们缅怀鲁迅先生对易俗社的关心,表示不辜负鲁迅先生的盛情,决心加强党的领导,坚持社会主义道路,移风易俗,让秦腔这个古老的剧种开出灿烂的花朵。
⑥ 《易俗社昨晚举行鲁迅诞生一百周年纪念演出》,《西安晚报》,1981年9月26日。

《鲁迅传》、电视片《鲁迅故居》。① 9月25日至10月15日，西安举办了两次大型展览：一是陕西省文化局和中国美术家协会陕西分会联合举办的"纪念鲁迅先生一百周年诞辰陕西省版画展览"，在西安市环城西路工人俱乐部展出（有木刻、石版、石膏版、单幅版画等，形式多样，内容丰富）；二是陕西省文化局举办的"纪念鲁迅一百周年诞辰展览"，在省文化局招待所会议大厅展出。② 鲁迅逐渐摆脱意识形态所赋予的"孺子牛"精神，见诸报端的文章凸显了鲁迅作为普通人的一面，如《鲁迅与易俗社》《鲁迅谈民间文学的收集整理》《鲁迅书名简释》《鲁迅与寸方艺术》《鲁迅对民族绘画的态度》《说鲁迅的〈梦〉诗》《鲁迅领薪水》《鲁迅和藤野先生》《亲密的比邻——鲁迅和茅盾的深厚友谊》。《人文杂志》1981年第4、5、6三期杂志，均刊登了鲁迅研究的多篇文章，尤其是第4期刊登的西安地区鲁迅诞生一百周年学术讨论会活动照片，颇为珍贵。此时，鲁迅作为文化符号和社会景观，"纪念鲁迅，宣传鲁迅，学习鲁迅，研究鲁迅"，成为西安文化宣传工作的对象。鲁迅的日常生活不仅被关注，研究者也逐渐摆脱马克思主义理论对鲁迅的限制，转向文化鲁迅研究，鲁迅也逐渐走下神坛，成为"人间鲁迅"。

左图为纪念演出结束后省市领导和易俗社秦腔传统剧《双锦衣》的演员们合影（宗琦、长生拍摄），右图为省戏剧研究院秦腔团演出《祝福》（王天育拍摄）

1985年6月5日至9日，陕西省鲁迅研究学会成立会与陕西省中国现代文学学会第一届年会在西安举行。大会选举单演义同志为名誉会长，林理明任会长，王平凡、阎庆生、张华、傅正乾任副会长。会议还选出理事、常务理事多人。③ 当时，陕西省鲁迅研究学会共有会员八十四人。不久，西安矿中学生鲁迅研究会成立。④ 1986年10月，《鲁迅研究动态》以"陕西省鲁迅研究室"的名义发布了西安地区"纪念鲁迅逝

---

① 《西安晚报》，1981年9月19日。
② 《陕西日报》，1981年9月24日。
③ 路林：《陕西省鲁迅研究学会成立》，《鲁迅研究动态》，1985年第3期。
④ 《西安矿中学生鲁迅研究会成立》，《鲁迅研究月刊》，1986年第7期。

世五十周年"的预备工作:(一)召开鲁迅研究学术讨论会。(二)届时分别举行文艺界、教育界、新闻界纪念座谈会。(三)举办鲁迅著作展览和鲁迅生平报告会。(四)举行由中学生参加的有关鲁迅生平、著作的知识竞赛。[①] 1986年10月19日,陕西省鲁迅研究学会鲁迅逝世五十周年活动顺利举办,着重讨论鲁迅与中外文化之关系。[②] 12月,鲁迅教育思想学术讨论会召开,探讨鲁迅教育思想和教学改革的相关问题。[③] 两次会议提出了比较重要的见解,如对鲁迅作品在世界的影响以及世界名人对鲁迅作品的研究进行梳理;对选入中学语文课本里的18篇鲁迅作品要有详细的注释、说明和讲解。

1991年,陕西省委宣传部、文化厅、省文联、省作协、省社联、省鲁迅研究会共同组织发起"纪念鲁迅诞生一百一十周年"大会,牟玲生作《高举爱国主义旗帜、弘扬鲁迅革命精神,建设中国特色社会主义文化》的长篇讲话。西安联大师院中文系召开鲁迅诞生一百一十周年纪念会。[④] 12月16日,陕西省鲁迅研究学会召开第二次会员代表大会。通过民主选举的方式,产生了第二届学会理事会。张华任会长,李培坤、武德运、郑欣淼、阎庆生、傅正乾任副会长。学会决定挂靠西北大学,并聘请牟玲生为学会名誉会长,林理明、卫俊秀、阎愈新、王平凡为学会顾问。[⑤] 1996年陕西人民教育出版社的"鲁迅研究书系",成为鲁迅逝世六十周年之际鲁迅研究界举行盛大纪念活动的重要学术成果。1996年,报纸上几乎没有与鲁迅纪念相关的报道,转而纪念红军长征精神。90年代,政治性的鲁迅纪念活动骤减。此后每个"逢五""逢十"的鲁迅纪念日,取而代之的是由学术性机构承办鲁迅研究会议,且主要集中于文学文化方面的研讨。

最后,是鲁迅研究相关的刊物及著作的陆续出版。1974年,全国第一所建在高校的鲁迅研究室在西北大学成立。在"批林批孔"的时代浪潮中,鲁迅研究获得了某种程度上的官方权力让渡,在单演义、张华等人的筹备下,《鲁迅研究年刊》也在这一年创刊。《年刊》从1974年创刊至1992年终刊,共出9期,经历了三个办刊阶段:(一)内部刊物阶段。第1期1974年创刊号,由西北大学学报编辑部编、西安新华印刷厂

[①] 《鲁迅研究动态》,1986年第10期。
[②] 本次会议论文集《鲁迅思想与中外文化论集》,于1990年由陕西人民教育出版社出版。
[③] 廉文澂、魏碧雯:《陕西鲁迅研究学会召开鲁迅教育思想学术讨论会》,《鲁迅研究动态》,1986年第4期。
[④] 《西安联大师院中文系召开鲁迅诞辰110周年纪念会》,《唐都学刊》,1991年第4期。
[⑤] 《陕西省鲁迅研究会召开第二次会员代表大会》,《鲁迅研究月刊》,1992年第6期。

印;第2期1975—1976年合刊,由西北大学鲁迅研究室编、陕西省汉中地区印刷厂印。(二)西北大学鲁迅研究室编辑的公开出版物阶段。1979年起为正式出版物,第3—7期即1979年号、1980年号、1981年号、1982—1983年合刊号、1984年号,由郭琦任主编、阎愈新任副主编,由陕西人民出版社出版。在这一阶段,《年刊》的出版发行主要得到西北大学校长郭琦的支持。(三)由国内外鲁迅研究专家为编委的公开出版物阶段。第8—9期即1990年号、1991—1992年合刊号,由宋庆龄基金会和西北大学联合编辑,由中国和平出版社出版。1992年之后《年刊》因缺少经费支持被迫停刊,在《年刊》创办后,全国各地的鲁迅研究刊物次第出现。①

在同期的刊物中,《年刊》创刊最早,是对鲁迅研究的年度性总结。在文章的择取上,《年刊》具备一定的代表性,涉及鲁迅研究的各领域,刊载有关鲁迅的最前沿的研究内容,因此该时期被收入《年刊》的文章更被视为鲁迅研究的"风向标"。这对《年刊》的编者的学术视野和编辑能力都有极高的要求,因为收入期刊的文章包括报纸、期刊、专著等多种渠道的鲁迅研究资料,必要时还需要向专家学者约稿。对于不能被刊发在内的文章,《年刊》还要出"鲁迅研究资料目录",以便为研究者提供参考,为鲁迅研究留存了珍贵的史料。更为重要的是,《年刊》不仅是新中国成立后第一本鲁迅研究的专门性刊物,也是第一本将国外的鲁迅研究成果介绍到国内的刊物,具备上述同期刊物所不具备的国际视野。西方文艺思潮与流派传入,带来鲁迅研究新的学术增长点。这种跨学科或者用新理论介绍鲁迅及其作品的研究方法,影响了当今的鲁迅研究。

1981年,为纪念鲁迅诞生一百周年,王平凡和姜民生主编了"鲁迅研究丛书",由陕西人民出版社出版,参与编辑和约稿的还有刘善继、单演义等人。直到1991年最后一本专著面世,真正冠以"鲁迅研究丛书"名义出版的鲁迅研究专著共计36本。② 如前文所述,1981年西安纪念鲁迅诞生一百周年时,文化界统一认为"学习

---

① 黑龙江爱辉县(今爱辉区)教师进修学校主办的《读点鲁迅丛刊》初步组织起了全国业务派鲁迅研究的阵容。《鲁迅研究资料》则是以资料见长的刊物,由于直接跟鲁迅相关的史料越来越少,出至第24期终刊。《纪念与研究》所刊载的是与鲁迅相关的研究资料及回忆文章,但并非鲁迅研究的专门性刊物,比如:第一辑为"周总理与鲁迅"、第二辑为"鲁迅与左联资料汇编"、第三辑为"反战反法西斯大会资料选编"、第五辑为"茅盾论鲁迅"、第七辑为"纪念瞿秋白牺牲五十周年"。《鲁迅学刊》的一大特色是其"东北鲁迅研究"专栏。《鲁迅研究动态》在当时以月刊的形式出刊,是当时最具有时效性和前沿性的刊物,反映鲁迅研究的新成果、新资料和新动态。

② 许钦文《鲁迅杂文选释》、李霁野《纪念鲁迅先生》、李何林《鲁迅的生平及杂文》、李永寿《鲁迅思想的发展》等未冠以"鲁迅研究丛书"之名,故本文暂不将其算在"丛书"内。

鲁迅,研究鲁迅,宣传鲁迅,在整个社会科学研究和共产主义思想教育中都占有非常重要的地位"。尤其是十一届三中全会召开后,在文化热、启蒙主义话语影响之下,鲁迅研究恢复其学术性。这套书系的供稿者来自全国各地的高校、研究院,还有非文学专业出身的鲁迅研究爱好者,集合了鲁迅研究老中青三代学人。在新时期初期,鲁迅研究队伍之繁盛可见一二。笔者有意关注了这套书系中各专著的成书时间,发现这套书有很多于20世纪五六十年代已经成书。若根据著者的代际进行划分,不难看出鲁迅研究的中坚力量仍然是老、中年学者。尤其值得注意的是,老一代学者是鲁迅所生活时代的亲历者,有些还与鲁迅有过交集。由于置身于相近的时代,价值观与文化认同也更相近,他们的著作对鲁迅的生平及思想发展多有关注,这种特殊性是后来者难以复制的。从他们的著作来看,并非接到"丛书"的约稿临时草就,而是在特殊的历史时期,未能得到机会发表的经过长时期思考的产物。但并非后来者的研究就没有价值,他们的著作在新时期开启了一些全新的鲁迅研究话题,关注到鲁迅作品的不同文体,鲁迅作品的跨学科研究也由此发端,还开启了比较文学的新视野。中生代学者是"人民鲁迅"阶段的亲历者,鲁迅的学术研究停滞期甫一结束,他们就对新的话题作出尝试,其中不乏填补空白式的研究。为这套丛书供稿的青年学者仅六人,这一时期是他们学术的起步阶段,王富仁、阎庆生等人的书稿是他们的硕士学位论文。这36部著作,在三代学者的合力下,在鲁迅研究的思想性、方法论上都有新的突破,成为自新中国成立伊始到20世纪80年代里程碑式的总结性的鲁迅研究著作。

1996年,陕西人民教育出版社出版的"鲁迅研究书系",是鲁迅逝世六十周年之际鲁学界举行盛大纪念活动的重要学术成果,由15本专著和1本论文集构成。由陈绪万策划,王士菁、林非担任顾问,袁良骏担任主编,阎庆生、王富仁、郑欣淼担任副主编。不难发现,该"书系"的参编人员并不再局限于西安地区的学者,而是在老一代学者支持下的全国性的实力雄厚的学术团队。袁良骏、阎庆生、王富仁、闵抗生等人作为"丛书"的作者,继续为"书系"供稿。青年一代学者,如王富仁、阎庆生、杨义等在鲁迅研究领域的思考日益成熟,中青年学者已成为鲁迅研究的中坚力量。我们将目光聚焦于书稿完成时间,发现"书系"是新时期鲁迅研究的最新的、最具代表性的、最具前沿性的成果的总结。这套书的书稿基本是作者在新时期构思或者着手写作并在20世纪90年代初期完成的,是鲁迅研究成为专门的学科——"鲁迅学"之后的一批学术成果。论文集《空前的民族英雄:纪念鲁迅一百一十周年诞辰学术讨论会论文选》从会议论文中择取37篇,结集出版。总体而言,构成"书系"的15本著作中,史料性的著作淡出,更多的是对鲁迅及其著作本身的审视。研究者们分别开启了不同话题,在前人的研究基础上,或是研究更加深入,或是在新的领域耕耘,获得了更加学理性、更加具备个人学术风格的鲁迅研究成果,呈现出理论与方法上的更新迭代,以及比较文学、跨学科、文化史等多元视野,使鲁迅研究向"广、新、深"的层面进一步迈进。

新时期以后,鲁迅形象发生重大变化。既往被强化的具有阶级色彩的鲁迅,开始向启蒙主义、人道主义的"人间鲁迅"形象回归。除了系列出版物,西安地区的鲁迅研究者还出版了一些相关专著,如卫俊秀的《鲁迅野草探索》(泥土社1954年初版,陕西师范大学出版社1989年再版)、单演义的《鲁迅在西安》(陕西人民出版社1981年版)、《鲁迅与瞿秋白》(天津人民出版社1986年版)、《茅盾心目中的鲁迅》(陕西人民出版社1992年版)、张华的《鲁迅和外国作家》(陕西人民出版社1981年版)、王富仁的《鲁迅前期小说与俄罗斯文学》(陕西人民出版社1983年版)、黎风的《鲁迅小说艺术讲话》(陕西师范大学出版社1986年版)、段国超的《鲁迅家世》(教育科学出版社1998年版)、阎庆生的《鲁迅杂文的艺术特质》(陕西人民出版社1983年版)、《鲁迅创作心理论》(陕西人民教育出版社1996年版)、郑欣淼的《鲁迅与宗教文化》(陕西人民教育出版社1996年版)、李继凯的《民族魂与中国人》(陕西人民教育出版社1996年版)、史志谨的《鲁迅伦理思想与实践研究》(陕西人民教育出版社2000年版)等。这些著作及上述西安地区出版的系列出版物,均在鲁迅研究领域产生过深远影响,也为21世纪的鲁迅研究奠定了基础。

结　　语

西安不仅是西北五省之文化中心,20世纪的西安亦是鲁迅研究之重镇。1924年鲁迅来西安讲学,使鲁迅与西安之间产生了深刻而隐秘的联结。1936年10月19日鲁迅逝世后,西安作为国民政府的陪都,开展的两次鲁迅逝世悼念活动,规模仅次于北京、上海。而此后西安地区举办的多次规模不一的鲁迅逝世纪念活动,凸显时代话语对鲁迅的不同需求的同时,也深刻影响西安各界人民,逐渐形成学习鲁迅、纪念鲁迅、研究鲁迅的高潮。1974年,全国第一个鲁迅研究室在鲁迅西安讲学所至的西北大学成立,第一本专门性的鲁迅研究刊物《鲁迅研究年刊》也出刊,从在艰难中创办逐渐成为国内和国际上具有广泛影响的刊物。1981年为纪念鲁迅诞生一百周年出版的

"鲁迅研究丛书"、1996年为纪念鲁迅逝世六十周年出版的"鲁迅研究书系",更为鲁迅研究的探索、深入,提供了从多方位开掘的借鉴。这些均离不开西安地区学人和鲁迅研究专家们的共同努力,《年刊》及数十部专著产生巨大的影响,更是成为鲁迅研究不可或缺的一部分。西安文化界对鲁迅的纪念活动及鲁迅研究学人所作的重大的开创性的贡献,作为中国现当代文学的一个重要的文化活动,理应在鲁迅来陕一百周年的今天重新得到钩沉、整理、还原。

编后记

本书的两位编撰者，多年以来留意于文学院几位教授与鲁迅交往的史实，并持续搜集此方面的资料。2004年，是鲁迅来西安讲学100周年，也是陕西师范大学建校80周年。这两个时间节点的偶然聚合，激发了我们编撰本书的热情。在陕西师范大学教师中，曾经有6位先贤与鲁迅有过亲密的接触和交往。他们的遗泽和精神也深深地影响了后来在此任教的一代代后学，他们研究鲁迅的热忱也由此而生。如今，陕西师范大学已成为中国鲁迅研究的重镇。鲁迅的精神和文脉，也在长安古都乃至西北大地生根发芽。

本书的下编与上编，是承接的关系，是"薪尽火传"的人文现象。上编主要由阎庆生负责，下编主要由田刚负责。文学院副院长李跃力教授参与了全书体例、条目的拟定，并审阅了全部书稿。

本书对于部分文章，依据出版规范，作了技术性处理。

陕西师范大学文学院已故教授张采藜女士，生前给本书编撰者赠送了王捷三先生的有关材料。文学院魏耕原教授、政治经济学院原院长王振亚教授、校图书馆高振祥先生、文学院博士生王文慧应邀拨冗为本书撰写了文章。曾任国际鲁迅研究会会长、韩国世界华文文学协会会长、韩国现代文学学会会长的韩国外国语大学教授朴宰雨先生，2020年起受聘为陕西师范大学人文科学高等研究院特聘研究员、中国教育部"长江学者"客座教授，也为本书提交了他的鲁迅研究访谈录——《鲁迅：从东亚走向世界》。对于他们的无私奉献和付出，编撰者深表感谢。

我校文学院、校学术委员会、校出版总社，大力支持本书的出版。下编所收论文的诸位作者，积极提供自己的鲁迅研究论文。在此，我们一并表示诚挚的谢意！

本书编撰者
2024年4月24日于古城长安